Barbara Newman

Hildegard von Bingen

FRAUEN – KULTUR – GESCHICHTE

Herausgegeben von
Claudia Opitz
und
Karin Walter

BAND 2
Hildegard von Bingen

Barbara Newman

Hildegard von Bingen

Schwester der Weisheit

Aus dem Amerikanischen
von Annette Esser
und Mónica Priester

Herder
Freiburg · Basel · Wien

Titel der Originalausgabe
Sister of Wisdom. St. Hildegards Theology of the Feminine.

Umschlaggestaltung: Neil McBeath, Stuttgart

Herstellung: Clausen & Bosse, Leck
Gedruckt auf umweltfreundlichem,
chlorfrei gebleichtem Papier
ISBN 3-451-23675-3

Inhalt

V. Die Mutter Gottes

VI. Die Braut Christi

VII. Schwester der Weisheit

Caritas als „höchste feurige Kraft“. Die göttliche Liebe hält das Lamm Gottes und tritt auf die Zwietracht und den Teufel. Unten empfängt Hildegard Feuer von Himmel und überträgt ihre Visionen auf Wachstafeln; eine ihrer Nonnen assistiert ihr und der Mönch Volmar schreibt den Text in ein Buch ab. De operatione Dei I.1, Lucca, Biblioteca Statale, Cod.lat. 1942.

Vorwort

Es ist noch nicht lange her, da die Theologie Hildegards von Bingen als eine Art Kuriosität in der Kirchengeschichte abgetan werden konnte und ihr selbst der Status einer Alibifrau eingeräumt wurde, welcher sie im Grunde marginalisierte. Das ist vorbei, und in den letzten Jahrzehnten hat diese außergewöhnliche Frau schließlich auch einige Beachtung in der englischsprachigen Welt gefunden. Dennoch sind die Hildegardstudien hier noch in einem anfanghaften Zustand. Darüber hinaus begegnet uns Hildegard allzu häufig als ungewöhnliche Erscheinung, die durch die Weite ihrer Bildung und Fertigkeiten fasziniert, die aber ihrem eigenen Kontext merkwürdig entrückt scheint. Kaum ein Mediävist würde ihr heute einen Platz in der Geschichte der Spiritualität, der Medizin oder der Musik verweigern, aber bei dem Versuch, das Ganze ihres Lebens und Werkes in Augenschein zu nehmen, läßt sich diese Hildegard von Bingen schwerlich verorten. Daher bleibt die Frage, in welchem Kontext die Reichhaltigkeit ihrer Texte am ehesten verstanden werden kann.

Am häufigsten wird Hildegards Werk vor dem Hintergrund der „weiblichen Mystik“ gesehen. Natürlich war sie weiblich, und sie kann auch als Mystikerin gelten, wenn mit diesem problematischen Ausdruck die Gaben ihrer Vision und Prophetie gemeint sind. Dennoch denke ich, daß diese Kategorie weniger hilfreich ist, als es auf den ersten Blick erscheint. Dies zunächst einmal daher, weil es irreführend sein kann, weibliche Heilige als eine Art Subkultur, isoliert von der dominierenden männlichen Kultur, die sie umgab, zu betrachten. Eine solche Subkultur mag es unter Frauen späterer Zeiten gegeben haben, aber sicher nicht im

Deutschland des 12. Jahrhunderts. Daher verstehen wir wenig von Hildegard, wenn wir sie vornehmlich als Teil einer „weiblichen Tradition" betrachten, in der sie selbst die Hauptfigur ist. Zum zweiten gibt die alleinige Betrachtung als Mystikerin einen falschen Eindruck ihrer eigenen Interessen wieder, denn über ihre eigene mystische Begabung hinaus schrieb sie weder etwas über mystisches Gebet, noch beeinflußte sie die mystische Theorie und Praxis späterer Generationen. Selbst die von ihr protegierte Elisabeth von Schönau sah sie eher als Prophetin denn als Lehrerin der Kontemplation. Die Texte, in denen Hildegard ihre religiösen Erfahrungen beschreibt, sind gerechtfertigterweise berühmt geworden, aber sie haben nur geringe Bedeutung für den eigentlichen Inhalt ihres Werkes, und sie bilden nur einen minimalen Anteil ihrer literarischen Produktion.

Da die Kategorie „Weibliche Mystik" oder auch „Weibliche Literatur" zu allgemein ist, um Orientierung zu geben, stellt sich die Frage nach Alternativen. Kirchenhistoriker, welche eher an ihren Aktivitäten als an ihrem Geschlecht interessiert sind, mögen sie als führende Förderin der Gregorianischen Reform sowie der damit verbundenen monastischen Reformen betrachten. Papsttreu, unnachgiebig in der Verteidigung des hierarchischen Systems und auf der Reinheit und Göttlichkeit des Priestertums insistierend, wehrte sie sich mit der Kompromißlosigkeit eines Thomas Becket oder eines Anselm von Canterbury gegen kaiserliche Machtübergriffe auf die Kirche. Die Bedeutung ihrer politischen Haltung geriet durch die Konzentration auf ihre Mystik aus dem Blick, obwohl sie in dieser Hinsicht die Eigenart späterer politischer Visionärinnen wie Katharina von Siena und Birgitta von Schweden antizipierte. Ihre apokalyptischen Predigten, d.h. der einzige Teil ihres Werkes, welcher auf die nächsten drei Jahrhunderte großen Einfluß ausübte, waren eng mit ihrem Programm der Kirchenreform verknüpft.

Aus einer anderen Perspektive könnte man Hildegard neben hochproduktive Autoren des frühen 12. Jahrhunderts, wie z. B. Hugo von St. Viktor, Rupert von Deutz und Honorius von Regensburg, einordnen, die als „Präscholastiker" klassifiziert werden. Alle diese Autoren verfaßten ein umfangreiches Werk. Und alle stiegen wie Hildegard auf der Stufenleiter christlicher Gedanken empor, wobei eine Mischung aus biblischem Kommentar, moralischer und spiritueller Predigt und dogmatischer Unterweisung geboten wurde, die in ihrem Umfang von der Größenordnung eines Notizbuches bis hin zur Enzyklopädie reichen konnte. Hildegard präsentiert ein Gesamtwerk essentiell konservativer Lehre, das ungeachtet seiner stilistischen Eigentümlichkeiten an die Reichweite und Doktrin dieser älteren Zeitgenossen erinnert. Auch die erstaunliche Originalität ihrer Formulierungen sollte den Blick auf ihre grundsätzliche Orthodoxie und ihre klassisch-benediktinische Auffassung spirituellen Lebens nicht verdunkeln.

Dennoch soll Hildegard in diesem Buch nun aus anderer Sicht betrachtet werden. Ich versuche sie in den Kontext einer „vertikalen" Tradition zu setzen einer Tradition, die sie nicht nur mit ihren Zeitgenossen, sondern auch mit verwandten Seelen anderer Zeiten und Gegenden verbindet, indem ich einige ihrer zentralen Themen im Lichte der von mir so bezeichneten Weisheitstradition betrachten möchte. Mit diesem Terminus beziehe ich mich auf die fortlaufende Schule christlichen Denkens, in deren Zentrum die Entdekkung und Verehrung Göttlicher Weisheit in den Werken der Schöpfung und Erlösung steht. Theologen dieser Schule, deren Geschichte von der Kirche der Antike bis zum 20. Jahrhundert reicht, teilen eine Vorliebe für bestimmte Themen: Göttliche Schönheit, der weibliche Aspekt Gottes, die absolute Prädestination Christi und Marias, das moralische und ästhetische Ideal der Jungfräulichkeit und die Hoffnung auf kosmische Erlösung. Aus verschiedenen, sowohl historischen als auch philosophischen Gründen bevorzugen Weisheitstheologen oft weibliche Bilder für den Heiligen Geist, die Kirche und den Kosmos. Noch weitreichender wuchs diese theologische Tradition dann, speziell in den letzten beiden Jahrhunderten, mit romantischen Ideen über das Ewig-Weibliche zusammen. Die Ursprünge dieses Wachstums liegen allerdings tiefer. Ein Ziel dieser Studie ist es daher, den historischen Prozeß detailliert zu erforschen, in dem eine bestimmte Art des Denkens über Gott die christliche Sicht der Frau und des Weiblichen beeinflußt hat und umgekehrt. Hildegard bietet einen idealen Brennpunkt für solch eine Studie, da sie nicht nur eine Exponentin dieser Weisheitstradition ist, sondern, so glaube ich, auch eine zentrale Rolle in ihrer Entwicklung spielt.

Ihr Geschlecht ist natürlich kein Zufall. Wir können Hildegard etwas gewagt als erste christliche Denkerin proklamieren, die sich ernsthaft und positiv mit dem Weiblichen als solchem befaßt hat, und nicht nur mit den Herausforderungen, denen Frauen sich in einer männlich dominierten Welt stellen müssen. Allerdings formulierte sie ihre Gedanken im Rahmen des traditionellen Systems christlicher Symbole, durch Reflexion der großen weiblichen Paradigmata Eva, Maria und Ekklesia bzw. Mutter Kirche. Und im Herzen ihrer geistigen Welt steht die numinose Figur, die sie Sapientia oder Caritas nannte: heilige Weisheit und göttliche Liebe, eine Vision, deren Form das Allegorische transzendiert und die Größe einer Gotteserscheinung annimmt. Diese vier Figuren werden nun im Brennpunkt meiner Untersuchung stehen. Um sie herum entwickelte Hildegard eine reich nuancierte Theologie des Weiblichen, die ganz dem Bereich der Symbolik angehört, und dies sowohl im weiteren als auch im engeren Sinne des Begriffes, d.h. im Sinne mittelalterlicher Allegorese. Notwendigerweise wird sich ein großer Teil dieser Studie daher mit der Interpretation hochsymbolischer Texte sowie deren Bildillustrationen, die als Manuskripte vorliegen, befassen.

Dennoch schließt das symbolische Denken den praktischen Bezug nicht aus. Hildegard war Äbtissin, geistliche Ratgeberin sowie Ärztin und Theologin. In der Ausübung ihrer pastoralen und medizinischen Tätigkeit hatte sie häufig Gelegenheit, die speziellen Fähigkeiten und Probleme von Frauen zu beobachten. Außerdem begegnete ihr in ihrer reichlich „unweiblichen" Karriere als Schriftstellerin, Reformerin und Predigerin Widerstand, und dies nicht nur von seiten ihrer Gegner, sondern auch aus ihrer eigenen Psyche. Sie entwickelte daraus letztlich einen ungewöhnlich hohen Grad an Selbstwahrnehmung hinsichtlich ihres Geschlechts und seiner sozialen und geistigen Implikationen. Um nun die volle Tiefe und Komplexität ihrer Sicht des Weiblichen zu erfassen, muß ihre symbolische Theologie mit dem in Verbindung gesetzt werden, was über ihren Umgang mit den Frauen ihrer Umgebung, über ihre eigene Selbstwahrnehmung als Frau sowie auch über ihren einzigartigen Beitrag zur Gynäkologie bekannt ist. In dieser Nebeneinanderstellung wird ein Licht auf die bedeutendsten Züge in Hildegards Denken geworfen. So kombinierte sie zum Beispiel eine ganzheitliche Kosmologie mit einer dualistischen Ethik, ein streng wissenschaftliches Interesse an Sexualität mit deren ästhetischer und moralischer Verachtung und eine erhabene Sicht der kosmischen Bedeutung der Frau mit einer praktischen Ansicht der Weiblichkeit als Form der Schwäche. Alle diese Gegensätze entziehen sich aber einer einfachen Schematisierung, da sie tief in Hildegards eigener Kultur und in älteren Traditionen, auf die sie sich bezieht, verankert sind, und es läßt sich nur schwer sagen, wie sehr sie sich selbst darüber bewußt war.

In meinem letzten Kapitel schaue ich über Hildegard und ihre Zeit hinaus, um, wenn auch nur kurz, die Entwicklung ihrer in diesem Buch herausgestellten Ideen zu skizzieren.

Die Weisheitstheologie und die Theologie des Weiblichen haben über die Jahrhunderte hinweg einen seltsamen Kurs genommen. So wurden sie zuzeiten allgemein begrüßt, um dann wieder in den Sumpf der Esoterik gesteckt oder auch ganz vergessen zu werden. In den letzten Jahrzehnten wurde diese Tradition hauptsächlich von feministischer Seite heftig angegriffen, aber bestimmte Elemente erfahren auch unter Feministinnen eine geringfügige Wiederbelebung. Ich glaube, da die gegenwärtige Welle der Hildegardrenaissance viel mit der Wiederentdeckung dieser jahrhundertealten Tradition zu tun hat, und ich möchte mein Buch als einen Beitrag zu diesem Prozeß präsentieren.

Barbara Newman

Anmerkung der Übersetzerin

Die Übersetzungsarbeit am Buch von Barbara Newman hat mich als Theologin (und nicht Literaturwissenschaftlerin) viel Geduld gekostet, mir aber auch große Freude bereitet. Da es mir bei der Übersetzung mehr um eine angemessene Darstellung der Tradition Hildegards und auch der Autorin ging, habe ich auf eine *inklusive* Sprachregelung im engeren Sinne verzichtet (und so sind beispielsweise mit dem Wort „Christen" in meiner Übersetzung sowohl Frauen als auch Männer gemeint). Dennoch hoffe ich, daß diese Arbeit auch im Rahmen der feministisch-theologischen Diskussion im deutschen Sprachraum relevant wird, und ihre Inhalte für sich sprechen können. Die *Hildegardtexte*, die von Barbara Newman selbst aus dem lateinischen Original ins Englische übersetzt wurden, habe ich im Deutschen in der Regel aus den bereits vorhandenen gängigen Hildegardausgaben zitiert (vgl. Literaturangaben in der Liste ihrer Werke). An einzelnen Stellen habe ich allerdings auch direkt aus dem Englischen übersetzt, falls keine brauchbare Übersetzung vorlag. Auf Wunsch der Autorin, die sich am lateinischen Hildegardtext orientierte, habe ich an einigen Stellen leichte Änderungen am Text der deutschen Hildegardausgaben vorgenommen. Die *lateinischen Texte* von zwölf *Gedichten* Hildegards finden sich in Anhang B; diese poetische Texte, die für die englische Ausgabe neu bearbeitet und eigens übersetzt wurden, sind von mir auch im Deutschen ebenfalls zum Teil neu aus dem Lateinischen und Englischen übersetzt worden, was jeweils angegeben ist. Alle anderen *Textzitate* aus der Literatur sind, falls nicht anders angegeben, aus dem Englischen ins Deutsche übertragen worden. Die *Bibelstellen*, die von Barbara Newman aus der Vulgata selbst ins Englische übertragen worden sind, werden in der deutschen Ausgabe nach der Einheitsübersetzung (Herder-Ausgabe) zitiert. Dieser Text unterscheidet sich leider an einigen Stellen stark vom Vulgata-Text, den auch Hildegard benutzte, und von neueren kritischen Ausgaben besonders des Buches Jesus Sirach oder Ecclesiasticus einem für Hildegard wichtigen Buch. Eine wünschenswerte neue Verdeutschung des Vulgatatextes ließ sich allerdings von meiner Seite als Übersetzerin nicht mehr erstellen. Es gibt einfach Grenzen an Zeit, Kenntnis und Energie. Dennoch hoffe ich, eine solide Arbeit geleistet zu haben.

Als ich diese Arbeit begann, war mir die Bedeutung Hildegards von Bingen als große deutsche Heiligen, Seherin und Prophetin bewußt, und ich wußte auch, daß ihr Beispiel im Rahmen weiblicher Spiritualität immer wieder zitiert wird. Was mir jedoch zu fehlen schien, war eine fundierte Hildegardstudie aus feministisch-theologischer Sicht. Daß solch eine Arbeit aus dem amerikanischen Kontext kam war für mich (anfangs) eine Überraschung. Ich wünsche der Veröffentlichung dieser wichtigen Arbeit im deutschen Sprachraum nun, daß die Theologie Hildegards von Bingen im Sinne der Autorin wirklich neu als eine

„Theologie des Weiblichen" verstanden werden kann, und, daß ihre bedeutende Tradition von möglichst vielen Frauen und auch Männern neu in Anspruch genommen werden wird.

Annette Esser

Köln/New York 1994

ERSTES KAPITEL

„Ein armes kleines Weib"

Vor einigen Jahren, so schrieb der Mönch Guibert an seinen Freund Radulfus, erreichten seine Ohren im belgischen Kloster Gembloux seltsame und unglaubliche Gerüchte.[1] Sie beträfen eine alte Frau, Äbtissin der jungen benediktinischen Klostergründung Bingen am Rhein, die solchen Ruf gewonnen habe, daß Scharen von Menschen zu ihrem Kloster strömten, um, aus Gründen der Neugier oder der Verehrung, das Wort ihrer Prophetie und ihres Gebets zu hören. Alle, die davon zurückkehrten, erstaunten ihre Zuhörer mit ihren Berichten, aber niemand könne eine plausible Erklärung für diese Frau geben, sicher sei nur, daß ihre Seele durch einen „unsichtbaren Glanz erleuchtet schien, den nur sie selber kannte."[2] Schließlich entschloß sich Guibert, ungeduldig ob der Gerüchte und eifrig darin bestrebt die Wahrheit zu finden, dieser nun selbst nachzugehen. So schrieb er im Jahre 1175 in einer Mischung aus Neugier und Ehrfurcht selbst an die berühmte Seherin. Sicher habe sie ungewöhnliche Gaben empfangen, die „fast alle Jahrhunderte hindurch bis auf den heutigen Tag unerhört" seien; in ihrer Prophetie überträfe sie Mirjam, Debora und Judit; aber sie möge sich in Erinnerung rufen, daß große Bäume schneller entwurzelt seien als Schilfgras, und solle daher demütig bleiben.[3] In der Zwischenzeit möge sie vielleicht geruhen, einige Fragen über ihre Visionen zu beantworten. Habe sie diese auf Lateinisch oder Deutsch diktiert? Sei es wahr, daß sie sich an das Gesagte nicht mehr erinnern könne, sobald es schriftlich aufgenommen sei? Habe sie das Alphabet und die Schriften als Kind gelernt, oder sei sie durch den Heiligen Geist alleine gelehrt worden? Als die Äbtissin mit einer Antwort ausblieb, versuchte es Guibert einige Zeit später noch einmal, wobei ihm noch weitere Fragen gekommen waren. Empfing Hildegard ihre Visionen im Zustand der Ekstase oder im Traum? Was meinte sie mit dem Titel ihres Buches *Scivias*? Habe sie irgendwelche anderen Bücher geschrieben? Und so weiter.[4]

Am Ende gewährte die Seherin Guibert eine Antwort – eine detaillierte Darstellung der Art ihrer Visionen –, die ihn so sehr überwältigte, daß er erklärte, keine Frau seit der Jungfrau Maria habe eine so große Gnadengabe von Gott empfangen. Hildegard, so fuhr er fort, „habe die Stufe weiblicher Untergeordnetheit bei weitem überstiegen und sei nicht nur dem Rang irgendeines Mannes, sondern deren höchsten Vertretern ebenbürtig."[5] Die weißen Mönche von Villers, die mit ihm ihren Brief empfangen hatten, priesen die Äbtissin in noch höheren Tönen.

> Gegrüßet seist du nach Maria voll der Gnade: der Herr ist mit dir! Gesegnet bist du unter den Frauen, und gesegnet ist das Wort deines Mundes, das die Geheimnisse der unsichtbaren Welt zu den Menschen bringt, die himmlischen mit den irdischen Dingen vereinigt und das Göttliche mit dem Menschlichen verbindet.[6]

Im Gegensatz dazu formulierte Hildegard ihre Antwort an Guibert in charakteristischer Bescheidenheit, wobei sie ihre eigene Schwachheit und Unsicherheit betonte. Wie jeder monastische Schreiber verwendete sie dabei Demutsformeln, die seit langem als unerläßlich galten; aber wie Guibert und den Mönchen von Villers war ihr auch bewußt, daß ihr Geschlecht keinen geringen Einfluß auf ihre Berufung hatte. Wenn sie sich selbst als *ego paupercula feminea forma – „ich armselige Gestalt eines Weibes"*[7] identifizierte, bezog sie sich in umgekehrter Weise auf denselben Komplex von Ideen, welcher die Zisterzienser dazu geführt hatte, sie mit der Jungfrau Maria zu vergleichen. Maria, die Magd Gottes, „demütig und erhaben über jede Kreatur", typisierte für diese ein zentrales Paradox des Christentums: alle, die sich selbst demütigen, werden erhoben werden. Allerdings wurde dieser Vergleich nicht durch Marias persönliche Demut und Glorie angeregt. Denn Niedrigkeit, wenn nicht Gnade, konnten allgemeine Eigenschaften sein, die, wenn man den am meisten anerkannten Theologen und Wissenschaftlern des Mittelalters folgte, generell zu Körper, Verstand und Moral der Frau gehörten.[8] Da aber nur die Demütigen erhoben werden können, folgte, zumindest in der Theorie, daß Frauen einen paradoxen Vorteil hatten. In der Praxis war dieser Vorteil natürlich selten sichtbar. Für ihre Bewunderer war Hildegard daher das lebende Beispiel einer Wahrheit, für deren Unterdrückung die sozial und selbst die religiös Herrschenden alles getan hatten.

Die Dialektik wirkte in beide Richtungen: ein „armes, kleines Weib“ konnte nur aufgrund der Tatsache, daß ihr normaler Status niedrig und untergeordnet blieb, in unermeßliche Höhen gehoben werden. Hildegards prophetische Aktivität konnte göttlich machtvoll erscheinen, nur weil sie menschlich unmöglich war. Das heißt, die großen Zwänge, die ihre Sonderstellung für ihresgleichen so erstaunlich erscheinen ließen, gaben dieser auch einen zusätzlichen Glanz, welchen sie in einer Kirche von Gleichrangigen nicht besitzen könnte. Und Hildegard akzeptierte dieses Paradox genauso wie ihre Zeitgenossen. Sie behauptete niemals, daß sie als Frau und Christin irgendein „Recht“ habe, um in der Kirche zu lehren und prophetisch tätig zu sein. Genausowenig forderte sie die Gleichheit mit Männern. Eher bestand sie darauf, daß Gott ein armes, zerbrechliches, ungebildetes Weib wie sie selbst auserwählt habe, um seine Geheimnisse offenbar werden zu lassen, nur deshalb, weil diejenigen, denen er sie zuerst anvertraut hatte – die weisen, gelehrten, männlichen Kleriker –, nicht gehorchten. Sie lebe in einer „weiblichen Zeit“ (*muliebre tempus*), in der Männer lax, schwach und empfindlich – mit einem Wort weibisch – geworden sind, so daß Gott sie durch die Stärkung von Frauen verwirren mußte.[9] Indem er sich so eines Instruments bediente, welches von Natur aus zerbrechlich und jämmerlich ist, bewies er wieder, daß er, jenseits aller menschlichen Ordnung oder Unordnung, Wunder wirken konnte. „Das Törichte in der Welt hat Gott erwählt, um die Weisen zuschanden zu machen, und das Schwache in der Welt hat Gott erwählt, um das Starke zuschanden zu machen. Und das Niedrige in der Welt und das Verachtete hat Gott erwählt: das, was nichts ist, um das, was etwas ist, zu vernichten" (1 Kor 1, 27–29).

Genau diese Überzeugung liegt nun Hildegards prophetischem Ruf, so wie er sich am Anfang der *Scivias* ankündigt, zugrunde:

> O du hinfälliger Mensch aus Erdenstaub, Asche aus Asche, verkündige und sprich über den Zugang zur unvergänglichen Erlösung, damit alle belehrt werden, die den inneren Gehalt der Schriften kennen, ihn jedoch nicht aussagen und verkünden wollen. Denn sie sind lau und oberflächlich in der Beobachtung der göttlichen Gerechtigkeit. Erschließe ihnen die versiegelten Geheimnisse, die sie ängstlich in einem versteckten unfruchtbaren Acker verbergen. Ergieße dich wie ein überfließender Quell, verströme dich in geheimnisvoller Lehre, damit durch den Erguß deiner Flut jene aufgeschreckt werden, die dich wegen der Übertretungen Evas mit Verachtung strafen möchten.[10]

Das war also Hildegards Mission: die Geheimnisse der Schrift zu erschließen, den Weg der Erlösung zu verkünden, die Priester und Prälaten zu ermahnen und das Volk Gottes zu unterweisen. Und all das hatte Gott einer Frau anvertraut, trotz der Übertretungen Evas, weil „die Weisen und Starken" tiefer gefallen waren, als die Frauen.

Im Anschluß an dieses Einleitungskapitel werde ich noch einmal auf die Frage weiblicher Autorität und die Strategien, mit der eine Visionärin des 12. Jahrhunderts diese bestärken konnte, zurückkommen. Aber zuerst soll eine Darstellung von Hildegards Laufbahn und ihrem reichen Schrifttum dazu dienen, den Grad und den Typ der Autorität zu charakterisieren, den sie tatsächlich für sich in Anspruch nahm.

Biographische Skizze

Unsere Kenntnis von Hildegards Leben ist ungewöhnlich gut, da wir mehrere hundert Briefe besitzen, die von der Heiligen stammen oder an sie adressiert sind. Viele von diesen enthalten biographische Daten. Hildegards *Vita*, die in den Jahren 1177 bis 1181 von den Mönchen Gottfried von Disibodenberg und Theoderich von Echternach erstellt wurde, schließt Erinnerungen ein, die die Heilige in der ersten Person diktierte. Eine fragmentarische *Vita* von Guibert von Gembloux liefert weitere Details. Andere Quellen enthalten Chroniken und Dokumente der zwei von Hildegard gegründeten Klöster, sowie die *Acta*, die 1233–1237 für ihre Heiligsprechung angelegt wurde.[11] Die letztere handelt hauptsächlich von Wunderheilungen und Exorzismen, die Hildegard zugeschrieben werden, und ihr größter historischer Wert liegt im Nachweis des Hildegardkultes.

Im Jahre 1098 in Bermersheim bei Alzey geboren, war Hildegard das zehnte Kind adliger Eltern, welche sie Gott als Zehnt weihten.[12] Drei ihrer Geschwister widmeten ihr Leben ebenfalls Gott: ein Bruder war Kantor am Mainzer Dom, ein anderer wurde Stiftsherr in Tholey, und eine Schwester nahm den Schleier in Hildegards Kloster an. 1106 trat das achtjährige Mädchen in eine Klause in der Nähe des blühenden Klosters von Disibodenberg ein, um von der hochgeborenen Klausnerin Jutta von Sponheim erzogen zu werden. Von Jutta lernte sie „das Singen der Psalmen“, mit anderen Worten: sie wurde darin unterrichtet,

Latein zu lesen.[13] Ihre weitere Erziehung wurde dem Mönch Volmar von Disibodenberg anvertraut, der ihr lebenslanger Freund, Vertrauter und Sekretär wurde. Während ihrer Jugendzeit (ca. 1112–1115), legte Hildegard das Versprechen der Jungfräulichkeit ab und empfing von Otto, dem Bischof von Bamberg, den Schleier. In der Zwischenzeit war aus der Klause ein vollentwickeltes Kloster geworden, welches die Benediktregel beobachtete, und als die Meisterin Jutta im Jahre 1136 starb, wählten die Nonnen Hildegard zu ihrer Nachfolgerin. Fünf Jahre später empfing die Äbtissin[14] den prophetischen Ruf und begann mit Hilfe und Unterstützung von Volmar und ihrer Lieblingsnonne, Richardis von Stade, mit der Verfassung der *Scivias*. Eine Miniatur des 13. Jahrhunderts zeigt die Seherin in Aktion: erleuchtet vom Feuer in der Höhe, schreibt sie die himmlische Eingebung auf Wachstäfelchen vor, während Volmar den korrigierten Text in ein Buch abschreibt und eine Nonne danebensteht, um ihrer Meisterin zu assistieren (Deckblatt).

Von früher Kindheit an, lange bevor sie ihre öffentliche Mission aufnahm oder ihr klösterliches Gelübde abgelegt hatte, wurde Hildegards spirituelle Wahrnehmung durch das begründet, was sie *umbra viventis lucis*, Schatten des lebendigen Lichtes, nannte.[15] Ihr Brief an Guibert von Gembloux, im Alter von 77 Jahren geschrieben (1175), beschreibt die Erfahrung dieses Lichtes mit bewundernswerter Genauigkeit.

> Von meiner Kindheit an, als meine Gebeine, Nerven und Adern noch nicht erstarkt waren, erfreue ich mich der Gabe dieser Schau in meiner Seele bis zur gegenwärtigen Stunde, wo ich schon mehr als siebzig Jahre alt bin. Und meine Seele steigt – wie Gott will – in dieser Schau empor bis in die Höhe des Firmaments und in den Himmel, und sie breitet sich aus unter verschiedenen Menschen, auch wenn sie weit weg von mir in entfernten Ländern und Orten sind. Ich sehe aber diese Dinge nicht mit äußeren Augen und höre sie nicht mit

äußeren Ohren, auch nehme ich sie nicht mit den Gedanken meines Herzens noch durch irgendwelche meiner fünf Sinne wahr. Ich sehe sie vielmehr einzig in meiner Seele, mit offenen leiblichen Augen, so daß ich dabei niemals die Bewußtlosigkeit einer Ekstase erleide, sondern wachend schaue ich dies, bei Tag und Nacht. Und ich werde durch Krankheiten immerfort gehemmt und oft von derart schweren Schmerzen gefesselt, daß sie mich zu Tode zu bringen drohen. Doch hat Gott mich bis jetzt immer neu belebt.

Das Licht, das ich schaue, ist nicht an den Raum gebunden. Es ist viel, viel heller als eine Wolke, die die Sonne in sich trägt. Weder Höhe noch Länge noch Breite vermag ich an ihm zu erkennen. Es wird mir als der „Schatten des lebendigen Lichts" bezeichnet. Und wie Sonne, Mond und Sterne in Wassern sich spiegeln, so leuchten mir Schriften, Reden, Kräfte und gewisse Werke der Menschen in ihm auf. Alles, was ich in der Schau sehe und lerne, das behalte ich lange Zeit in meinem Gedächtnis, weil, sobald ich es sehe oder höre, es in mein Gedächtnis eingeht. Ich sehe, höre und weiß gleichzeitig, und wie in einem Augenblick erlerne ich das, was ich weiß. Was ich aber nicht sehe, das weiß ich nicht, denn ich bin ungelehrt und wurde nur unterwiesen, in Einfalt Bücher zu lesen. Und was ich schreibe, das schaue und höre ich in der Vision und setze keine anderen Worte als die, die ich höre und in ungefeilten lateinischen Worten, so wie ich sie in der Vision höre, kundtue. Denn ich werde in der Schau nicht gelehrt, wie die Philosophen zu schreiben. Die Worte in dieser Schau klingen nicht wie die aus Menschenmund, sondern sie sind wie eine aufleuchtende Flamme und wie eine im reinen Äther sich bewegende Wolke.

Die Gestalt dieses Lichtes vermag ich aber nicht zu erkennen, wie ich auch die Sonnenscheibe nicht ungehindert anschauen kann. In diesem Licht sehe ich zuweilen, aber nicht oft, ein anderes Licht, das mir das „lebendige Licht" genannt wird. Wann und wie ich es schaue, kann ich nicht sagen. Aber solange ich es schaue, wird alle Traurigkeit und alle Angst von mir genommen, so daß ich mich wie ein einfaches junges Mädchen fühle und nicht wie eine alte Frau. Aber aufgrund

> der fortdauernden Krankheit, die ich erleide, werde ich manchmal müde darin, die Worte und Visionen aufzuschreiben, die mir offenbart werden. Dennoch, wenn meine Seele sie schmeckt und sieht, werde ich durch sie so umgewandelt, daß, wie ich schon sagte, ich alle Schmerzen und alle Not vergesse. Und wenn ich in dieser Vision Dinge sehe und höre, trinkt meine Seele von ihnen wie aus einer Quelle, die immerfort voll und unerschöpflich bleibt. Niemals entzieht sich meiner Seele das Licht, welches ich den Schatten des lebendigen Lichts nenne, und ich sehe es so, wie wenn ich in einen sternenlosen Himmel in einer scheinenden Wolke anblicke. Dort schaue ich die Dinge, von denen ich häufig spreche, und ich antworte den Briefschreibern von den Strahlen dieses lebendigen Lichts her.[16]

Ein aufschlußreicher Abschnitt in der *Vita* der Heiligen läßt darauf schließen, daß, obwohl Hildegard dieses Licht von Kindheit an empfing, erst Jahrzehnte vergehen mußten, bevor sie das Licht und die Gestalten, die sie darin sah, als Gabe Gottes deuten konnte. Im Alter von drei Jahren, so berichtete Hildegard ihrem Biographen, erzitterte sie bei der Vision eines blendenden Lichtes, das zu beschreiben sie noch zu jung war.[17] Als sie fünf war, erschreckte sie ihre Amme damit, daß sie beim Anblick einer trächtigen Kuh genau die Farbe des ungeborenen Kalbes voraussagte.[18] Oft sagte sie die Zukunft voraus. In ihrer Jugend jedoch wurde das gutgläubige und zerbrechliche Mädchen schließlich gewahr, daß niemand anderes das sehen konnte, was sie sah. Verlegen darüber ließ sie davon ab, ihre seltsamen Erlebnisse zu berichten, obwohl ihre Visionen fortdauerten. Das Mädchen vertraute nur ihrer Meisterin Jutta, die die Visionen an Volmar berichtete.

Mit Ausnahme dieses scharfsichtigen Mönches schien niemand in der Umgebung Hildegards ihre Vorliebe für Visionen als Charisma verstanden zu haben. Es läßt sich unmöglich sagen, ob diese Eigentümlichkeit des Kindes die Eltern in ihrem frommen Wunsch, das Kind als Zehnt darzugeben, anregte oder bloß bestärkte, da sie gefürchtet haben mögen, daß ihre Zerbrechlichkeit und Überspanntheit sie für das normale Leben einer verheirateten Frau ungeeignet machte. Das Mönchtum diente in dieser Zeit oft als Refugium der schwachen und behinderten Kinder des Adels.[19] Selbst nach Juttas Tod, als Hildegard Äbtissin ihres Klosters wurde, nutzte sie ihre Autorität nicht gleich dazu aus, um ihre Visionen kundzutun. Auch nachdem sie 1141 ihrem Ruf gefolgt war und zu schreiben begann, beschrieb sie bezeichnenderweise niemals eine Vision, die sie vor diesem Jahr gehabt hatte. Nur im Rückblick, so scheint es, erkannte Hildegard diese frühen Erfahrungen als Stufe der Vorbereitung auf ihren Ruf.

Trotz ihrer eigenen Gewißheit, eine göttliche Offenbarung empfangen zu haben, suchte die Seherin weitere Bestätigung durch die Kirche. 1147 schrieb sie an den von ihr hochgeschätzten Bernhard von Clairvaux, um von ihm sein Gebet und seinen Rat zu erbitten. In diesem Brief, dem ersten von mehr als dreihundert Briefen, die ihr zugeschrieben werden, nannte sich Hildegard selbst „erbärmlich und mehr als erbärmlich in meinem Sein als Frau“ und beklagte ihre Krankheit, Unsicherheit und Furcht; aber sie fuhr fort darin, ihre Visionen als „große Wunderdinge“ zu beschreiben, die durch den Geist Gottes offenbart wurden.[20] Der Abt von Clairvaux bezog zu Hildegards Gnadengabe, wenn auch etwas reserviert, Stellung. In der Zwischenzeit hatte Volmar dem Abt von Disibodenberg, Kuno, von den Visionen seines Schützlings berichtet, welcher wiederum Heinrich, den Erzbischof von Mainz, darüber Bericht erstattete. Als Papst Eugenius III, ein Zisterzienser und Schüler von Bernhard, 1147–48 bei der Synode von Trier präsidierte, brachte Heinrich die Angelegenheit der Visionen Hildegards zur Sprache.[21] Von diesem Bericht gefesselt, sandte der Papst zwei Legaten zum nahe gelegenen Disibodenberg, um die Seherin zu besuchen und eine Kopie ihrer Schriften sicherzustellen. Sie kehrten mit der noch immer unfertigen *Scivias* zurück, aus der Eugenius selbst öffentlich vor den versammelten Prälaten vorlas. Die Versammlung war übereinstimmend beeindruckt, besonders auch als Bernhard den Moment wählte, um sich für die Visionärin, die seine Hilfe ersucht hatte, zu verwenden. Seinem Vorschlag folgend, sandte Eugenius an Hildegard einen Brief, der ein Wort des Grußes sowie eine apostolische Lizenz erhielt, in ihrem Schreiben fortzufahren.[22] Von diesem Zeitpunkt an wuchsen ihr Ruhm und der Kreis ihrer Korrespondenten bis zu ihrem Tode stetig an.

Nachdem Hildegard eine Berühmtheit geworden war, begann ihr Konvent in Disibodenberg so viele Postulanten anzuziehen, daß das Kloster sie nicht mehr beherbergen konnte. Aus diesem Gründe entschloß sie sich, umzuziehen und eine neue Gemeinschaft auf dem Rupertsberg bei Bingen zu gründen – einem Ort, der ihr in einer Vision offenbart worden war.[23] Den Mönchen von Disibodenberg gefiel der Verlust dieser neuen Quelle von Ruhm und von Einnahmen nicht, und sie widersetzten sich dem Plan. Hildegard aber nutzte ihre familiären Beziehungen, um die Unterstützung Heinrichs von Mainz zu gewinnen. Zur gleichen Zeit bekämpfte sie die Mönche mit passivem Widerstand, indem sie eine lähmende Krankheit, die sie ans Bett fesselte, dem Umstand zuschrieb, daß die Erfüllung des göttlichen Willens hinausgezögert wurde. Aufgrund dieser Heimsuchung gewann sie schließlich die Zustimmung des skeptischen Kuno, woraufhin die Seherin sofort von ihrem Krankenbett genas. Das Eigentum wurde also erworben, der Kloster gebaut, und im Jahre 1150 konnte Hildegard mit achtzehn ihrer Nonnen in die neue Gründung einziehen. Nun begann sie für die Unabhängigkeit von den Mönchen zu kämpfen und konnte schließlich 1155 von Kuno und seinem Nachfolger die exklusiven Rechte für das Eigentum auf dem Rupertsberg sicherstellen. Drei Jahre später garantierte Heinrichs Nachfolger, Arnold von Mainz, dem Kloster seinen Schutz und regelte die weltlichen und geistlichen Beziehungen zwischen Disibodenberg und den Rupertsberger Nonnen. Während dieser Verhandlungen veränderte sich der Gesundheitszustand der Seherin weiterhin entsprechend dem Stand von Erfolg oder Mißerfolg ihrer Pläne. 1165 war der Rupertsberg so wohlhabend geworden, daß Hildegard in der Lage war, ein Tochterhaus in der Nähe von Eibingen zu gründen. Dieses Kloster, jetzt die Abtei St. Hildegard, existiert heute noch, während das ursprüngliche Rupertsberger Kloster im Dreißigjährigen Krieg zerstört wurde.[24]

In der Zwischenzeit fuhr die Äbtissin mit ihren literarischen Aktivitäten fort und wurde so allmählich zu einer öffentlichen Persönlichkeit. Ihr gefeiertes erstes Buch, *Scivias*, hat seinen kurzen Titel von der Ermahnung *Scito vias Domini*, oder *Wisse die Wege des Herrn*. Nach dem Abschluß der *Scivias* im Jahre 1151 begann sie die Arbeit an einer großen wissenschaftlichen und medizinischen Enzyklopädie, dem *Liber simplicis medicinae*, oder dem *Buch von dem inneren Wesen der verschiedenen Naturen der Geschöpfe*. Dieses Werk, das auch als *Physica* bekannt ist, enthält eine umfassende Pflanzenkunde, Tierkunde und Gesteinskunde. Hildegard ergänzte diese Enzyklopädie mit ihrem Werk *Causae et curae*, dem *Buch von den Ursachen und der Behandlung von Krankheiten*, das auch *Heilwissen* genannt wird und ein Handbuch über Krankheiten und ihre Heilmittel ist.[25] In derselben Zeit schrieb sie auch ihre liturgischen Texte und Kompositionen, für die sie bereits im Jahre 1148 bekannt war.[26] (Ihre Lieder werden eventuell in einem Zyklus unter dem Titel *Symphonia armonie celestium revelationum*)[27] arrangiert werden. 1158 begann sie mit dem zweiten Band ihrer visionären Trilogie, dem *Liber vitae meritorum*, dem *Buch der Lebensverdienste*, welches sie 1163 beendete.[28] Der dritte und letzte Band *De operatione Dei* oder *Liber divinorum operum*, das Buch *Welt und Mensch*, beschäftigte sie zwischen 1163 und 1173.[29]

Hildegards Briefwechsel erstreckt sich über die drei Jahrzehnte von 1147 bis zu ihrem Tod. Er richtet sich an alle Schichten der Gesellschaft, angefangen bei Päpsten, Kaisern und Prälaten bis hin zu Äbten, Äbtissinnen, Priestern, Mönchen und Laien.[30] In der Mitte der 1150er Jahre war ihr Ruhm so groß, da Friedrich Barbarossa sie einlud, ihn in seiner Pfalz in Ingelheim zu treffen. Der Inhalt ihres Gespräches ist leider nicht bekannt.[31] Zwischen 1158 und 1161 unternahm Hildegard, trotz anhaltender Krankheit, die erste von vier ausgedehnten Predigtreisen. Auf ihrer Reise in östlicher Richtung entlang des Mains predigte sie in Kommunitäten in Mainz, Wertheim, Würzburg, Kitzingen, Ebrach und Bamberg, um das Anliegen einer monastischen und klerikalen Reform zu unterstützen. Die Briefe, die sie nach ihren Besuchen an diese Gemeinschaften schrieb, vermitteln den Tenor ihrer Predigten. 1160 unternahm sie eine weitere Reise, diesmal südwärts nach Lothringen, mit Aufenthalten in Metz und Krauftal; an Pfingsten predigte sie öffentlich in der Domstadt Trier. Ihre dritte Reise, zwischen 1161 und 1163, führte sie abwärts des Rheines nach Boppard, Andernach, Siegburg und Werden. In Köln wandte sie sich an Kleriker und Volk gemeinsam.[32] Nach einer weiteren schweren Krankheit, 1167–1170, unternahm die Seherin, nun in ihren Siebzigern, eine vierte und letzte Predigtreise nach Schwaben, wobei sie Rodenkirchen, Maulbronn, Hirsau, Kirchheim und Zwiefalten besuchte.

Während sie ihre sechs Hauptwerke verfaßte, zwei Klöster gründete und vielerorts in Deutschland predigte, fand Hildegard auch noch Zeit für verschiedene Gelegenheits- und Streitschriften. In diesen Schriften finden sich Darlegungen der Benediktregel und des Athanasianischen Credo, des Lebens ihrer Patronatsheiligen Rupert und Disibod sowie Lösungen für 38 theologische Fragen, die ihr von

Guibert und den Mönchen von Villers vorgelegt worden waren.[33] Eine Serie von Predigten zum Evangelium, die wahrscheinlich von ihren Nonnen in Kapiteln übertragen worden sind, entfalten trotz ihrer nur skizzenhaften Aufzeichnung eine starke Originalität.[34] Das vielleicht merkwürdigste all ihrer Werke ist die sogenannte *Unbekannte Sprache*, eine Liste von ungefähr 900 künstlichen Namen und anderen Wörtern mit begleitendem deutschsprachigem Kommentar. Der Sinn dieser erfundenen Sprache ist unklar, obwohl sie viele Namen für Pflanzen und Kräuter enthält, die Bezug zu Hildegards medizinischer Arbeit gehabt haben könnten.[35] In dringenden Fällen war sie auch immer bereit, sich polemisch zu äußern. Während der 1160er Jahre, als sich das Katharertum im Rheinland weiter verbreitete, verfaßte Hildegard auf Nachfrage einer religiösen Gemeinschaft in Mainz ein Schreiben gegen die Katharer.[36] Zu ungefähr derselben Zeit fragte Eberhard, der Bischof von Bamberg, nach ihrer Meinung in seinem christologischen Streit mit Gerhoch von Reichersberg. Die Antwort der Heiligen ist eine Darlegung ihrer eigenen trinitarischen Theologie.[37]

In politischen Angelegenheiten genoß Hildegard aufgrund ihrer aristokratischen Stellung und ihres Ruhmes den Vorteil, Privilegien von den Großen ihrer Zeit zu erhalten. Aber im Namen Gottes konnte sie gleicherweise in Opposition zu diesen treten. Das hervorstechendste Beispiel ist ihre ambivalente Beziehung zu Friedrich Barbarossa. 1163, einige Jahre nach dem Treffen in Ingelheim, gewährte Friedrich dem Rupertsberg in einem Edikt den immerwährenden kaiserlichen Schutz.[38] Seit 1159 hatte der Kaiser sich schismatisch verhalten, da er einen eigenen Papstkandidaten, Victor IV., gegen Papst Alexander III. unterstützte. Hildegard nahm in diesem Schisma keinen Standpunkt ein. Aber als Victor 1164 starb und Friedrich einen Nachfolger, Paschal III., ernannte, sandte ihm Hildegard eine scharfe Rüge, indem sie ihn mit einem Kind und einem Verrückten verglich.[39] Er blieb dennoch halsstarrig und ernannte bei Paschals Tod im Jahre 1168 wieder einen neuen Antipapst, Calixtus III. Diesmal schleuderte ihm Hildegard den Zorn Gottes entgegen: „Der da ist, spricht: Die Widerspenstigkeit zerstöre Ich, und den Widerstand derer, die mir trotzen, zermalme Ich durch mich selbst. Wehe, wehe, diesem bösen Tun der Frevler, die mich verachten! Das höre, König, wenn du leben willst! Sonst wird mein Schwert dich durchbohren!“[40] Immer noch ließ sich der Kaiser nicht erweichen, und das Schisma zog sich bis 1177 fort. Dennoch, trotz Hildegards wilden Ausbrüchen gegen Friedrich, bewahrte sein Schutzbrief den Rupertsberg vor allem Schaden während späterer Unruhen.

Die letzten Jahre im Leben Hildegards waren mit zwei weiteren Konflikten verbunden. Der erste begann 1173, als Volmar, ihr Sekretär, der auch Propst des Klosters war, verstarb, und die Mönche von Disibodenberg sich weigerten, ihn zu ersetzen. In dieser Notlage wandte sich Hildegard an Papst Alexander III., dessen Rechte sie vehement verteidigt hatte.[41] Durch die Intervention des Papstes erhielt sie schließlich einen neuen Propst, Gottfried, der seine Stelle dazu nutzte, die Vita der Heiligen zu beginnen. Gottfried selbst starb 1176, aber zu dieser Zeit hatte Hildegard bereits in Guibert von Gembloux einen neuen Schutzherren gefunden. Der hitzige wallonische Mönch, inspiriert durch die Korrespondenz mit der Seherin, besuchte sie schließlich in Bingen und wurde 1177 ihr Sekretär. Er blieb im Kloster bis nach ihrem Tod.

1178 sah sich die Achtzigjährige vor die größte Prüfung ihres Lebens gestellt: Ein Interdikt wurde über ihre Gemeinschaft verhängt.[42] Der angebliche Grund dieses Bannes war die Beerdigung eines exkommunizierten Edelmannes auf dem Rupertsberger Kirchhof, obwohl der Verschiedene vor seinem Tod mit der Kirche wiederversöhnt war. Die Kanoniker des Mainzer Domes verlangten, daß seine Gebeine exhumiert würden, aber Hildegard lehnte das ab und segnete statt dessen das Grab feierlich mit ihrem Äbtissinnenstab. Philipp, der Erzbischof von Köln, intervenierte für die Äbtissin und fand zuverlässige Zeugen, um nachzuweisen, daß der Tote Absolution erhalten und eine kirchliche Beerdigung verdient hatte. In ihrer Urkunde hoben die Kanoniker in Abwesenheit des eigenmächtigen Erzbischofs Christian das Interdikt auf. Dennoch gelang es Hildegards Feinden, Christian, der auf dem Dritten Laterankonzil in Rom weilte, zu überzeugen, daß die Aktion der Kanoniker gegen seine Rechte verstieß. Daraufhin erneuerte Christian den Bann zeitweise, trotz der unverminderten Proteste der Äbtissin. Dieses Interdikt veranlaßte einen langen Brief Hildegards an die Prälaten von Mainz. Er enthält eine leidenschaftliche Verteidigung liturgischer Musik, welche den Nonnen unter dem Bann verboten war.[43] Der Bannspruch wurde bis zum März 1179, sechs Monate vor dem Tod der Seherin am 17. September, nicht aufgehoben.

Sofort nach ihrem Tod begann die Verehrung Hildegards als Heilige, und Papst Gregor IX. eröffnete 1233 den Kanonisierungsprozeß. Aus technischen Gründen wurde dieser Prozeß nie zu Ende geführt: die Inquisitoren machten eine schlampige Arbeit und versäumten in ihrer Aufzeichnung Daten und Orte von Hildegards Wundern aufzulisten.[44] Nach Trithemius von Sponheim wurden außerdem 1243 und 1317 ergebnislose Nachforschungen angestellt, aber sein Zeugnis wird durch keine Aufzeichnungen bestätigt. Die Legende sagt, daß die Wunder der Heiligen inzwischen aufhörten. Ein ständiger Strom von Pilgern hatte die Nonnen gestört, und diese hatten daraufhin den Bischof gebeten, ihrer dahingeschiedenen Gründerin unter Gehorsamspflicht zu gebieten, keine Wunder mehr zu wirken.[45] Dennoch blieb der lokale Hildegardkult stark. Seit 1940 wird am 17. September mit Erlaubnis der Heiligen Kongregation ihr Andenken in allen Diözesen Deutschlands gefeiert.[46]

Charakterisierung der Werke Hildegards

Hildegards visionäres Werk – reich, undurchsichtig und schwerfällig – ist ein einzigartiges Phänomen unter den Schriften des 12. Jahrhunderts. Zugleich bieten ihre Bücher ein Kompendium des zeitgenössischen Denkens. Die Intention der *Scivias* ist lehrhaft, die des *Liber vitae meritorum* ethisch und die der *De operatione Dei* wissenschaftlich. Aber neben ihren inhaltlichen Differenzen weisen die drei Bände einen unverkennbaren Charakter auf. In Hildegards Welt haben weder die Unterscheidungen der Scholastiker noch die Negationen spitzfindiger Doktoren und auch nicht die Verzückungen der Brautmystiker einen Platz. Aber nicht weniger als bei diesen ist ihre Welt von Ordnung, Mysterium und flammender Liebe geprägt. Ihr Universum klingt voll der kompliziertesten, ungebrochenen Harmonien und brodelt zugleich im Streit von unbarmherzigen, sich widerstrebenden Kräften. Dinge von oben antworten Dingen von unten: Die Augen der Kerubim spiegeln die Gesichter der Heiligen wider, und die Kinder Evas leuchten wie Sterne am Himmel. Seele, Leib und Kosmos interagieren auf eine Art und Weise, die ebenso dynamisch wie exzentrisch ist. Und das Göttliche Licht erleuchtet alles – dennoch hat selbst im Herzen des kosmischen Tanzes die Macht der Dunkelheit ihren Platz, wenn auch nur niedergeworfen zu Füßen der Liebe. Die zerbrechliche Seele, begnadet mit dem schicksalhaften Wissen um Gut und Böse, angezogen von himmlischem Verlangen und dennoch Beute von höllischen Eingebungen, geht ihren unsicheren Weg unter der Leitung der Kirche und des weltlichen Reiches, wobei sie in jedem Moment frei ist, zu rebellieren oder zu gehorchen.

In der *Scivias*, Hildegards bedeutendstem Werk, bildet das dramatische Spiel visionärer Formen eine verständliche Anleitung zur christlichen Lehre. Trotz seiner ausufernden

Bilder ist das Buch in seiner Substanz nicht weit von Hugo von St. Viktors Summa *Über die Sakramente des christlichen Glaubens* entfernt, die nur zwei Jahrzehnte vorher geschrieben wurde (ca. 1134). Wie Hugo, wenn auch nicht so systematisch, behandelt Hildegard die Themen der Herrlichkeit Gottes, die Dreieinigkeit, die Schöpfung, den Fall Luzifers und Adams, die Stufen der Erlösungsgeschichte, die Kirche und ihre Sakramente, das Jüngste Gericht und die zukünftige Welt. Sie verweilte lange bei den Themen Priesterschaft, Eucharistie und Ehe – Lehren, die von den Katharern offen zurückgewiesen worden waren. Immer wieder kehrte sie zu ihren zwei Lieblingsthemen zurück, nämlich der zentralen Bedeutung der Inkarnation und der Notwendigkeit des geistlichen Kampfes. Am längsten beschrieb sie an dritter Stelle ein ausgedehntes architektonisches Gebilde, das für sie das „Gebäude der Erlösung", die Stadt Gottes oder die Kirche in der Fülle ihrer göttlichen und menschlichen Realität darstellt.

Innerhalb der Mauern dieser allegorischen Stadt lebt eine Schar von Frauen, die *Virtutes*, deren Kleider, Eigenschaften, Redeweisen und Gesten bis ins letzte Detail bedeutungsvoll sind. Auch wenn diese „Virtutes" wie konventionelle Figuren in der Tradition der *Psychomachia* von Prudentius zu sein scheinen,[47] haben sie doch eine tiefere Bedeutung. Denn jede Kraft, so beschrieb es Hildegard, ist in Wahrheit „ein leuchtendheller Schein, der von Gott her im Werk des Menschen aufstrahlt"[48]. Sie ist nicht eine personifizierte, moralische Qualität, sondern eine numinose Kraft, die nur deshalb in menschlicher Gestalt erscheint, weil sie menschliches Handeln erwirkt. Die deutschen Übersetzer der Seherin geben *Virtutes* korrekterweise mit dem Wort Kräfte und nicht mit Tugenden wieder, da die moralische Bedeutung von virtutes gegenüber ihrer göttlichen und ontologischen Kraft sekundär ist. So wie Christus und die Kirche haben die Kräfte eine doppelte Natur. Sie weisen erstens auf die göttliche Gnade und zweitens auf das Mitwirken des Menschen hin. Durch sie vermittelt Hildegard ihr grundlegendes Konzept der Synergie – Erlösung als gemeinsame Anstrengung von Gottheit und Menschheit. (Wie wir noch sehen werden, ist ihre weibliche Form kein bloß grammatisches Geschlecht.) Die *Scivias* endet mit einem apokalyptischen Abschnitt, einem Kreis von Hymnen zur Ehre der Seligen und einem moralischen Spiel – bei weitem das älteste Beispiel dieser Gattung –, in welchem die Kräfte einer zerknirschten und reuigen Seele helfen, den Ränken des Teufels zu widerstehen und Erlösung zu finden.[49]

Für Studenten der mittelalterlichen Kunst ist die *Scivias* wegen des eindrucksvoll ausgemalten Manuskripts, das um 1165 in Hildegards eigenem Skriptorium, vermutlich unter ihrer Aufsicht, hergestellt wurde, von Interesse (Wiesbaden, Hessische Landesbibliothek, Hs. 1).[50] Dieses Manuskript, das während des Zweiten Weltkrieges tragischerweise nach Dresden gegeben wurde, um es dort sicher aufzubewahren, wird seit 1945 vermißt. Glücklicherweise hatten die Nonnen von Eibingen aber während der zwanziger Jahre ein handgeschriebenes und handgemaltes Faksimile angefertigt. Von dieser Kopie (Eibingen, Abtei St. Hildegard, Cod. 1) stammen auch die meisten Illustrationen in diesem Buch. Die Rupertsberger *Scivias*-Bilder sind einzigartig und stilistisch von den Werken zeitgenössischer Manuskriptmalereien entfernt. Einige erinnern an frühe Holzschnitte. Sie haben alle die Frische naiver Kunst, und so wie Hildegards Prosa entschädigen ihre überraschende Kraft und Originalität für die mangelnde Kunstfertigkeit. Obwohl in ihnen ikonographische Standardmotive zu erkennen sind, kommen diese in ungewöhnlichen Kombinationen vor, und viele Bilder sind so ausgefallen, da eine enge Arbeitsbeziehung zwischen der Visionärin und der unbekannten Künstlerin – möglicherweise eine von Hildegards Nonnen – anzunehmen ist.

Das *Liber vitae meritorum*, der zweite Band ihrer Trilogie, kreist um eine einzige visionäre Figur. Hildegard sah Gott in der Gestalt eines geflügelten Mannes (*vir*), dessen Haupt und Schultern in den reinen Äther reichen. Von seinen Schultern bis zu seinen Schenkeln ist er in eine leuchtende Wolke gehüllt, von den Oberschenkeln bis zu den Knien ist er von der Luft dieser Welt umgeben, und von den Knien bis zu den Waden taucht er in die Erde ein, und seine Füße ruhen in den Wassern der Unterwelt. Aus dem Atem seines Mundes kommen drei Wolken – eine flammende, eine stürmische und eine leuchtende –, welche die drei Ordnungen der gesegneten Geister repräsentieren. Dieser kolossale Mann überblickt und erhält den Kosmos, der sich um ihn entfaltet, indem er ihn mit grenzenloser Lebenskraft füllt. Er wird *vir* genannt, so erklärt die Seherin, weil von ihm alle Stärke (*vis*) und alles, was lebt (*vivunt*), ausgeht. Die Ewigkeit Gottes, welche er verkörpert, „ist ein Feuer, nicht ein verborgenes Feuer oder ein stilles Feuer, sondern ein aktives Feuer“, das die Welt beseelt.[51] Diese göttliche Immanenz wird im *Liber divinorum operum* zum Hauptthema. Aber in diesem Buch genügte es Hildegard, die Größe Gottes über den Sünden von Männern und Frauen, ihrem grundlegendem Thema, aufscheinen zu lassen.

Das Buch ist sorgfältig strukturiert. In jedem der ersten fünf Teile leitet eine kurze Vision des Kosmischen Menschen einen Dialog ein, in welchem eine Gruppe von Lastern ihre Boshaftigkeit verkündet, nur um von den entsprechenden Tugenden verflucht zu werden. Im Unterschied zu den Tugenden, treten die Laster nicht in ihren traditionell weiblichen Formen auf; eher sind es groteske Gestalten, deren Elemente – teils männlich, teils weiblich und teils tierhaft – ihre moralische Verdorbenheit offenbaren. Die Härte des Herzens ist zum Beispiel eine dichte Rauchwolke, aus der als einziges menschliches Merkmal ein Paar große, schwarze Augen schauen, die auf die Dunkelheit fixiert sind; die Hexerei hat den Kopf eines Wolfes, den Körper eines Hundes und den Schwanz eines Löwen; das Selbstmitleid ist ein Leprakranker, der nur mit Blättern bekleidet ist und immer seine Brust schlägt, wenn er spricht.[52] Nach jedem Dialog gab Hildegard eine Auslegung ihrer Vision, gespeist von biblischen Zitaten und theologischen Kommentaren. Sie erklärte die Erscheinung jedes Lasters allegorisch.

Abschließend stellte sie die Qualen, die jedes Laster im Fegefeuer verdient, zusammen mit den Bußen, die der Sünder hier und jetzt tun kann, um erstere zu vermeiden, dar. Im sechsten und letzten Kapitel ihres Buches fügte sie kurze Beschreibungen von Himmel und Hölle hinzu, um dieses lange *Purgatorio* zu vervollständigen.

De operatione Dei ist sowohl das systematischste ihrer Bücher als auch das Buch, in dem sie mit ihren Gedanken am meisten abschweift. Sie bietet hierin einen wimmelnden, moralisierten Kosmos, in dem jedes Ding alles andere symbolisieren kann. Nach einer übermächtigen Vision der Göttlichen Liebe als der Urheberin und vitalen Kraft der Schöpfung (vgl. Titelbild), erzählte Hildegard neun kosmologische Visionen, die ein mathematisch präzises, aber auch intensiv dynamisches Modell der Welt liefern, welches auf der Vision von der menschlichen Gestalt Gottes und der Stadt Gottes aufgebaut ist. Noch einmal stellt eine vielseitige Methode der Allegorese Verbindungen zwischen höchst verschiedenen Phänomenen her. Einige ihrer Interpretationen sind eher konventionell, wenn sie zum Beispiel die sechzehn Hauptsterne mit den Kirchenlehrern vergleicht. Ihre Anzahl repräsentiert die Zehn Gebote und die sechs Weltzeitalter, oder die vier Enden der Welt mal die vier heiligen Ängste, oder die acht Glückseligkeiten mal die zwei Formen der Liebe.[53] Andere Stellen sind abstruser. In einem Abschnitt hat Hildegard eine sorgfältige Reihe von

Beziehungen zwischen Monaten des Jahres, Körperteilen, Lebensaltern und Leidenschaften der Seele ausgearbeitet. Einige von diesen sind merkwürdig, auch wenn es scheint, daß sie ein lebendiges Gefühl für die im täglichen Leben verborgenen Erfahrungstiefen zeigen. So steht zum Beispiel der Monat November in Beziehung zu den Knien, dem Greisenalter oder der zweiten Kindheit und den Gewissensqualen.

> Aus Furcht vor Kälte schleppt sich solch ein Greis, da er seiner eigenen Natur nach kalt geworden ist, mit seinen Gliedern ans Feuer. Deshalb ist dieser Monat, der fern von den Freuden des Sommers seine tristen Tage kalt dahingehen läßt, den Knien des Menschen zu vergleichen, die der Greis voll Schwermut krümmt, wenn er an seine ursprüngliche Lage denkt, da er genauso mit eingekrümmten Knien im Mutterleib wie eingeschlossen dahockte.[54]

Was bedeutet diese Phantasmagorie von Symbolen? Auch wenn der Detailreichtum schwülstig scheinen mag, gibt es nur einige wenige zusammenhängende Ordnungsprinzipien. Erstens verstand Hildegard in der typischen Weise des 12. Jahrhunderts die Welt als göttlichen Raum, in dem jedes Lebewesen sowohl ein Zeichen der göttlichen Fülle als auch ein Instrument seines Handelns ist. Ihre Sichtweise war grundlegend theozentrisch. Zweitens hat der Mensch als Bild Gottes innerhalb dieses göttlichen Raumes den Ehrenplatz. Und drittens muß, da die Erlösung der Seele das wichtigste Ziel im Leben ist, der Kosmos als eine riesengroße und komplizierte Morallektion gelesen werden. Hildegard stellte in das Herz ihres Buches zwei lange biblische Kommentare, einen über den Johannesprolog und einen über das erste Genesiskapitel. Der Evangeliumstext ist zu Recht vorangestellt, denn nur der Gedanke vom Wort, das Fleisch geworden ist, kann das schöpferische Wort, das Gott im Anfang aussprach, deuten. Dasselbe Wort wendet sich nun aus allen Ecken und Winkeln der Schöpfung an die gläubige Seele, so wie es in dem vielzitierten Vers von Alain von Lille heißt:

Omnis mundi creatura
Quasi liber et pictura
Nobis est et speculum.[55]

Daher war für Hildegard die moralische Deutung des Ostwindes, der Augenbrauen oder der Erschaffung des Fisches kein schmückendes Beiwerk, sondern genauso bedeutsam wie die Phänomene selbst. Denn alle Geschöpfe waren für den Menschen (*homo*) gemacht worden, der Körper für die Seele und die Seele zur Ehre Gottes.

Selbst die Engel frohlocken über die guten Werke der Heiligen, weil der Mensch das vollendete Werk Gottes ist, das aus den vier Elementen gemacht wurde, um den Glanz zu erhalten, der zu Luzifer vor seinem Fall gehörte. Während die Engel allein als geistige Wesen geschaffen wurden und reine Werkzeuge des Lobpreises sind, ist der Mensch für beides, Lobpreis und Arbeit, bestimmt, da er sowohl einen irdischen Leib als auch einen feurigen Geist besitzt. Und noch weiter ist er das Gewand des fleischgewordenen Wortes, das Geschöpf, in das Gott sich selbst kleidete, um seine göttliche Majestät zu zeigen.[56] Aber diese erhabene Sicht der menschlichen Würde wird durch einen Dualismus aufgehoben oder unterminiert, der so weit geht zu sagen, daß der sündige Leib die reine Seele, selbst gegen ihren Willen, verunreinigen kann. In einem Abschnitt über Kinder behauptet Hildegard, daß die Seele der Neugeborenen so rein ist wie Adam im Paradies, bis hin zum Alter der Entwöhnung, wenn der Körper und die Knochen des Kindes kräftiger werden. Dann jammert das zahnende Baby vor Schmerz über den Verlust der ursprünglichen Freude, weil die Seele, „gegen ihre Natur unterdrückt, durch den in Sünde lebenden Körper überwältigt wurde.“[57] So schwankte

Hildegard zwischen einer freudigen Bejahung der Welt und des Körpers und einer trübsinnigen Ablehnung des Fleisches und dessen Meister, des Teufels. Diese anthropologische Spannung ist tief verwurzelt und überall in ihrem Werk anzutreffen. Oft, wie wir noch sehen werden, nimmt sie die Form eines Zwiespaltes zwischen einer mutigen und bejahenden Verwendung sexueller Symbole und einer größtenteils negativen Sicht sexueller Praxis an.

In den letzten Visionen von *De operatione Dei* wandte sich Hildegard von der Kosmologie zur Geschichte, wobei sie mit gleicher Sicherheit Vergangenheit, Gegenwart und Zukunft durchstreifte. Eine Lobrede auf die Apostel führt zu einer Kritik an der gegenwärtigen Kirche, welche wiederum in einen Abschnitt apokalyptischer Prophetie mündet. Ihre Sichtweise vom Antichristen möchte ich hier nicht darlegen, aber es lohnt sich festzuhalten, daß, auch wenn ihre Trilogie nur von wenigen Menschen in ihrer eigenen Zeit oder auch zu späteren Zeiten gelesen worden ist, ihre Prophezeiungen doch das Interesse vieler Generationen gefunden haben.[58] Johannes von Salisbury bat zu Lebzeiten der Seherin Girardus Pucelle, ihre Bücher nach Offenbarungen über das Papstschisma und das unglückselige Schicksal Roms zu durchsuchen.[59] 1220, vierzig Jahre nach Hildegards Tod, erstellte der Zisterzienserprior Gebeno von Eberbach eine Anthologie ihrer prophetischen und apokalyptischen Schriften. Dieser einflußreiche Text mit dem Titel *Pentachronon* oder *Spiegel zukünftiger Zeiten* ist in über hundert Manuskripten erhalten – vergleichsweise gibt es nur elf von der *Scivias* und vier von *De operatione Dei*.[60]

Die Gründe für diese mangelnde Leserschaft sind nicht unverständlich. So mußte selbst Gebeno, einer von Hildegards Bewunderern, in seinem Vorwort eingestehen, daß „die meisten Menschen Hildegards Bücher nicht mögen und vor dem Lesen zurückschrecken, daß sie rätselhaft und in ungewöhnlichem Stil spricht – und dabei verstehen sie nicht, daß dies ein Beweis wahrer Prophetie ist“[61]. Der Lobredner der Heiligen aus der Renaissance, Trithemius von Sponheim, betete Gebenos Meinung nach und schrieb die Unverständlichkeit von Hildegards Stil ihrer göttlichen Inspiration zu: „kein Sterblicher kann ihre Werke verstehen“, so behauptete er, „wenn seine Seele sich nicht innerlich wahrhaftig in Gottes Ebenbild verwandelt hat“[62]. Aber selbst ein hingebungsvoller Leser hat es mit mehr als nur inhaltlichen Schwierigkeiten zu tun. Denn Hildegard meisterte, trotz ihres enzyklopädischen Wissens, niemals die lateinische Grammatik gut genug, um ohne Sekretär zu schreiben, der ihr Fälle und Zeiten korrigierte.[63] Und selbst mit solcher Hilfe leidet ihr Stil unter Wiederholungen, unbeholfenen Konstruktionen und verwirrenden Wortneuschöpfungen, und ihre Ideen strapazierten ihr begrenztes Vokabular oft bis zur Schmerzgrenze.

Aber auch wenn die Seherin sich ihres „ungeschliffenen Stiles“ bewußt war, so scheint sie ihn als Anzeichen dafür gepflegt zu haben, daß ihre Inspiration göttlich sein mußte, weil sie selbst nur zaghaft zu schreiben wußte. Als Guibert von Gembloux mit seiner humanistischen Liebe zur Redekunst, Nachfolger von Volmar und Gottfried, ihr Sekretär wurde, hatten er und die Äbtissin eine hitzige Auseinandersetzung über die Stilfrage. Hildegard erinnerte zuerst an die Nonnen, die ihr Diktat aufnahmen, sowie an ihren „einzig geliebten Sohn frommen Angedenkens Volmar“, die sich in aller Einfachheit mit ihren *ipsissima verba*, ihren ureigenen Worten, begnügt hatten. Guibert aber stellte das klassische augustinische Argument dagegen, daß selbst die Weisheit der Würze der Sprachkunst bedarf: eine „unpassende“ und „unharmonische“ Schreibweise stoße den Leser ab, aber ein treffender Stil bewege und inspiriere ihn. Ob Hildegard nun wirklich überzeugt oder bloß verzweifelt war, schließlich räumte sie ein:

> Wenn du [das *Leben des hl. Martin*] und andere Werke auf die Art verbesserst, wie deine Liebe sich freundlich meiner Fehler und Mängel annimmt, solltest du dich an folgende Regel halten: Nichts sollte hinzugefügt, weggelassen oder verändert werden. Du solltest deine Kunst nur da anwenden, wo die Regeln der lateinischen Grammatik verletzt sind. Oder, falls du es vorziehst – und dies ist etwas, was ich in diesem Brief entgegen meinen normalen Gewohnheiten zugestehe –, sei es dir auch erlaubt, die ganze Sequenz einer Vision in einen annehmbareren Redestil zu kleiden, der allerdings den wahren Sinn in jedem Teil bewahren muß. Denn wie ein an sich nahrhaftes Essen dem Appetit nicht bekommt, wenn es nicht gewürzt ist, so erregen Schriften, die voll heilsamer Ratschläge sind, in an einen geläufigen Stil gewöhnten Ohren Mißfallen, wenn sie sich nicht durch eine etwas farbige Redeweise auszeichnen.[64]

Dieser Brief ist von Guibert in der Person Hildegards verfaßt worden, und wir können vermuten, daß der eifrige Mönch seinen eigenen Sieg übertrieb. Dennoch kann das *Leben des hl. Martin*, das durch Guiberts Schreibkunst „verbessert" wurde, vorsichtig als Hildegards Werk angesehen werden. Puristen können sich zuletzt darüber freuen, daß ihre Zusammenarbeit erst begann, nachdem Hildegards Hauptwerke bereits abgeschlossen waren.

Dennoch hat Hildegards Stil trotz seiner Unverständlichkeit einen eigenen Reiz. Wie Peter Dronke beobachtete, „ist es eine stark individuelle Sprache, die zeitweise unbeholfen und zeitweise unklar ist; die Adjektive können sich wiederholen und in der Zahl begrenzt sein, die Einschübe können ausufern. Es ist nicht die Sprache eines geschliffenen Humanisten des 12. Jahrhunderts, sondern von einer Person, deren einzigartige Kraft poetischer Vision mehr als einmal mit den Grenzen ihres poetischen Ausdrucks konfrontiert war."[65] Auch wenn Dronke über die Gedichte der Seherin schrieb, läßt sich sein Kommentar genausogut auf ihr Prosawerk anwenden. Denn trotz ihres unvollkommenen Lateins konnte Hildegard eine bemerkenswerte „poetische“ Stilistin sein. Ihre Schriften werden nicht nur eher durch symbolisches als durch logisches Denken geleitet – das ist ein unterscheidendes Merkmal der monastischen gegenüber der scholastischen Theologie.[66] Selbst im Kontext der Symbolik des 12. Jahrhunderts hatte Hildegard nicht ihresgleichen in ihrer kaleidoskopisch wechselnden Ordnung von Metaphern, ihren Figuren innerhalb von Figuren und ihrer synästhetischen Sprache. Inmitten einer routinemäßigen Exegese konnte sie plötzlich einen neuen Einblick mit einer fesselnden Redewendung vermitteln, oder sie konnte ein bekanntes typologisches Bild in einem gänzlich neuen Zusammenhang gebrauchen. Ein ausdrucksvolles Aufleuchten von Alliterationen kann anderweitig schwerfällige Texte unterstreichen. Zeitweise erhebt sich ein Abschnitt zu einer Höhe lyrischer Intensität, fast zu einer Beschwörung, um dann schnell zu einfacher darlegender Prosa zurückzukehren.

Eines der stilistisch besonders unterscheidenden Merkmale ist der Gegensatz zwischen den Visionen, die mit peinlicher Genauigkeit beschrieben sind, und den weit längeren Kommentaren, die durch eine „Stimme vom Himmel“ gekennzeichnet sind. Christel Meier bemerkte, daß Hildegards Visionen auf der literarischen Ebene manchmal inkohärent sind, weil ihre Komponenten nicht aufeinander, sondern auf das bezeichnete Ding bezogen sind.[67] Folglich rufen die Bilder nicht sofort die gewünschte Deutung hervor, so wie in konventioneller Ikonographie; vielmehr ist eine Auslegung durch die himmlische Stimme oder durch die visionären Personen selbst nötig. Alles, was in den Visionen schwer erfaßbar und quälend erscheint, nimmt in den Deutungen einen festen, unverwechselbaren Sinn an, so als ob sich die herausfordernde Freiheit der Doppeldeutigkeit in der scharfen Präzision der Allegorie verhärten würde.[68] Hildegard ist eine der wenigen mittelalterlichen Autor(inn)en, die sowohl als Lehrbuch für Allegorese als auch als Vorläuferin symbolischer Dichtung zitiert werden kann. Und sie ist sicherlich die einzige Schriftstellerin des 12. Jahrhunderts, die Hymnen und Sequenzen in freien Versen komponiert hat. Dronke hat den liturgischen Zyklus von Notker als eine Quelle ihrer Inspiration angeführt.[69] Aber selbst wenn Hildegard seine zyklische Form als Modell verwendet haben mag, haben ihre eigenen Kompositionen doch nur geringe Ähnlichkeit mit der klassischen Sequenz. Ihre reimlosen, nicht metrischen Lieder sind bezüglich der Linienführung, der Länge und der Muster der Strophen gänzlich unvorhersagbar und folgen alleine dem Rhythmus des Gedankens. Ihr Inhalt gehört in das 12. Jahrhundert, aber ihre Form antizipiert das 20 Jahrhundert.

Vom literarischen Standpunkt haben einzig die biblischen Propheten Spuren in Hildegards Stil hinterlassen.[70] Wie diese berief sie sich auf direkte Erfahrung („Und ich sah... und ich hörte"); wie diese verlieh sie ihrer Furcht und ihrem Erschrecken vor der Gegenwart Gottes Ausdruck; wie diese gebrauchte sie die Metapher und das Gleichnis, um das Unausdrückliche qualifizierend zu benennen (*velut, quasi, forma, imago, similitudo*), wenn alles andere nicht mehr gelang. Wie Ezechiel gab sie das genaue Datum ihrer Berufung an.

> Am fünften Tag des vierten Monats im dreißigsten Jahr, als ich unter den Verschleppten am Fluß Kebar lebte, öffnete sich der Himmel, und ich sah eine Erscheinung Gottes (Ez 1,1).

> Es geschah im Jahre 1141 nach der Menschwerdung des Gottessohnes Jesus Christus, als ich 42 Jahre und sieben Monate alt war. Aus dem offenen Himmel fuhr blitzend ein feuriges Licht hernieder.[71]

Wie Jeremia traute sie sich nicht, selbst zu sprechen, sondern sie öffnete ihren Mund nur auf Anweisung und mit der Kraft Gottes.

> Da sagte ich: Ach, mein Gott und Herr, ich kann doch nicht reden, ich bin ja noch so jung. Aber der Herr erwiderte mir: Sag nicht: Ich bin noch so jung. Wohin ich dich auch sende, dahin sollst du gehen, und was ich dir auftrage, das sollst du verkünden (Jer 1,6–7).

> Doch weil du furchtsam bist zum Reden, in deiner Einfalt die Offenbarung nicht auslegen kannst, und zu ungelehrt bist zum Schreiben, rede und schreibe darüber nicht nach Menschenart, nicht aus verstandesmäßiger menschlicher Erfindung heraus, oder in eigenwilliger menschlicher Gestaltung, sondern so, wie du es in himmlischen Wirklichkeiten in den Wundertaten Gottes siehst und hörst... Und wieder hörte ich eine Stimme vom Himmel zu mir sagen: „Verkünde es also laut, und schreib es so nieder!"

Ein anderer Aspekt von Hildegards prophetischem Stil ist ihr häufiger, manchmal verwirrender Wechsel von grammatikalischen Personen. Die Stimme vom Himmel spricht oft in der ersten göttlichen Person; Redeweisen wie „Mein Sohn, Jesus Christus" geben zu erkennen, daß Gott Vater durch die Seherin spricht. Aber dann, ohne Vorwarnung, wechselt die Erzählung plötzlich von der ersten zur dritten Person, so wie auch die Prophetie zur Erläuterung übergeht. Aber selbst wenn Hildegard in Persona sprach, schrieb sie ihre Worte dem himmlischen Ausleger zu, dessen Stimme so das gesamte visionäre Opus deutet und regiert. Es ist bemerkenswert, daß sie, abgesehen von ihrer Lyrik, Gott fast nie in der zweiten Person anredete; ihre Schriften sind Proklamation, nicht Gebet.

In Hildegards Stil drückt sich klar ihr prophetisches Selbstbewußtsein. Auch ihre Korrespondenten verglichen sie mit den biblischen Propheten – von Debora, Hulda,

Hanna und Elisabet bis hin zu Bileams Esel.[72] Und wie die großen Seher des Alten Testaments versuchte sie das Volk Gottes auf alle mögliche Weise zur Umkehr zu bringen. Dazu gebrauchte sie die Androhung der Katastrophe ebenso wie das Versprechen von Gnade, wobei sie anschauliche und oft auch erschreckende Bilder verwandte. Beispiele aus der Schrift, Symbole aus der Naturwelt und Prophezeiungen künftiger Ereignisse konnten ihr gleichermaßen als Vehikel für die Kritik an Mißständen dienen, die mit dem Ruf nach moralischer Erneuerung und spiritueller Hingabe verbunden waren.

Typisch für Hildegards prophetischen Stil ist die Predigt, die sie am Pfingstfest des Jahres 1160 in Trier hielt.[73] Sie beginnt mit einer typischen Beteuerung der Bescheidenheit: „Ich, eine arme kleine Gestalt ohne Gesundheit, Kraft, Mut oder Bildung und selbst den Meistern untergeordnet, habe diese Worte an die Prälaten und Geistlichen von Trier vom mystischen Licht der wahren Eingebung vernommen." In der Rede, die nun folgt, beklagt sich Hildegard darüber, daß die vier Enden der Welt verdunkelt sind, weil die Prälaten versäumt haben, „die Trompete der Gerechtigkeit erklingen zu lassen": Im Osten ist das Morgenrot guter Werke erloschen, im Süden ist die Glut der Tugend erkaltet, und im Westen weicht die Dämmerung der Barmherzigkeit der mitternächtlichen Dunkelheit. Aber von Norden, dem symbolischen Reich des Satans, kommt ein zischender Wind des Stolzes, des Unglaubens und der Vernachlässigung Gottes.

Diese hochtrabende Bildsprache klingt vage. Aber wenn man zwischen den Zeilen liest, kann man bestimmte Klagen entdecken. Zunächst einmal bekämpfte die Prophetin den exzessiven klerikalen Reichtum: Prälaten, so sagte sie, werden erkennen, daß die Größe ihrer Besitztümer für ihre Seele Zwänge schaffe. Ihr leichtes Leben verwandele männlichen Mut in weibliche Schwäche, die keine Kraft zu kämpfen habe, weil der Mann von Natur aus das Haupt sei. Dieses verweichlichte Zeitalter begann „mit einem gewissen Tyrannen", der Quelle aller gegenwärtigen Not der Kirche. Mit diesem „Tyrannen" ist natürlich Barbarossa gemeint, den zu nennen Hildegard allerdings vorsichtig vermied. Sie mußte mit ihm noch offen in Konflikt treten. Aber ihre stillschweigende Botschaft ist klar: Die deutschen Bischöfe, die alle willig die kaiserliche Wahl und Kontrolle akzeptieren, sind unmännlich geworden und haben den Mut verloren, um gegen einen nun schismatischen Kaiser zu opponieren. Nach langen Abschweifungen über die Helden der Erlösungsgeschichte, welche den Unterschied zwischen dem Gehorsam gegen Gott und dem Gehorsam gegen Menschen unterstreichen sollten, drohte Hildegard einer laxen und verweltlichten Kirche das Schicksal an, welches sie verdient.

> Aber nun wird das Gesetz von den geistlichen Menschen vernachlässigt; diese verachten das zu tun und zu lehren, was gut ist. Und die Lehrmeister und Prälaten schlafen, während die Gerechtigkeit preisgegeben wird. Daher hörte ich diese Stimme vom Himmel sprechen, die sagte: O Tochter Zions, die Krone wird dir vom Haupt fallen, und das weitgespannte Pallium deiner Reichtümer wird von dir gezogen und auf ein kleines Maß begrenzt. Und von Gegend zu Gegend wirst du verbannt werden. Viele Städte und Klöster werden von den Mächtigen verteilt werden. Und Fürsten werden sagen: Laßt uns die Niedertracht von ihnen nehmen, die sie die ganze Welt auf den Kopf stellen läßt.

Die Prophetin fährt fort: wegen ihrer Ungerechtigkeit und ihres augenfälligen Reichtums werden die Priester verfolgt, und die Kirche wird gereinigt werden. Nach dem Urteil Gottes werden „männliche Zeiten" mit Kämpfen zurückkehren, und danach wird es eine Wiedergeburt von Prophetie, Gelehrsamkeit und Ehrerbietung geben. Selbst weltliche Menschen, angeregt durch das Beispiel ihrer Vorgesetzten, werden zu einem heiligmäßigen Leben umkehren. Schließlich wird sich der Antichrist erheben, aber Gott wird ihn vernichten, so wie ein Handwerker die unnütze Arbeit in seinem Laden zertrümmert.

Am Ende ihrer Predigt kehrte Hildegard zu ihrer dringendsten Botschaft zurück. Einmal, in einer Vision, sah sie die Stadt Trier im pfingstlichen Feuer glühen, so daß ihre Straßen wie Gold glitzerten; aber nun ist sie so befleckt, daß das Feuer der Rache von ihren Feinden auf sie fallen wird, wenn sie nicht bereut wie Ninive in den Tagen des Propheten Jona. Ein mittelalterlicher Chronist konnte Hildegards Prophezeiung durch den gegenseitigen Vernichtungskrieg, den wachsenden Bruch zwischen Friedrich und dem deutschen Klerus und die Beschlagnahmung von Kirchenland als Folge des päpstlichen Schismas leicht bestätigt sehen. Aber die politische Botschaft, so wie die apokalyptische und visionäre Sprache, bleibt der alles überragenden ethischen Forderung untergeordnet. „Reue" bedeutet hier, ohne darauf beschränkt zu sein, die Wiederherstellung der gebührenden Autorität und Autonomie der deutschen Bischöfe. Außerdem erfordert sie das absolute Vertrauen in das Wort Gottes, wie es sich in Schrift, Tradition und, nicht zuletzt, im prophetischen Schreiben der Seherin selbst äußert. Diese Weite ihrer Intention mag einer der Gründe dafür sein, daß Hildegard oft hinsichtlich der Namen und Ereignisse bewußt unbestimmt blieb, obwohl sie nicht zögerte, zu aktuellen Angelegenheiten Stellung zu beziehen. Wie die biblischen Propheten zog sie es vor, ihren Rat in symbolische Sprache zu kleiden, die auf einen großen Bereich von Situationen angewendet werden konnte.

Zusätzlich zu Predigt und Apokalyptik erstreckte sich Hildegards prophetische Aktivität in die private Sphäre. Ihre vielen Briefpartner, mehrheitlich Priester und Ordensleute, schrieben, um nach Gebeten, Ratschlägen und Offenbarungen hinsichtlich ihres persönlichen und öffentlichen Lebens zu fragen. Ihre Antworten, diktiert „durch das lebendige Licht" stellen ein Gemisch aus Visionen und Lehren dar, oft mit sehr allgemeiner Bedeutung. Aber manchmal sind die Fragen genauer: Soll ich von meinem Amt als Abt zurücktreten oder es behalten? Wie können wir Mönche unser brüderliches Gezänk beheben? Sind unsere Reliquien echt? Wie können wir den Exorzismus an einer von Teufeln besessenen Frau durchführen? Sollen wir den irrenden Bruder, der umkehren möchte, wieder aufnehmen? Und Laien fragten: Leiden meine Angehörigen im Fegefeuer? Wird sich mein Ehemann von seiner Krankheit erholen? Soll ich meinen Erbfall vor den Kaiser bringen? Hildegard beantwortete solche Fragen nicht immer. Manchmal erklärte sie, daß Gott ihr nicht alles gezeigt habe, oder daß es für den Schreiber besser sei, nicht alles zu wissen. Bei dem Versuch, ihr alltägliches Leben und ihre Arbeit zu rekonstruieren, darf der ständige Strom von Boten und Pilgern nicht vergessen werden, die sie mit solcherlei Nachfragen beehrten und manchmal auch plagten. Aber obwohl kein Überblick über ihre gesamte Korrespondenz gegeben werden kann, ist es doch möglich, sie sich als Frau unter Frauen vorzustellen, wenn wir drei Briefe an Personen von sehr unterschiedlichem Rang betrachten: eine Äbtissin, eine Kaiserin und eine vom Schicksal geschlagene Hausfrau.

Hildegards Aktivitäten waren zum großen Teil auf die monastische Reform ausgerichtet. Ihr Brief an Sophia, die Äbtissin von Altwick, ist typisch sowohl für die monastischen Probleme ihrer Zeit als auch für die Bildsprache der Seherin im Schreiben, wenn sie über Frauenangelegenheiten schrieb. Sophia sehnte sich wie viele Oberinnen des 12. Jahrhunderts danach, die Last pastoraler Sorge, die schwer auf ihr lag, niederzulegen und gegen ein Leben als Einsiedlerin „in der Einsamkeit einer kleinen Zelle“[74] einzutauschen. Aber für die Seherin war dieser scheinbar fromme Wunsch eine Falle und eine Täuschung.

> O Tochter, hervorgegangen aus der Seite des Mannes, *und Gestalt, geformt in Gottes Bau!* Warum härmst du dich ab, so daß dein Geist wechselnden Wolken gleicht, die ein Sturm umherwirbelt, so daß es bald hell ist wie Licht, bald plötzlich sich verfinstert?... Du aber sprichst: „Ich will Ruhe haben und eine Stätte aufsuchen, wo mein Herz ein Nest findet, in dem meine Seele zur Ruhe kommt." O Tochter, vor Gott hat es keinen Wert, daß du deine Bürde abwirfst und die Herde Gottes im Stich lässest, da du doch das Licht hast, um ihr zu leuchten und sie hinauszuführen auf die Weide. Nimm dich nun zusammen, damit dein Herz nicht lodere in jener Weichlichkeit, die durch die Unbeständigkeit des *Einsiedlerlebens* dir sehr schadet.

In der Verlockung der Einsiedelei sah Hildegard nur eine falsche und verantwortungslose Form der Frömmigkeit. Weit besser sei die beschwerliche, aber notwendige Sorge für Seelen in der Treue zu einem einst abgelegten Gelübde. Mit nur einer Ausnahme gab sie allen Äbten und Äbtissinnen, die diese Frage vorbrachten, denselben Rat – obwohl sie bei jedem Einzelfall in Anspruch nahm, eine besondere Offenbarung für ihre Briefschreiber zu haben.[75] So zeugen diese Briefe insgesamt von Hildegards Interesse an einer wirksamen und aufmerksamen pastoralen Seelsorge auf allen Ebenen, während ihre Bildsprache mit den persönlichen Bedürfnissen jedes einzelnen ihrer Briefschreiber wechselte. In diesem Brief an Sophia begann sie damit, die Äbtissin mit Eva zu vergleichen, dann mit Ekklesia – der „neuen Eva" –, die von der Seite Christi, des neuen Adam, genommen wurde, um Gottes lebendiger Tempel zu sein. Der Gruß bekräftigt Hildegards ausdrückliche Botschaft auf der symbolischen Ebene: Durch die Erfüllung ihrer gestellten Führungsaufgabe in der Kirche wird die Äbtissin Sophia auch ihre weibliche Rolle in dieser Gestalt ausleben.

In ihrem Umgang mit weltlichen Mächten war Hildegard nicht immer so harsch wie gegenüber Friedrich. Einer ihrer

Briefe, adressiert an „Bertha, Königin der Griechen" – beziehungsweise Irene, Frau des byzantinischen Kaisers Manuel I. Komnenos –, war offensichtlich geschrieben, um die deutsch-geborene Kaiserin über ihr Versagen zu trösten, keinen Sohn geboren zu haben.[76] Hildegard grüßte die Kaiserin respektvoll, aber mit der Autorität, die sich für eine Prophetin gebührt.

> Gottes Geist haucht und spricht: ... Durch das Bächlein, das im Osten aus dem Felsen quillt, werden andere, schäumende Gewässer weggespült. Denn es läuft rascher. Zudem ist es nutzbringender als die Wasser, da keinerlei Schmutz in ihm ist. Dies trifft auch auf jene Menschen zu, denen Gott einen Tag des Glückes und des funkelnden Morgenrotes der Ehre gewährt und die der starke Nordwind mit dem häßlichen Wehen menschlicher Zwietracht nicht niederdrückt. Blicke also zu dem, der dich berührt hat und von deinem Herzen das Brandopfer verlangt, die Gabe (der Erfüllung) seiner Gebote. Zu ihm seufze auf. Er schenke dir, wie du verlangst und aus Not erbittest, die Freude eines Sprößlings. Das lebendige Auge (Gottes) schaut auf dich, es will dich besitzen, und du wirst leben in Ewigkeit.

Wir wissen nicht, ob Bertha Hildegard gefragt hatte, besonders dafür zu beten, daß sie einen Sohn empfangen würde, und die Heilige machte auch keine übereilten Versprechungen. Bemerkenswert ist an Hildegards Brief, neben der üblichen Ermahnung, Gott zu vertrauen, die Analogie zwischen dem edlen Status der Königin und dem Bergbach, der das Land reinigt, weil er von der Höhe kommt. Die Mächtigen, die Gott zu Wohlstand und Ehre erhoben hat, sollten in gleicher Weise ein Beispiel der Dankbarkeit und Tugend für das Reich sein. Aber während Hildegard die Kaiserin ermahnt und ihr die Erlösung ihrer Seele verspricht, weigert sie sich, ihre irdische Zukunft vorherzusagen.

Diese Begrenzung ihrer wahrsagerischen Fähigkeiten betonte die Seherin in einem Brief an eine Frau von weit niedrigerem Rang, eine Sibylle von Lausanne.[77] Die Lebensumstände dieser Hausfrau sind aus Hildegards zwei erhaltenen Briefen an sie nicht klar, aber es scheint, daß sie die Hinterbliebene einer komplizierten Familientragödie war. Hildegard nannte sie „Tochter des Waldes", so hatte sie vielleicht versucht, das Leben einer Klausnerin anzunehmen. Wie auch immer die mißliche Lage der Frau gewesen sein mag, Hildegard begrenzte vorsichtig die Rolle, die sie selbst darin spielen konnte.

> Sibylle, Handarbeit von Gottes Finger, verändere deine unbeständige Lebensweise, und verbrauche dich nicht in geistiger Beunruhigung. Du kannst dich auf diese Weise nicht entschuldigen, denn Gott nimmt alles wahr. Aber Gott gebietet mir nicht, sein Gericht über dich zu erklären, sondern für dich zu beten, weil gewisse Menschen nun nach Rache für das trachten, was deine Eltern getan haben. Denn Gott streckt manchmal seine Peitsche bis in die dritte und vierte Generation aus. Doch vertraue dem Herrn, daß er dich vom Schwert deiner Feinde befreie, auch wenn deine Tochter von ihnen ergriffen wurde. Ich aber spreche mehr über die Errettung der Seelen als über die Schicksale der Menschen, so sage ich oft nichts über diese Dinge. Denn der Heilige Geist schüttet keine Offenbarung aus, um die Verbrechen der Menschen zu verhindern, sondern nur um sie zu verurteilen. Nun möge Gott dich in das Feld des Lebens setzen, daß du für immer leben mögest.[78]

Verglichen mit ihren öffentlichen Predigten offenbaren ihre privaten Briefe, daß Hildegard sich in der Prophezeiung großer Ereignisse sicherer fühlte als bei der Vorhersage individueller Schicksale. Ihrer Freundin Sibylle gab sie nicht mehr als den frommen Rat, den Trost und die Gebete, die jeder Christ hätte anbieten können, obwohl sie immer noch mit sicherer Autorität schrieb. Aber in einem zweiten Brief an diese Frau, entfaltete sie ein anderes, eindrucksvolleres Charisma.

Dieses Mal war die unglückliche Sibylle an Blutungen erkrankt, so wie die kranke Frau in Markus 5,25. Im Namen des geschauten Lichts schlug nun Hildegard eine Kur vor.

> Lege dein Vertrauen in Gott. Aber um deine Brust und um deinen Nabel setze diese Worte, im Namen dessen, der alle Dinge richtig ordnet: „Im Blute Adams kam der Tod; im Blute Christi wurde der Tod zurückgehalten. Im selben Blute Christi befehle ich dir, Blut, dein Fließen zu beenden."[79]

Dieser Zauber liegt, wie viele andere in der *Physica,* auf der Grenze zwischen den Sakramenten (im weitesten Sinne) und einfühlsamer Magie. Nach Hildegards *Vita* wirkte diese Medizin[80], und es ist nur eine von vielen wunderhaften Kuren, die ihr zugeschrieben werden. Aber merkwürdigerweise sind die medizinischen Bücher unter ihren Schriften insofern einzigartig, weil sie sich nicht auf irgendeine prophetische oder visionäre Inspiration berufen. Die Tatsache, daß sie sie auf eigene Initiative hin schrieb, läßt vermuten, daß sie, trotz großen Interesses an der Medizin, diesen Aspekt ihrer Arbeit als weniger autoritativ ansah als ihre spirituellen und ethischen Unterweisungen. Dennoch kann kein Zweifel darüber bestehen, daß der Ruf ihrer ungewöhnlichen Heilungen sowie ihre lebendigen Apokalyptik und ihre kühnen Predigtreisen die Vorstellungskraft ihrer Zeitgenossen entzündeten. Sensationelle Begabungen ziehen selbst fromme Gemüter leichter an als ernsthafte Rufe nach einem ergebenen und heiligen Leben. So stützte sich Hildegards Ruhm als ein unter den Frauen gesegnetes Geschöpf für Guibert und andere Beobachter der Heiligen im ganzen Reich auf Taten und Ansprüche, die geheimnisvoller schienen als der Eifer ihrer Lehre. Vor allem beruhte er auf ihrer berühmten Erfahrung als „Seherin des lebendigen Lichtes".

Hildegards Visionen vermittelten ihr nicht nur eine Botschaft, sie sicherten ihr auch eine Zuhörerschaft. Wäre es nicht wegen der Visionen gewesen, hätte sie niemals geschrieben oder gepredigt, und sie behauptete sogar – darin einen Topos so alt wie Mose wiederholend –, daß sie trotz dieser nur schwerlich begierig auf die Prophetie sei. Aber es ist nicht weniger wahr, daß niemand ihr zugehört hätte, hätte sie ihre Gabe nicht als Zeichen göttlicher Autorität behauptet. Viele nehmen an, daß in einer Zeit, da der Apostelbefehl: „Daß eine Frau lehrt, erlaube ich nicht, auch nicht, daß sie über ihren Mann herrscht; sie soll sich still verhalten" (1 Tim 2,12), streng erzwungen wurde, eine religiöse oder intellektuelle Frau sich nur durch Visionen Gehör verschaffen konnte. Das will nicht heißen, daß solche Visionen notwendigerweise in dem Wunsch nach Autorität wurzelten; aber die Visionärin muß gewußt haben, daß Männer vielleicht eine göttlich inspirierte Frau beachten würden, doch keine Geduld mit einem bloß anmaßenden Weib hätten.

Dieses Bewußtsein kann einiges von der Vehemenz erklären, mit der Hildegard auf ihrer Inspiration bis hin zum Anspruch wörtlicher Irrtumslosigkeit bestand. In ihrer *Vita* berichtete sie, daß sie zur Zeit ihres Umzugs auf den Rupertsberg viele gefragt hätten, „warum so viele Geheimnisse einer törichten und ungebildeten Frau offenbart worden seien, wo es doch so viele starke und gebildete Männer gebe", und einige fragten sich, ob sie etwa von bösen Geistern verführt worden sei.[81] Selbst einige ihrer eigenen Nonnen wiesen sie ab und weigerten sich, mit in die neue Gründung auf dem Rupertsberg zu ziehen. Obwohl nur noch ein Brief erhalten ist, in dem Hildegard angegriffen wird, bezog sie sich doch an mehreren Stellen auf ihre Verleumder. Einige ärgerten sich über die Strenge, andere über die Neuheiten ihrer klösterlichen Disziplin; einige hinterfragten ihren Anspruch auf göttliche Weisheit, und viele waren über ihre Führung, die für ihr Geschlecht unpassend schien, entrüstet, denn „nun prophezeien Frauen zur Schmach der Männer“[82]. Je verletzter sie sich fühlte, um so mehr hatte sie es nötig zu verkünden, daß nicht sie, sondern der Heilige Geist es war, der aus ihr sprach. Um das zu erreichen, stellte allein die Gewißheit, daß sie nur das genaue Diktat des Lebendigen Lichtes aufzeichnete, sowohl sie selbst als auch ihre Leser zufrieden.

Das Problem weiblicher Autorität war für Hildegard selbst nicht weniger schwierig als für ihre Zuhörer, da sie das Gedankengut ihrer Kultur über die Unterlegenheit der Frau teilte. Wie stark auch ihr Sinn für die Gnade, die sie beseelte, gewesen sein mag, sie litt doch unter der Unwahrscheinlichkeit, selbst ein Gefäß dieser Gnade zu sein. Unbezweifelbar hat ihr im Ringen um die Überwindung dieser Schüchternheit, das Privileg von aristokratischem Rang zu sein, mehr geholfen, als sie selbst gewahr wurde. Aber um mit ihrer gottgegebenen Autorität in Einklang zu kommen, mußte sie diese mit ihrem Geschlecht in streng theologischer Weise versöhnen. Um das zu erreichen, liegen zwei sich ergänzende Mittel – zwei Strategien, um sich Gültigkeit zu verschaffen – auf der Hand. Erstens baute Hildegard, wie wir gesehen haben, ihre stärkste Stellung auf das auf, was ihre größte Unfähigkeit zu sein schien – auf die „weibliche Schwäche“. Weil sich die Macht Gottes in der Schwachheit vollendet, die Niedrigsten am meisten erhöht werden, kann die menschliche Ohnmacht das Zeichen und Vorspiel der göttlichen Ermächtigung sein.[83] In Hildegards Augen entschädigte diese negative Fähigkeit ihre dürftige Schulung, ihre schwache Gesundheit und ihr Geschlecht. Die zweite Art, sich Gültigkeit zu verschaffen, war eher indirekt, weniger bewußt und absichtlich. Sie liegt in der Akzentuierung weiblicher Aspekte des Göttlichen, welchen sich die folgenden Kapitel ausführlich widmen werden. Aber diese beiden, anscheinend gegensätzlichen Strategien sind nicht ohne Beziehung zueinander. Das Weibliche als eine Spezies der Unfähigkeit und Schwachheit anzusehen, aber auch als eine numinose und erlösende Dimension der göttlichen Natur: hierin liegt die charakteristische Spannung von – wie ich es genannt habe – Hildegards „Theologie des Weiblichen".

Bevor ich ihre Visionen im Detail untersuche, scheint es mir sinnvoll, eine weniger umfangreiche Darstellung dieser beiden Aspekte des Weiblichen aus der Sicht einer Frau zu betrachten, die mit Hildegard eng verbunden war. Ihr Schützling Elisabeth, eine junge Nonne im Kloster Schönau bei Bingen, orientierte sich bereits von früher Jugend an am Vorbild der Seherin von der anderen Seite des Rheines. Im Jahr 1152, fünf Jahre nachdem Hildegard von Eugenius III. bestätigt wurde und ein Jahr nachdem sie die *Scivias* veröffentlicht hatte, begannen die Visionen der jüngeren Nonne. Laut ihrem Bruder, Ekbert von Schönau, ihrem Herausgeber und treuesten Förderer, wurde die dreiundzwanzigjährige Elisabeth „vom Herrn besucht, und seine Hand war mit ihr und ließ an ihr die wunderbarsten und andenkungswürdigsten Taten, in Übereinstimmung mit den Gnadengaben aus alter Zeit, geschehen. Tatsächlich wurde es ihr gegeben, die Ekstase zu erleben und Visionen der Geheimnisse des Herrn zu sehen, die vor den Augen der Sterblichen verborgen sind."[84]

Von ihrem Temperament her war Elisabeth Hildegard in vielerlei Hinsicht ähnlich: Sie teilte die physische Schwäche der älteren Frau, ihre Sensibilität, spirituelle Eindrücke aller Art wahrzunehmen, und ihr Bedürfnis nach öffentlicher Anerkennung, um ihre anfänglichen Selbstzweifel zu überwinden. Genauso wie Hildegard, die in ihrer Unsicherheit an Bernhard, den herausragenden Heiligen der Zeit, geschrieben hatte, so schrieb Elisabeth an Hildegard. Wie der

Abt von Clairvaux, so wu te auch die Äbtissin von Bingen, wie sie ihren jungen Schützling festigen konnte, während sie sie zugleich zur Demut gemahnte. In einem charakteristischen und enthüllenden Bild sagte Hildegard Elisabeth, sie solle sein wie eine Trompete, die nicht durch ihre eigene Anstrengung, sondern durch den Atem eines anderen erschalle.[85] Tatsächlich pa te diese Analogie besser zu Elisabeth als zu Hildegard selbst, denn der jüngeren Frau mangelte es an der Unabhängigkeit und Originalität der bewunderten Mutter. Viele ihrer Visionen waren durch die Nachfragen von Ekbert und andere Schutzherren inspiriert. Oft geben sie einen Nachklang auf Hildegards Visionen, was Inhalt, Bildgehalt und Stil betrifft.[86]

Um 1158 erschien es dem Autor der *Annales Palidenses* als selbstverständlich, die beiden visionären Nonnen in einer einzigen Bemerkung miteinander zu verbinden: „In diesen Tagen entfaltete Gott auch die Zeichen seiner Macht im schwachen Geschlecht, das heißt in seinen beiden Dienerinnen Hildegard auf dem Rupertsberg bei Bingen und Elisabeth in Schönau, die er mit dem Geist der Prophetie ausfüllte und denen er durch das Evangelium viele Arten von Visionen offenbarte, die in Niederschriften vorhanden sind."[87] Die Referenz des Chronisten an das „schwache Geschlecht" zeigt wieder einmal, daß Zeitgenossen die Tatsache des Geschlechts nicht übersehen konnten, ob sie darin nun eine Gelegenheit zum Lob oder zum Tadel erblickten. Nicht weniger als Hildegard fühlte Elisabeth diese Verpflichtung heftig. Während sie noch im Zweifel über die Veröffentlichung ihrer Visionen war, fürchtete sie, daß einige Leute sie als satanische Täuschungen oder bloße weibliche Einbildungen (*muliebria figmenta*) von sich weisen könnten.[88] Und als sie sich wie Hildegard selbst zu prophetischer Predigt berufen fühlte, bedurfte sie der Versicherung, daß Gott ihr zur Erfüllung dessen half, was sie als männliche Rolle ansah. Daher befahl ihr der Engel des

Herrn: „Erhebe dich... und stelle dich auf deine Füße, und ich werde mit dir sprechen; und fürchte dich nicht, denn ich bin bei dir alle Tage deines Lebens. Spiele den Mann (*viriliter age*), und laß dein Herz Mut fassen."[89]

In einer Hinsicht sollte Elisabeths Weg leichter werden als der Hildegards, einfach deshalb, weil die ältere Nonne ihr ein Modell bieten konnte. Ihr *Liber viarum Dei* (1156) übernimmt offensichtlich den Titel, wenn auch nicht den Inhalt, von der *Scivias*. Elisabeth bestätigte dankbar diese Schuld in ihrer Vision von einem Pavillon, der mit Büchern angefüllt ist, die, so sagt ihr ein Engel, noch bis zum Jüngsten Gericht offenbart werden müssen. Der Engel zeigt Elisabeth ihren eigenen, noch ungeschriebenen Band mit den Worten: „‚Das ist das *Buch der Wege Gottes*, welches durch dich offenbart werden soll, nachdem du Schwester Hildegard besucht und sie gehört hast.' Und wirklich", so fügte Elisabeth hinzu, „begann sich die Prophezeiung zu erfüllen, sobald ich vom Besuch bei ihr zurückkehrte."[90] So wie Hildegard schrieb auch Elisabeth eine Abhandlung gegen die Katharer[91] und eine Reihe von Mahnschreiben an Ordensleute. Ihr meistverbreitetes Buch über St. Ursula nährte den Kult über die legendäre Heilige, an die auch Hildegard einige ihrer stärksten Gedichte gerichtet hatte. Außerdem konnte Elisabeth sich darauf verlassen, daß ihre Beschützerin sie bei Schwierigkeiten unterstützen würde. Zum Beispiel als sich Elisabeth selbst in Gefahr sah, weil jemand in ihrem Namen eine Scheinprophetie verbreitet hatte und weil mehrere Katastrophen, die sie angekündigt hatte, nicht eintrafen, konnte sie sich an Hildegard wenden und darauf vertrauen, daß diese ihren Namen reinigen würde.[92]

Auf der anderen Seite hatte die ältere Visionärin Quellen der Sicherheit, die ihrem Schützling fehlten. Erstens, aus säkularer Sicht, konnte sie auf die Unterstützung eines mächtigen Kreises von Freunden, Verwandten und Kirchenleuten – einschließlich St. Bernhards, des Erzbischofs von

Mainz und des Papstes rechnen. Elisabeth hatte nur ihren ergebenen Bruder. Zweitens scheint Hildegard weniger Zweifel an der Authentizität ihrer Berufung gehabt zu haben, obwohl sie deren Konsequenzen fürchtete. Elisabeth war zu Beginn stärker als Hildegard von Zweifeln geplagt. Sie litt nicht nur an Übelkeit und kurzzeitiger Lähmung wie Hildegard, sondern wurde auch von tiefen Depressionen, Magersucht, Selbstmordgedanken und dämonischen Erscheinungen gequält, die sich lange Zeit mit ihren eher heilsameren Visionen abwechselten. Während Hildegard betonte, daß ihre Visionen selten ihre normalen Funktionen beeinträchtigten, erfuhr Elisabeth die ihren im Zustand der Ekstase, normalerweise von heftigen Schmerzen begleitet. Dieser Zustand innerer Unruhe klang langsam ab. Als die Visionärin mehr Selbstvertrauen hatte, wurden ihre Schreiben objektiver – weniger besorgt um ihre persönlichen Leiden. Sie waren enger mit dem liturgischen Jahr, den Bedürfnissen ihrer Gemeinschaft und den theologischen Interessen ihrer Freunde verbunden. Ihre späteren Arbeiten spiegeln so nicht nur Hildegards Einfluß wider, sondern auch die erfolgreiche Lösung ihrer frühen Konflikte. Die Konflikte selbst wurden in ihrem ersten *Liber visionum* bearbeitet, in dem das Problem weiblicher Autorität als fortlaufendes Thema erscheint. Elisabeths Weg, durch in Visionen empfangene Anweisung und Trost mit ihrer prophetischen Rolle in Einklang zu kommen, kann als Vorausblick auf Hildegards anhaltendere und reichere Entwicklung derselben Problematik dienen.

Eine einleuchtende Antwort an alle Verleumder fand sich im Alten Testament, dessen Beispiele weiblichen Mutes im Laufe der Zeit in Vergessenheit geraten waren. Elisabeth zögerte nicht, sich auf die großen Mütter Israels zu berufen:

> Menschen sind darüber empört, daß der Herr sich in diesen Tagen herabläßt, seine große Gnade im schwachen Ge-

> schlecht zu verherrlichen. Aber warum kommt es ihnen nicht in den Sinn, daß etwas Ähnliches in den Tagen unserer Väter geschah, als, während die Männer der Trägheit anheimgefallen waren, heilige Frauen mit dem Geist Gottes erfüllt wurden, so daß sie prophezeiten, kraftvoll das Volk Gottes regierten und selbst ruhmreiche Siege über Israels Feinde gewinnen konnten? Ich spreche von Frauen wie Hulda, Debora, Judit, Jael und ihresgleichen.[93]

In dem Hinweis der Seherin auf „Männer, die… der Trägheit anheimgefallen", können wir Hildegards Klage über die „weibischen Zeiten", die weibliche Führer berechtigen, erkennen.

Weitere Unterstützung für die Idee von der bevollmächtigten Frau kommt von den Visionen selbst. Es überrascht weniger, daß Elisabeth in ihren Qualen Trost von der Jungfrau empfangen hat. Eher beeindruckt, daß sie Maria als Priesterin neben dem Altar stehend und in Meßgewand und Krone des Ruhmes gekleidet sehen sollte.[94] In einer anderen Vision erblickte Elisabeth die apokalyptische Frau, die über die Ungerechtigkeit der Welt weinte. Sie war mit der Sonne bekleidet und entpuppte sich weder als Maria noch als die Kirche, sondern als „das heilige Menschsein des Herrn Jesus Christus".[95] Elisabeths Bruder war über diese Identifikation empört, und so fragte sie auf sein Geheiß ihren nächsten himmlischen Besucher, „warum das Menschsein des Erlösers mir in der Erscheinung einer Jungfrau und nicht in der Gestalt eines Mannes gezeigt wurde". Sie erhielt die herkömmliche Antwort, daß sich die Vision sowohl auf die Jungfrau Maria als auch auf Christus beziehen könne, die ursprüngliche Deutung wurde aber nicht zurückgenommen. In der eingegebenen Vorstellung Elisabeths schien es, daß wenn Christus beides ist, göttlich und menschlich, daß er dann auch sowohl weiblich als auch männlich sein muß.

Diese beiden Visionen verschaffen der Autorität der Seherin durch und trotz ihres Geschlechtes indirekt Gültigkeit. In der einen erscheint eine Frau in einer starken Männerrolle, und in der anderen erscheint Christus selbst als Frau.[96]

In anderem Zusammenhang schließt das *Buch der Visionen* mit einem Text, der noch mehr an Hildegard erinnert. Elisabeth hatte die Vision Nebukadnezzars (Dan 2,31–33) von einem großen Standbild mit einem Haupt aus Gold, einer Brust aus Silber, einem Bauch aus Bronze, Beinen aus Eisen und Füßen aus Ton gesehen; und sie deutete dieses Bild als den apokalyptischen Christus. Die Füße aus Ton verkörpern in ihrer Vision Christi menschlichen Leib und Seele, und sie wollte wissen, warum diese so schwach waren, während das Eisen und die Bronze, die die Kirche symbolisieren, so stark waren. Die Antwort, die sie erhielt, ist folgende: „alle Tugend und Kraft der Kirche erwuchs aus der Schwachheit des Erlösers, die er durch das Fleisch auf sich lud. Die Schwachheit Gottes ist stärker als die Menschen. Das wurde beim ersten Menschenpaar deutlich, als die Kraft des Gebeins von Adam genommen wurde, so daß Eva gebaut werden konnte; damit die Frau bestärkt würde, wodurch der Mann geschwächt wurde“ (*inde firmaretur mulier, unde infirmatus est vir*).[97] Hier verband Elisabeth, wie auch Hildegard, das Paradox der rettenden Schwachheit mit der Umkehrung der normalen Geschlechterrollen, wodurch der Mann schwach und die Frau stark wird. Früher hatte sie das Menschsein Christi in der Gestalt einer Frau gesehen; nun ist dieses Menschsein durch den zerbrechlichen Tonfuß verkörpert, der paradoxerweise der Frau Ekklesia Stärke zuteilt.

Durch die Reflexion auf das Menschsein Christi in all seinem mannigfaltigen Reichtum gelang es Elisabeth, sowohl ihre weibliche Schwäche als auch ihre Stärke zu akzeptieren. Ihre Theologie des Weiblichen hat, wie auch die Hildegards, ihre Wurzeln in dem Bedürfnis charismatischer

Frauen nach Authentifizierung in einer mißtrauischen Welt. Aber beide Visionärinnen überwanden schließlich dieses Bedürfnis. In den folgenden Kapiteln wird zu sehen sein, wie Hildegard, die die erhabene Weisheitstradition mit überkommenen Ideen über Frauen und Schwäche verband, fähig war, eine eigenständige, spannende und hochanregende Deutung des christlichen Glaubens zu liefern.

ZWEITES KAPITEL

Die Weiblichkeit Gottes

Hildegards visionärer Stil und ihr Selbstverständnis leiten sich, wie wir gesehen haben, grundlegend von den alttestamentlichen Propheten ab. Und nicht weniger sind ihre Visionen von der Weiblichkeit Gottes, die sie Sapientia und Caritas nannte, der biblischen Weisheitsliteratur verpflichtet.

Die Bücher der Sprüche, der Weisheit und das Buch Jesus Sirach oder Ecclesiasticus genossen im Mittelalter eine weit größere Popularität als in der nachreformatorischen Theologie. Die Autoren des 12. Jahrhunderts machten von der Weisheitsliteratur auf verschiedene Weise Gebrauch. Neben dem offensichtlich erzieherischen Gehalt – den Aphorismen über Freundschaft, Politik, Frauen, Moral und andere Themen – waren sie in besonderer Weise von den Stellen angezogen, die Sophia oder Weisheit als Gottes weibliche Gemahlin und Mitwirkerin in der Schöpfung darstellen. Die wichtigsten Stellen sind darunter Spr 8, Sir 24 und Weish 7–9; es handelt sich um Texte, in denen sich Sophia im Stil einer Göttin selbst preist bzw. gepriesen wird. Mittelalterliche Theologen wandten diese Texte im Gefolge der Kirchenväter auf die Christologie, die Kosmologie und die Glorifizierung Marias an. Was das Hohelied für Bernhard von Clairvaux war, das war die Rede von Sophia für viele andere: ein unerschöpflicher Quell der Lehre, welcher mit einer zutiefst imaginativen Wirkung der Poesie entspringt. Der Einfluß dieser Texte auf die mittelalterliche religiöse Literatur war zu durchdringend und zu vielseitig, um die Formulierung einer einzigen „Weisheitstheologie" zu behaupten. Aber es lassen sich die Existenz und das Zusammenfließen verschiedener Weisheitstraditionen beobachten, die mehr oder weniger tief ihre Spur in Hildegards Visionen hinterlassen haben.

Wie es von Fachleuten oft vermerkt worden ist, sind die meisten mittelalterlichen, allegorischen Figuren weiblich, weil auch die meisten abstrakten Begriffe im Lateinischen das weibliche Geschlecht haben.[1] Dennoch ist die Weisheit oder Sapientia einzigartig, weil sie die einzige Personifikation ist, die gleich stark in ihrer maskulinen und femininen Gestalt bestehenblieb und dies allgegenwärtig, im ganzen Mittelalter.[2] Tatsächlich bezeugt ihre lange Geschichte eine Spannung zwischen dem Vorgang personifizierender Allegorie, bei dem die Charakterzüge einer Person mit ihrem grammatischen Geschlecht übereinstimmen müssen, und dem besonderen Anspruch der christlichen Theologie, in welcher die Weisheit – eine weibliche Person im Alten Testament – sehr früh mit dem männlichen Christus identifiziert wurde vgl. 1 Kor 1,24.[3] Bestimmte mittelalterliche Theologen waren für dieses Problem sensibel. Zum Beispiel erwartete Martín von León (gest. 1221) von den Juden die Frage: „Wenn Christus die Weisheit Gottes ist, warum wird er dann Sohn und nicht Tochter genannt?“ Er konnte als Antwort darauf nur sagen, daß der Name Sohn „ehrenhafter“ sei.[4] Aber selbst während der patristischen Zeit, als die Weiblichkeit der Weisheit im Interesse der Christologie weitgehend unterdrückt wurde, kehrte sie nichtsdestoweniger unter dem Deckmantel der Dichtung zurück.

Bestimmte allegorische Damen aus der spätantiken Klassik – Frau Philosophie in Boethius, *Consolatio*, die Königin Sapientia in Prudentius‘ *Psychomachia* und die gelehrte Braut in Martianus Capellas obskure, aber populäre Allegorie *Die Hochzeit von Philologie und Merkur* – gaben den karolingischen Gelehrten Gelegenheit, die weibliche Mystik der Weisheit auszukosten, während sie sie in untadeligen christlichen Ausdrücken auslegten. Und wirklich bezeugte die karolingische Zeit den Aufstieg eines wahrhaften

Weisheitskults, als Alkuin und seine Gesinnungsfreunde über Palastschule und Kapelle das Banner des christlichen Humanismus hißten. Beide, sowohl Alkuins Geburtskirche, das Münster von York, als auch die Palastkapelle in Soissons, waren nach dem Beispiel der Hagia – Sophia – Kirche in Byzanz der Heiligen Weisheit gewidmet. In seiner Eigenschaft als Liturgist komponierte Alkuin eine *Votivmesse der Heiligen Weisheit*, die bis 1570 weit verbreitet war.[5] Zur gleichen Zeit verschaffte der florierende Marienkult und die Marienikonographie den Weisheitsthemen eine stetig wachsende Bedeutung, wobei die weibliche Sophia, nun allerdings in anderer Form, in die christliche Symbolik integriert wurde.[6] Im 12. Jahrhundert kamen nun die Elemente dieser reichen Tradition – theologische Reflexion über Christus, Verehrung der Gottesmutter, klassischer Humanismus, liturgische und künstlerische Erneuerung – vollends zusammen. Texte wie Bernhard Silvestris, *Cosmographia*, Alan von Lilles *Anticlaudianus* und Hildegards Visionen der Weisheit bezeugen dies.[7]

Anders als die zwei Philosophen-Dichter, hat es Hildegard nicht versucht, sich eine neue Mythologie auszudenken. Aber so wie deren fiktive Gottheiten – Noys, Natura, Prudentia – hat die Figur, die sie Sapientia nennt, mit dem letzten Geheimnis der Schöpfung, dem Band zwischen Schöpfer und Geschöpf, zu tun. Wo immer solche Personen erscheinen, finden wir die platonisierende Kosmologie, in der die Denker des 12. Jahrhunderts gefangen waren: die göttlichen Ideen, ewig im Geist Gottes und verkörpert in den Geschöpfen; die Weltseele; die tiefe Resonanz zwischen Makrokosmos und Mikrokosmos; die inbrünstige Hoffnung, durch die menschliche Rationalität und Tugend zu Gott aufzusteigen. Vor allem werden wir bei Hildegard das Geheimnis der Inkarnation finden, das sie in ihren Visionen als das Zentrum und den letzten Grund der Schöpfung erkannt hat, und was von Gott „vor der Erschaffung der Welt" (Eph 1,4) vorherbestimmt worden ist. Weil dieses Geheimnis durch eine Frau erfüllt wurde, kommt es in Visionen zum Vorschein, die auch die weibliche Dimension göttlicher Realität erhellen. Hildegard sah sie als die Dimension an, in der die Verbindung oder, bei größerer Intensität, die Vereinigung zwischen Schöpfer und Geschöpf erreicht werden kann. Wo das Weibliche präsidiert, beugt sich Gott zur Menschheit, und die Menschheit strebt nach Gott. Da wo die Vision einen moralischen Zug annimmt, sehen wir die göttlichen Tugendkräfte wie die Engel auf der Jakobsleiter: aus Gnade steigen sie herab, und durch gute Werke steigen sie auf.[8] Dieselbe Bewegung kann metaphysisch als ein Zyklus von Ausströmen und Wiederkehr des Göttlichen, oder existentiell als ein Kreislauf von göttlicher Offenbarung und der Antwort des Menschen charakterisiert werden. Hildegard selbst hat ihn in ihrer letzten Vision als den endlosen Kreislauf der Kraft der Liebe erkannt.[9]

Dieser Komplex von Ideen und Bildern schließt keineswegs ein eher lineares Verständnis der Erlösungsgeschichte aus, welche narrativ mit Schöpfung und Sündenfall beginnt, ihren kulminierenden Höhepunkt in Tod und Auferstehung Christi hat und mit dem Jüngsten Gericht schließt. Wenn Hildegard diesem Erzählmuster bei der Erörterung der großen und nicht wiederholbaren Ereignisse der Geschichte folgte, dann verwendete sie normalerweise männliche Bezeichnungen für Gott – Vater und Sohn, König und Erlöser und Richter. Die weiblichen Bezeichnungen beschwören auf der anderen Seite Gottes Interaktion mit dem Kosmos, insofern sie zeitlos ist und sich immerfort wiederholt. Somit vermitteln die weiblichen Symbole das Prinzip göttlicher Selbstmanifestation; die absolute Prädestination Christi; das wechselseitige Einwohnen Gottes in der Welt und der Welt in Gott sowie die rettende Zusammenarbeit zwischen Christus und den Gläubigen, die sich sakramental in der

Kirche und moralisch in den Tugenden manifestiert. Kurz gesagt ist die Weiblichkeit Gottes theologisch mit den Prinzipien der Theophanie, der Vorbildlichkeit, der Immanenz und der Synergie assoziiert. Diese können als Bedingungen oder Begleiterscheinungen der Inkarnation gesehen werden. Wesentlich ist dabei, daß für Hildegard die Ankunft des fleischgewordenen Wortes nicht ein Ereignis unter vielen war, sondern das Ereignis, für das die Welt geschaffen wurde. Dies Ereignis ist dazu bestimmt, ständig erneuert und ausgedehnt zu werden, bis die ganze Welt im Leib Christi aufgeht. Somit ist die Inkarnation im Unterschied zur Passion und Auferstehung nicht primär ein historisches Ereignis, sondern ein Ereignis jenseits von Zeit und Geschichte in der Sphäre des Ewigen, der Weiblichkeit Gottes. Was mich in diesem Kapitel weiter beschäftigen wird, ist die Ausprägung dieser theologischen Themen in den Bildern der Weisheit als Braut, Mutter und Königin.

Theophanie und die Braut Gottes

Eine Figur der Weisheit erscheint zuerst in *Scivias* III, wo Hildegard das Wort Gottes durch eine dreiseitige, mit einer strahlenden Taube gekrönte Säule symbolisiert sah.[10] Die drei Seiten, so wurde ihr gesagt, bedeuten das Wort Gottes, so wie es sich im Alten Bund Patriarchen und Propheten, im neuen Leben der Gnade Apostel, Märtyrer und Jungfrauen und in der Weisheit der Kirchenlehrer manifestiert. In der Betrachtung dieser Mysterien überkam die Seherin Furcht und Zittern. Sie hörte eine Stimme, die sagte, „was du siehst, ist göttlich“, und getraute sich nicht weiter zu schauen. An diesem Punkt erscheint jedenfalls die Figur der Scientia Dei, das Erkennen Gottes, die in einem Gebäude steht, welches die himmlische Stadt oder die Kirche symbolisiert. Indem sie ihren Blick abwechselnd auf die Säule des

Wortes Gottes und auf die Menschen, die das Gebäude betreten, richtet, ermahnt sie die Christen, sich ihres Schöpfers zu erinnern. Eine Gruppe Engel verehrt sie mit Ehrfurcht und Liebe, während die Leute, die erst genötigt werden mußten hereinzukommen (Lk 14,23), sie mit hellem Entsetzen betrachten.

In dem illuminierten Rupertsberger Manuskript erscheint die Scientia Dei als verschleierte Frau, deren eine Hand zu einer Geste der Nachsicht erhoben ist. Sie ist gänzlich in Blattgold koloriert und setzt sich vom Hintergrund eines Sternenhimmels ab. Auf beiden Seiten umgeben sie demutsvolle Engel, die zur Rechten von einer Gruppe von ehrfurchtsvollen Menschen und zur Linken von Spöttern umgeben sind.[11] Die himmlische Stimme spricht:

> Diese Gestalt aber stellt das Erkennen Gottes dar; denn es sieht alle Menschen voraus, und alles, was im Himmel und auf Erden ist. Sie funkelt und strahlt so sehr, daß du wegen des hellen Glanzes, der in ihr leuchtet, weder ihr Antlitz noch die Gewänder, mit denen sie bekleidet ist, betrachten kannst. Denn sie ist furchtbar und schrecklich wie ein drohender Blitz, und mild und gütig wie der Sonnenschein. So ist sie unfaßlich schreckenerregend und mild (zugleich) für die Menschen durch den furchtbaren Glanz der Gottheit auf ihrem Antlitz und durch die Herrlichkeit, die sie gleichsam als Gewand ihrer Schönheit an sich trägt. So kann man der Sonne auch weder ins glühende Angesicht sehen noch sie im schönen Gewand ihrer Strahlen betrachten. Sie ist nämlich überall und in allen und so schön in ihrem Geheimnis, daß kein Mensch wissen kann, mit wie großer Liebenswürdigkeit sie die Menschen erträgt und sie in undurchschaubarer Barmherzigkeit schont.[12]

Diese Vision steht am Beginn einer langen Reihe, welche die Tugenden und ihre Eigenschaften offenbart. Scientia Dei verkörpert mehr als jede andere eine paradoxe Vereinigung von Zärtlichkeit, Ausstrahlung und Schrecken – und erinnert an das Göttliche Feuer, das über Hildegard, wie sie in ihrem Vorwort sagte, nicht brennend, sondern erwärmend kam. Schrecklich, aber gemildert, sanft, aber furchtbar übermittelt sie sowohl die ehrfurchtgebietende Schönheit des Göttlichen als auch die rettende Einschränkung – die „verschleierte“ Qualität –, die Gotteserscheinungen erträglich macht. Mit ihrem feurigen Gesicht und ihrem leuchtenden Gewand erinnert sie an die Darstellung der Evangelisten vom verklärten Christus, aber noch mehr an die Sophia im Buch der Weisheit.

> Sie ist der Widerschein des ewigen Lichts,
> der ungetrübte Spiegel von Gottes Kraft,
> das Bild seiner Vollkommenheit...
> Sie ist schöner als die Sonne
> und übertrifft jedes Sternenbild.
> Sie ist strahlender als das Licht;
> denn diesem folgt die Nacht...
> Machtvoll entfaltet sie ihre Kraft von einem Ende
> zum andern
> und durchwaltet voll Güte das All (Weish 7,26–8,1).

Theologisch repräsentiert die Scientia Dei sowohl die göttliche Vorsehung, welche die Sünder mit Geduld ermahnt, da sie „den Wert eines jeden kennt“, als auch die Selbsterkenntnis, die sie allen übermittelt, die ihr begegnen. Der Genitiv in ihrem Namen ist doppeldeutig: Die Erkenntnis Gottes zu „sehen“ bedeutet im Endeffekt zu sehen, daß man selbst von Gott erkannt ist. Die Visionärin, die zuerst zu ängstlich war, um in das Mysterium vor sich zu blicken, war fähig, die Offenbarung auszuhalten, als diese durch die Milde einer Frau gelindert wurde. Aber wie alle Gotteserscheinungen offenbart sich auch ihre Vision in ihrer eigenen Unvollständigkeit. Im eigentlichen Akt der Offenbarung werden Tiefen enthüllt, die nicht erschlossen werden können.[13]

An späterer Stelle der *Scivias* sah Hildegard ein ähnliches Bild der Sapientia, welches das Handeln der göttlichen Weisheit in der Kirche und dem Kosmos darstellt.[14] Diese ist in eine goldene Tunika gekleidet und mit einer Krone und einer juwelenbesetzten Stola bedeckt, was ihre königliche Würde verkündet. So steht sie auf einer Plattform, die von sieben Säulen getragen wird – ein Bild, das der traditionellen Ikonographie des Hauses der Weisheit entspricht (Spr 9,1). Wie die Scientia Dei ist sie *terribilis et blanda*, „schrecklich und mild zu jeder Kreatur", und obwohl sie sich selbst der Seherin offenbart, schnellt das Auge des Verstandes vor ihrem Gesicht zurück, und ihre Füße bleiben dem Blick verborgen, denn „vor Gott allein liegen ihre Geheimnisse bloß und offen". Wie die Weisheit im achten Kapitel der Sprüche, so offenbart sich Sapientia hier als Schöpferin und Fürstin der Welt, die sie gemacht hat. „Daher hat sie auch die Hände ehrerbietig über der Brust gefaltet. Das ist die Macht der Weisheit, die sie klug an sich fesselt, so daß sie jedes ihrer Werke in solcher Weise lenkt, daß niemand ihr bei irgendetwas, weder mit Klugheit noch mit Gewalt widerstehen kann." Als königliche Gemahlin genießt sie das Brautgemach des Allerhöchsten, denn „sie selbst erstrahlt nämlich als herrlicher Schmuck in Gott... mit ihm in ganz liebreicher Umarmung vereint beim Siegesreigen der brennenden dreifaltigen Liebe (*ardentis amoris tripudio*)."

Mit diesem bemerkenswerten Bild gab die Seherin der primitiven Vorstellung von der *hieros gamos*, der Heiligen Hochzeit, eine neue Bedeutung, um so die Einheit des verborgenen Gottes mit seiner Selbstoffenbarung zu verkünden. Anders gesehen ist hier eine religiöse Einsicht zurück in ihre ursprüngliche Form remythologisiert worden. Die Idee wie auch das Bild stammt aus dem Alten Testament, besonders aus dem Buch der Weisheit, welches erklärt, "der Herr über das All gewann sie lieb„ (Weish 8,3), und dem Buch der Sprichwörter, das sie so beschreibt: "Ich... spielte vor ihm allezeit. Ich spielte auf seinem Erdenrund„ (Spr 8,30–31). Hildegard deutete dieses “Spiel„ als *tripudium*, als einen festlichen Tanz, in dem Gott und seine Partnerin sich in einem ewigen kosmischen Spiel verbinden, das sich ausweitet, um schließlich die gesamte Schöpfung in der *symphonia* aller Heiligen und Engel zu umarmen.[15]

Als die Braut Gottes ist Sapientia mit ihrem Alter ego, der Caritas, identisch, denn „Weisheit und Liebe sind eins“, und „Liebe und die göttliche Vorsehung stimmen überein“[16]. Im *Liber vitae meritorum* wird Sapientia „die geliebteste Freundin“, die er „voller Liebe umarmt“, genannt, und an anderer Stelle schrieb Hildegard, daß sie „dem Herzen des allmächtigen und allherrschenden Gottes wohl gefallen“ hat, „daß sie immerfort mit ihm ist und bei ihm bleiben wird“[17]. Caritas sagt im selben Werk: „Ich bin die liebenswürdige Freundin am Throne Gottes, und Gott verbirgt mir keine Entscheidung. Das königliche Brautgemach, es ist mein, und alles, was Gott gehört, gehört auch mir“ (vgl. Weish 9,4; Joh 16,15).[18] Diese Tugend gab „dem König, dem höchsten, ... den Friedenskuß“, so verlautet es in einer Antiphon, das so den bekannten liturgischen Akt zurück auf seinen himmlischen Archetyp führt.[19]

Die erotische Symbolik in solchen Gotteserscheinungen manifestiert nicht nur die Liebe von Gott, sondern auch die Liebe in Gott. Wo Theologen wie Richard von St. Viktor die trinitarischen Beziehungen in hochabstrakten, sorgfältig ausgewählten Begriffen beschrieben[20], sind Hildegards Visionen voll der viel ursprünglicheren und kraftvolleren Wirkung des Eros. Trotz ihrer Unmittelbarkeit bleiben die Visionen dennoch nicht einfach. Sie beginnen mit einer blitzartigen Einsicht, werden aber dann in ihrer Entfaltung komplizierter. So beendete Hildegard zum Beispiel einen Brief mit einem Segen, der dann zu einem visionären Prosagedicht wurde.

Möge der Heilige Geist dich von allen Fehlern der Bosheit reinigen
und dir die Freundschaft der Liebe gewinnen, die sehr süß und zärtlich
den mächtigen Hirsch einfing
und ihren Gesang über alle Himmel ausbreitet
und das Brautgemach aller Geheimnisse des Königs betrat
und sich selbst in all ihrer Schönheit im Spiegel der Kerubim offenbarte.[21]

Caritas erscheint im Bewußtsein der Seherin zunächst als *Virtus*, die eine Antithese zum unangenehmen Laster darstellt. Aber dann wird sie zunehmend zu einer Figur mythischen Ausmaßes, zur königlichen Braut. Ihre Zeichen, der Hirsch (vgl. Ps 42,2) und der Spiegel, symbolisieren die himmlische Sehnsucht und den Glanz Gottes. Indem Hildegard die Größe der Liebe Gottes vor den Augen ihres Freundes ausmalte, wollte sie ihn von einer einfachen ethischen Anweisung zur Hoffnung auf Teilnahme an der immerwährenden Hochzeit führen.

Der Spiegel der Vorsehung, der Jungbrunnen und der Baum des Lebens

Der „Spiegel" der Kerubim (vgl. Weish 7,26) ist ein Bild von reichem theologischem Gehalt. Pseudo-Dionysius hatte den Spiegel als Metapher für die himmlischen Hierarchien benutzt[22], und Hildegard verwendete dieses bekannte Bild in *De operatione Dei*, wo Christus seinen Vater als *paternum speculum* anredete, als den Spiegel, in dessen Glanz alle Engel scheinen.[23] Ebenso charakterisierte sie, wie wir gesehen haben, auch das Medium ihrer Visionen als eine Art Spiegel, als „Widerschein des lebendigen Lichtes", worin sie alle gegenwärtigen und zukünftigen Dinge, so wie sie in Gott existieren, sehen konnte. Ihre visionären Erfahrungen verleihen so der konventionellen Metapher von der Welt der Ideen eine konkrete Realität. Unter mittelalterlichen Platonisten, angefangen bei Augustinus bis hin zu Hildegards Zeitgenossen, war es allgemein üblich, die empirische Welt als einen bloßen Schatten oder Widerschein des wahren Lebens zu betrachten, das die Geschöpfe im Bewußtsein Gottes besaßen.[24] Dichter und Mythenerzähler illustrierten diese Idee mit dem Bild einer Quelle, die zugleich Lebensbrunnen (*fons vitae*) und Spiegel der Vorsehung ist. Eine bekannte literarische Quelle für diesen Topos war *Die Hochzeit von Philologia und Merkur*, in welcher die Heldin vor ihrer Verklärung zu einer gewissen *virgo fontana* betet, die Johannes von Salisbury als Sapientia deutete.[25] Bernhard Silvestris charakterisierte in seiner *Cosmographia* den göttlichen Intellekt oder Verstand („Nous", eine weibliche Person trotz ihres grammatischen Geschlechts) als einen *fons luminis*, der die ewigen Gedanken und die verborgenen Ratschlüsse des göttlichen Willens widerspiegelt.[26] Endelechia, die Weltseele, geht aus „Nous" in der Form einer „flüssigen, fließenden Quelle" hervor.

Caritas als erste Jungfrau oder Jungbrunnen beherrscht die letzte und komplexeste von Hildegards Weisheitsvisionen. Am Ende von *De operatione Dei* sah sie Caritas mit ihren beiden Begleiterinnen, Humilitas und Pax, an der „lebendigen Quelle", die alle Geschöpfe nicht nur erquickt, sondern auch widerspiegelt.

> Ich schaute in der Mitte der beschriebenen südlichen Region drei Gestalten. Zwei davon standen in einem ganz lauteren Brunnen, der rings umgeben und oben gekrönt war von einem runden, durchbrochenen Stein. Sie schienen gleichsam in ihm verwurzelt zu sein, so wie Bäume mitunter scheinbar im Wasser wachsen. Die eine Gestalt war umgeben von purpurnem Schimmer, die andere von blendendweißem Glanz, so sehr, daß ich sie nicht anzuschauen vermochte. Die dritte Gestalt stand außerhalb des Brunnens über dem genannten

Stein, angetan mit einem blendendweißen Gewand; ihr Antlitz strahlte von solcher Herrlichkeit, daß mein Gesicht davor zurückwich. Vor diesen dreien erschienen – gleich Wolken – die seligen Stände der Heiligen, die sie aufmerksam anblickten.[27]

Obwohl die Seherin drei Figuren wahrnahm, spricht nur eine für alle, so wie auch in Abrahams berühmter Vision der Trinität Gen 18. Caritas erklärt, daß die Schöpfung selbst Gotteserscheinung ist: Durch die Äußerung des Wortes gießt die göttliche Liebe das Leben in die Formen, die immer schon in ihrem unsichtbaren Spiegel geschimmert haben. Und in der Prophetie wird der Seherin das Privileg eines kurzen Blickes in diese leuchtende Quelle gegönnt.

Die erste Gestalt sprach: Ich, die Liebe, bin die Herrlichkeit des lebendigen Gottes. Die Weisheit hat mit mir ihr Werk gewirkt, und die Demut, die im lebendigen Quell verwurzelt ist, ist meine Gehilfin; ihr ist der Frieden verbunden. Durch die Herrlichkeit, die mein Wesen ist, leuchtet das lebendige Licht der seligen Engel; denn wie ein Strahl vom Lichte funkelt, so leuchtet diese Herrlichkeit den seligen Engeln; es könnte gar nicht anders sein, als da es erstrahlt, so wie das Licht nie sein kann ohne das Leuchten. Ich habe den Menschen entworfen, der in mir gleich einem Schatten seine Wurzel findet, so wie man den Schatten eines jeden Dinges im Wasser erblickt. So bin ich ein lebendiger Brunnen, da alles Geschaffene wie ein Schatten in mir ist. Nach diesem Schatten ist der Mensch mit Feuer und Wasser gebildet, wie auch ich „Feuer" und „lebendiges Wasser" bin... Meine Herrlichkeit hat auch die Propheten überschattet, sie, die aus heiliger Eingebung heraus Künftiges vorhersagten wie auch alles, was Gott erschaffen wollte. Schatten war, ehe es wurde. Die Vernunft aber spricht mit dem Ton, und der Ton ist gleichsam der Gedanke und das Wort gewissermaßen das Werk. Aus diesem Schatten ist auch die Schrift *Scivias* hervorgegangen, gestaltet von einer Frau, die gleichsam nur im Schatten von Kraft und Gesundheit war, weil jene Kräfte selbst nicht

> in ihr am Werke waren ... Der springende Quell des lebendigen Gottes ist die Lauterkeit. In ihr spiegelt sich seine Herrlichkeit. In diesem Glanz hat Gott mit großer Liebe alle Dinge umschlossen, deren Schatten im springenden Quell erschienen sind, bevor Gott sie in ihrer Gestaltung hervorgehen ließ. In mir, der Liebe, spiegelt sich alles Sein. Mein Glanz offenbart die Gestalt der Dinge, so wie ein Schatten die Figur anzeigt. Aus der Demut, die meine Gehilfin ist, ging auf Gottes Geheiß die Schöpfung hervor. In der gleichen Demut hat Gott sich zu mir herniedergebeugt, um die dürren Blätter, die abgefallen waren, wieder zu jener Seligkeit emporzuheben, durch die er alles, was er will, zu tun vermag. Denn Er bildete sie aus Erde, von wo aus er sie auch nach dem Fall erlöste."[28]

Diese Caritas ist abstrakter als Hildegards Visionen von der göttlichen Braut, sie ist nun mit dem Gott der Philosophen vermählt. Die glänzende Quelle weist sowohl auf unerschöpfliche Vitalität als auch auf das Licht des Wissens hin, wobei das Bild des Psalmisten wachgerufen wird: „Denn bei dir ist die Quelle des Lebens, in deinem Licht schauen wir das Licht" (Ps 36,10).[29] Innerhalb dieses hellen Glanzes weist der zweideutige *umbra* sowohl auf den Vorausschatten als auch auf die Überschattung hin, d.h. auf die Präexistenz aller Lebewesen durch ihre Vorbilder in der göttlichen Weisheit, als auch auf die Inspiration, durch die diese Vorbilder den Propheten offenbart werden. Daß Hildegard ihre eigene Erfahrung als ein Modell nahm, verstand sie *obumbratio* paradoxerweise als Erleuchtung. So wird die Prophetin, die selbst ein „bloßer Schatten" ist, vom göttlichen Licht überschattet und dadurch in die Lage versetzt, dieses Licht, das allem Sein seinen Schatten vorauswirft, zu sehen. Ebenso vielsagend ist die Analogie, welche Sprecherin, Stimme und gesprochenes Wort mit göttlichem Verstand, Gedanken und Werken vergleicht, wobei eine ähnlich alte Formulierung für die Trinität umgestaltet und auf die prophetische Neuschöpfung bezogen wird.[30] Selbst die *Scivias*, die „durch die Gestalt einer Frau“ offenbart wurde, stellt eine solche Äußerung der göttlichen Stimme, eine geringere Inkarnation des Wortes, dar. So konnte sich Hildegard als eine schwache Frau, die durch die Herrlichkeit Gottes ermächtigt worden war, selbst mit der Jungfrau der Verkündigung, die vom Heiligen Geist überschattet wurde, vergleichen.

Zusammen mit der Frau und der Quelle ruft die Vision noch ein drittes Bild der Fruchtbarkeit hervor, nämlich den Baum des Lebens. Der archetypische Adam ist nicht nur „wie eine leuchtende Flamme“ auf die Oberfläche der Gewässer „geschrieben“, so wie die Seherin es Guibert sagte, sondern in ihm auch wie ein Baum „verwurzelt“. Und für Caritas sind die verlorenen Seelen wie „trockene Blätter“, die vom Familienbaum der Menschheit „gefallen“ sind. Dieses Konzept stammt möglicherweise von der Ikonographie des Stammbaums Isai, welche die Patriarchen und die Propheten in organischer Einheit mit Christus repräsentiert. Aber das Bild des Baumes weckt noch weitere biblische Assoziationen. In Psalm 1 wird der gesegnete Mann mit einem Baum verglichen, der an Wasserbächen gepflanzt ist; Ezechiel (17,24) prophezeit, daß Gott den grünenden Baum verdorren und den verdorrten erblühen lassen wird ein Bild, das häufig auf die Jungfrau angewandt wird; und im Buch der Sprichwörter 3,18 wird die Weisheit ein Lebensbaum genannt, eine Metapher, die in Jesus Sirach 24 in großer Länge ausgedehnt wird. Die Weisheit hat „Wurzel bei einem ruhmreichen Volk“ gefaßt; sie wuchs empor „wie eine Zeder des Libanon... wie ein wilder Ölbaum auf dem Hermongebirge“ (24,12–13). Bäume der Nächstenliebe sind auch reichlich in mittelalterlicher Kunst und Literatur enthalten.[31] Caritas ist in dieser Vision als immergrüner Baum in der Quelle verwurzelt, die sie selber ist. Die Bilder müssen nicht visuell übereinstimmen. Sie sind nicht Elemente eines einzigen Bildes, sondern stellen aufeinanderfolgende Wahrnehmungen dar. Durch ihre überströmende Bildhaftigkeit versucht die Vision die Fülle des Seins, die die Geschöpfe in Gott besitzen, zu vermitteln. Caritas, die aus dem Wasser wie die himmlische Venus aufgeht, gibt der ganzen Gotteserscheinung einen weiblichen Namen und eine weibliche Form.

Der Ewige Ratschluß

Wenn alle geschaffenen Dinge seit Ewigkeit in Gottes Gedanken existieren, so würde es beispielhaft dazu passen, daß dies auch für das inkarnierte Wort gilt. Folglich überrascht es nicht, daß im 12. Jahrhundert, welches eine Renaissance des christlichen Platonismus erlebte, Theologen wie Rupert von Deutz und Honorius die Lehre von der absoluten Prädestination Jesu Christi zuerst formulierten: danach wäre Gott selbst dann Mensch geworden, wenn der Mensch niemals gesündigt hätte.[32] Diese „skotische" Sicht der Inkarnation, die im späteren Mittelalter von Robert Grosseteste, von den Oxforder Franziskanern und von Duns Scotus verfochten wurde, steht in Gegensatz zu der geläufigeren und weiter verbreiteten Sicht, die durch Anselms *Cur Deus Homo* bekannt wurde, nämlich, daß Gott Mensch wurde, damit so und nicht anders der Sündenfall Adams erlöst werden konnte. Obwohl Hildegard nicht die hypothetische Frage stellte, „ob Gott Mensch geworden wäre, wenn der Mensch nicht gesündigt hätte", teilte sie die unbeschränkte Meinung ihrer deutschen benediktinischen Mitbrüder. Die Inkarnation war für sie der „ewige Ratschluß" von Ps 33,11 – die göttliche Bestimmung, für die die Welt gemacht wurde. So betete sie am Beginn der *Scivias* III für Bestärkung, um „zu erkennen, wie ich den göttlichen Plan, der im ewigen Ratschluß gefaßt wurde, verkünden soll, wie dein Sohn nach deinem Willen Fleisch annehmen und ein sterblicher (*sub tempore*) Mensch werden sollte; du hast ja vor der Schöpfung ganz einfach... beschlossen, daß dein Sohn... um des Menschen willen wirklich mit der Menschheit umkleidet werde und Menschengestalt annehme."[33]

In dem vor allen Zeiten gezeugten Wort bestimmte Gott bereits die Inkarnation seines Sohnes und dessen mystischen Leib, die Kirche, vorher. Daher konnte Hildegard beten, daß deren Glieder mit ihren Vorbildern, um es einmal so zu sagen, in diesem Leib Christi, der der Zeit vorausging, vereint sein mögen.

> O ewiger Gott,
> nun neige dich,
> in jener Liebe glühe auf,
> die uns zu Gliedern macht,
> von dir erschaffen in der Liebesglut,
> mit der du deinen Sohn gezeugt
> im ersten Morgenrot
> vor aller Kreatur.[34]

In Hildegards Symbolik verweist die aufgehende Sonne so häufig auf die Jungfrau, daß die „erste Morgenröte" (*prima aurora*) in diesem Gedicht unvermeidlich an sie als die vor Beginn der Welt vorherbestimmte Mutter denken läßt.

Die Erfüllung von Gottes uraltem Ratschluß durch Maria sowie die traditionelle Identifikation von Christus mit Sophia führten Hildegard dazu, die Idee seiner Prädestination auffällig klar mit dem Weiblichen zu verbinden. Diese Lehre liegt einer ihrer ansprechendsten Visionen zugrunde, die sie zwischen 1158 und 1161 in einem Brief an Adam, Zisterzienserabt von Ebrach, beschrieben hat.

> In wahrer Geistesschau, mit wachem Körper, sah ich etwas wie ein überaus schönes Mägdlein. Es strahlte in solch hellem Blitzesleuchten seines Antlitzes, daß ich nicht vollkom-

> men hineinzuschauen vermochte. Es trug einen Mantel weißer als Schnee und leuchtender als die Sterne. Auch war es mit Schuhen wie aus reinstem Gold bekleidet. Sonne und Mond hielt es in seiner Rechten und umfaßte sie liebevoll. Auf seiner Brust war eine Elfenbein-Tafel, auf der eine Menschengestalt von saphirblauer Farbe erschien. Und die ganze Schöpfung nannte dieses Mägdlein „Herrin". Und es sprach zu der Gestalt, die auf seiner Brust erschien: „Bei dir ist die Herrschaft am Tage deiner Kraft, im Glanze der Heiligen. Aus dem Schoße habe ich dich geboren vor dem Morgenstern"[35] (Ps 110,3).

Caritas offenbart sich hier in ihrer erhabensten Weiblichkeit; man kann sie fast als höfisch bezeichnen.[36] In anderen Texten wird sie neutral *imago* oder *forma hominis* genannt; hier aber ist sie wie auch die Jungfrau eine *pulcherrima puella*.

Der Vers, den sie äußert, „Aus dem Schoße habe ich dich geboren vor dem Morgenstern", galt in der frühen Kirche als Textbeweis für die ewige Zeugung des Wortes.[37] Aber seine Formulierung paßt offensichtlich besser zu einer Mutter als zu einem Vater, und so erhielt der Vers prompt eine marianische Bedeutung. Im Gottesdienst kommt es als Antiphon zu Weihnachten vor und noch einmal zu Mariä Lichtmeß oder der Mariä Reinigung.[38] Solch ein Gebrauch wie die Lesung der Weisheitsschriften an den Festen der Jungfrau legt natürlich eine Parallele zwischen der ewigen „Zeugung" (oder „Geburt") und der zeitlichen Geburt Christi und daher auch zwischen seinem himmlischen Vater und seiner irdischen Mutter nahe. In Hildegards Vision zeigte sich Caritas als der ewige Archetyp von Maria, folglich als Mädchen sowie auch als Dame. Als göttliches, aber mütterliches Wesen vermittelt sie zwischen Christi Zeitlosigkeit und seiner zeitlichen Geburt.

In einer früheren Vision der Dreifaltigkeit sah Hildegard den ewigen Sohn als „menschliche Gestalt in der Farbe eines

Saphirs“ – einem Farbton, den sie mit der Göttlichkeit und der Prädestination des Wortes verband (vgl. Ex 24,10).[39] Dieses verwandte Bild zeigt, daß das, was Caritas auf ihrer Elfenbeintafel zeigt, das Kind Marias nicht als Säugling, sondern als der Eine, der „vor dem Morgenstern geboren wurde“, ist. Die Vision erinnert auch an den ikonographischen Typus, der als die Jungfrau des Zeichens bekannt ist (vgl Jes 7,14), in welchem Maria mit zum Gebet erhobenen Armen dasteht und das Jesuskind in einem Medaillon über ihrer Brust porträtiert ist. Solch eine Ikonographie stellt die Inkarnation nicht als ein bereits in Erfüllung gegangenes Ereignis, sondern als die Erwartung der Propheten dar – mit anderen Worten geht es hier um die Prädestination Christi.[40]

Diese Art, die Jungfrau zu porträtieren, hat möglicherweise auch eine ungewöhnliche Miniatur von Sapientia und Christus inspiriert, die ein besonderes Licht auf Hildegards Vision wirft. Das Bild, das um 1160 in Hildesheim angefertigt wurde, muß zwischen der Erschaffung Evas und der Verkündigung an Maria eingeordnet werden. Es stellt Sapientia als eine gekrönte Figur dar, deren Haupt aufgerichtet ist und deren Arme ein halbkreisförmiges Medaillon mit einer Christusbüste stützen (Abb. 1).[41] Um sie herum rangieren die Patriarchen und Propheten mit Schriftrollen, in denen die Inkarnation vorausgesagt wird, und auf ihrer Brustschärpe ist der Text aus Spr 8,30 eingeschrieben der nun gelöscht ist: „Ich war bei ihm und formte alles.“ Diese Sapientia ist also wie auch Hildegards Caritas eine geheimnisvolle Person, die Christus und Maria im vorhinein darstellt, aber doch von ihnen unterschieden ist; sie verkörpert Gottes Entscheidung, ein Universum zu schaffen, das er als Mensch betreten könnte.

Die Lehre von der absoluten Prädestination, wie sie von anderen mittelalterlichen Theologen gelehrt wurde, steht fast immer im Kontext der Weisheitstheologie. Bereits im

Abb. 1. *Sapientia und der ewige Ratschluß. Die göttliche Weisheit, die von den Patriarchen und den Propheten umgeben ist, hält ein Medaillon hoch, das die Ankunft Christi offenbart. Hildesheimer Meßbuch, Fol. 11r. Rheinisches Bildarchiv.*

9. Jahrhundert vertrat Eriugena, der durch den Platonismus der östlichen Väter beeinflußt war, die Ansicht, daß das Wort herabkam, um in seiner Menschwerdung die ursprünglichen Ursachen, die seiner Göttlichkeit innewohnen, wieder mit ihren geschaffenen Wirkungen zu vereinigen.[42] Christus vermittelt die kosmische Einheit dadurch, daß er den Kreislauf von Ausströmung und Rückkehr vollendet, so daß durch Wiedervereinigung mit dem Wort sowohl die zeitlichen Geschöpfe als auch die ewigen Urbilder „gerettet" werden. In seinem *Periphyseon* verbindet Eriugena diese *causae primordiales* natürlich mit den Platonischen Ideen, aber auch mit den *virtutes* – Güte, Weisheit, Verstand, Kraft, Gerechtigkeit u. a. –, die eine so bezeichnende Rolle in Hildegards Theologie spielen.[43] Diese Kräfte, Ideen oder Ursachen sind auch mit den göttlichen Namen des Pseudo-Dionysius identisch; in späterem orthodoxem Gedankengut sind sie sehr bekannt als ungeschaffene Energien. Es ist nicht falsch, Hildegards Kräfte in demselben Licht zu betrachten, obwohl sie diese weniger philosophisch hochgestochen behandelt.

Während es unwahrscheinlich ist, daß sie Eriugenas Werk direkt kannte, mag ihr das *Clavis physicae* des Honorius, eine Auswahl aus dem *Periphyseon*, bekannt gewesen sein. Laut Maximus dem Bekenner sagte Honorius: „Wenn der menschliche Intellekt durch die Nächstenliebe hinaufsteigt, kommt die göttliche Weisheit aus Gnade hinab; und das ist der Grund und das Wesen aller Tugenden. Daher wird jede Gotteserscheinung, d. h. jede Tugend, die sich in diesem Leben in den Gerechten bildet, ... sowohl von Gott als auch von ihnen selbst vollendet."[44] Eine ähnliche Vorstellung über das Zusammenspiel der Energien (Synergie) liegt Hildegards Vision von dem lebendigem Springbrunnen zugrunde, welche auf das Ausströmen und die Rückkehr der Tugenden durch das inkarnierte Wort anspielt. „Liebe und Demut", so erläutert die Glosse, „wohnen in dem all-reinen Wesen Gottes, von wo die Ströme des Segens fließen. Denn diese zwei Kräfte offenbaren den einzigen Sohn Gottes, der der Welt durch die Befreiung und Erneuerung des Menschen bekannt wurde... Denn Liebe und Demut kamen mit dem Sohn Gottes zur Erde und brachten ihn zum Himmel zurück, als er dorthin zurückkehrte."[45] Solche Formulierungen, die mit Beschreibungen der Seherin von zahlreichen anderen Tugenden verglichen werden könnten, drücken eine grundlegend östliche oder eriugeanische Gnadentheologie aus, die stark von westlichen allegorischen Konventionen überlagert ist. Dadurch daß diese Konventionen darauf bestanden, daß die Tugenden weibliche Personen sein müssen, wurde Hildegards ohnehin starke Tendenz, das Weibliche mit der Vermittlung der Gnade und der Prädestination Christi zu verbinden, bestärkt.

In dem Text, der gerade zitiert wurde, wird aber die Inkarnation noch im Kontext der Sünde gesehen. Honorius, der Eriugena bekannt machte, hatte die Frage bereits weiterentwickelt. Dem alten irenäischen Diktum folgend, daß „Gott Mensch wurde, damit der Mensch zu Gott werden könne", konstatierte er nüchtern, daß „der Grund der Inkarnation Christi die vorherbestimmte Vergöttlichung des Menschen war... Und daher folgt nicht, daß die Sünde die Ursache seiner Inkarnation war; eher folgt daraus, daß die Sünde die Absicht Gottes hinsichtlich der Vergöttlichung des Menschen nicht ändern konnte."[46] Diese optimistische Behauptung setzt voraus, daß die Gnade gänzlich in der Lage ist, die Kluft zwischen Gott und Mensch zu überwinden, ein Glaube, der durch das biblische Versprechen, daß wir „an der göttlichen Natur Anteil" erhalten (2 Petr 1,4), gerechtfertigt ist. Wo die Sünde weniger betont wird, fällt der Akzent statt dessen auf die notwendige Erfüllung von Gottes liebenden Willen, eine Annäherung, die mit der Ausrichtung der Weisheitsbücher übereinstimmt. Die Weisheit – die sich selbst frei in der Schöpfung ausdrückt, deren

Freude es ist, bei den Menschen zu sein (Spr 8,31), die in der heiligen Stadt ausruht (Sir 24,11) und die Propheten und Freunde Gottes schafft (Weish 7,27) – könnte selbst als Figur des inkarnierten Christus gesehen werden, so wie er gekommen wäre, wenn nicht um der Tragödie der Sünde willen. Folglich wendet Rupert von Deutz denselben Gedankengang weitergehend auf Christus an, wenn er das augustinische Argument zitiert, daß die Auserwählten aus Adam und Eva geboren worden wären, selbst wenn diese niemals gefallen wären: „was sollten wir anderes über dieses Haupt und diesen König aller auserwählten Engel und Menschen denken, als daß er vor allen anderen nicht die Sünde als einen notwendigen Grund brauchte, um Mensch unter Menschen zu werden und um die Freude seiner Liebe unter dem Menschenkindern zu erleben?"[47]

Honorius und Rupert heben durch die hypothetische Frage nach der nicht gefallenen Welt den Weisheitskontext hervor, in dem auch viele ihrer weniger kühnen Zeitgenossen die Prädestination Christi erkannten. Die *Glossa ordinaria* zeigt an, wie weit eine bescheidene Version dieser Lehre gelehrt und akzeptiert wurde. Unter Sir 24,9, wo Sophia ausruft, „vor der Zeit, am Anfang, hat er mich geschaffen", verweist der Glossist auf „das Geheimnis (*sacramentum*) der Inkarnation, das vor den Zeiten vorhergewußt und vorherbestimmt war"[48]. Diese Tendenz ist auch in populären Frömmigkeitswerken, besonders benediktinischer Herkunft, offensichtlich. So trägt der illustrierte Text *De laudibus sanctae crucis* (*Lobpreis des heiligen Kreuzes*) den Untertitel, „Dialog... über die Tatsache, daß das Lamm seit Gründung der Welt getötet wurde"[49]. Im *Speculum virginum* (*Spiegel der Jungfrauen*), einer beliebten Handreichung für Nonnen, wird die Prädestination Christi und Mariä in ihrem exemplarischen Charakter gesehen:

> Wenn daher alle Dinge in der Weisheit des Wortes existierten und darauf warteten, in ihrer je verschiedenen Art gemäß ihrer vorherbestimmten Natur, Verhaltensweise und Ordnung entfaltet zu werden, wie könnte es keine Präexistenz der Mutter mit dem Sohn geben, dessen Zeugung und Geburt für die ganze vernunftbegabte Schöpfung den Weg eröffnete, um geheiligt, geeinigt und in Frieden erneuert zu werden? Wie könnte sie fehlen, in die doch ein ewiger Ratschluß die Gründung eines ewigen Gebäudes, des himmlischen Jerusalems, gelegt hatte?[50]

Diesen Text, den Hildegard leichterdings kennen konnte, verbindet die Ideen von Exemplarität und ewiger Prädestination eng mit Sapientia, Maria und dem „himmlischen Jerusalem", das „unsere Mutter" ist (Gal 4,26).[51] Diese drei weiblichen Figuren, die fast austauschbar sind, verweisen auf die Inkarnation und deren Frucht, nämlich die Gemeinschaft der Erlösten als letzte Ursache der Schöpfung.

Ihren Optimismus hinsichtlich der Prädestination drückte Hildegard in der gleichen symbolischen Sprache aus, als sie schrieb, daß die Braut Christi, „das himmlische Jerusalem, das durch den obersten Baumeister, den allmächtigen Gott, geschmückt werden sollte, vor der Erschaffung der Welt in seiner Gegenwart als der Mutterboden (*materia*) aller Dinge erschien"[52]. Hildegard benutzte das Wort *materia* in verschiedenem Sinn, um Materie, materielle Ursache, Beweggrund oder Mittel zu kennzeichnen; aber die grundlegende Wurzel von *mater* und *matrix* (Mutterschoß, oder abstrakter, Substanz) liegt auf der Hand.[53] Dieselbe Bedeutungskonstellation findet sich in einer Vision der Caritas als göttlicher Mutter, in der der Gedankengang vom ewigen Ratschluß zur Erschaffung der Welt weiterentwickelt ist.

> Und ich hörte eine Stimme zu mir sagen: „Diese Jungfrau, die du siehst, ist die Liebe, die ihre Heimat in der Ewigkeit hat. Als Gott die Welt erschaffen wollte, lehnte er sich in der zärtlichsten Liebe herab und gab alles her, was nötig war, so wie ein Vater eine Erbschaft für seinen Sohn vorbereitet. Und so bestimmte er in einer mächtigen Flamme alle seine Werke. Dann erkannte die Schöpfung ihren Schöpfer in ihrer eigenen Form und Gestalt. Denn am Anfang, als Gott sagte, So geschehe es! und es geschah, war das Mittel und der Grund der Schöpfung die Liebe, weil alle Geschöpfe durch sie wie in einem Augenblick geschaffen wurden."[54]

Indem dieser Text männlich theologische Symbole einführt, welche die Welt als Erbschaft bezeichnen, die der Vater dem Sohn übergibt, verwandelt sich Caritas von einer weiblichen Person in die neutralere *materia creaturae*.[55] Sie kann nun mythologisch als die Mutter und der Schoß allen Seins betrachtet werden, wie Silva in Bernhard Silvestris, *Cosmographia*, oder allegorisch als ein bildhafter Ausdruck, der anzeigt, daß Gott die Welt aus keiner anderen Substanz als seiner eigenen geschaffen hat.

In seinem Kontext gesehen, bleibt der bildhafte Ausdruck allerdings unumstößlich weiblich. Die drei archetypischen Mütter in Hildegards Visionen – Caritas, Maria und Ekklesia – bringen alle Gott im Fleisch in die Welt. So ist Christus von der ewigen Liebe, die die Welt schafft, um die Substanz seines Leibes herzugeben, vorherbestimmt. In der Fülle der Zeit wurde er einmal aus der Jungfrau geboren und wird fortwährend in der Kirche wiedergeboren, bis sein mystischer Leib vollendet ist. Mit diesen stimmigen Bildern der Mütterlichkeit drückte Hildegard ihre Überzeugung aus, daß das Universum um des inkarnierten Christus willen existiert. Das ewig Weibliche in ihren mehrfachen Gestalten verbindet Gottes Kommen in die Welt mit dem Kommen der Welt ins Sein.

Es ist sicher kein Zufall, daß, während männliche Bilder des Schöpfers die Transzendenz Gottes betonen, weibliche Metaphern den Akzent auf die Immanenz legen. Als Schöpferin ist Hildegards Sapientia kein unbewegter Beweger, die das Universum von der Höhe ordnet oder die gar – wie der Schöpfer in zeitgenössischen Bildern – die entstehende Welt in allmächtigen Händen formt. Im Gegenteil erschafft sie den Kosmos durch ihre Existenz in ihm, und ihre Allgegenwart drückt sich im Bild endloser, kreisförmiger Bewegung aus.

> O Kraft der Weisheit!
> Du umfaßtest den Kosmos,
> umkreistest und umarmtest
> mit deinen drei Flügeln alles
> in einer lebendigen Sphäre:
> einer fliegt in die Höhe,
> ein anderer schwitzt aus der Erde
> und ein dritter bewegt sich überall hin.
> Dir sei Lob, o Weisheit, wie es dir geziemt![56]

Hildegards kühne Sichtweise der göttlichen Immanenz führte sie dazu, die schöpferische Macht nicht als eine Kraft zu betrachten, die die Welt von außen bewegt, sondern als eine Wirklichkeit, die sie von innen entfaltet und belebt. Die drei Flügel lassen an die drei trinitarischen Personen denken: den Vater, der in der Höhe thront, den Sohn, der von der Erde emporsteigt, und den Geist, der sich überall bewegt.[57] Weiterhin erinnert die alles durchdringende Gegenwart an das Motiv von Sophias kosmischer Odyssee.

> Den Kreis des Himmels umschritt ich allein, in der Tiefe des Abgrunds ging ich umher. Über die Fluten des Meeres und über alles Land, über alle Völker und Nationen hatte ich Macht (Sir 24, 5–6).

An einer Stelle empfand Hildegard diese Affinität zwischen der Weisheit und dem Kosmos so stark, daß sie die beiden miteinander identifizierte. So erläuterte sie einen Vers aus dem Hohenlied – einem Buch, dem sie im Ganzen erstaunlich wenig Aufmerksamkeit schenkte – folgendermaßen: „Salomo aber, im Gefühl des Einklangs mit dieser Weisheit, sprach in der Weise der Liebenden und wie zu einem Weibe." Weitergehend erklärte sie, daß der Bräutigam und die Braut, oder Salomo und Sapientia, Typen des Schöpfers und des Kosmos sind. Die Weisheit erklärt:

> Wie ich alles ordnete, da Ich das Rund der Himmel durchlief, so sprach ich auch aus Salomo: aus der Liebe des Schöpfers nämlich zu seinem Geschöpf wie auch des Geschöpfes zu seinem Schöpfer. Hat doch der Schöpfer Sein Geschöpf, so wie Er es schuf, dadurch geschmückt, daß er ihm seine große Liebe schenkte. So war alles Gehorchen der Kreatur nur ein Verlangen nach dem Kusse des Schöpfers... Ich aber, ich vergleiche die große Liebe des Schöpfers zu seinem Geschöpfe und der Geschöpfe zum Schöpfer mit jener Liebe und Treue, mit der Gott den Mann und das Weib zu einem Bunde zusammengab, auf daß sie schöpferisch fruchtbar würden. Wie die ganze Welt aus Gott hervorging, so hängt sie auch in ihrer Verbindlichkeit Gott an, und sie unternimmt nichts ohne sein Geheiß. Auf dieselbe Weise schaut das Weib auf zu seinem Manne, um seine Anordnungen, ganz nach seinem Gefallen aufzugreifen.„[58]

In klassischen Interpretationen des Hohenliedes wird die Braut als die Kirche, die Seele oder die Jungfrau Maria gedeutet. Hildegard aber sah in ihr die Welt, die mit ihrem Schöpfer vermählt ist. Für sie ist das Band zwischen göttlicher Weisheit und der Antwort der Geschöpfe so innig, daß Sapientia und „Creatura" ineinander verschmelzen. Die Vermählung stellt dann die gesamte Aktivität Gottes in der Welt dar – formende Weisheit, nährende Liebe und göttliche Energie – welche die Zusammenarbeit mit den Geschöpfen sucht, um die Einheit mit Ihm, die bereits durch die bloße Tatsache des Seins gegeben ist, zu erhalten. Und hier liegt ein weiterer Grund für das weibliche Geschlecht. Wie Hildegards Verwendung der Vermählungsanalogie zeigt, teilte sie die Sicht ihrer Zeitgenossen, die die Frau als essentiell rezeptiv, ergeben und gehorsam. Aus diesem Grund muß der Kosmos natürlich „weiblich" gegenüber dem Schöpfer sein. Aber die Seherin transzendierte dieses Stereotyp, insofern sie diese begrenzte Sicht des Weiblichen mit der Perspektive der Weisheitsbücher verband, in welchen das Weibliche auch eine Dimension Gottes ist.

Sapientia entzieht sich jedweder präzisen Definition aus dem offensichtlichen Grund, daß ihr Geschlecht es unmöglich macht, sie mit irgendeiner feststehenden Gestalt oder Lehraussage der Dogmatik zu identifizieren. Dennoch schließt sie diese festen Aussagen weder aus, noch verdrängt sie sie. Eher wirft sie ein einzigartiges Licht auf die Dogmatik – eine gesamte Realität von Assoziationen, Bildern und spirituellen Wahrnehmungen, die sich auf Aspekte von Christus, Maria oder der Trinität beziehen lassen, aber letztlich nicht auf sie reduziert werden können. In ihrer Manifestation als göttliche Gegenwart im Kosmos ist sie wie die Shechinah der jüdischen Mystik oder wie der Geist des Herrn, der „den ganzen Erdkreis erfüllte" (Weish 1,7) oder wie die Göttin der Natur, die von den Philosophen-Poeten besungen wurde.[59] Im *Liber vitae meritorum* ist Caritas sowohl der *élan vital*, die Elementarkraft, die die Natur stärkt, als auch die spirituelle Kraft, die neues Leben in die Seele einflößt. „Ich bin die Luft", singt sie, „Ich, die alles grünende und wachsende Leben nährt, ich, die aus der Blume reife Frucht bringt. Denn mir ist jeder Atemzug Gottes vertraut, und ich gieße die reinsten Ströme aus. Aus gutem Seufzen bringe ich ein Weinen, und aus Tränen wird süßer Duft durch mein heiliges Handeln."[60] So lautet in dem dramatischen Kontext dieses Textabschnittes die „Antwort der

Liebe auf den Neid": Neid läßt das grünende Gras mit seinem Gift verkümmern, aber je mehr er wütet, um so mehr wächst es. Das natürliche und das spirituelle Leben sind also eins, und die Liebe ist unauslöschbar in beiden.

In einer Sequenz über den Heiligen Geist ist Caritas die dritte Person der Trinität, die das Universum fruchtbar macht und eint.

> Du mächtiger Weg, der alles durchzieht
> in Höhen, auf Erden, in Abgründen all,
> du fügest und schließest ja alle in eins.
> Durch dich wogen die Wolken
> und fliegen die Lüfte,
> träufeln die Steine,
> bringen die Quellen die Bäche hervor,
> läßt sprossen die Erde Grün.[61]

Nichts ist für Hildegard spezifischer als dieser Sinn für das universelle Leben, für eine Welt, die von Vitalität entflammt. Vielleicht wegen ihres unmittelbaren Kontaktes zu Gott konnte sie nicht anders, als dieses Leben als Gottheit selbst anzusehen. So gibt es keine Göttin Natura neben Gott und keine sorgfältige abgestufte Skala von Erscheinungen wie im Werk Bernhard Silvestris'. Dasselbe „feurige Leben", das Caritas ist, „eben dies Leben ist Gott, stetig sich regend und ständig am Werk, und doch zeigt sich dies eine Leben in dreifacher Kraft."[62]

In mittelalterlicher Sprache war das, was Bergson den *élan vital* nennen würde, als *anima mundi*, die platonische Weltseele, bekannt: „Wachstum in den Bäumen, Empfindungen in den Tieren, Verstand in den Menschen."[63] Einige Theologen, worunter Peter Abaelard und Wilhelm von Conches bemerkenswert sind, versuchten aufgrund starker Opposition die anima mundi mit dem Heiligen Geist gleichzusetzen. Plato, so sagte Abaelard in seiner *Christlichen Theologie*, „postulierte zu Recht die Weltseele, das ist der

Heilige Geist, als das Leben des Universums, weil wir in Gott leben, uns bewegen und sind (Apg 17,28)."[64] Weil die Weltseele „alle Dinge, die geschehen, vorhersieht" (Platon, *Timaios* 37b), besitzt sie die Fülle des göttlichen Wissens und wird zu Recht mit Gott identifiziert.[65] Weitergehend behaupten Philosophen, daß die Weltseele alle Körper mit Leben beseelt, wenn die Härte ihrer Natur es nicht verhindert. Nach Abaelard ist das „eine schöne, poetische Fiktion", weil „die Liebe Gottes, die wir den Heiligen Geist nennen... einigen das Leben gibt... in anderen aber bleibt der Geist leer, weil die Härte ihrer Verderbtheit es verhindert."[66] Die anima mundi ist deswegen göttlich, weil sie alles durchdringend, all-wissend und leben-schaffend wie der Heilige Geist oder die Liebe Gottes ist. Ähnlich ist es für Wilhelm von Conches:

> Die Weltseele ist natürliche Energie, durch die manche Dinge nur Bewegung besitzen, andere Wachstum, andere Empfindung, wieder andere Einsicht... Aber wie mir scheint, ist diese natürliche Energie der Heilige Geist, d.h. eine göttliche, großartige Harmonie... Sie wird zu Recht natürliche Energie genannt, weil durch die göttliche Liebe alle Dinge wachsen und blühen. Sie wird zu Recht Weltseele genannt, weil durch die göttliche Liebe und Fürsorge allein alle Dinge in der Welt leben und Leben besitzen.[67]

Hildegard erwähnte die Weltseele niemals mit Namen, entweder weil sie den Begriff nicht kannte, oder weil sie wußte, daß die Zisterzienser diese Lehre als einen von Abaelards Irrtümern verdammt hatten.[68] Dennoch ist die meistbeachtete all ihrer Visionen die von Caritas in der Gestalt der anima mundi.

Am Beginn ihres Werkes *De operatione Dei* (1163) sah Hildegard „ein schönes und wundervolles Bild von menschlicher Form im Geheimnis Gottes". Auf ihrem Haupt trägt sie ein goldenes Diadem, über dem das bärtige Gesicht eines älteren Mannes erscheint. Die Figur hat vier riesige Flügel und aus der Krümmung des oberen Flügelpaares spähen die Köpfe eines Adlers mit Feueraugen und eines Mannes nach links. Das Gewand der zentralen Figur strahlt wie die Sonne; in ihren Händen hält sie ein leuchtendes Lamm, und zu ihren Füßen liegen ein schwarzes Monster und eine Schlange. Laut der himmlischen Stimme, die die Vision glossiert, ist diese Figur Caritas: „Die Liebe ist es: in der Kraft der unvergänglichen Gottheit von auserlesener Schönheit, wunderbar in ihren geheimnistiefen Gaben. Sie erscheint in Gestalt eines Menschen."[69] Weitere Details werden in der Glosse allegorisch erläutert. Das goldene Diadem repräsentiert den katholischen Glauben; das Haupt des älteren Mannes stellt Gottes Freundlichkeit dar; die oberen Flügel bedeuten Gottes- und Nächstenliebe; die zwei Köpfe stehen für Kontemplation und aktives Leben; die unteren Flügel stellen die Liebe dar, die die Gerechten und die Sünder nährt; das leuchtende Gewand ist Christi reiner Leib; das Lamm ist seine Güte, und das Monster mit der Schlange steht für Zwietracht und Teufel. All die Aspekte und Aktivitäten von Caritas haben auch Bezug zu Christus und zum christlichen Leben (obwohl die Glosse ein Abschweifen auf das göttliche Vorherwissen und das Licht der Engel einschließt).

Aber während es in der Glosse um die in der Kirche inkarnierte Liebe geht, ist die Rede der Caritas selbst ein Lobgesang auf den élan vital. Wie die biblische Sophia oder die ägyptische Isis singt sie ihren eigenen Lobpreis:

> Ich bin die höchste feurige Kraft, die ich alle lebendigen Funken entzündet und nichts Tödliches ausgehaucht habe, sondern alles unterscheide, damit es sei. Indem ich den herumgehenden Kreis mit meinen oberen Flügeln, der Weisheit, umstreife, habe ich ihn in die rechte Ordnung gebracht. Aber ich bin auch die feurige Lebenskraft von göttlicher Wesenheit, flamme über die Schönheit der Felder, leuchte in den Gewäs-

> sern, brenne in Sonne, Mond und Sternen. Mit dem luftigen Wind treibe ich alles lebensvoll hoch, als unsichtbare Lebenskraft, die alles erhält. Die Luft nämlich lebt in der Grünkraft und den Blüten, die Gewässer fluten, wie wenn sie lebten, auch der Sonnenball lebt in seinem Licht, und wenn die Mondsichel abnimmt, wird sie vom Sonnenlicht wieder entzündet, da sie gleichsam von neuem lebt. Auch die Sterne scheinen in ihrem Licht, wie wenn sie lebten.[70]

Die Liebe errichtete die Säulen, die die Erde tragen, die „Flügel der Winde", die „wie der Atem blasen, der den Menschen unaufhörlich bewegt". Nichts im Makrokosmos ist ohne sein Korrelativ im Mikrokosmos. Nichts in der Welt ist sterblich oder bedeutungslos.

> Ich bin auch die Vernunft, die diesen Hauch des tönenden Wortes in sich trägt, durch das die ganze Schöpfung gemacht ist. Allem hauche ich Leben ein, so daß nichts davon in seiner Art sterblich ist. Denn ich bin das Leben. Ich bin das ganze heile Leben (*vita integra*): nicht aus Steinen geschlagen, nicht aus Zweigen erblüht, nicht wurzelnd in eines Mannes Zeugungskraft. Vielmehr hat alles Leben seine Wurzel in mir. Die Vernunft ist die Wurzel, das tönende Wort erblühet aus ihr. Da Gott Vernunft ist, wie könnte es geschehen, daß er nicht am Werke sei, Er, der doch jedes Seiner Werke aufblühen läßt durch den Menschen. Er schuf ihn ja nach seinem Bild und seiner Ähnlichkeit und zeichnete jedes seiner Geschöpfe nach festem Maß in diesen Menschen. Von Ewigkeit lag es im Ratschluß Gottes, daß er sein Werk – den Menschen – schaffen wollte. Und da Er dieses Werk vollendete, übergab Er dem Menschen die ganze Schöpfung, damit er mit ihr wirken könne, und zwar in genau der gleichen Weise, wie auch Gott sein Werk – den Menschen – gebildet hatte.

Leben, Verstand (*racionalitas*) und Werk (*opus*): hier findet sich in abgewandelter Form wieder die Vision vom lebendigen Brunnen. „Werk" oder „Aktivität" ist, wie schon aus dem Titel *De operatione Dei* ersichtlich, der natürliche und untrennbare Ausdruck göttlicher Liebe. Durch die Ebenbildlichkeit Gottes wird der Mensch, wie Hildegard in einem anderen Text sagte, zum „Arbeiter der Göttlichkeit" (*operarius divinitatis*) im Makrokosmos, den der Mensch in sich widerspiegelt.[71] Caritas agiert analog in beiden, in Gott und Mensch.

> Daß ich über die Schönheit der irdischen Gefilde flamme, das bedeutet: Die Erde ist der Stoff, aus dem Gott den Menschen gebildet, und daß ich leuchte in den Gewässern, das deutet hin auf die Seele, die den ganzen Leib durchdringt, so wie das Wasser die ganze Erde durchströmt. Daß ich brenne in Sonne und Mond, weist hin auf die Vernunft, und die Sterne verweisen auf die unzählbaren Worte des Verstandes.[72]

Diese glänzende Vision, die laut Hildegard „all ihre Organe erzittern ließ" und ihr eine der seltenen Ekstasen brachte[73], enthält eine Überfülle an Bedeutungen. Caritas erklärt ihre eigene Rede; die übliche „Stimme vom Himmel" interpretiert diese Rede noch einmal, und jedes Detail enthält einen kosmischen, einen mikrokosmischen, einen christologischen und einen ekklesiologischen Bezug. Die Ikonographie wurde von dem Künstler des Lucca-Manuskript im 13. Jahrhundert (Deckblatt; Bibl. Gov. cod. lat. 1942) brillant übertragen, fügt aber noch eine weitere Dimension hinzu. Die Miniatur reproduziert nicht nur ehrfurchtsvoll die Vision der Seherin und fügt dabei noch den scharlachroten Farbton auf Gesicht, Händen, Füßen und Kleidung hinzu, um die „feurige Kraft" zu symbolisieren, sondern ihr Bild ist offensichtlich auch durch die trinitarische Ikonographie inspiriert. In einem bekannten Typus der Trinität, dem sog. Gnadenstuhl, hält der Vater, der als alter Mann dargestellt ist, ein Lamm oder ein Kruzifix, das den Sohn darstellt, während der Heilige Geist in Form einer Taube erscheint. In der Lucca – Miniatur ersetzen die Flügel der Caritas die der fehlenden Taube und bilden zur gleichen Zeit eine Mandorlaform um die Figur, so wie in einer *Majestas – Domini* -Komposition. Obwohl der bärtige Kopf und das Lamm „Freundlichkeit“ und „Güte“ repräsentieren sollen, fällt es schwer, sie nicht als Embleme des Vaters und des Sohnes zu lesen. In diesem Fall kann die zentrale Figur nur der Heilige Geist sein. Der Betrachter kann so Caritas, das Subjekt der Vision, entweder nur mit der zentralen Figur oder aber mit der gesamten Trinität, die majestätisch auf den Teufel unter ihren Füßen tritt, identifizieren.

Das Gewand der Weisheit

Die Schöpfung, so beobachtete Hildegard, ist das „Gewand der Weisheit“: es offenbart den verborgenen Gott, so wie auch das Kleid einer Person auf deren Körper verweist.[74] In einer viel früheren Vision in *Scivias* I.3 sah sie das Universum in der Form eines kosmischen Eies, dessen Komponenten die mannigfaltigen Werke Gottes verkörpern und symbolisieren. Kent Kraft hat überzeugend aufgezeigt, daß auch in dieser Vision die mandelförmige Mandorla die grundlegende Gestalt ist, die in „ikonographischer Kurzschrift“ die Majestät Christi signalisiert. Durch Überlagerung eines ornamentalen Kosmosschemas über die menschliche Gestalt Gottes wird in dieser Vision die ganze Welt als sein Kleid präsentiert. „So wie der Mensch mit der *dignissimo indumento visibilis speciei*, dem würdigsten Gewand sichtbarer Schönheit, ausgestattet wurde, so hat Christus eine ähnliche Tracht angezogen. Aber Sein Kleid in der Vision ist nicht bloß die menschliche Gestalt, die in der Mandorla der Form hinter dem Bild entspricht, sondern der gesamte Körper des Universums. Die Sterne und die Planeten, die Winde und Gewässer und die Erde selber sind Sein Gewand.“[75] Das Bildmotiv der Kleidung, das in der Schrift häufig vorkommt, eignet sich, um die Beziehung zwischen

Gottes unsichtbarem Wesen und seiner sichtbaren Herrlichkeit, ob nun im Weltall, oder in der Menschheit, zu veranschaulichen. Hildegards Zeitgenosse Gerhoh von Reichersberg macht einen treffenden und glücklichen Gebrauch dieses Motivs, als er von Christus sagte:

> Als seist du nackt, so kamst du aus der Höhe in die Welt... denn du kamst in die ganze Schöpfung, da du als der Mensch, der selbst jedes Geschöpf ist, die ganze Schöpfung annahmst, und wegen dir wurde so das Evangelium der ganzen Schöpfung gepredigt; und die ganze Schöpfung wurde, indem sie es im Menschen glaubt und befolgt, zu deinem Gewand. Daher zogst du, der wie nackt vom Vater fortging, in der Welt die oben gewirkte Tunika an, das ist die heilige Kirche.[76]

Für Hildegard hatte das Motiv des Gewandes eine ähnliche Bedeutung, wobei Frauenkleider eine besondere Rolle spielten. Denn sie fand das Thema nicht nur als Metapher reizvoll, sondern sie hatte auch eine persönliche Freude an reichen Gewändern. So wurde sie einmal von einer Äbtissin dafür kritisiert, daß sie ihren Nonnen erlaubte, Schmuck und eine von ihr selbst ersonnene, allegorische Kopfbedekkung zu tragen.[77] Wie das auch gewesen sein mag, ihre visionären Figuren sind jedenfalls nicht weniger reich geschmückt. In einer Vision sah sie Sapientia in eine Robe aus weißer Seide und einen grünen perlenbestickten Umhang gekleidet, die dazu verschwenderisch prunkvollen, goldenen Schmuck trug. Die Farben haben sowohl eine theologische als auch eine moralische Bedeutung: Grün zeigt die fruchtbare, lebenschaffende Kraft der Weisheit. Weiß deutet auf die Süße der göttlichen Liebe in der Inkarnation. Goldene Ketten stehen für den Gehorsam aller Natur gegenüber Gott. Das Sein der Geschöpfe ist in der Weisheit „wie ein reiner und einzig schöner Schmuck, der im strahlenden Glanz ihres Wesens scheint. Auch der Mensch, der die Gebote Gottes erfüllt, ist das strahlendweiße, liebliche Gewand der Weisheit. Er ist ein grüner Mantel, der durch den guten Willen und die kraftvollen Taten entstanden ist und der durch die vielen Tugenden schön gemacht wurde."[78] Weil die Weisheit sowohl eine kosmische als auch eine mikrokosmische Figur ist, kann ihr Gewand sowohl die Werktätigkeit Gottes als auch die des Menschen repräsentieren. Sie kann auch wie Athene als Weberin, die göttliche und menschliche Dinge in ihrem Netz verknüpft, dargestellt werden.

Ein biblischer Präzedenzfall ist die ideale Frau bei Salomo, nämlich die „tüchtige Frau" in Spr 31, die das Lob ihres Mannes dadurch gewinnt, daß sie feine Gewänder aus Wolle, Leinen und Purpur für ihre Familie herstellt. Für Augustinus war diese Frau die Ecclesia, Aelred von Rievaulx verglich sie mit der Jungfrau Maria, und Adam von Perseigne sah im 13. Jahrhundert in ihr sowohl die Ecclesia als auch Maria und die Weisheit.[79] Hildegard griff die am wenigsten verbreitete dieser Auffassungen auf, wenn sie in der tüchtigen Frau die Weisheit erkannte. „Diese Frau hatte in ihren geheimsten Bestrebungen nur die Sanftmut im Sinn, sozusagen die Wolle, wie auch die Frömmigkeit, das Linnen sozusagen", und durch ihre himmlischen Werke „gewährte sie den Menschenkindern Schutz, damit sie nicht nackt vor Gott auftreten müßten. Hierin gestattet sie niemals eine Saumseligkeit, ja sie verweist sie immer wieder auf neue Werke, die sie noch zu tun hätten. Und so pflegt sie auch immerfort tätig zu sein."[80] In dieser Allegorie ist der Mensch wieder Sapientias Arbeiter, aber während sie selbst seine besorgte Mutter ist. Sie bekleidet ihre Kinder mit Rechtschaffenheit, damit diese wiederum sie selbst bekleiden. Denn „die Weisheit hat durch alle ihre Kinder recht bekommen" (Lk 7,35) oder ebenso „durch die Taten" (Mt 11,19).

Das Motiv vom Kleid der Weisheit kombiniert somit die zwei bevorzugten Weisheitsthemen Hildegards, nämlich die Theophanie, oder die Offenbarung der Schönheit Gottes in sichtbarer Gestalt, und die Synergie, oder die Zusammenarbeit der Gnade mit der menschlichen Anstrengung durch die Tugenden. Besonders deutlich wird dies in der Erklärung der Seherin darüber, warum Caritas, die wie die Braut Salomos vielfältig durchwirkte Kleider trägt (Ps 45), ihre Robe von einer Vision zur nächsten wechselt.[81] Ihre vielen Gewänder zeigen, daß alle Tugenden ihren Ursprung in der Liebe haben, und ihre Schönheit in wechselnder Aufmachung offenbaren, „denn die Liebe erfüllt jeden Willen Gottes. Die Liebe ist bald mit diesem, bald mit jenem Gewande geschmückt. Denn auch die Tugendkräfte, die im Menschen am Werke sind, zeigen die Liebe wie mit Schmuckstücken geziert, daß alles Gute aus Liebe geschieht."[82] Nun wird das Brautkleid umgekehrt aber auch verunreinigt, wenn Männer und Frauen ihren Geist mit Sünde beschmutzen. Denn obwohl Caritas göttlich ist, lebt sie in der Welt, und ihre Kleider können so lange befleckt werden, bis die Menschen rein sind. Doch wenn sie auch nicht im goldenen Gewand bleiben kann, so kann sie doch ihr Kleid durch die Buße, zu der sie anregt, immer wieder reinigen: „Jede Ordnung der Weisheit ist sanft und milde, da sie ihr Gewand im Blut des barmherzigen Lammes wäscht, wenn sie von Schmutz bespritzt ist" (vgl. Offb 7,14).[83]

Die beschmutzte Sapientia läßt an eine andere Dame in ähnlicher Not erinnern – es ist Boethius, Philosophia, deren Robe von den Meinungsverschiedenheiten der Philosophen zerrissen ist.[84] Das Motiv der geheimnisvollen Dame in herrlichem, aber zerissenem oder beschmutztem Gewand ist eine wirklich bekannte mittelalterliche Figur. So klagt in Alanus von Lilles *De planctu Naturae* die Natur darüber, daß ihr erhabenes Gewand durch Homosexuelle zerrissen wurde.[85] Und Hildegard selbst sah Iustitia und Ecclesia in Verwirrung wegen der Sünden, die gegen sie begangen wurden.[86] Diese Figuren illustrieren deutlich die menschliche Macht, die das Antlitz der Schöpfung durch moralisches Handeln zum Guten oder Schlechten verändern kann. Insofern nun dieses Antlitz weiblich ist, stellen die Kleider der Weisheit das Weibliche dar, das sich zu einer stellvertretenden Macht erhebt. Was die Weiblichkeit Gottes für den verborgenen Gott ist, das sollten prachtvolle Gewänder für das Weibliche sein: ein äußeres und sichtbares Zeichen für den inneren, unsichtbaren Glanz. Vielleicht liegt hier der Grund, warum die Kleidung für Hildegard zu einem Leitmotiv, das mit allem signifikant Weiblichen in ihrem Werk verbunden ist, angefangen bei Eva in ihrer Hauthülle bis zu der Frau, die mit der Sonne bekleidet ist.

Die Disziplin der Liebe

Als eine Erscheinungsform der Liebe des Schöpfers offenbart sich Sapientia selbst durch ihre Worte und Aktionen sowie auch durch ihre Form. Im Alten Testament ist sie keineswegs eine statische, bloß dekorative Figur. Die Weisheit schreit in den Straßen und ruft die Menschen zur Reue auf. Sie tadelt Dummheit und Laster und lehrt statt dessen Disziplin. Sie bedroht die, die sie verachten, mit Unheil und Tod, verspricht aber denen, die sie lieben, alle Belohnung (Spr 8). Ihre Gegenfigur, die „Frau Torheit" oder Hure, verführt den Menschen mit dem Versprechen gestohlener Freuden in den Tod (Spr 9,13–18). Die Weisheit aber bereitet ein anderes Festessen vor.

> Die Weisheit hat ihr Haus gebaut, ihre sieben Säulen behauen.
> Sie hat ihr Vieh geschlachtet, ihren Wein gemischt und schon ihren Tisch gedeckt.
> Sie hat ihre Mägde ausgesandt und lädt ein auf der Höhe der Stadtburg:

> Wer unerfahren ist, kehre hier ein. Zum Unwissenden sagt sie:
> Kommt, eßt mein Mahl, und trinkt vom Wein, den ich mischte.
> Laßt ab von der Torheit, dann bleibt ihr am Leben und geht auf dem Weg der Einsicht (Spr 9,1–6).

Obwohl patristische und mittelalterliche Exegeten diesen Text gerne als eine Allegorie zur Inkarnation lasen[87], ging ihnen der lebendig-dramatische Charakter nicht verloren. Insbesondere Bernhard von Clairvaux übertrug einige von Sophias eher menschlichen Zügen auf seine Lieblingsgestalt, die Caritas – die figurative Herrin seiner „Schule der Nächstenliebe“ in Clairvaux. Besonders ihre Zucht konnte nützlich sein. In seinen Briefen berief sich Bernhard häufig auf die Person der Caritas, um die weniger liebenswürdigen Bemerkungen zu entschuldigen, als ob er sagen wollte: „Nicht ich bin es, der sich wagt so zu sprechen, sondern die Liebe.“ Nicht Bernhard, sondern Caritas wagt es, die kontemplative Muße eines Freundes zu stören; nicht er, sondern Caritas hatte den Mut, einen Papst zu unterweisen, die Strenge, einen Gefallen zu verweigern, die Kühnheit, sich in einen Streit einzumischen, oder die Verwegenheit, sich auf eine vergessene Freundschaft zu berufen.[88]

Als literarisches Sinnbild konnte diese Personifikation in den Händen eines ausgezeichneten Rhetorikers sehr effektiv verwendet werden, da sie für eine psychologische Pufferzone zwischen dem Redner und der unerfreulichen Botschaft sorgte. Ein besonders lebendiges Beispiel findet sich in einem der frühen Briefe Bernhards an Fulk von Langres, einen abtrünnigen Augustiner. Nachdem er den Davongelaufenen mit Vorwürfen überhäuft hatte, flüchtete sich der Abt plötzlich hinter die übermenschliche Figur der Caritas als *mater dolorosa*.

Die Liebe wird dich Kummer spüren lassen, damit du dann beginnen kannst, weniger Grund zum Kummer zu haben; sie wird dich Scham empfinden lassen, damit du dann weniger Grund hast, dich zu schämen. Unsere gute Mutter die Liebe liebt uns alle und zeigt sich uns auf verschiedene Weise. Sie sorgt sich um die Schwachen, sie tadelt die Widerspenstigen, und sie ermahnt die Fortgeschrittenen. Aber wenn sie tadelt, ist sie sanft, und wenn sie tröstet, ist sie aufrichtig. Sie erzürnt in Liebe, und ihre Liebkosungen sind ohne Arglist. Sie versteht es, zornig werden, ohne ihre Geduld zu verlieren, und würdevoll zu sein, ohne stolz zu werden. Sie, die Mutter von Engeln und Menschen, bringt nicht nur auf Erden den Frieden, sondern auch im Himmel. Sie bringt Gott zu den Menschen und versöhnt den Menschen mit Gott... Und diese Mutter ist es, die du verwundet, die du angegriffen hast. Aber wenn du sie auch angegriffen hast, so streitet sie doch nicht mit dir. Von dir zurückgewiesen, ruft sie dich zurück und zeigt dadurch, wie wahr das ist, was über sie geschrieben wurde: „Die Liebe ist langmütig, die Liebe ist gütig" (1 Kor 13,4). Obwohl sie von dir verwundet und angegriffen worden ist, wird sie, wenn du zu ihr zurückkehren solltest, dich als eine geachtete Mutter empfangen. Sie wird vergessen, wie du sie zurückgewiesen hast, und sich dir in die Arme werfen in der Freude darüber, daß ihr Sohn, der verloren war, wiedergefunden ist, daß der, der tot war, wieder lebendig ist.[89]

Hier ist das klassische Beispiel für die „Verweiblichung" religiöser Sprache im 12. Jahrhundert: Caritas, die Mutter, tritt an die Stelle von Gott Vater, um den verlorenen Sohn zu Hause zu empfangen. Und ihre Autorität steht außer Frage, denn „Gott ist die Liebe" (1 Joh 4,8).

Bernhards Einfluß auf Hildegard wird nirgends deutlicher als in ihrem Umgang mit dieser Tugend.[90] Nach ihrem anfänglichen Briefwechsel mit dem Abt von Clairvaux, genoß sie einen engen Kontakt mit einer Reihe von Zisterziensergemeinschaften, so Ebrach, Salem, Eberbach, Heilbronn, Maulbronn und Kaisheim. Im Todesjahr von Bernhard (1153) wagte es das Generalkapitel der Zisterzienser, bei ihr anzufragen, „was in uns oder in unserem Orden dir, oder mehr noch den Augen Gottes mißfällt“[91]. Wie vorherzusehen, antwortete die Seherin *in persona Dei* und verstand es, eine Überfülle von Fehlern auszumachen: bedenkliche Anmaßung, Instabilität, Scheinheiligkeit und Schisma. Ihr Brief vermischt ihre eigene Art erotischer Bildsprache mit einem deutlich bernhardinischen Porträt von Caritas, das den Zisterziensern einen Geschmack ihrer eigenen Medizin lieferte. Caritas klagt über ihre widerspenstigen Kinder und bleibt doch die immerwährende Jungfrau, so wie die Mater Ecclesia in der orthodoxen Polemik gegen die Häresie. Diejenigen, die sich ihr entziehen, beschmutzen nicht sie, sondern sich selbst und erwecken den besorgten Grimm ihres Bräutigams.

> O Söhne Israels, warum habt ihr die zärtliche Liebe, die weit in meine Tiefe reicht und in überfließenden Werken hervorströmt, verdorben? Weil sie in mir fließt, fließt aus ihr auch das lebendige Wasser. Sie gleicht einem knospendem Zweig (*virga*), denn so wie die Umarmungen einer Jungfrau die allerzärtlichsten sind aufgrund ihrer Reinheit, so sind die Umarmungen der Liebe zärtlicher als die irgendeiner anderen Tugend. Aber nun klagt sie, weil dreiste Männer sie mit ihrem geschwätzigen Gerede in Stücke zerreißen. Daher entflieht sie vor ihnen in die Höhe, aus der sie kam, und sie weint, weil ihre Kinder, die sie an ihrer vollen Brust nährte, krank geworden sind und nicht mehr von der Verdorbenheit ihrer hochtrabenden Gedanken gereinigt werden.
>
> O elende Männer! Warum nehmen sie das Elend der Entfremdung und des Exils auf sich und ziehen sich selbst fort von dem königlichen Hochzeitsfest der neuen Braut? Sie ist immer für ihren Bräutigam bereit, so wie eine Jungfrau für ihren Gatten, wenn sie noch nicht mit ihm im Geschlechtsakt vereint ist, sondern noch unberührt in ihrer Jungfräulichkeit ist. Aber diese Männer trennen sich selbst von der

Braut, denn sie sind von Wolken verdunkelt und beschattet, als wenn sie mit dem Himmel gebrochen hätten.[92]

Die Klage der Caritas ruft nicht nur Bernhards Brief, sondern auch seine Predigt zum Hohenlied 1,5 in Erinnerung („Die Söhne meiner Mutter kämpften gegen mich"), in der Zwietracht und Streit in der Kirche verurteilt werden.[93] Aber Hildegards Caritas ist weniger aktiv und weniger stark mütterlich als die von Bernhard. Sie ist immer noch die leuchtende Jungfrau des Brunnens, die diejenigen, die sie verschmähen, nicht verfolgt, sondern vor ihnen entflieht.

Caritas ist natürlich nur eine von vielen Tugenden, die als Figuren in Hildegards visionärer Welt erscheinen. Aber sie ist die zentrale Figur, denn betrachtet man sowohl die kosmologischen als auch die moralischen Aspekte der Weisheitstradition, ist es die Gestalt der Caritas, die die Weisheitstheologie philosophischer Poeten mit der konventionellen didaktischen Allegorese der monastischen Autoren verbindet. Als Leser/in ist man von der Gegensätzlichkeit zwischen Hildegards großartigeren Visionen, die mit der innovativsten Literatur des 12. Jahrhunderts vergleichbar sind, und ihren altmodischen Personifikationen, die auf Hermas und Prudentius zurückgreifen, beeindruckt. Und Hildegards Neigung, das Neue und das Alte in der spirituellen Literatur miteinander zu harmonisieren, erinnert an Alanus von Lille, der eine Generation später als Dichter kosmographischer Epen begann und seine Tage als Zisterzienser beendete. Aber diese Wahrnehmung eines Gegensatzes wird im großen und ganzen aus falscher Perspektive vorgenommen. Der gleiche Wechsel zwischen erhabener und bloß erbaulicher Rede findet sich nämlich bereits in den Weisheitsbüchern selbst, und dadurch wird die Personifikation entscheidend begründet. Sapientia ist, wie wir gesehen haben, die weibliche Verbindung zwischen Schöpfer und Kosmos, aber sie ist auch Herrin des moralischen Gesetzes, also diejenige, die Männer und Frauen lehrt, zwischen Gut und Böse, Besonnenheit und Torheit zu unterscheiden. Die lyrischen Abschnitte, die ihre Person und ihr Werk erhöhen, heben nicht nur eine ansonsten bloß kluge Rede hervor, sondern sie verschmelzen vielmehr das Ideal ethischen Lebens mit der Vision göttlicher Liebe, was in schwer faßbarer, aber stets anziehender Weise immer höher und weiter führt. Getrennt von ihrem moralischen Ideal würde Sapientia zu einer bloß mythischen Figur herabsinken, die der jüdisch-christlichen Tradition grundlegend fremd ist. Das gleiche läßt sich über Hildegards Caritas sagen. Sie ist die Liebe Gottes zur Welt sowie die Liebe der Welt zu Gott. Sie ist die Liebe, die uns zur Bewunderung führt, aber auch die Liebe, die uns zur Arbeit ruft.

Neben dem umfangreichen Gebrauch moralischer Allegorie in dem *Ordo virtutum* und dem *Liber vitae meritorum* schenkte Hildegard ihren Briefpartnern manchmal Gleichnisse oder kleine moralische Lehrstücke, in denen Caritas mit den anderen Tugenden, die „die Schönheit der Liebe sichtbar machen“, interagiert. Solche Gleichnisse wurden in den spirituellen Schriften des 12. Jahrhunderts beliebt und ergänzten die älteren und abgenutzten Tugend-Laster-Kataloge in der Tradition der *Psychomachia*. So tauchten zum Beispiel die „vier Töchter Gottes“ in Kommentaren zu Ps 85,11 auf: „Es begegnen einander Huld und Treue; Gerechtigkeit und Friede küssen sich.“ Bernhard von Clairvaux, Hugo von St. Viktor und Rupert von Deutz personifizierten diese Tugenden im Kontext eines Dramas und sind damit Vorläufer Langlands, der dieses Thema zwei Jahrhunderte später vollständig behandelte.[94]

Hildegard selbst führte das vollentwickelte moralische Lehrstück ein. Sein Weg aber war durch eine Art andächtiger Meditation, die auch personifizierte Tugenden und Laster beinhaltete, vorbereitet worden. So besuchen in der pseudo-anselmianischen Abhandlung *De custodia interio-*

ris hominis (Von der Überwachung des inneren Menschen), die Todesangst und die Liebe zum Ewigen Leben das Haus der Seele, das von den vier Kardinaltugenden bewacht wird. Sie regen es dazu an, über Hölle und Himmel nachzudenken.[95] Ein einfacheres Beispiel dieses Genres findet sich auch in Hildegards Brief an Dimon, Prior von St. Michael in Bamberg (ca. 1169–70). Sie ermutigte den Leiter dieser geplagten Gemeinschaft, indem sie ihm drei Tugenden empfahl (Caritas, Humilitas und Obedientia), die eine erbauliche Szene mit Superbia aufführen.

> Nun verstehe, o Mensch! In einem Haus saßen zwei Männer, der eine war Soldat, der andere Sklave. Zu diesem Hause kamen zwei schöne und weise Mädchen, klopften an die Tür und sprachen zu den Männern: „In weitentfernten Gegenden hörten wir ein ungutes Gerücht über euch: da ihr den König häufig bespitzelt und darüber geredet hättet. Und der König sagte von euch: Wer sind diese Schmutzkerle? Und wer bin ich? Hört also jetzt unseren Rat, euch zum Sieg!"

Es folgt eine Deutung:

> Im Haus deines Herzens, o Mensch, sitzen der Soldat, der Gehorsam, und der Sklave, der Stolz. Liebe und Gehorsam klopfen an die Tür deines Herzens, damit du nicht alles ausführst, was an Bösem in deiner Möglichkeit liegt. Jetzt entscheide dich! Der Soldat überwindet den Sklaven, damit nicht die Schönheit des Gehorsams unter die Füße des Sklaven zu liegen kommt. Denn der Stolz spricht: „Es ist unmöglich, die Fesseln zu zerreißen, mit denen ich die Menschen binde." Ihm sollst du antworten, hinhorchend auf die Liebe, die zu dir sagt: „Unversehrt throne ich im Himmel und habe die Erde geküßt. Der Stolz verschwor sich gegen mich und wollte über die Sterne fliegen. Ich aber habe ihn in den Abgrund geschleudert. Jetzt zertritt den Sklaven mit mir und bleibe fest in der Liebe, o Sohn! Umfange die Demut als Herrin, und du wirst niemals zuschanden werden, noch des Todes sterben."[96]

Es ist bemerkenswert, daß, obwohl alle vier dramatischen Personen grammatikalisch gesehen weiblich sind, Hildegard die Gestalten von Caritas und Humilitas als *puellae* beschrieb, aber Obedentia und Superbia als *viri* (*miles* und *vernaculus*) betrachtete. Solche Abweichungen vom grammatischen Geschlecht zeigen, da sie sich nicht an die Regeln der Sprache gebunden fühlte die sie ohnehin nicht zu kennen vorgab, sondern sich für die Wahl ihrer Personifikationen eine große Freiheit nahm.[97] Sie wählte auch die (soziale) Klasse frei aus, wobei sie der Regel folgte, daß die Tugenden adlig und die Laster niedrig sein mußten: so nehmen Gehorsam und Demut den hohen Rang von Ritter und Dame ein, während der Stolz entgegen seinem Charakter auf das Dienertum reduziert wird. Wie viele von Hildegards Visionen ist diese Geschichte auf literarischer Ebene inkohärent. Der Ritter ist weniger gehorsam als sein Name, sonst müßte ihm keine Rüge erteilt werden, und der Sklave dient nicht, sondern wartet darauf, unter den Füßen zertreten zu werden. Allein in diesem kurzen Gleichnis verändern sich die Charaktere vor unseren Augen: Der Sklave Stolz wird plötzlich als Luzifer, der seinen Thron über den Sternen errichten wollte (Jes 14,13), demaskiert; und Caritas, die Magd des Königs, verwandelt sich in das Wort, das in der Menschwerdung „die Erde küßte" und das den Satan in den Abgrund vertrieb. Ihre Ermahnung, „fest in der Liebe" zu bleiben, erinnert passend an Christi Abschiedsrede (Joh 15,4), obwohl der Befehl „umfange die Demut als Herrin" den feudalen und höfischen Kontext der Erzählung wiederherstellt. Die mehrfachen Widersprüche zeigen den Gedankenfluß Hildegards, die allegorische Ebenen da einarbeitete, wo andere Schreiber Unterscheidungen vorgezogen hätten. Sie hatte besondere Schwierigkeiten damit, die Tugenden an ihrem Platz zu belassen; sie ragen immer über sich selbst hinaus.

Sehr ähnlich ist das Gleichnis, das an Heinrich, Bischof

von Beauvais (1149–1162), gerichtet ist und ein gutes Beispiel für Hildegards prophetischen Ruf an den Klerus darstellt. In diesem visionären Text erscheint die Tugend Pura Scientia, die anscheinend dieselbe ist wie Scientia Dei in *Scivias* III.4 und 9, der Seherin mit einer Nachricht für ihren Briefschreiber. Wie Caritas in Bernhards Brief an den abtrünnigen Fulko, spricht die Tugend hier deutlich als Sprachrohr der Schreiberin – oder umgekehrt -in der Annahme, daß der adressierte Leser den Brief als das prophetische Dokument las, als das es gemeint war.

> Ich sah die schöne Gestalt einer Gotteskraft. Es war die „reine Erkenntnis". Ihr Antlitz war sehr hell, ihre Augen wie Hyazinth, ihr Gewand leuchtete wie ein seidener Mantel. Um ihre Schultern trug sie das bischöfliche Pallium, das dem Sardis glich. Sie rief des Königs schönste Freundin, die „Liebe", und sprach: „Komm mit mir!" Und sie gingen, klopften beide an die Tür deines Herzens und sprachen: „Wir wollen bei dir wohnen. Hüte dich, uns zu widerstehen. Sei vielmehr im Widerstand gegen das Laster, gegen weltliche Händel und den Wirbel ihrer Winde, die stürmisch wie böser Rauch hochfahren oder wie Wasser, das im Sturm dahinrast. Das sind die Beunruhigen des Menschenherzens durch Zorn und ähnliches. Bleibe nicht stumm aus Überdruß. Deine Stimme erschalle vielmehr bei den Feierlichkeiten der Kirche wie eine Posaune. Und deine Augen seien rein in der Erkenntnis, auf das du nicht träge versäumst, dich von der unwürdigen Beschmutzung deiner Bürde zu reinigen. Denn du bist voll Tropfen der Nächte. Der Hochmut hat dich zwar überredet und zu dir gesprochen: Wasche dich nicht ab! Das aber wollen wir nicht, sondern wir wünschen, du mögest alles Finstere von dir abwischen und dich nicht fürchten vor den häufigen Gewalttaten deiner Feinde, die weder richtig noch wohlwollend von dir reden. O Streiter, laß uns bei dir sein, gib uns Wohnung in deinem Herzen, und wir werden dich mit uns zum Palast des Königs führen."[98]

Da die Visionen der *Scivias* die Scientia Dei als Gestalt darstellen, die besonders über die Sünder in der Kirche wacht, wird sie zu einem angemessenen Symbol für das pastorale Amt. Daher trägt sie in dieser Vision bischöfliche Kleidung und stellt selbst das Modell eines Bischofs dar, und dies obwohl Hildegard bekannte, daß „Frauen sich dem Dienst am Altar nicht nähern sollten“[99]. Dennoch ruft Pura Scientia als Botin des lebendigen Lichts den Bischof durch sein Sprachrohr, die Prophetin, an. Das erinnert an Elisabeth von Schönaus Vision von Maria in priesterlichem Gewand. Trotz der Enge einer allein männlichen Priesterschaft waren weibliche Beispiele für die apostoliche Rolle nicht ungewöhnlich. Abaelard hatte die gläubigen Frauen an Christi Grab als „apostolas super apostolos“ gepriesen, und Rupert von Deutz pries die Jungfrau als „magistra magistrorum“[100]. In all diesen drei Fällen spielt aber die Frau mehr die prophetische oder didaktische Rolle und nicht die sakramentale Rolle des Klerus. Das gleiche gilt für die Reine Erkenntnis in dieser Vision. Als himmlisches Doppel der Seherin, benutzte sie bezeichnenderweise dieselbe Metapher, die Hildegard einmal Elisabeth vorgeschlagen hatte: „Laß deine Stimme wie eine Trompete erschallen.“ Folglich verkörpert die Erscheinung einer numinosen Frau im Meßgewand sowohl das Sendungsbewußtsein der Prophetin als auch ihre Botschaft. Aus der Sicht des Empfängers repräsentiert Pura Scientia beides, die Tugend seines Amtes sowie die Gnade, die ihn befähigen wird, wenn er dies erwählt, es auszuüben.

Ein anderes Gleichnis, in gewisser Hinsicht das interessanteste von den dreien, zeigt einige unerwartete Seiten in Hildegards Charakter. Es ist an einen Mönch adressiert und stellt Caritas und das ihr korrespondierende Laster, die Liebe zur Welt (*Amor Saecularis*), zusammen mit einer dritten Frau, Philosophia, dar.

Eine gewisse liebliche und edle Dame (Caritas) hatte ein Gemach, das mit Gold gefüllt war, und wählte oft zwei Mädchen von feinem Charakter (Benevolentia und Largitas), um mit ihr zu leben. Aber auch eine große Menschenmenge, die die Dame sah, pries ihr wunderschönes Antlitz und wollte mit ihr leben. Sie sagte zu ihnen: „Ich möchte euch Geschenke geben, die euch erfreuen, aber es würde weder euch noch mir nützlich sein, wenn wir miteinander lebten. Denn ich möchte meinen Adel und meine Schönheit nicht zum Gespött von Hunden und Füchsen werden lassen."

Aber eine gerunzelte Frau (Amor Saecularis), deren Gesicht schwarz und scharlachrot war, wollte so sein wie die edle Dame und beanspruchte in unwürdiger Weise ihren Adel und ihre Schönheit für sich. Diese gerunzelte Frau geht in die Berge und läuft überall herum, um Ruhm und Ehre zu erlangen, aber sie erhält sie nicht. Statt dessen sagt jeder: „Diese gestörte, unruhige Frau ist vom Teufel, und jeder sollte sie von sich weisen."

Eine andere Frau, eine Händlerin, sammelte Waren aller Art, die schön anzusehen waren, und sie nahm Mühen auf sich, um die Menschen diese unbekannten Wunder sehen und hören zu lassen. Dann stellte sie ein reines, schönes Kristall vor die glühende Sonne, die es entflammte, so daß es überallhin Licht gab... Nun ist die Händlerin die Philosophie, die alle Künste begründete und das Kristall des Glaubens, das zu Gott führt, entdeckt hat.[101]

In diesem Text wird die göttliche Liebe von der Liebe zur Welt parodiert, ebenso wie im Buch der Sprichwörter die Weisheit von der törichten Frau nachgeäfft wird. Die Rivalität der zwei Frauen, wovon die eine gut und die andere vom Bösen ist, verleiht dem traditionellen Gegensatz zwischen der Nächstenliebe und der Habgier eine Lebendigkeit. Im Porträt von Amor Saecularis findet sich auch ein Schimmer von der uralten volkstümlichen Gestalt der Teufelin oder der Hexe. Hildegard teilte den Zisterziensermönchen in dem oben zitierten Brief mit, daß sie, indem sie die

Jungfrau Caritas verlassen hätten, ihrer Feindin – „der verdrehten, gänzlich dunkelhäutigen und verrunzelten Frau, die, mit den Zähnen knirschend, ihren giftigen Weg geht und scheußlich in all ihrem Tun ist“ – zum Opfer gefallen seien. Diese Frau ist wie eine neue Circe, die Schweine aus denen macht, die eigentlich heilig und auserwählt sein und der Welt entsagen sollten.[102]

Aber auch Caritas ist in der Gegenwart ihrer Rivalin kleiner geworden. Einstmals die göttlichste und universellste unter den Tugenden, zeigt sie nun eine peinliche Vornehmtuerei. Aufgrund ihrer instinktiven Assoziation von Tugend und Adel beschreibt Hildegard hier wieder einmal Caritas als die Dame (*domina*) und Amor Saecularis als die einfache Frau (*mulier*). Die eine ist schön, hochgeboren und einsam, während die andere in jedem Sinne vulgär ist. Die Weigerung der edlen Dame, mit „Hunden und Füchsen“ zu verkehren (oder ihre Perlen vor die Säue zu werfen), reflektiert ganz den aristokratischen Stolz der Seherin. Ihre Gemeinschaft in Bingen akzeptierte wie auch die meisten älteren Benediktinerinnenhäuser nur Mädchen aus den besten Familien. Als die Äbtissin von Andernach Hildegard einmal wegen dieser Politik Vorwürfe machte, verteidigte Hildegard diese mit Inbrunst, indem sie sich auf die Hierarchie zwischen Menschen, Tieren und Engeln berief.[103] In diesem Brief ist dasselbe Denken nur versteckter enthalten: Caritas selbst wählt den Adel und hält den Mob aus ihrem goldenen Gemach heraus, um sich so alleine des Feindes zu erwehren. Die Klassenunterschiede stimmen in Metapher und Wirklichkeit mit den empfundenen Unterschieden zwischen der göttlichen Liebe im Kloster und der dämonischen oder falschen Liebe in der Welt überein.[104]

Aber die dritte Frau, Philosophia, stellt eine Alternative dar. Für die Weisheitshumanisten dieser Zeit war sie natürlich keine Händlerin, sondern eine Königin.[105] Illuminierte Bibeln zeigen sie oft mit ihren boethianischen Attributen –

Büchern in ihrer rechten Hand und ein Zepter in ihrer linken – wie sie auf dem Anfangsbuchstaben O aus dem Buch Ecclesiasticus (Jesus Sirach) thront: „Omnis Sapientia a Domino Deo est."[106] Eine andere beliebte Konvention ist die von Martianus Capella stammende Darstellung der Philosophia als *fons artium* oder Mutter der sieben freien Künste.[107] Alkuin nannte sie „die höchste Weisheit" und „Herrin aller Tugenden"[108], und Eriugena stellte in seinem Kommentar zu Martianus den außerordentlichen Anspruch, daß „niemand den Himmel betrete außer durch die Philosophie"[109]. Solche Ideen waren in Hildegards Zeit noch verbreitet und beliebt. Ihre Zeitgenossin Herrad von Hohenburg gab dieser gelehrten Königin einen besonderen Platz in ihrem illustrierten *Hortus deliciarum* (*Garten der Freuden*).[110] In einer Miniatur dieses Werkes erscheint Philosophia mit einer Schriftrolle, auf der steht: „Alle Weisheit stammt von Gott. Nur die Weisen können tun, wonach sie begehren." Plato und Sokrates sitzen zu ihren Füßen, und die drei Zweige der Weisheit – Ethik, Logik und Physik – sind durch drei Köpfe über ihrer Krone gekennzeichnet. Aus ihrer Brust fließen sieben Ströme, die ihre Töchter, die sieben freien Künste, die darunter in einer Arkade stehen, nähren. Um keinen Zweifel an der wahren Identität dieser Mutter zuzulassen, steht links die Überschrift: „Der Heilige Geist ist der Urheber der sieben freien Künste."

Das bildet also den Hintergrund zu Hildegards „Händlerin". Deren Benennung ist merkwürdig und deutet auf eine leichte Geringschätzung des Marktplatzes menschlichen Wissens, mit dem Hildegard keinen Verkehr haben wollte. Noch merkwürdiger ist aber, daß die Prophetin reiner Inspiration eine Gestalt mit so deutlich humanistischen Attributen erhöhte. Doch wie auch ihre Mitschwester, die Äbtissin Herrad, assimilierte sie die göttliche Sophia mit der klassischen Philosophia, wenn auch nicht so durchgängig. Bemerkenswert ist nun, daß Philosophia hier nicht die traditionelle Handvoll Bücher hält, sondern das Kristall des Glaubens – ein Sinnbild für fokussiertes und konzentriertes Licht. In diesem Bild des *intellectus quaerens fidem* repräsentiert Philosophia am ehesten die menschliche Weisheit, die die Weisheit Gottes betrachtet und die in ihr Kristall blickt, so wie Caritas in die Saphirform Christi schaut. Obwohl der Glaube die Künste übertrifft und die höchste Gabe ist, die Philosophia anbieten kann, ist es doch bedeutsam, daß sie ihn anbieten kann. Wir können Philosophia daher als Modell des erleuchteten säkularen Lebens ansehen, so wie Caritas in diesem Gleichnis für das monastische Lebens steht. Diejenigen, die zu gewöhnlich sind, um Zutritt zum Haus der Caritas zu erlangen, aber doch zu weise, um mit der verruchten Amor Saecularis zu verkehren, können durch die im Glauben erleuchtete Liebe zur Weisheit immer noch ein heiliges Leben führen.

An dieser Stelle, an der Philosophia ruhig weiter in ihre Kristallkugeln schauen kann, möchte ich innehalten, um die Wege, auf denen sich Hildegards Gedanken durch die verschiedenen Visionen, Gleichnisse und Erklärungen ihre Bahn brechen, zusammenzufassen. Wir haben bisher gesehen, daß die Weiblichkeit Gottes als die Offenbarung des verborgenen Gottes anzusehen ist – und dies besonders in der archetypischen Welt, in der Natur und im Seelenleben. Sie ist die planende, offenbarende, schöpferische, helfende und verlockende Gottheit. Sie ist auch die innere Dynamik der Welt, die gehorcht, empfängt, antwortet und kooperiert. Durch sie verkünden die Himmel den Ruhm Gottes, werden die Propheten vom lebendigen Licht überschattet und haben die Gläubigen Anteil an den Tugenden. Ihre Beziehung zum Kosmos ist königlich, zu Gott ist sie erotisch und gegenüber Männern und Frauen ist sie mütterlich. Ihre Erscheinungen wollen die Liebe der Weisheit durch die Schönheit der Heiligkeit eingeben. Sie ist der getreue Spiegel sowohl göttlicher Absichten als auch menschlichen Handelns. Ihr Gewand wird Männern und Frauen durch gute Werke zum Schmuck oder wird durch Sünde von ihnen entstellt. Sie ist innig mit Gott vertraut und doch für die Gläubigen höchst erreichbar, denn ihr vollendetes Werk, ihre *operatio*, ist die Einheit von Schöpfer und Geschöpf. Wie „der Ratschluß des Herrn", der „ewig bestehen bleibt" (Ps 33,11), bringt die Weiblichkeit Gottes die Welt ins Sein, damit Gott in ihr geboren wird und damit die Welt durch das fleischgewordene Wort zurück zu Gott geführt wird. In erster Hinsicht ist sie der Archetyp der Maria, in zweiter ist sie die ewige, präexistente Kirche.

Es dürfte völlig klar geworden sein, daß die Weiblichkeit Gottes, so wie sie sich in den Namen von Sapientia und Caritas manifestiert hat, ein gänzlich positives Symbol ist. Das gleiche kann über die biblische Sophia gesagt werden. Paradoxerweise findet sich aber in keinen anderen biblischen Schriften so viel Frauenfeindlichkeit wie in der Weisheitsliteratur. So heißt es dort: „Weniger schlimm ist die Bosheit eines Mannes als die Güte einer Frau"(Sir 42, 14).[111] Die Schönheit einer Frau gilt als eine Falle und eine Täuschung (Sir 9). Die Tochter ist dem Vater eine Bürde (Sir 42,9–10), und die Dirne ist eine Mörderin des einfachen Mannes (Spr 7). Was die Frau betrifft, so ist es „besser in der Wüste" zu hausen „als Ärger mit einer zänkischen Frau" zu haben (Spr 21,19). Und natürlich nahm „von einem Weibe... die Sünde ihren Anfang, und ihretwegen müssen wir alle sterben" (Sir 25,24). Unnötig bleibt zu sagen, daß positive symbolische Werte des Weiblichen keinen Schutz gegen Frauenfeindlichkeit bieten, genausowenig wie die Glorifizierung der Dame in höfischer Lyrik von einem freundlichen Umgang mit realen Frauen zeugt.

Wie wir bereits gesehen haben, benutzte auch Hildegard selbst das Symbol des Weiblichen, um verschiedene Typen physischer und moralischer Schwäche auszudrücken. Dieser Begriff des Weiblichen war (trotz des höfischen Kults) weitaus verbreiteter als die elitären Formen symbolischer Theologie, die hier bisher untersucht wurden. So ist die Frage, der wir uns nun zuwenden müssen, eine Crux: Wie weit konnte Hildegard ihre weisheitliche Perspektive – einfacher gesagt ihren Idealismus – beibehalten, als sie die sog. „gefallene" Frau betrachtete? Wenn wir ihren starken Sinn für das Dämonische, das Gewicht der Sünde und den nach unten ziehenden Charakter des Fleisches bedenken, können wir da zumindest eine Ambivalenz erwarten. Dieses Thema taucht nun deutlich in Hildegards Behandlung von Eva auf, die für sie die erste geschichtliche Frau und das erste Opfer der Frauenfeindlichkeit des Satans war.

DRITTES KAPITEL

Die Frau und die Schlange

Für Hildegard, wie für mittelalterliche Christen überhaupt, diente die Geschichte vom verlorenen Paradies, die im Buch Genesis erzählt wird, als Prüfstein jeglicher Betrachtung über Mann und Frau. Hiermit wurde deren Ursprung, Ende und gegenwärtige Lage ebenso erklärt wie ihre Beziehungen zu Gott, zu Satan und zueinander. Obwohl die Seherin nirgendwo einen umfassenden Kommentar bot, kehrte sie doch immer wieder zu den Gestalten von Adam und Eva zurück. Deren Schöpfung, Hochzeit und Verbannung erschien in einer ihrer frühesten Visionen (*Scivias* I.2) und beschäftigte sie noch auf ihrem Totenbett. Adam und Eva besetzen einen zentralen Platz im kosmischen Drama: ihre Abenteuer sind eine Folge von Luzifers Fall und ein Vorspiel zur Inkarnation. Diese Ereignisse stellen in der Sicht der Seherin drei Akte eines Dramas dar. Aber auch für sich allein genommen ist die Geschichte vom Sündenfall bereits eine tragisch-pathetische Erzählung, die Hildegard in mythisch-poetischem Stil wiedergab. In der Vision von Eva und Adam im Paradies sah sie sowohl das Paradigma menschlicher Sexualität, so wie sie von Gott intendiert war, als auch deren höchsten Zweck, nämlich die Inkarnation des Wortes. Umgekehrt lieferte ihr das gefallene Paar ein Bild und eine Ätiologie aller moralischen und physischen Krankheiten, die sie (oft, aber nicht immer) in einer fehlgegangenen Sexualität begründet sah.

Hildegards Behandlung der Eva ist, wie vorauszusehen war, spannungsgeladen. Einerseits muß diese paradigmatische Frau alle Werte der Weisheit, die dem Weiblichen an sich innewohnen, verkörpern. Andererseits konnte sich Hildegard nicht dem Einfluß augustinischer Tradition, die die

Ursünde mit sexueller Lust oder Begierde verband, sowie auch der damit verwandten monastischen Tradition und ihrer Wertschätzung der Jungfräulichkeit entziehen. Diese Traditionen, die durch männliche Zölibatäre geformt und verewigt wurden, weisen eine notorische Tendenz auf, Sexualität im allgemeinen mit weiblicher Sexualität im besonderen zu identifizieren und somit Eva und ihre Töchter als ständige Quelle der Versuchung zu verdammen.[1] Gerade weil Hildegard im großen und ganzen die anti-erotische Tendenz ihres benediktinischen Erbes teilte, beeindrucken ihre Bemühungen, den antifeministischen Folgen, die diese für gewöhnlich mit sich brachten, auszuweichen. Da ihr dies gelang, verdankte sie teilweise ihrer Weisheitstheologie, teilweise aber auch ihren Kenntnissen von Traditionen, die dem augustinischen Denken fremd sind, so zum Beispiel der Volksweisheit, dem überlieferten medizinischen Wissen über Frauen sowie theologischen Motiven, die sich letztlich eher aus griechischen oder jüdischen als aus lateinischen Quellen herleiten. Ebenso konnte sie sich auch auf ihre eigene instinktive und empirische Wahrnehmung stützen. Trotz allem aber bleiben die Spannungen in ihrer Sicht des körperlich-konkreten Weiblichen unaufgelöst.[2]

Auf den folgenden Seiten wird es um Texte gehen, die von Eva handeln, und im nächsten Kapitel soll dann Hildegards Sicht der Frau allgemein betrachtet werden, besonders, insofern Fragen der Gynäkologie, der erotischen Sensibilität und der Ehe betroffen sind. In den meisten Texten, in denen Eva erscheint, ist sie den Gestalten von Maria, Adam oder dem Satan dialektisch entgegengestellt. In der göttlichen Ordnung ist sie die Mutter der Menschheit und damit auch Christi. In der natürlichen und sozialen Ordnung ist sie die Partnerin des Mannes, und in der gefallenen Welt ist sie das Opfer der Mißgunst des Teufels. Solange die Frau nach dem Sündenfall darin fortfährt, ihre eheliche Sexualität zu leben, sind die Folgen von Sünde, Natur und Gnade nicht fernzuhalten; nur in der Jungfräulichkeit kann die Frau „das Gift der alten Schlange“ ganz überwinden. Als sexuelles Wesen ist die Frau (wie auch der Mann) vom Ursprung her besudelt, aber selbst noch in ihrem Gefallensein ist sie fähig, Gnade zu empfangen und zu offenbaren.

Geschaffen als Gottes Ebenbild

Eine zentrale Frage mittelalterlicher Anthropologie, die noch zu Hildegards Zeit erörtert wurde, ist, ob Eva nicht ebenso wie Adam nach Gottes Bild und Gleichnis geschaffen worden sei (Gen 1, 26). Gewisse Kirchenväter, wie Johannes Chrysostomos, hatten das Bild Gottes mit universeller Souveränität gleichgesetzt, und daraus folgte, daß es nur der Männlichkeit zuzuordnen war, weil „der Mann alles beherrscht und die Frau dient“[3]. Andere Theologen unterschieden zwischen „Bild“ und „Gleichnis“ als zwei Arten der Ähnlichkeit, deren höhere Adam und deren geringere Eva zugeordnet wurde. Auch Abaelard, den manche als einen Feministen des 12. Jahrhunderts ansehen, meinte, daß der Mann sich deshalb einer ausdrücklicheren Ähnlichkeit mit der Trinität erfreue, weil er die Frau in den göttlichen Attributen von Macht, Weisheit und Liebe übertreffe.[4] Ähnlich glaubte der Zisterzienser Arnold von Bonneval: „Der Mann ist nach dem Ebenbild Gottes geschaffen und die Frau nach seinem Gleichnis... der Mann gemäß seiner volleren Geistesintensität und die Frau entsprechend ihrem lascheren Verlangen nach Kontemplation.“[5] Und der Kanoniker Ivo von Chartres merkte auf der Grundlage von 1 Kor 11,7 an: „Die Frau verschleiert sich selbst, denn sie ist nicht die Ehre oder das Ebenbild Gottes.“[6] Dennoch hielten die meisten Theologen des 12. Jahrhunderts hier an der Gleichheit der Geschlechter fest, darunter Hervé von Bourg-Dieu, Peter von Celle und Gilbert Porreta.[7] Rupert von Deutz stellte einfach fest, daß „Gott die Frau nicht weniger als den Mann zu seinem Ebenbild geschaffen habe“[8]. Was hier eigentlich zur Debatte steht, ist nicht nur die Bewertung der Frau, sondern die umfassendere Frage, was es bedeute, nach Gottes Ebenbild geschaffen zu sein. Anders als Chrysostomos, dessen Denken sich an der sozialen Ordnung orientierte, folgten fast alle westlichen Schriftsteller Augustinus, der den Ort der Gottebenbildlichkeit im Verstand sah.[9] Demgemäß hing die Frage der Gleichheit oder Minderwertigkeit der Frau von der jeweiligen Einschätzung ihrer geistigen und spirituellen Fähigkeiten im Verhältnis zum Mann ab.

Hildegard jedoch nahm eine grundsätzlich andere Haltung zu diesem Problem ein. Nach Gerhart Ladner wurde das 12. Jahrhundert Zeuge eines wachsenden Bewußtseins für das „fleischgewordene“ Bild Gottes im Gegensatz zum rein geistigen Ebenbild.[10] Bisher hatte der Körper im westlichen Denken über die Ebenbildlichkeit, außer in den isolierten Spekulationen Eriugenas, eine geringe Rolle gespielt.[11] Ein neues Interesse an der Prädestination Christi führte aber nun zur Wiederentdeckung von Adams nicht nur intellektueller, sondern auch körperlicher Ähnlichkeit mit dem fleischgewordenen Wort. Bruno von Segni, ein früher Vertreter dieser neuen Sicht, erklärte, daß der Schöpfer „dem Menschen solch ein körperliches Bild gab, daß er vor der Zeit bestimmt hatte, daß der Sohn, der wirklich Gott ist, ein solches erhalten sollte. Daher mag nicht nur unser innerer, sondern auch unser äußerer Mensch in gewisser Weise Gott ähnlich sein.“[12] Hélinand von Froidmont, ein Zisterzienser des 13. Jahrhunderts, äußerte, daß „vor der Inkarnation des Wortes nur die innere Form Gott gleich war; aber seit der Inkarnation des Wortes wurde sogar die äußere Gestalt des Menschen zur Gestalt Gottes“[13]. Auf den ersten Blick scheint diese Bezugnahme auf die körperliche Gestalt Christi für die gleichwertige Partizipation der Frau am *imago Dei* nachteilig zu sein. Aber für Hildegard, die den ewigen Ratschluß ausdrücklich in weiblicher Gestalt symbolisierte, war die Rolle der Frau als Gefäß der Inkarnation das eigentliche Zeichen ihrer Erschaffung nach dem Bilde Gottes.

Einer alten Analogie folgend, erklärte sie, daß „der Mann gleichsam die Seele, die Frau aber der Leib ist" und weiter: „Der Mann ist dabei ein Hinweis auf die Gottheit, die Frau auf die Menschheit des Sohnes Gottes."[14] Hierin liegt der Schlüssel für Hildegards überraschend radikale Anthropologie, welche nicht den Mann, sondern die Frau zum repräsentativen Menschen erhebt. Adam symbolisiert, teilt aber nicht die göttliche Natur. Im Gegensatz dazu symbolisiert Eva nicht nur, sondern sie gibt auch die göttliche Menschlichkeit insofern, als sie Maria präfiguriert. Nicht durch ihre Erscheinung, sondern durch ihre Gabe repräsentiert die Frau die menschliche Natur Christi und ist durch sein Bild geprägt.

Typischerweise vermittelte Hildegard ihre Sicht über die Natur der ersten Frau weniger durch stringente Ausführungen als durch eine Reihe von Bildern. Kaum aber gewinnt eines dieser Bilder seine Geltung in Begriffen, lösen sich diese Begriffe schon wieder in neuen Bildern auf, die die ersteren erhöhen oder sie korrigieren. Das Endprodukt ist weniger eine Doktrin als eine Ikonographie, wenn auch reichlich gefüllt mit doktrinärer Absicht. Um Eva mit Hildegards Augen zu sehen, ist es hilfreich, dort zu beginnen, wo auch sie begann, nämlich bei den sichtbaren Dingen. Drei eigenständige, aber subtil miteinander verbundene Bilder – das Gewand, der Spiegel und die Wolke – charakterisieren meistens Eva und in ihrer Person die Frau an sich. Wie wir gesehen haben, sind das Gewand und der Spiegel auch weisheitliche Bilder, die mit der Weiblichkeit Gottes verbunden sind. Alle drei Symbole bezeichnen ebenso die Mutterschaft wie auch die Gotteserscheinung – oder präziser, sie deuten

Mutterschaft *als* Gotteserscheinung. Die primäre Bedeutung der Frau in der göttlichen Ordnung der Dinge ist es, den verborgenen Gott zu offenbaren, indem sie ihn durch die Geburt ins Leben bringt. In der Zwischenzeit bringt sie sein Ebenbild in jedem Kind, das sie selbst gebiert, zur Welt. Aber für dieses Werk muß sie mit dem Mann zusammenarbeiten. So stellen Evas spezielle ikonographische Symbole sie in zweiter Hinsicht in ihrer Rolle als Hilfe und Ergänzung Adams dar.

Das Gewand und der Spiegel

In einem zentralen Abschnitt aus *De operatione Dei* setzte Hildegard ihr inkarnatorisches Konzept der Ebenbildlichkeit Gottes als Vorrede zu ihrer Abhandlung über die Geschlechter fort.

> Als Gott dem Menschen ins Angesicht schaute, gefiel er Ihm sehr gut. Hatte Er ihn doch nach der Gewandung Seines Bildnisses und auf Verähnlichung mit sich hin erschaffen! Der Mensch sollte mit der Posaune seiner vernünftigen Stimme alle Wunderwerke Gottes verkündigen: Denn der Mensch ist das volle Werk Gottes. Gott wird vom Menschen erkannt, und um des Menschen willen hat Gott alle Geschöpfe erschaffen. Ihm hat Er gestattet, im Kuß der wahren Liebe durch seine Geistigkeit Gott zu preisen und zu loben.[15]

Die grundverschiedenen Metaphern von „Gewand“ und „Posaune“ stehen hier für das Bild beziehungsweise für das Gleichnis Gottes. Das letztere findet sich in der rationalen Seele mit ihrer Fähigkeit, sich zu Gott in Sprache und Gesang zu bekennen, während das erste auf die körperliche Gestalt verweist – oder, wie Hildegard anderswo sagte: „das Gewand der Menschheit (Christi), welches er von der Gestalt einer Frau annehmen mußte“[16]. Mit diesem Gewand, dem Fleisch des inkarnierten Wortes, werden die Liebe und die Weisheit vollkommen und endgültig bekleidet werden.[17]

Obwohl beide Geschlechter gleichermaßen an Bild und Gleichnis teilhaben, da beide die Struktur von Seele und Körper teilen, gehört das Gewand besonders zur Frau, weil es so eng mit der Inkarnation verbunden ist. So deutet Hildegard in einem ausgefallenen Kommentar zur Hochzeit von Kana die geheimnisvollen Worte Jesu an Maria – „Quid mihi et tibi est, mulier?“ (Joh 2,4) – als eine Frage danach, was Gott und die Frau miteinander teilen. Anstatt die Worte Christi als Tadel zu verstehen, paraphrasiert sie wie folgt: „Frau, was haben du und ich, der Schöpfer von allem, gemeinsam? Zu mir gehört die Menschheit, da ich alle Dinge erschaffen kann; und zu dir gehört sie ebenso, damit sie mein Gewand sein kann.“[18] Mit anderen Worten: die menschliche Natur gehört als Gabe Gottes zur Frau, und umgekehrt gehört sie zu ihm als ihre Gabe.

Das Wunder der Inkarnation warf seine Schatten von Beginn an voraus, denn Maria würde den Sohn Gottes ebenso in Fleisch kleiden, wie Eva die Söhne Adams bekleidete. Hildegard stellt die „nackten“ Engel, die aus purem Geist und Licht bestehen, dem zerbrechlicheren menschlichen Geist gegenüber, der einer Robe aus Lehm bedarf.[19] Um diese Kleidung zu empfangen, ist jeder Mann auf eine Frau angewiesen, d.h. auf seine eigene Mutter, aber letztendlich auf Eva, der Mutter allen Lebens. Und als Gegenleistung für diese Robe aus Fleisch bietet der Mann der Frau den Schutz und Beistand, den sie braucht.

> Und so ist das Weib schwach und blickt zum Manne auf, um von ihm umsorgt zu werden, ähnlich wie der Mond seine Stärke von der Sonne empfängt. Deshalb ist die Frau auch dem Manne unterworfen und muß jederzeit zum Dienen bereit sein. Sie bedeckt mit den Werken ihrer Kunstfertigkeit

> den Mann, weil sie ja von Fleisch und Blut gebildet ist, während der Mann zuerst Lehm war. Aus diesem Grunde blickt er in seiner Nacktheit zum Weib hinauf, um sich von ihr bekleiden zu lassen.[20]

Die Funktion der Frau als Weberin ist sowohl wörtlich wie metaphorisch gemeint: Der Mann empfängt nicht nur die Hülle aus Fleisch aus dem Schoß der Mutter, sondern ebenso Hüllen aus Leinen und Wolle von ihren Händen. In ihrer Ausführung über die Arbeitsteilung zwischen den Geschlechtern deutete Hildegard an, daß es Sache des Mannes, der aus Erde gemacht und daher erdhaft ist, sei, auch die Erde zu bebauen, von der er genommen ist. Aber die Frau, die als Fleisch von Fleisch geschaffen wurde, wurde zur Mutter allen Fleisches bestimmt. Außerdem zeichnet sie sich durch die geschickte Arbeit ihrer Hände *(artificiosum opus manuum)* aus; dies verweist wahrscheinlich auf die weiblichen Künste des Spinnens, Webens, Nähens und Stikkens.[21] Diese Verbindung von symbolischem und sozialem Kontext ist für Hildegards Sichtweise typisch. Die Arbeit der Frau ist, sozial gesehen, unentbehrlich, aber sie ist ebenso eine Offenbarung des Werkes Gottes. So wie der Kosmos das Gewand der Weisheit oder Gottes sichtbare Pracht ist, so ist der Körper, der von der Frau geboren wird, der Ruhm der Seele – oder besser, er wäre es, hätte es nicht den Sündenfall gegeben.

Die Auslegung von Gen 1,27 führt weiter mit einer Erörterung von Eva als Partnerin Adams.

> Doch fehlte dem Menschen noch eine Hilfe, die ihm gleichkäme. So gab Gott ihm eine Gehilfin in der Gestalt des Weibes, gleichsam eine Spiegelgestalt (*speculativa forma mulieris*), in der das ganze Menschengeschlecht latent vorhanden war, *bis es in Gottes gewaltiger Kraft hervortreten sollte, so wie Er auch den ersten Mann hervorgebracht hatte.* Mann und Frau sind auf solche Weise miteinander vermischt, da

> einer das Werk des anderen ist. Ohne die Frau könnte der Mann nicht „Mann" heißen, ohne den Mann könnte die Frau nicht „Frau" genannt werden. So ist die Frau das Werk des Mannes, der Mann ist ein Anblick voller Trost für die Frau, und keiner vermöchte es, hinfort ohne den anderen zu leben.[22]

Die verlockende Bezeichnung *speculativa forma* widersteht einer Übersetzung. *Speculatio* kann ebenso Kontemplation wie Reflexion bedeuten; so bezeichnete Hildegard die Erkenntnis von Gut und Böse als *speculativa scientia*, eine reflektive oder kontemplative Selbsterkenntnis.[23] Insofern als Eva der Spiegel Adams ist, sieht er sie an und erkennt in ihr sein eigenes Bild und Gleichnis. Ebenso aber sieht er in ihr die Mutter seiner Kinder, die sich in ihrem gegenseitigen Blick gleich den endlosen Figuren widerspiegeln, die eine hinter der anderen erscheinen, wenn zwei Spiegel einander gegenübergestellt sind, in deren Mitte eine einzige Person hineinschaut. Indem Adam und Eva aufeinander antworten, ermöglichen sie dem Bild Gottes, in Myriaden von Spiegelbildern, entsprechend all den noch ungeborenen Generationen im Mutterleib, sichtbar zu werden. In diesem Text kennzeichnet der Spiegel dann die Frau zugleich als Ergänzung des Mannes wie auch als Urmutter.[24]

Wie wir schon gesehen haben, beschrieb Hildegard ihr visionäres Licht als eine Art Spiegel, und sie pries die Offenbarung der Schönheit der Liebe im „Spiegel der Kerubim". Als ein Zeichen der Offenbarung beinhaltet der Spiegel ebenso die Selbsterkenntnis, denn der Betrachter ist immer ein Teil der Vision, die er oder sie darin erblickt. In diesem Sinne ist jeder Engelchor für den nächsten ein Spiegel oder „Siegel der Reflexion" *(speculativum sigillum)* und dies in einer aufsteigenden Hierarchie der Vision: Die göttlichen Geheimnisse, deren jedem es an sich selbst mangelt, nimmt durch das Höhere wahr und offenbart sich selbst dem Niedrigeren.[25] Auch der Mensch ist ein Spiegel, der noch vollkommener geschaffen ist als die Engel, denn er reflektiert den gesamten Kosmos, der in ihm besiegelt ist: „Der Mensch ist der Spiegel aller Wunder Gottes.“[26] Was Adam für die Welt ist und was die Engel für ihre Gefolgschaft sind, das ist Eva für Adam: ein Spiegel, in dem seine eigene Herrlichkeit reflektiert und dadurch verdoppelt wird. Alles, was er ist und tut, ist in ihr verkörpert, so daß er, wenn er sie betrachtet, sich selbst und seine Welt von neuem strahlendem Glanz durchdrungen schaut.[27] Auch Eva, so bemerkt die Schlange, „sieht auf einen anderen, so wie die Engel auf Gott schauen“[28]. In Hildegards Sicht hängt alle Erlösung von diesem Akt ab, sich von sich selbst abzuwenden und der Betrachtung des anderen zuzuwenden, denn Gott ordnete den Kosmos so an, daß „die oberen der Widerschein der unteren sind, und die unteren der Abglanz der oberen“[29]. Durch die Gegenseitigkeit ihres Anblicks spiegeln Adam und Eva das Leben der Trinität und der ungefallenen Engel wider und entkommen der Sünde Luzifers, der gewünscht hatte, eine Lampe, statt nur ein Spiegel zu sein.[30] Wenn nun Mann und Frau einander spiegeln und voreinander leuchten, dann wächst jeder von ihnen in Weisheit, und die Welt ist bereichert. Für das Wachstum der Liebe und der Ekenntnis ist es nicht gut, daß der Mensch allein ist.[31]

Hildegard nannte den Mann „Trost für das Auge der Frau“, denn Eva blickte Adam voll Hoffnung und Verlangen an, da er das potentielle Leben in ihr zur Erfüllung bringen könnte. Wenn umgekehrt Adam Eva betrachtet, sieht er in ihr den Widerschein kommender Ereignisse und erfreut sich seines prophetischen Wissens.

> Denn als Adam Eva anblickte, wurde er gänzlich mit Weisheit erfüllt, denn er sah die Mutter, durch die er Kinder hervorbringen würde. Aber als Eva auf Adam blickte, bestaunte sie ihn, als sähe sie in den Himmel hinein, so wie

> eine Seele, die sich nach himmlischen Dingen sehnt, sich ausstreckt, weil sie ihre Hoffnung in den Mann gesetzt hat.[32]

Wenn sie ein Spiegel ist, ist es seine Gestalt, die sie wiedergibt. Ist sie aber eine Quelle, so ist er es, der aus ihr Wasser schöpft: „Obwohl der Mann eine größere Kraft besitzt als die Frau, ist doch die Frau eine Quelle der Springbrunnen der Weisheit und ein Urquell tiefer Freude, die den Mann zu seiner Vollkommenheit bringt."[33] In diesem Sinne kann die Seherin davon sprechen, daß „die Frau des Mannes Werk ist". Dennoch relativiert sich diese Unterscheidung in der Praxis, denn so, wie jeder den anderen kontemplativ betrachtet, so wirkt in der Zeugung (bzw. Hervorbringung) jeder durch den anderen.

Der Sexualakt selbst definiert zugleich beides: die Ergänzung der Geschlechter und die Priorität des Männlichen. Gott schuf Adam vor Eva, nicht weil er ihr moralisch, intellektuell oder ontologisch überlegen ist, sondern weil seine Erschaffung ihrer im Akt der (Er)zeugung vorausgeht. Er ist wie der Sommer, der die Erde befruchtet, und sie ist wie der Winter, der dessen Ertrag aufnimmt und reifen läßt.[34] Hildegard bestand auf dieser gegenseitigen Ergänzung so sehr, daß sie sogar den biblischen Text falsch zitierte, den sie zur Erklärung heranzog. So äußerte Paulus: „Denn der Mann stammt nicht von der Frau, sondern die Frau vom Mann. Der Mann wurde auch nicht für die Frau geschaffen, sondern die Frau für den Mann."(1 Kor 11,8- 9). Um sicher zu gehen, stellte er das Gleichgewicht mit der Mahnung an die gegenseitige Abhängigkeit wieder her: „Denn wie die Frau vom Mann stammt, so kommt der Mann durch die Frau zur Welt; alles aber stammt von Gott" (1 Kor 11,12).[35] Die Seherin aber mochte die implizite Lehrmeinung des Apostels „er nur für Gott, sie für Gott in ihm" nicht gelten lassen, und sie akzentuierte seine zweite Idee so, da sie versehentlich die erste negierte.

„*Die Frau wurde um des Mannes willen geschaffen*" *und der Mann um der Frau willen*. Denn wie sie vom Manne, so stammt auch der Mann von ihr, damit sie sich bei der gemeinsamen Zeugung ihrer Kinder nicht trennen, weil sie gemeinsam ein Werk vollbringen, wie auch Luft und Wind zusammenarbeiten... Die Luft wird vom Wind in Bewegung gesetzt und der Wind von der Luft umschlossen, so daß alles, was grünt, von ihnen abhängig ist. Was bedeutet das? Frau und Mann wirken bei der Zeugung von Kindern zusammen.[36]

In diesem Text gibt es keinen Hinweis auf eine ungleiche oder entstellte Sexualität. Der Geschlechtsverkehr erscheint als ein völlig natürlicher, gegenseitiger Akt. Das grüne Laubwerk und die Analogie des Windes, eines Zeichens für den Geist, läßt an die Hochzeit im Paradies denken.

Die leuchtende Wolke und der Schatten

Eine der ersten Visionen der *Scivias* handelt von Adam und Eva im Moment des Sündenfalls, ein Ereignis, das in einer außergewöhnlich geheimnisvollen Miniatur des Rupertsberger Manuskripts dargestellt ist (Abb. 2). In der rechten unteren Ecke deuten zwei blühende Bäume auf den Garten Eden hin. Darüber liegt ein nackter Adam, der mit offenen Augen schläft. Seine rechte hohle Hand neben seinem Ohr horcht auf die Flammen, die aus dem Höllenschlund von unten emporsteigen. Aus Adams linker Seite geht eine stilisierte Wolke hervor, die wie ein Flügel oder wie eine herabhängende Tulpenblüte geformt ist (im Text wird sie als *candida nubes* beschrieben, aber gemalt ist sie blattgrün). Eine Reihe goldener blumenförmiger Sterne schimmert darin. Aus dem Höllenschlund schwillt eine dunkle Wolke aus Rauch hervor, die wie ein Baumstamm ausgebildet ist und sich in der Spitze zu acht Zungen verzweigt. Die unterste

Abb. 2. *Eva, die vom Teufel überschattet wird. Adam lauscht dem Rat aus dem Höllenschlund, während die rauchspeiende Zunge einer Schlange Eva ansteckt.*
Eibingen-Scivias, Abtei St. Hildegard; Faksimile von Wiesbaden, Hessische Landesbibliothek, Hs. 1 (verlorengegangen), Vision I.2.

davon nimmt die Form eines Schlangenkopfes an und speit Giftströme in die Sternenwolke aus. Im oberen Bereich versuchen die verbleibenden Zungen in den Himmel vorzustoßen, wo noch mehr goldene Sterne blühen, aber diese werden von einem starken Firmament geschützt. In den vier Ecken der Miniatur erscheinen die Embleme von Erde, Wasser, Feuer und Luft.

Etwas in der Fremdheit dieses Bildes kommt daher, daß hier zwei normalerweise eigenständige Szenen, die Erschaffung Evas und die Verführung, in einer einzigen Miniatur zusammengefügt wurden. Aber trotz seiner unüblichen Züge leitet sich das Bild entfernt aus der bekannten Bilderwelt der Erschaffung Evas her.[37] Dabei wird der folgende Text illustriert:

> Dann sah ich eine große Anzahl lebendiger Leuchten. Sie gaben einen hellen Schein, empfingen blitzendes Feuer und verbreiteten so einen ruhigen Glanz. Und plötzlich erschien ein See von großer Breite und Tiefe. Er hatte eine brunnenartige Öffnung und sandte feurigen, stinkenden Qualm aus. Auch ein abscheulicher Nebel entquoll ihr, der sich ausbreitete und etwas wie eine Ader berührte, die verführerisch ausschaute. Er hauchte eine strahlendweiße Wolke in einer Lichtregion an, die von einer schönen Menschengestalt ausgegangen war und unzählige Sterne enthielt. Und er vertrieb Wolke und Menschengestalt aus diesem Gebiet. Da umringte eine heller Schein dieses Gebiet, so daß alle Elemente der Erde, die bisher in tiefer Ruhe lagen, in Aufruhr gerieten und einen schreckenerregenden Anblick boten.[38]

Im Zentrum dieser Panoramaszene, sozusagen auf halbem Weg zwischen Hölle und Himmel, erscheint die Mutter allen Lebens. Aber anstatt der üblichen Szene, in der die Frau aus der Seite des Mannes hervorgeht, sah Hildegard Eva hier als breite sternengeschmückte Wolke, welche die Künstlerin – aus ausgezeichneten Gründen – als zartes grünes Blatt darstellte. *Viriditas* war für Hildegard mehr als nur eine Farbe; das frische Grün, das in ihren Visionen immer wiederkehrt, repräsentiert das Prinzip allen Lebens, Wachsens und aller Fruchtbarkeit und fließt aus der lebenschaffenden Kraft Gottes. Mit den Worten Peter Dronkes ist diese *viriditas* „das Grünen eines Paradieses, das keinen Sündenfall kennt", und „der irdische Ausdruck des himmlischen Sonnenlichtes"[39]. In Hildegards Glosse bezeichnet die visionäre Gestalt Eva, „die ein unschuldiges Herz besaß. Sie war aus dem unschuldigen Adam hervorgegangen und trug, wie Gott es vorherbestimmt hatte, das ganze Menschengeschlecht leuchtend in ihrem Schoß"[40]. In der Miniatur weist nur der ikonographische Kontext auf die Bedeutung hin und ermöglicht es, die rätselhafte Form als Frau zu erkennen.

Wie der Text erklärt, bezeichnen die Sterne im Leib Evas die von ihr zu gebärenden Kinder, deren Ausstrahlung wie die der Engel ist, die als lebendige Sterne über ihr leuchten. Ein Auge, das mit der Konvention vertraut ist, Sterne als Zeichen für Engel oder Heilige zu deuten[41], sieht in der Miniatur auf einen Blick, daß die Lichtwolke für den potentiellen Himmel auf Erden steht. Sowohl die Vision wie auch das Bild stellen in graphisch hochverdichteter Form den weitverbreiteten Glauben dar, daß die Menschheit erschaffen wurde, um die verlorenen Engel im Himmel zu ersetzen.[42] Stellt man nämlich das Bild der sternenübersäten Wolke neben die beiden anderen Szenen von Satan in der Hölle und von den guten Engeln, die in der Höhe wie Fackeln, die durch einen Blitzstrahl entzündet wurden, befestigt sind, dann legt sich nahe, daß Evas Kinder dazu bestimmt sind, diejenigen Sterne, die gefallen sind, zu ersetzen.

Dieser Symbolismus, der hier seiner Dichte nach dunkel scheint, wird in vergleichbaren Bildern anderswo in der Arbeit der Seherin klarer. In *Scivias* III.1 sah Hildegard Luzifer und seine Engel als einen Schauer von Sternen, die sich von dem Leuchtenden Einen auf seinem Thron zu den nördlichen Leeren abwandten und in ihrem Fall all ihren Glanz verloren. Aber ihr verlorenes Licht ist nicht erloschen; es kehrt statt dessen zum Vater des Lichtes zurück, der es für seinen zweiten Sohn Adam in Fleisch kleidet.[43] An anderer Stelle wird Christus selbst mit einem funkelnden Stern verglichen, der im Wolkendunkel erstrahlte.[44] Wie zu vermuten, leitet sich dieses Bild aus den Weisheitsbüchern ab. In Sir 24,4 verkündet Sophia: „Auf einer Wolkensäule stand mein Thron", und im Standardkommentar von Rabanus Maurus heißt es: „Die Wolke kann das Fleisch des Retters bezeichnen."[45] Sterne, die durch Wolken scheinen, verweisen dann auf den göttlichen Glanz, der durch den Schleier Fleisches schimmert.

Im Hinblick auf Eva hat die leuchtende Wolke noch weitere Bedeutungen. In Hildegards Vision über die Mutter Kirche ist die Gegend zwischen Nabel und Schenkeln in eine ähnliche Wolke gehüllt, die das weltliche Leben bezeichnet, denn Männer und Frauen (Laien) zeugen Kinder, um die Kirche zu ihrer Fülle zu bringen.[46] So präfiguriert Evas Mutterschaft die der Mater Ecclesia. Die leuchtende Wolke kann, ebenso wie der Spiegel, an den Mutterschoß mit seinem verborgenen, aber wunderbaren Inhalt erinnern. So wie eine Wolke die aufsteigende Sonne, die sie mit sich bringt, sittsam bedeckt, kann sie als ein Symbol der Keuschheit in der Ehe dienen, als eine Art bräutlichen Schleiers. Möglicherweise hat Hildegard die *Etymologie* von Isidor gekannt, wonach *nubes* „von *obnubendo*, das heißt den Himmel bedecken" stammt, „weshalb auch Bräute *nuptae* genannt werden, weil sie ihr Gesicht verschleiern"[47]. Solch ein Schleier würde die erste Braut und Mutter gut kleiden. Außerdem ist nach Ambrosius die „lichte Wolke" von Jes 19,1 eine Gestalt der Jungfrau.[48] Hildegard schrieb, daß, als Gott zuerst Eva aus Adam nahm, „er in seiner Voraussicht schon das *Leben* bereithielt, durch das alles Leben existiert, und er auch voraussah, wann es in die Frau, durch welche der Mensch in die Herrlichkeit des himmlischen Paradieses eintreten sollte, eingehen würde."[49] Indem er die erste Eva, die Mutter der Menschheit, schuf, faßte er bereits die zweite Eva, die Mutter Gottes, ins Auge. Diese Idee wird in einer Miniatur aus dem späten 12. Jahrhundert veranschaulicht. Hier wird Christus als Schöpfer gezeigt, der von sechs Medaillons umgeben ist, in denen die Werke des Hexaemerons dargestellt sind (Abb. 3). Vor seinem Körper hält er ein siebtes Medaillon, in welchem Maria, eine sitzende *orans* mit Nimbus, Umhang und einem Gesicht, das in einer Gebetsgeste emporgerichtet ist, die Gestik der neu geschaffenen Eva widerspiegelt. Eine starke diagonale Linie verbindet die drei Medaillons, die den ersten Tag der Schöpfung, den Abschluß der Schöpfung durch die Geburt Evas und die vorherbestimmte Vollendung in Maria, zeigen.

Nicht nur die Leuchtkraft der Wolke, sondern auch ihre eigentliche Substanz verweist auf die Mutterschaft Evas. In Hildegards Sicht sind Wolken aus Wasser und Luft oder Äther zusammengesetzt – einer Substanz, die reiner und feiner als normale Luft ist und die in der himmlischen Sphäre den Ort zwischen Feuer und Wasser einnimmt. Allegorisch bezeichnet der Äther die reine Buße, die den Zorn Gottes besänftigt, so wie der Äther die Heftigkeit zwischen Feuer und Wasser mildert.[50] Daher schließt Evas „ätherische" Natur die Tugenden der Reinheit, Mäßigung und Sanftmut ein. Ihre physikalische Konstitution, die „luftig" im Gegensatz zu „erdhaft" ist, macht die erste Frau durchlässig und umfassend. Wie die Wolken des Himmels bietet ihr Leib genug Raum, um viele Sterne zu beherbergen:

Abb. 3. *Eva und Maria: „Erstgeborene vor aller Schöpfung". Die sechs Medaillons, die Christus umgeben, stellen die sechs Tage der Schöpfung dar. Die inthronisierte Jungfrau ahmt die Geste Evas vor ihrem Fall nach und besetzt bereits den zentralen Platz. Illustration nach Josephus, Antiquitates Iudaicae, Paris, BN lat. 5047, Fol 2r. Bibliothèque Nationale.*

> Die erste Mutter der Menschheit war ähnlich dem Äther geschaffen. Denn wie der Äther alle Sterne in sich trägt, so trug sie selbst, unberührt und unversehrt und ohne Schmerz, die Menschheit in sich, als ihr gesagt wurde: Wachset und mehret euch![51]

In einem nachdenklichen Augenblick beschrieb sich Hildegard auch selbst als eine Frau des luftigen Temperamentes, ein Umstand, dem sie ihre Schwachheit ebenso wie ihre Geistesoffenheit zuschrieb, so als wenn das, was bei anderen Frauen eine Fähigkeit für die Mutterschaft ist, bei ihr zu einer Fähigkeit für das Verhältnis zu Gott wurde.[52]

Das Leuchten der Wolken, das doppelsinnig zugleich enthüllend als auch verbergend ist, ist ein Weisheitsbild, das in vielen biblischen Gotteserscheinungen eine Rolle spielt, so bei der Wolkensäule in der Wüste (Ex 13,22), der Vision Ezechiels (Ez 10,3–4), der Verklärung Christi („und eine leuchtende Wolke überschattete sie", Mt 17,5) und der Himmelfahrt (Apg 1,9). In Sir 24,3 verkündet die Weisheit: „Ich ging aus dem Mund des Höchsten hervor, und wie Nebel umhüllte ich die Erde." Die Wolke der Gotteserscheinung par excellence findet sich aber bei der Überschattung Marias in der Verkündigung: „Der Heilige Geist wird über dich kommen, und die Kraft des Höchsten wird dich überschatten." (Lk 1, 35) *Obumbratio* ist nun aber eine doppeldeutige Metapher. Einerseits bedeutet es Gnade, Obhut, erfrischende Kühle, Schutz gegen allzu blendendes Licht; auf der anderen Seite spielt es auf Sünde, Unwissenheit, Irrtum und Tod an.[53] Tatsächlich ist das Bild des verdunkelten Spiegels oder der von Wolken überschatteten Sonne eine häufige Metapher für die gefallene Natur.[54]

Wenn die leuchtende Wolke Eva bezeichnet, dann ist die Überschattung eine natürliche Metapher für ihren Sündenfall, wodurch hier ein negatives Sinnbild oder eine diabolische Parodie auf die Empfängnis der Jungfrau gemacht wird. In *Scivias* I.2 wird diese Umkehrung, die sich hörbar in den Worten *Ave* und *Eva* ausdrückt, zu einer visuellen Erfahrung. Wie Maria eines Tages von der mächtigen Kraft Gottes überschattet werden wird, so wird nun Eva von der satanischen Dunkelheit in gleicher und doch gegenteiliger Weise überschattet. Hildegard sah, wie die leuchtende Wolke von etwas Scheußlichem besudelt wird: Der faulige Nebel der Hölle vergiftet den strahlenden Glanz des Himmels. Bei diesem Überfall triumphiert Satans Neid über Evas Naivität und durch sie auch über alle ihre Nachkommen. „Denn der Tod kam zur Frau, weil, als sie die Worte der Schlange hörte, sie die ganze Welt überschattete.“[55] Was die Schlange aber letzten Endes verdunkeln will, ist die Weisheit selbst und all ihre Werke:

> Dieser Anfang in der ersten Erbsünde kam durch die List des Teufels. Gleich einem Nebel erhebt sie sich aus der schadenbringenden Luft, bedeckt dann die ganze Erde, so daß der reine Tag nicht mehr geschaut werden kann. Und so zerfrißt sie die Werke der Weisheit, sie gleichsam nachzeichnend.[56]

Hinter den Schwierigkeiten in Eden steckt nun letzten Endes der Urkrieg Satans gegen die Weisheit.

Eva und Satan

Der Gedanke, daß der Tod durch den Neid des Teufels in die Welt kam (Weish 2,24), ist zwar die biblische und durchaus verbreitete Lehrmeinung, spielt aber in Hildegards Deutung vom Sündenfall eine ungewöhnlich entscheidende Rolle. In ihrer eher erzählerischen als symbolischen Auslegung der Schöpfungsgeschichte wird die Besonderheit ihrer Lesart noch deutlicher. Denn anders als ihre Zeitgenossen zeigte sie eigentlich kein Interesse an der Psychologie von Eva und Adam und schenkte der Frage ihrer Schuld kaum eine Beachtung. Ihr Zugang zu dieser Geschichte war ontologisch, kosmisch und mythisch, während die vorherrschenden Auslegungen psychologisch und moralisch waren. Sogar ihre Bezugnahme der augustinischen Tradition war selektiv und sparsam.

Augustinus, der eine Lehrmeinung formuliert hatte, die in der westlichen Welt für tausend Jahre vorherrschen sollte, hatte Adam und Eva eine moralische und existentielle Freiheit zugesprochen. Gott schuf sie als Wesen, die die Möglichkeit hatten, zu sündigen oder nicht zu sündigen, und als Konsequenz, zu sterben oder nicht zu sterben. Als voll verantwortlich Handelnde sündigten sie und ernteten dafür die Strafen, die sie verdient hatten, Tod und Verderben. Weil Adam sich dafür entschied, Gottes Willen zu mißachten, wurde er mit einer Art poetischer Gerechtigkeit bestraft, indem ein Teil seines Körpers, nämlich das sexuelle Glied, seinem eigenen Willen nicht mehr gehorchte. So entstand die Begehrlichkeit bzw. das unbändige Verlangen, als Strafe für die Sünde. Ebenso entstand hier aber die Auffassung, daß die Sünde sich selbst fortpflanze, da nämlich die unvermeidbare Begierde beim Geschlechtsverkehr jedes neu empfangene Kind mit derselben Krankheit infiziere.[57] Diese Sicht der Ursünde verringert die Rolle des Teufels, um die Verantwortlichkeit deutlich den ersten Eltern zuzuordnen. Nach Augustinus hätten Satans boshafte Anspielungen auf Gott Eva nicht verleiten können, „wenn sie nicht bereits eine gewisse Liebe zu ihrer eigenen Macht und eine gewisse Selbstanmaßung in sich gehabt hätte“[58]. Aber obwohl die Sünde mit Adam und Eva entstand, machte Augustinus für ihren Fortbestand eigentlich Gott verantwortlich, indem er die gerechte Strafe für die Sünde als das wirkliche Mittel durch das mehr Sünder in die Welt kommen, ansah. Abgesehen von dieser Schwierigkeit, ist seine Theorie einseitig, da seine Überlegungen über das „ungehorsame Glied“ sich offensichtlich mehr auf männliche denn auf weibliche Sexualität bezieht. Die Frau hat zwar Anteil an der Strafe, da sie in Schmerzen ihre Kinder gebiert, aber nicht notwendigerweise an dem sündigen Vergnügen, durch das die Sünde übertragen wird.[59] Spätere, weniger feinsinnige Theologen haben dieses Vorurteil gegen den Mann dadurch kompensiert, daß sie die gesamte Bürde der Versuchung und der wilden Begierde auf die Frau legten.

Indem sie sich nach Augustinus richteten, stimmten die Kommentatoren einmütig darin überein, daß Adam und Eva, wenn sie nicht gefallen wären, Sexualität ohne Lust und Geburt ohne Schmerzen erfahren hätten. Der Bischof von Hippo sah die drei Flüche – die Wollust, die Geburtsschmerzen und den Tod – in einem unauflöslichen Zusammenhang. Er behauptete, daß die ersten Eltern im Paradies „ohne beunruhigendes Verlangen der Lust und ohne Mühe und Geburtsschmerz“ zusammengekommen wären und daß Gott, wenn die vorherbestimmte Anzahl der Heiligen dagewesen wäre, deren tierische Körper, ohne dazwischentretenden Tod, in geistige Körper verwandelt hätte.[60] Diese Konstruktion erlaubte es Augustinus nicht nur, Sexualität und Ehe gegen die Manichäer zu verteidigen, die beides verachteten, sondern zugleich auch seine Lehre von der sexuellen Begierde (Konkupiszenz) als gerechter Strafe für die Sünde zu sichern. Sein Argwohn gegenüber sexueller Lust herrschte bis ins 12. Jahrhundert vor. Nach einer weitverbreiteten Ansicht hatten Adam und Eva ohne Geschlechtslust miteinander verkehrt, so wie zwei gefaltete Hände.[61] Rupert von Deutz meinte, daß sündlose Eltern aus reiner Nächstenliebe Bürger für die Republik des Himmels hervorgebracht hätten, anstatt wie Tiere brünstig zu sein, nur um den eigenen Namen weiterzuführen.[62] Abaelard revoltierte als erster gegen die Idee, daß Lust an sich sündig sei, und argumentierte sogar damit, daß sich Adam und Eva möglicherweise bereits vor dem Sündenfall sexuell vereinigt hätten; aber seine Ansicht galt aus naheliegenden Gründen als suspekt.[63]

Mittelalterliche Exegeten übermittelten Augustinus' Sicht der Ursünde mit monotoner Regelmäßigkeit weiter, aber Autoren des 12. Jahrhunderts zeigten ein wachsendes Interesse an psychologischen und gerichtlichen Aspekten des Sündenfalls. Auf der Basis von 1 Tim 2,14 („Und nicht Adam wurde verführt, sondern die Frau ließ sich verführen und übertrat das Gebot“) dachten viele Schreiber, daß Eva den Lügen der Schlange wirklich geglaubt hätte, während Adam nur ihren weiblichen Listen erlegen sei. Diese Ansicht wurde durch Philos Allegorie von Adam als dem Verstand und Eva als dem Gefühl verstärkt, eine Allegorie, die durch Ambrosius‘ Abhandlung „Über das Paradies“ in den Westen gelangt war. Philo hatte behauptet, daß die Sinne leichter getäuscht würden als der Verstand, daß buchstäblich „die Frau die Natur hat, getäuscht zu werden, als großartig zu reflektieren“[64]. Die meisten Kommentatoren nahmen an, daß sich die Schlange deswegen zuerst der Frau näherte, weil sie entweder anma ender oder weniger intelligent war als der Mann. Nach Arnold von Bonneval glaubte sie der Schlange, weil diese ihr genau das sagte, was sie hören wollte.[65] Und Rupert unterstellte die Neugier als ihre Sünde, wobei er aus Eva eine neue Pandora machte: als diese nämlich mit umherschweifenden Schritten und Blicken durch den Garten schlenderte und dabei allzuviel über die Außenwelt nachdachte, bot sie der Schlange, die hinter der Mauer lauerte, eine Gelegenheit zur Verführung.[66]

Obwohl Hildegard sich oft in einer Sprache, die an Augustinus erinnert, auf die Ursünde bezieht, unterscheiden sich einige ihrer Vermutungen über das erste Elternpaar deutlich von denen der mittelalterlichen Augustiner. Zunächst einmal legte sie sehr viel mehr Wert auf die Ehre von Adam und Eva vor dem Sündenfall, wobei sie es der sogenannten „maximalistischen" Tradition der Rabbinen gleichtat.[67] In dieser Sichtweise war das erste Paar mit übernatürlichen Fähigkeiten begnadet: Sie konnten die Herrlichkeit Gottes mit ihren physischen Augen sehen; sie kannten jede Sprache, ob nun die Sprache der Menschen oder die der Engel; ihre Träume waren voll von prophetischer Wahrheit; und sie selbst schienen voller Glanz so wie die Sonne und waren in Gewänder aus Licht gekleidet.[68] Für Hildegard war das charakteristischste Merkmal ihrer Vollkommenheit ihre Unversehrtheit, d.h. ihre verstandesmäßige und körperliche Ganzheit, welche die physische Jungfräulichkeit einschließt, aber transzendiert. Ihr Symbol dessen ist das Lied des Adams, „dessen Stimme mit der Melodie aller Harmonien und mit der Süße der gesamten Musik zusammenklang"[69]. Im Paradies waren Adam und Eva tatsächlich frei von Begierde, aber ihre Vereinigung wäre nicht ohne Vergnügen gewesen. Eher ist zu vermuten, daß Ehemann und Frau Seite an Seite gelegen hätten „und sie hätten nur mäßig geschwitzt, so, als schliefen sie. Dann wäre die Frau durch des Mannes Schweiß *(sudor)* schwanger geworden, und während sie sanft schliefen, hätte sie schmerzlos einem Kind das Leben geschenkt aus ihrer Seite... in gleicher Weise, wie Gott Eva aus Adam hervorbrachte und die Kirche aus der Seite Christi geboren wurde."[70] Wie Dronke bemerkte, ist *sudor* bei Hildegard „nicht mit dem Schweiß der Anstrengung, sondern mit dem Duft eines Parfüms verbunden, d.h. einer himmlischen Qualität, destilliert aus all dessen, was fruchtbar und schön auf Erden ist"[71].

Evas Geburten wären ebenso makellos und unbefleckt gewesen wie die Marias, von der es auch heißt, sie habe „aus der Seite" geboren und nicht aus dem Schoß .[72] Und genauso wie die Erschaffung Evas aus der Rippe Adams eine Präfiguration der Geburt Ekklesias aus der Seite des Gekreuzigten darstellte, so hätte Evas Mutterschaft diesem unverdorbenen Modell entsprochen.[73] Nach dieser Denkweise offenbart nur die Empfängnis und Niederkunft der Jungfrau die wahre „Natur“, so wie Gott sie im Anfang bestimmt hatte; dahingegen ist die Mutterschaft der gefallenen Eva und ihrer Töchter „unnatürlich“. Hier verband Hildegard eine extrem typologische (oder weisheitliche) Sichtweise Evas mit einer gängigen Zurückweisung der Sexualität in ihrem gegenwärtigen Zustand. Dennoch bewahrte sie, anders als die meisten ihrer Zeitgenossen, eine zarte Erotik in ihrem Idyll von Eden. So beteuerte sie, daß wie verdorben auch immer die sexuelle Anziehungskraft, die wir jetzt erfahren, sein mag, so sei doch am Anfang die Freude der Liebe weder etwas Böses noch eine Strafe gewesen. Diese Anschauung wird in einem Text, der die Erschaffung Evas beschreibt, noch deutlicher. Hierin konstatierte Hildegard:

> Als Gott Eva erschuf, empfand Adam im Schlaf ein starkes Gefühl der Liebe, als Gott ihn einschlafen ließ. Und Gott schuf für die Liebe des Mannes eine Gestalt, und so ist die Frau die Liebe des Mannes. Sobald die Frau gebildet war, gab Gott dem Mann die Zeugungskraft, damit er durch seine Liebe, nämlich die Frau, *Kinder* zeuge.[74]

Diese Bejahung des Eros im Paradies (wenn auch mehr von idyllischer als von leidenschaftlicher Natur) ist mit der Ansicht, daß das Vergnügen an sich bereits ein Fluch sei, nicht zu vereinen. Und obwohl Hildegard so wie alle anderen die Begierde beklagte, so wollte sie doch die Folgerung vermeiden, darin eine von Gott auferlegte Strafe zu sehen. Gleichzeitig wollte sie Evas Schuld so gering wie möglich halten. So blieb ihr nur übrig, Satan die Schuld zu geben, was sie auch konsequent und nachdrücklich tat. In dieser Weise vermeidet sie sowohl der Neigung von Augustinus zu einer rachsüchtigen Auffasung der göttlichen Gerechtigkeit als auch der Frauenfeindlichkeit, die von seiner einflußreichen Lesung von Genesis herrührte. Gegen ihre Eva wurde mehr gesündigt, als daß diese selbst gesündigt hätte; sie ist nicht sosehr verführt wie vielmehr gänzlich betrogen worden, und wenn irgendein Frauenhaß ins Spiel kommt, dann ist es der des Satans. Mittelalterliche Leser, die wollten, daß Frauen „wegen des Vergehens Evas verachtet würden", wie die Kritiker, an die sich Hildegard in ihrem Vorwort zur *Scivias* wandte, können das Vorbild ihrer Haltung im Teufel finden.

Satans Groll gegen Eva liegt im Neid über ihre Mutterschaft begründet. Wie die Vision in der *Scivias* veranschaulicht, sind ihre Kinder dazu bestimmt, seine Engel im Himmel zu ersetzen, und überdies ist sie das Gefäß für den Ratschluß der Weisheit, welche er haßt. Das wichtige Motiv von Satans Neid konstatierte Hildegard in ihrem Kommentar zu der Frau, die mit der Sonne bekleidet ist (Offb 12) und die sie beispiellos mit Eva identifizierte.[75] Was Satan hier beneidet, ist das Gewand Evas – ob nun aus Fleisch oder aus Licht, darüber sagte Hildegard nichts. Aber Evas Gewand dient dazu, ihre Fruchtbarkeit gegen die Nacktheit und Sterilität Satans zu beschwören.

> Als aber der Teufel das Weib bekleidet erblickt hatte, da erforschte er – in neidvollem Wissen, durch das er sich aus dem Himmel geworfen erkannte –, was Gott dem Menschen an Kleidung gegeben habe... Das ist so zu verstehen: Als der alte Drache sah, daß er seinen Platz verloren hatte, an dem er seinen Sitz aufschlagen wollte, weil er in den Ort der Hölle verworfen ward, da schärfte er seinen Zorn gegen die Frau, denn er erkannte, daß sie als Gebärerin die Wurzel des ganzen Menschengeschlechtes war. Er faßte einen gewaltigen Haß gegen sie und sprach bei sich selbst, nie und nimmermehr in ihrer Verfolgung nachzulassen, bis er sie wie in einem Meer ersäuft habe; hatte er sie doch zuerst verführt.[76]

Auf gleiche Art beobachtete Hildegard, daß der Teufel wegen seinem Abscheu gegen Mütter die Homosexualität liebe: „Wegen des Urhasses nämlich, den der Teufel auf die Fruchtbarkeit der Frau hatte, verfolgt er diese nun, damit sie keine Frucht mehr hervorbringe. Aber er zieht es vor, wenn Männer sich in widernatürlichem Geschlechtsverkehr beschmutzen."[77] Zu anderer Zeit sah sie ein Heer von Dämonen, die gegen Frauen wüteten und schrien: „Die da, die sind geeignet zur Fruchtbarkeit dieser Welt, so wie der Acker für den sprossenden Keim. Beeilen wir uns daher, sie zu verführen, auf daß sie keine Helden gegen uns groß ziehen."[78] Derartig ist also die Feindschaft zwischen der Frau und der Schlange (Gen 3,15). Für Hildegard blieb diese Überzeugung nicht bloß theoretisch, sondern führte auch zu praktischen Konsequenzen. Zum Beispiel empfahl sie Müttern – in dem Glauben, daß die alte Schlange und ihre Günstlinge, die „bösartigen Geister der Luft", Frauen, die im Kindbett liegen aus dem Hinterhalt auflauern –, Kindbett und Wiege mit kraftvoller Dämonenabwehr wie Jaspis und Farnwedel zu schützen.[79]

Die Tendenz, die Schuld Satans zu vergrößern, ohne aber diejenige von Adam und Eva zu verleugnen, bildet einen wesentlichen Bestandteil der maximalistischen Exegese des Sündenfalls.[80] Aber sogar für diese Schule war Hildegard extrem. So bemerkte sie im Hinblick auf das Unglück im Paradies, daß Satan wußte, „daß die *Weichheit* der Frau leichter zu besiegen ist als die männliche Stärke. Er sah auch, daß Adam Eva so leidenschaftlich liebte, daß nach seinem Sieg über Eva Adam alles tun würde, was sie ihm sagte."[81] Evas „Empfänglichkeit" oder „Weichheit" und Adams „Stärke" oder „Festigkeit" sind überhaupt kaum moralische Qualitäten. Adam ist „fest", weil er von der Erde genommen war, und Eva ist „weich", da sie aus seinem Fleisch gebildet wurde.[82] Solche Formulierungen stimmen mit der gängigen Etymologie überein, in der *vir* von *vis* und *mulier* von *mollities* abgeleitet wird, und darüber hinaus korrespondieren sie mit der genialen rabbinischen Tradition, die den Unterschied zwischen Mann und Frau auf die Differenz von Erde und Fleisch zurückführt.[83]

Evas Weichheit macht sie verletzlicher, aber mit ihrem üblichen Optimismus gelang es Hildegard, eine seligmachende Gnade in dieser Schwäche zu entdecken. In seiner großen Barmherzigkeit hatte Gott es bestimmt, daß, wenn die menschliche Rasse es schon nicht unterlassen konnte zu sündigen, ihre Sünde doch letztendlich nicht der Stärke, sondern der Schwachheit entspringen sollte und so eher der Heilung zugänglich sei. Physische Merkmale entsprechen, wenn sie nicht undeutlich gemacht sind, den Charakterzügen. Sogar die Frage der Schuld schien fast unwichtig, wenn Hildegard schrieb: „Wenn Adam Gottes Gebot früher als Eva übertreten hätte, dann wäre diese Übertretung so schwer wiedergutzumachen gewesen, daß der Mensch auch in eine so schwer wiedergutzumachende Verhärtung gefallen wäre, daß er weder erlöst hätte werden wollen noch können. Weil Eva zuerst Gottes Gebot übertrat, konnte die Schuld leichter getilgt werden, weil sie schwächer als der Mann war."[84] Auch hier wieder macht die zweideutige Natur der Frau sie für beides empfänglich, für Versuchung und für Erlösung, so wie auch ihre „Luftigkeit" sie für beides öffnet, für den Heiligen Geist wie auch für die dämonischen Kräfte der Luft.

Eva ist auch der kürzeste Weg zu Adams Herzen wegen seiner unschuldigen Liebe zu ihr – ein Faktum, das Satan erkennt und ausnutzt. In Eden, sagte Hildegard, „kam die Schlange und hauchte die Frau mit ihrer Beredsamkeit, und sie nahm es an und neigte sich der Schlange zu. Und sie gab das, wovon sie durch die Schlange geschmeckt hatte, an ihren Mann weiter, und es blieb in ihm; denn der Mann bringt alle Taten zum Abschluß ."[85] Hinter dieser rätselhaften Darstellung steht eine uralte Legende, in welcher die Schlange Gift auf die verbotene Frucht haucht, bevor sie diese der Frau anbietet. In der jüdischen *Apokalypse des Mose* gestand Eva ihren Kindern, daß der Teufel „kam und auf die Frucht das Gift seiner Verruchtheit ausgoß, das Begierde ist, die Wurzel und der Anfang aller Sünde. Und er bog den Zweig zur Erde, und ich nahm und aß."[86] Das mythische Motiv fand seinen Weg in die klassische westliche Exegese durch Ambrosius, der es passend erläuterte, indem er schrieb, daß Satan „eine gewisse vergiftete Weisheit in diese Welt hineinspie, so daß die Menschen die Falschheit für wahr halten mußten und sich in den bloßen Schein verliebten."[87]. Alkuin sowie auch Rupert verwandten diese Metaphern des Giftes ebenso.[88]

Die Ideen von Begierde, Tod, Täuschung und satanischem Schmutz verschmelzen in Hildegards Vision von der stinkenden Wolke mit der Zunge einer Schlange, die Gift in Eva hineinspeit. Im *Liber vitae meritorum* warnt die Enthaltsamkeit die Gläubigen, daß so „schon der Bauch der alten Schlange die Eva" verschlang „und durch Eva mancherlei Schmutz erbrochen hat"[89]. Dieser Schmutz besteht hier wie auch in der *Apokalypse des Mose* aus der Begierde oder dem „Geschmack des Fleisches" *(gustus carnis)*. Diese fleischliche Leidenschaft ist, weil sie von der Schlange erworben wurde, „schlüpfrig, unbeständig und trügerisch wie der Ratschlag der Schlange"[90]. Die vergifteten Worte und die vergiftete Frucht haben ihr Gegenstück im „Gift des Samens", das zum ersten Mal nach dem Sündenfall in Adams Blut gerann.[91]

Von Hildegards Eva wird Adam weder überredet noch verführt, und das obwohl die Episode ihrer Verführung den meisten Exegeten ein ganzes Arsenal an frauenfeindlichen Spitzen lieferte. Statt dessen fängt sich Eva die Krankheit des Teufels so zu sprechen einfach ein und gibt sie durch Ansteckung weiter. Dadurch, daß Hildegard diese medizinische Analogie den gerichtlichen und rechtlichen Modellen des Sündenfalls vorzog, distanzierte sie sich wiederum von der augustinischen Tradition mit ihrem potentiellen Antifeminismus. In ihrer Sicht stellt der Sündenfall den Ausbruch einer verhängnisvollen Krankheit dar, die durch den vergifteten Apfel, der die Körpersäfte verdirbt und zerstört, ausgelöst wurde. Wie auch ihr Zeitgenosse Hugo von Folieto, der eine Abhandlung *Über die Medizin der Seele* verfaßte, ging sie von einer moralisierenden Theorie der Körpersäfte aus, die sie aber auf so ganzheitliche Weise in die Beurteilung des Sündenfalls einbrachte, daß es im Grunde unmöglich ist, die medizinischen von den moralischen und mythischen Aspekten zu trennen.[92] Dabei sind dann der Verlust des sichtbaren Glanzes, die geistige Blindheit und der Gedächtnisschwund, die Lust, die Scham, die Depression, die Wut, die Gebrechlichkeit und die Perversion der Sinne nur einige der Symptome.[93] Das heimtückische Gift verursacht Melancholie, die Quelle aller Krankheiten und Leiden, um in Adam zu gerinnen und dadurch sein Blut und seinen Samen zu verderben.[94] Eva erleidet einen entsprechenden Schaden, indem sie ihren ursprünglichen Glanz und ihre Vision Gottes verliert und sich den besonderen Fluch der Menstruation und Geburtswehen zuzieht.

> Als der Strom der Begierde über Eva hereinbrach, wurden alle ihre Gefäße für den Blutstrom geöffnet. Daher hat jede Frau in sich stürmische Vorgänge in ihrem Blut zu erleiden... Alle Blutgefäße wären bei der Frau unversehrt und gesund geblieben, wenn Eva immer im Paradies geblieben wäre. Denn als sie die Schlange zustimmend angeschaut hatte, wurde ihr Sehvermögen, durch das sie himmlische Dinge sehen konnte, ausgelöscht, und als sie der Schlange zustimmend zuhörte, wurde ihr Hörvermögen, durch das sie himmlische Dinge hören konnte, taub, und beim Genuß des Apfels wurde der Glanz, der in ihr leuchtete, verdunkelt.[95]

Obwohl der biblische Fluch Evas die Menstruation nicht ausdrücklich nennt, sahen jüdische Exegeten sie oft, zusammen mit den ersten Regungen der Lust, als die Auswirkung der verbotenen Frucht an.[96] Christliche Kommentatoren erwähnten dies selten, obwohl Rupert von Deutz dunkel darüber grübelte, daß „je fruchtbarer eine Frau sei, um so elender fühlt sie sich“. Er fügte hinzu, daß, selbst wenn eine Frau nicht bei der Geburt leide, sie doch gezwungen sei, die Schmerzen der Menstruation zu erdulden, „denn die Frau allein ist das einzige Tier, das menstruiert“[97]. Für Hildegard sind die „Stürme des Blutes“, die in Eva vergossen wurden, eine tiefe Verwundung ihrer Ganzheit, welche durch den Verlust ihrer Jungfräulichkeit noch weiter verletzt werden würde. Und die Schmerzen, die sie in der Menstruation erleidet und die im Moment des Sündenfalls beginnen, künden die heftigen Geburtswehen an.

Die Autoren, die Gen 3,16 („Viel Mühsal bereite ich dir, sooft du schwanger wirst. Unter Schmerzen gebierst du Kinder“) auslegten, boten schreckliche Beschreibungen der Wehen.[98] Aber keiner beschrieb sie auf eine so apokalyptische Weise wie Hildegard, derzufolge jede Tochter Evas in Furcht und Zittern gebären müsse, „unter solchen Schmerzen, die entstehen, wenn am Ende der Zeiten die Erde umgestaltet wird“[99]. Aber die Analogie, die wahrscheinlich durch den paulinischen Hinweis auf den bevorstehenden Weltuntergang (1 Thess 5,3) ausgelöst wurde, hat auch eine positive Seite. Evas Schmerzen sind, vom Gesichtspunkt der Ewigkeit her betrachtet, nicht nur eine Strafe, sondern auch eine Vorwegnahme. Als Christus endlich geboren wurde, so behauptete Hildegard, da freuten sich die Propheten im Geiste wie eine Mutter nach der Geburt, die schon lange darauf gehofft hatte; und am Ende der Zeit werden kosmische Geburtswehen einen neuen Himmel und eine neue Erde hervorbringen.[100] Die Kirche und der Kosmos liegen bis zum Ende der Zeiten in Wehen, und die Frau, die beide personifiziert, trägt in ihrem Körper die Schmerzen, mit denen Satan alle Fruchtbarkeit verdorben hat.

Sogar der Fluch der Menstruation hat seinen erlösenden Aspekt. So wurde in der überlieferten Volksweisheit, die in medizinischen Abhandlungen wie der *Trotula* reflektiert wird, die Periode der Frau in Analogie zur „Leibesfrucht“ als ihre *flores* tituliert. Gleichermaßen ließ Hildegard aus Evas Blutfluß „das natürliche Blattwerk und Blühen“ jeder Frau, das ist der Grund ihrer Fruchtbarkeit, werden.[101] In ihrem Schmerz liegt daher sowohl Barmherzigkeit als auch Strafe. So sagte Hildegard in der *Scivias* in der Person Gottes: „Ich *verachte jedoch diese schmerzvolle Zeit der Frau* nicht, denn ich erlegte sie Eva auf, als sie beim Genuß des Apfels die Sünde empfing. Deshalb muß die Frau in dieser Zeit das wirksame Heilmittel der Barmherzigkeit erfahren.“[102] Die göttliche Stimme fährt darin fort, daß sie menstruierenden Frauen den Kirchgang zusichert, obwohl Männer, die im Kampf verwundet wurden, sich hierbei zu enthalten haben, damit sie die Unversehrtheit des Tempels Christi nicht verletzten.[103] Hier wird die Botschaft klar, daß ein Mann, der im Kampf Blut vergossen hat, so unrein wie der brudermörderische Kain ist, daß aber eine Frau, die ihr eigenes Blut vergießt, es nicht ist. Auch wenn Evas Wunde eine Bestrafung für die Sünde ist, so ist sie nichtsdestoweniger gottgegeben und darum geheiligt. Die Art, wie Hildegard Eva behandelt, bildet einen merkwürdigen Kontrast zu Augustinus, Sicht von Adam. Dem lateinischen Kirchenvater zufolge bestrafte Gott den Mann mit einem Genuß, der eigentlich die Fortsetzung der Schuld ist. Nach der deutschen Prophetin bestrafte er die Frau mit einem Schmerz, der in Fruchtbarkeit und Barmherzigkeit mündet. Mir scheint, daß Hildegards Sichtweise die geradlinigere ist, die auch Gott mehr schmeichelt.

Der Mythos vom verlorenen Paradies vermittelt sowohl Pathos wie auch Verheißung. Hildegards Interpretation mit ihrer starken Tragik, die durch einen verblüffenden Optimismus ausgeglichen wird, findet sich in zwei der dunkleren Legenden, die sie überlieferte, kurz dargestellt. In der Tierkunde, die einen Teil der *Physica* bildet, erzählte sie eine exotische Überlieferung über den Löwen, welche weder im

Physiologus noch in den patristischen Genesis-Kommentaren vorkommt.[104] Dieser Legende zufolge bringt die Löwin ihre Jungen totgeboren zur Welt und geht in Trauer hinweg, bis der Löwe vorbeikommt und die Jungen mit Gebrüll zum Leben erweckt. Danach brüllt die ganze Familie zusammen. So war es auch mit Adam und Eva bei der Geburt ihres ersten Kindes.

> Und Adam und Eva schrien nicht beim Klagen, bevor ein Mensch geboren war; aber nachdem das erste Kind geboren war, schrie es klagend bis zur Höhe vieler Elemente. Diese gleichsam unbekannte Stimme hörte Adam und eilte herbei, und mit derselben Klagestimme, die er hörte, schrie er selbst erstmals auf gleiche Weise und Eva zugleich mit ihm, wie der Löwe und die Löwin und das Junge gleichzeitig brüllen, wenn sie wiedererweckt werden.[105]

Dieses mythische Detail bringt sowohl Schärfe als auch Größe in die Geschichte vom Exil der Menschen. In *De operatione Dei* beobachtete Hildegard weiter, daß Adam und Eva nach ihrer Verbannung „auch mit den anderen Früchten der Erde verwesbar wurden. Mit ihrem Fall und ihrer Vertreibung wurde alle Kreatur der Welt verdunkelt, gleich wie der Sonnenstrahl durch eine dichte Wolke leuchtet."[106] Auch die Tore von Eden waren nun durch eine Wolke verborgen und durch die Kerubime mit dem Flammenschwert versteckt (Gen 3,24), um Satan von jedem weiteren Schaden abzuhalten. Wegen dieses Schutzes ist das Paradies selbst „von keinem Schatten und Verderben der Sünde verfinstert" trotz des menschlichen Elends.[107] Es bleibt verborgen und unversehrt, ein abgeschlossener Garten, „der dem trokkenen Land fruchtbare Feuchtigkeit spendet." Damit ist das Paradies zugleich eine Erinnerung an Eva vor dem Sündenfall sowie ein Modell für die Frau, die noch kommen soll.

VIERTES KAPITEL

Die Töchter Evas

Außerhalb der Tore von Eden kann nicht länger rein hypothetisch über die Welt oder die Frauen darin gesprochen werden. Als Hildegard über die Töchter Evas schrieb, d.h. über lebende Frauen in ihrer konkreten psychosexuellen Existenz, da wurde die Prophetin zur Ärztin; und die Leser mögen überrascht sein, Seiten voll offener, ursprünglicher Erörterung weiblicher Physiologie und Leidenschaft vorzufinden, die kaum mit einer Spur theologischer Interpretation versehen sind.[1] Das meiste Material hierzu findet sich in *Causae et curae*, worin Themen wie sexuelles Begehren, Geschlechtsverkehr, Empfängnis und Geburt ausführlich, wenn auch oft unübersichtlich, behandelt werden, sowie in der *Physica*, die pflanzliche und mineralische Heilmittel für solche Leiden wie Sterilität, Amenorrhoe und ausbleibende Wehen beschreibt sowie auch Antiaphrodisiaka und Bannmittel gegen Liebeszauber empfiehlt.

Solch eine offene, moralisch neutrale Abhandlung über Sexualität mag unwahrscheinlich oder zumindest seitens einer klösterlichen Jungfrau ungehörig erscheinen; und das war auch hauptsächlich der Grund, der Bertha Widmer dazu veranlaßte, die *Causae et curae* als unecht zurückzuweisen.[2] Aber wir sollten uns ins Gedächtnis rufen, daß Hildegards Weltanschauung im Prinzip und auch tatsächlich keinerlei Wissen aus ihrer Zeit ausschloß. Und moderne Leser müssen auch daran erinnert werden, daß bis in die jüngste Zeit hinein mittelalterliche Erörterungen über Sexualität weit weniger beschönigten als irgendwelche anderen.[3] Dennoch bleibt das Material problematisch. Zunächst einmal verblüfft, wie Widmer dargelegt hat, die Knappheit moralischer und theologischer Kommentare bei einer Autorin, die sich so sehr der Erbauung gewidmet hat. Wo aber ein solcher Kommentar vorkommt, ist er so ambivalent, daß es an Selbstwiderspruch grenzt. Hildegard scheint beispielsweise geglaubt zu haben, daß sich ohne das Zusammenwirken zwischen Gott und Satan keine Empfängnis ereignen könnte. Zweitens und nicht weniger verwirrend ist der Anklang von Determinismus, der ihre Abhandlung über das Sexualverhalten und die Empfängnis durchzieht und der in deutlichem Kontrast zu der für sie eher typischen Betonung der menschlichen Freiheit steht.

Es bedarf keines Psychoanalytikers, um anzunehmen, daß Hildegard, wie es auch die meisten anderen Menschen meistens tun, ambivalente Gefühle gegenüber der Sexualität hatte, das heißt für den Bereich menschlichen Verhaltens, der persönlich am intimsten ist, der aber gleichzeitig zutiefst von Kräften jenseits unseres Bewußtseins und außerhalb unserer Kontrolle beeinflußt wird. Neben dieser normalen Ambivalenz läßt sich die autoritative Kraft einer Tradition erkennen, die eine überwältigende Abneigung gegenüber sexuellem Genuß und gegenüber Frauen als Sexualwesen aufwies, einer Tradition, die sich der Intuition einer Visionärin gegenüberstellt, deren Erfahrungen sie dazu veranlassen, das Wirken göttlicher Weisheit überall in der geschaffenen Natur wahrzunehmen. Hildegards Geschlecht und ihr Bewußtsein von der Frauenfeindlichkeit ihrer Kultur trugen unzweifelhaft zu ihrer erfrischenden Einstellung bei. Aber diese Faktoren sollten weder überbewertet werden, noch sollte ihre bestehende Unsicherheit über die Sexualität allein dem Einfluß von Augustinus zugeschrieben werden.

Tatsächlich zeigt sich in der Frage der Sexualität in ihrer extremsten Form die Spannung zwischen asketischem Verzicht und freimütiger Wertschätzung geschaffener Güter. Solch eine Spannung findet sich in jeder Weltsicht, die sowohl die Transzendenz des göttlichen Geistes als auch den realen, wenn auch nur begrenzten Wert der Materie bejaht. Wir finden sie auch bei Augustinus selbst, da wo er über den ästhetischen Genuß und die sinnliche Dimension in seiner Liebe zu Gott sprach.[4] In den Worten von Charles Williams gesagt, müssen die spirituellen Wege der Annahme und des Verzichtes einander Anerkennung zollen[5]; und es ist sehr viel leichter, sich vorzustellen, daß Hildegard ihre widersprüchliche Einstellung in einer Art empfindsamer Balance hielt, als anzunehmen, daß diese ganzheitlichste aller Denkerinnen es fertigbrachte, diese aufzusplitten. Was sie unglücklicherweise unterließ, war eine zusammenhängende Lösung auszuarbeiten.

Unterschiede zwischen ihren widersprüchlichen Äußerungen entsprechen in einem gewissen Maße der Unterscheidung zwischen zwei literarischen Gattungen. Hildegard neigte dazu, ihre moralischen Vorschriften (oder die der himmlischen Stimme) in ihren visionären Werken zu erklären, während sie eher naturalistischem Gedankengut, ohne visionäre Zustimmung, in ihren medizinischen Werken Raum gab. Für wissenschaftliche Schriften aus dem Mittelalter, ob es sich nun dabei um christliche oder islamische handelt, ist es charakteristisch, sexuelle Funktionen offen, ohne Berücksichtigung der Sexualethik zu behandeln[6]; und zu dieser Regel machte Hildegard nur wenige Ausnahmen. Peter Dronke hat ihre offensichtliche Doppelsichtigkeit dem akuten Konflikt zwischen theologisch-moralischem und medizinisch- wissenschaftlichem Zugang zum Leben zugeschrieben.

> Als medizinische Autorin neigt sie gänzlich dazu, menschliche Wesen in ihrer empirischen Wirklichkeit zu betrachten: sie sind Organismen, die in Begriffen physikalischer Prinzipien erklärt werden können. Nicht, daß sie nun aber physikalische Prinzipien auf erkennbare Weise von meta-

> physischen abgrenzt, aber wann immer sie vom Menschen schreibt (und nicht von der Seele oder vom Geist), scheint sie das zu betonen, was zu späteren Zeiten materialistisch und deterministisch genannt wurde. Dasselbe gilt auf ähnliche Weise zum Beispiel für die wissenschaftlichen und speziell die medizinischen Schriften Avicennas. Dennoch ist Hildegard wie auch Avicenna auch eine engagierte Mystikerin, eine, für die die Transzendenz der physischen Welt von größter Bedeutung war. Dies war für beide Mystiker eine Quelle äußerster Anspannung: in den Worten von Marlowe's Faust gesprochen: „*O Ile leape up to my God: who pulles me downe?*“ [7]

Aufgrund dieser Formulierung glaubt Dronke zwei gegensätzliche Züge in *Causae et curae* feststellen zu können: der eine ist „positiv“ und führt zur Annahme der Welt, zum Materialismus, zum physischen und astrologischen Determinismus und zur Akzeptanz menschlicher Sexualität; der entgegengesetzte, „negative“ Zug tendiert zum Asketizismus und zum „manichäischen“ Festhalten an den starren Gegensätzen von Gott und Satan, von Reinheit und Verderben und von der gefallenen Natur und dem Übernatürlichen. Tatsächlich existieren in Hildegards Werk beide Tendenzen nebeneinander. Trotz dieser Spannung sollte man sich allerdings vor einem vorschnellen Urteil hüten. Aus spiritueller Sichtweise könnten nämlich ebensogut die materialistischen Züge als negativ charakterisiert werden, denn diese ziehen Mann und Frau in ein Netz von Einflüssen, die wenig oder gar keinen Spielraum für die Freiheit zu lassen scheinen. Und auf der anderen Seite bietet der entgegengesetzte Zug ein sehr viel weiteres Feld für moralische Bestrebungen, wenn auch um den Preis einer psychologisch dualistischen Weltanschauung.

Bevor wir die medizinischen Werke untersuchen, soll einleitend die Behandlung der Sexualität in der *Scivias* betrachtet werden, um auf die Dimensionen des Problems hinzuweisen. In dieser frühen Arbeit überwiegt die Ablehnung der Sexualität. Wie bereits aufgezeigt, stellt Hildegards Vision der Mutter Kirche die Eheleuten durch eine Wolke, das Symbol Evas, dar, wodurch die Lenden der Gestalten sittsam bedeckt werden. Im Gegensatz dazu leuchtet von der Brust der Ekklesia ein strahlender Sonnenaufgang, der die Jungfräulichkeit anzeigt. Zwischen diesen beiden liegt „dichteste Finsternis", die so schrecklich ist, „daß es eine menschliche Zunge nicht auszudrücken vermag"[8]. Diese Kluft, die den Sündenfall repräsentiert, trennt Geistiges von Fleischlichem. Darüber erhebt sich himmlische Sehnsucht nach oben, und darunter schleppt sich irdische Lust (*concupiscentia*) den Weg allen Fleisches entlang. Obwohl die Sexualität im Sakrament der Ehe erlöst werden kann, bleibt sie doch dem Status der Jungfräulichkeit gänzlich untergeordnet. Aber die unheilige Begierde ist so abscheulich, daß sie keines Bild sondern nur unaussprechliches Entsetzen verdient.

Es soll hier hervorgehoben werden, daß Hildegard sich mit der Ehe in ihrer Vision des Sündenfalls befaßte, anstatt sie zusammen mit den anderen Sakramenten (Taufe, Firmung, Priesterweihe und Eucharistie) in ihrem Abschnitt über die Kirche zu behandeln.[9] Sogar Geschlechtsverkehr unter Eheleuten ohne Rücksicht auf die Zeugung kann als „ein diabolischer Akt" betrachtet werden, denn Satan war es, der den Sündenfall in die Begierde zum ersten Mal einfädelte, und seine Allgegenwart ermöglicht es ihm, die Menschheit als sein Eigentum zu beanspruchen. Weil der Geschlechtsverkehr „nicht ohne Einmischung des Teufels geschah", kann er prahlen: „Meine Macht beruht auf der menschlichen Empfängnis; so wird der Mensch mein."[10] Auch war es Satan, der Evas „Schoß aufriß, um die ganze Unflätigkeit seines innersten Wesens in ihren Leib (*materia*) herauszuschleudern. Damit brandmarkt er alle Menschenkinder, die in der Glut der Leidenschaft voller Giftigkeit gesät werden."[11] Aber trotz solcher Ausbrüche erkannte Hildegard an, so wie es die Orthodoxie erforderte, daß eheliche Liebe wenigstens dann zu tolerieren ist, wenn sie so vollzogen wird, „wie es die menschliche Natur lehrt... in Selbstbeherrschung und aus dem Verlangen nach Nachkommenschaft"[12].

In einem sehr viel überraschenderen Abschnitt schien sie sogar den Sündenfall vergessen zu haben, um die drei Ursachen der Erschaffung Adams – nämlich das Wollen, die Macht und die Güte Gottes – mit den drei Gründen der Zeugung – der Begierde des Mannes (*concupiscentia*), der Zeugungskraft (*fortitudo*) und der Zuneigung (*studium*) miteinander zu vergleichen.[13] Diese trinitarische Analogie, die originär von Hildegard zu stammen scheint, ist höchst ungewöhnlich für eine Schriftstellerin, die Lüsternheit normalerweise als teuflisches Laster brandmarkte. Nicht weniger erstaunlich in demselben Abschnitt der *Scivias* ist die Äußerung, daß es der erste Impuls von Frauen sei, sich dem Verlangen der Männer zu widersetzen. Entgegen dem weitverbreiteten Glauben, daß Frauen lüsterner seien als Männer[14], konstatierte Hildegard hier nämlich, daß Jungfrauen kein leidenschaftliches Verlangen spüren, und wenn es nicht aufgrund der natürlichen Feuchtigkeit der Frau geschähe, „würde sie keinen Mann freiwillig erkennen, sondern sie würde ihn verschmähen und seinem Willen nicht zustimmen"[15]. Hinter dieser Äußerung mag sich ein Sinn dafür verbergen, daß der Verlust der Jungfräulichkeit eine Demütigung bedeutet, die keine Frau erdulden würde, wenn sie es verhindern könnte. Die Andeutung, daß Frauen über eine natürliche Unschuld verfügen, widerspricht den sehr viel häufigeren Äußerungen über die Universalität der Lust, aber keine dieser Vorstellungen paßt gut zu der Idee, daß männliche Leidenschaft das Bild Gottes enthalte. Es wäre hier nun zwecklos, nach einer Synthese zu suchen, die Hildegard selbst an diesem Punkt nicht leistete.

Für eine gründlichere Diskussion dieser Sache müssen wir uns der *Causae et curae* zuwenden. Es ist allerdings sinnvoll zu bedenken, daß dieses Werk, so wie es uns vorliegt, nicht mehr als eine Reihe von zufällig zusammengestellten Notizen darstellt, die wahrscheinlich über mehrere Jahre hin niedergeschrieben und nie zu einer endgültigen Form überarbeitet wurden.[16] Anders als bei den visionären Schriften war es hier nicht beabsichtigt, zu inspirieren, zu ermahnen oder zu erbauen, und weil Hildegard hierin in ihrer eigenen Person sprach, fühlte sie sich frei genug, um ihre Ansichten und Beobachtungen, so wie sie sich auch im Laufe der Zeit veränderten, niederzulegen. Manche ihrer Ausführungen sind bloße Beschreibungen, anderswo tauchen auch ätiologische oder therapeutische Betrachtugen auf. Insgesamt kann hier nicht erwartet werden, eine „Theologie des Sexuallebens" als solche vorzufinden, aber im Kontext der ambivalenten Sichtweise, die in der *Scivias* begründet wird, kann sich dieses Material für eine theologische Reflexion eignen.

Im vorhergehenden Kapitel habe ich bereits die drei Rollen Evas als Sexualpartnerin, als Mutter und als Opfer betrachtet. Diese Aspekte der Stellung der Frau spiegeln sich auf praktischer Ebene wider in Hildegards Untersuchungen über die weibliche Leidenschaft im Gegensatz zum männlichen Feuer, über die weibliche Physiologie, die von der Berufung zur Mutterschaft dominiert wird, und über das weibliche Leiden als Resultat natürlicher sowie unnatürlicher Ursachen.

Für mittelalterliche Ärzte war, und hierin folgten sie den Theoretikern der Spätantike, die Lehre von den vier Elementen und ihren Eigenschaften (heiß, kalt, feucht und trocken), zusammen mit vier sich daraus ergebenden Mischungen oder Temperamenten, der Ausgangspunkt ihrer Betrachtung. Abbildung 4 illustriert das System von Wechselbeziehungen, so wie es sich in einem bekannten Buch von Isidor von Sevilla findet. Dabei ist jedes Element mit einer Jahreszeit und einer Gemütsart bzw. einer Körperflüssigkeit verbunden und wird jeweils durch seine zwei herausragenden Eigenschaften charakterisiert.[17] Nach konventionellem Wissen waren Frauen kälter und feuchter als Männer; in den Worten von Wilhelm von Conches gesagt: „Die wärmste Frau ist kälter als der kälteste Mann."[18] Dementsprechend wurden die beiden wärmeren Elemente Feuer und Luft dem Männlichen zugeordnet, die beiden kälteren dem Weiblichen: „Wissenschaftler nennen diese zwei Elemente (Feuer und Luft) männlich, aber Wasser und Erde weiblich. Denn erstere befinden sich oben, letztere aber unten, erstere sind aktiv, letztere aber sind passiv."[19] Diese Position von Alberic von London illustriert deutlich das hierarchische Denken, das den Unterscheidungsmerkmalen der Geschlechter zugrundeliegt, und das sich an das aristotelische Diktum hält, wonach das Männliche die aktive Form repräsentiere, das Weibliche aber die passive Materie.[20]

Es ist schon ersichtbar geworden, daß Hildegard die Analogie, die Mann und Frau mit Seele und Leib vergleicht, akzeptierte, und sie der Ansicht, daß die weibliche Natur kälter sei als die männliche, ebenfalls zustimmte.[21] In höchst konventioneller Weise bemerkte sie, daß die Frau „empfindlich und zerbrechlich und ein Gefäß für den Mann" sei und daß sie aufgrund ihrer schwächlichen Konstitution weniger Bewegung brauche und daher mehr Zeit im Sitzen als im Gehen oder Stehen verbringen solle.[22] Dennoch wich Hildegard bald von der Norm ab, indem sie aufgrund der Formung Adams aus Erde dem Mann den erdhaften Charakter zuschrieb, und der Frau das luftige Temperament. Solche Abweichungen von der Norm lassen deutlich werden, daß Hildegard, da wo die göttliche Stimme und die Kirche schwiegen, keine andere Autorität außer ihren eigenen Wahrnehmungen anerkannte. So ist beispielsweise kein

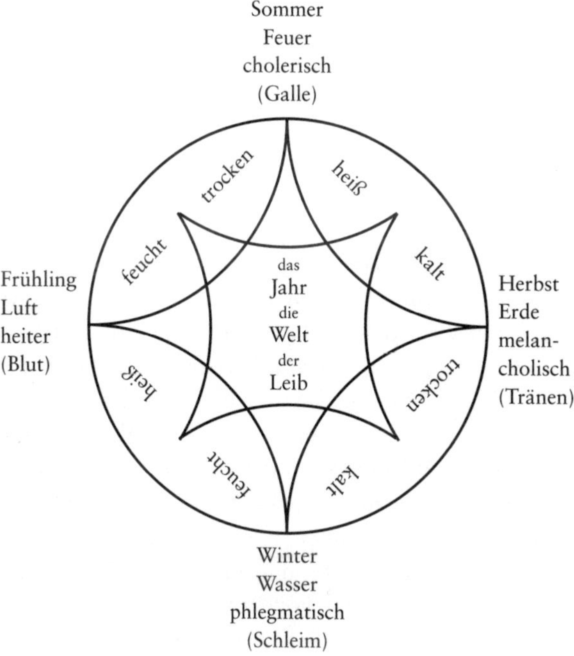

Abb. 4. *Darstellung der Temperamente. Diese Darstellung des Isidor von Sevilla aus De natura rerum bezieht die vier Körpersäfte oder Temperamente auf die vier Elemente und die vier Jahreszeiten, von denen jedes durch eine Mischung von zwei Primäreigenschaften dargestellt wird. Nach PL 83, 981–982, Beata Riedlmayer.*

Schriftsteller vor ihr bezeugt, der behauptet hätte, daß die Frau einen Schädel habe, „der geteilt ist und eine dünne Haut, damit nämlich das Kind, das (sie) im Leib trägt, Luft bekommen kann“[23]. Mit dem „geteilten Schädel“ (*diversa calvaria* oder *divisum caput*) meinte Hildegard wahrscheinlich, daß der Raum zwischen Hirnschale und Schädeldecke sich während ihrer Periode ausdehnt, so daß die Blutadern im Gehirn das Menstrualblut zu ihrer Reinigung freigeben können, und daß, am Ende der Periode, die beiden Hautschichten wieder zusammenkommen, um die Adern zusammenziehen, so da der Blutfluß endet.[24] Es ist dieses Menstrualblut, das die Frau fruchtbar macht, und es ist ihre poröse Haut, die dem Embryo zu atmen ermöglicht.

Das Temperament der Frau, das sie für beliebige spirituelle Kräfte sensibilisiert, die „in der Luft“ liegen, macht auch ihren Körper für die physische Umgebung empfindsamer. Aufgrund ihrer mütterlichen Biologie bewahrt sie die „ätherische“ Natur Evas, wenn auch nicht länger in deren Reinheit. In einem bemerkenswerten Vergleich, der an ihr Bild der Prophetin als Trompete Gottes erinnert, verglich Hildegard den Körper der Frau mit einer Leier, oder vielleicht besser gesagt mit einer äolischen Harfe. Frauen sind „offen wie das Holz, auf das Saiten zum Zitterspiel gespannt sind“, oder aber „auch offen wie Fenster und unbeständig wie der Wind (*fenestrales et ventosae*). Daher sind auch die Elemente in ihnen wirksamer als bei den Männern, und die Säfte sind in ihnen reichlicher als in den Männern.“[25] Hildegard glaubte, daß ihre eigene Krankheit sie „aus der Luft, vom Regen, vom Wind, von jedwedem Wetterumschlag“[26] befiel, und speziell auch durch den Föhn, den warmen Südwind, den Deutsche selbst heute noch für schädlich halten.[27] Während eines fast tödlichen Anfalls in den fünfziger Jahren des 12. Jahrhunderts, fühlte sie ihren ganzen Körper von einem „luftigen Schmerz“ gequält, der ihr Blut und ihr innerstes Mark austrocknete, während ihr

Schoß oder Bauch (*venter*) „in der Hitze eines Luftfeuers kochte“[28].

Auf der physiologischen Ebene nimmt diese Luftigkeit Einfluß auf die Qualität der Leidenschaft der Frau. So wird der Biologie Hildegards zufolge die Begierde durch einen heißen, feurigen Wind (*ventus delectationis*) ausgelöst, der aus dem Mark entspringt und in die Lenden hinabsinkt und dabei das Blut mit dem Geschmack des Vergnügens erwärmt. Im Mann ist es dann so: „Weil die Lendengegend ziemlich eng, stramm und abgeschlossen ist, kann sich dort jener Sturm darin nicht sehr weit ausbreiten. Da entbrennt der Mann in einem so starken Lustgefühl, daß er in der Hitze dieser Leidenschaft seiner vergißt und den Erguß seines schaumigen Samens nicht mehr zurückhalten kann.“[29] Die Frau andererseits hat ein breiteres Becken und eine durchlässigere Haut, so daß der Wind sich verteilt und milder brennt, wenn auch wegen ihrer natürlichen Feuchtigkeit häufiger. So kann eine Frau ihr Verlangen leichter zügeln, obgleich Hildegard hier nicht zufrieden mit einer rein medizinischen Beschreibung war und hinzufügte, daß die Frau „entweder aus Furcht oder Schamgefühl“ so handle. Dabei unterstellte sie, daß soziale Zwänge die Natur nachdrücklich verstärken. Hinter diesen physischen und emotionalen Faktoren gibt es auch einen teleologischen Grund, warum weibliche Leidenschaft gebändigt werden muß:

> Die weibliche Lust kann man mit der Sonne vergleichen, welche die Erde mit ihrer Wärme sanft, langsam und fortwährend durchdringt, damit sie Früchte hervorbringe. Würde sie stärker und ständig auf die Erde herabbrennen, würde sie die Früchte eher schädigen als hervorbringen. So hat auch die weibliche Lust eine sanfte, milde aber dennoch ständige Wärme, um Nachwuchs zu empfangen und zu gebären.[30]

Männliche Leidenschaft und weibliche Zurückhaltung legen verschiedene andere Analogien nahe, die gleichermaßen ausdrucksvoll wie moralisch neutral sind. So ist die leidenschaftliche Frau verglichen mit ihrem Gefährten wie ein Herdfeuer im Vergleich zur Glut eines Vulkans oder wie ein Boot in einer leichten Brise im Vergleich mit einem Schiff, das in einem mächtigen Sturm gefangen ist.[31] Aber die Frau empfängt den *sudor* ihres Gatten nicht länger in paradiesischer Unschuld:

> Die große Liebe, die in Adam war, als Eva aus ihm hervorging, und die Süßigkeit des Schlafes, in dem er lag, verwandelten sich aber bei seinem Sündenfall in das Gegenteil der Süßigkeit. Weil aber der Mann diese große Süßigkeit in sich spürt und hat, eilt er schnell, wie ein Hirsch zur Quelle, zur Frau und die Frau zu ihm. Ähnlich ist es mit der Tenne eines Hofes, die von vielen Schlägen getroffen wird und sich dabei erwärmt, wenn das Korn auf ihr ausgedroschen wird.[32]

Dieser prägnante erotische Text wirft verschiedene Fragen auf. Zunächst wundert es, wie Hildegard zu solch einer nicht-jungfräulichen Wertschätzung ihres Themas kam. Der lyrische Stil und das erfrischende Zusammenkommen der Metaphern stammen von ihr und sind kaum medizinischen Standard-Traktaten entlehnt. Solche Passagen zeugen von einer Frau, die, obgleich sie Jungfrau war, zweifellos ihre eigene Sinnlichkeit bewältigt hatte und aller Wahrscheinlichkeit nach mit anderen Frauen über deren Sinnlichkeit sprach. Es ist hier wichtig, sich daran zu erinnern, daß die zahlreichen Besucher, die ihren Rat suchten, nicht nur Priester und Ordensleute waren, sondern auch Hausfrauen wie Sibylle von Lausanne, die auf der Suche nach dem waren, was wir heute Eheberatung nennen würden.[33] Bei all ihren Warnungen vor den Sünden des Fleisches war sie weder naiv noch prüde. Und als sie das Bild des Psalmisten vom durstigen Hirsch (Ps 42,2) aufgriff, eine Metapher für die tiefe Sehnsucht der Seele nach Gott, verriet sie ein Gefühl für die Schönheit auch der leidenschaftlichen Liebe, die ihr ersten Satz zu mißbilligen schien.[34] Wenn Bernhard von Clairvaux und seine Mitbrüder Freude daran hatten, die erotische Dichtung des Hohenliedes auf die Ebene der mystischen Liebe zu übertragen, so tat Hildegard, ungeachtet ihrer selbst, das Gegenteil. Dieser Text weist, ebenso wie die Analogie von Schöpfung und Zeugung in der *Scivias*, eine nachdrücklich erotische Sensibilität auf, die es irgendwie fertigbringt, neben der keuschen Askese und der Sehnsucht nach Eden zu bestehen.

Über die geschlechtsspezifischen Zuschreibungen des erdhaften und feurigen Charakters zum Mann und des wäßrigen und luftigen zur Frau hinaus bietet Hildegard eine Erörterung der individuellen Typen. Es war eine übliche Praxis, die Persönlichkeitstypen entsprechend ihrer vorherrschenden Gemütsart als sanguinisch, phlegmatisch, cholerisch oder melancholisch zu klassifizieren. Was an Hildegards Charakterkunde beispiellos ist, wie es verschiedene Forscher herausgestellt haben, ist eine Betonung psychisch-sexueller Merkmale sowie die Einführung gesonderter Charakterskizzen für Männer und Frauen.[35] So beobachtete sie, daß die Sanguinikerin „weiches, üppiges Fleisch“ und „zarte Blutgefäße“ habe; ihre Gesichtsfarbe ist hell; sie ist fruchtbar, zärtlich in ihrem Liebesspiel und „genau bei künstlerischen Arbeiten“. Phlegmatische Frauen sind dunkler, zu hartem Arbeiten geneigt und praktisch; sie sind gekennzeichnet durch einen „ziemlich männlichen“ Charakter, und obwohl sie leicht Männer anziehen, können sie genauso leicht ohne sie auskommen. Aber wenn sie ledig bleiben, werden sie eigenwillig, und wenn sie mit Männern verkehren, ist ihre Leidenschaft unbeherrscht. Am gegenüberliegenden Ende des Spektrums steht die Cholerikerin. Sie ist bleich, besonnen und gütig, sie erntet eher den Respekt als die Liebe von Männern und neigt dazu, sie abzuschrecken. Sie ist von Natur aus keusch, aber verheiratet glücklicher als alleinstehend, weil sie einen Mann braucht, den sie ihrer weiblichen Treue versichern kann. Die einzige Frau, die besser ohne Ehemann bleibt, ist die Melancholikerin. Sie ist ein komplizierter Typ, der leicht Krankheiten und Erschöpfungszuständen erliegt. Frauen dieses Typs haben einen mageren Körperbau, sind „ausschweifend in ihren Gedanken“ und finden wenig Vergnügen an sexueller Lust.[36] Dronke hat die vier Typen treffend charakterisiert als „die gütige Schloßherrin und die glühende, erdhaft wirkende Frau“, „die strenge Schulleiterin“ und „die Neurotikerin oder die Intellektuelle“. Es ist wahrscheinlich, daß Hildegard ihr eigenes Temperament wegen ihrer ungewöhnlich empfindlichen Konstitution (*diffluentis naturae*) als melancholisch verstand.[37]

In diesen Charakterskizzen scheint Hildegard weniger von der klassischen Temperamentenlehre ausgegangen zu sein, die ihr nur einen geeigneten Rahmen zur Verfügung stellte, als vielmehr von ihren eigenen Beobachtungen der Frauen in ihrer Umgebung. Wie auch die modernen Typologien, die von Jung und seinen Nachfolgern entwickelt wurden,[38] kann ihr Schema als eine Praxisanleitung gesehen werden, die Frauen helfen sollte, ihre eigene Psychosomatik zu verstehen, und vielleicht sogar, um sich auf der Grundlage einer realistischen Selbsterkenntnis zwischen Ehe oder Ehelosigkeit zu entscheiden (sofern sie denn den Luxus einer Wahl hatten). Die Beobachtungen der sexuellen Neigungen jedes Typs könnten ihr auch dazu geholfen haben, Frauen, die als Nonne den Schleier nehmen sollten, dabei zu- oder abzuraten. Es ist bemerkenswert, daß sie, ungeachtet ihrer hohen Wertschätzung der Jungfräulichkeit, warnte, daß es nicht allen gegeben ist, sondern einer besonderen Berufung bedarf.[39] In einer späteren Phase mögen die Charaktertypen ihr auch als Instrument gedient haben, die Krankheiten ihrer Schwestern zu diagnostizieren; denn jede Charakterskizze endet mit einer genauen Aufzählung der Symptome, die Frauen in der Menopause erleiden können.

Gott, Satan und die Fruchtbarkeit

In *Causae et curae* bietet Hildegard verschiedene Darstellungen von Geschlechtsverkehr und Empfängnis, die einen früheren Abschnitt in der *Scivias* ergänzen. Ihre biologischen Vorstellungen können vage aus der galenischen Tradition hergeleitet werden; von arabischen oder gar salernischen Theorien, die zu ihrer Zeit verbreitet waren, scheint sie unbeeinflußt gewesen zu sein; auch scheint sie die Abhandlung *Über den Geschlechtsverkehr* von Konstantin dem Afrikaner nicht gekannt zu haben.[40] Als sie ihre eigene Hypothese über den Sexualakt formulierte, bewegte sie sich zwischen einer Art von neutralem Naturalismus und dem stark empfundenen Bedürfnis, Gott und Satan in den Prozeß einzubeziehen. So beginnt beispielsweise eine Beschreibung mit der schematischen Korrelation zwischen den vier menschlichen Anlagen und den vier Elementen.

> Die Entstehung und die Empfängnis eines jeden Menschen verlaufen folgendermaßen: Im Menschen gibt es den Willen, die Überlegung, das Vermögen und das Einverständnis. Zuerst kommt der Wille, weil jeder Mensch den Willen hat, dies oder jenes zu tun. Es folgt die Überlegung. Sie prüft, ob die Sache passend oder unpassend, anständig oder unverschämt ist. Dann folgt das Vermögen, das die Aufgabe hat, ein Werk zu vollbringen, und es auch vollbringt. Es folgt das Einverständnis, weil ein Werk nicht vollbracht werden kann, wenn es das Einverständnis nicht billigt und zustimmt. Diese vier Kräfte sind bei der Entstehung des Menschen vorhanden. Dann kommen die vier Elemente, welche die vier Säfte im Menschen erregen, in Überfluß und Ungestüm, so daß das

> Feuer, nämlich das Trockene, den Willen übermäßig entflammt, da die Luft, nämlich das Feuchte, die Überlegung übermäßig beeinflußt, da das Wasser, nämlich der Schaum, die Zeugungskraft übermäßig strömen läßt und da auch die Erde, nämlich das Lauwarme, im Sinnestaumel übermächtig ihr Einverständnis gibt. Diese alle lösen infolge des übergroßen Überschusses gleichsam einen Sturm aus und sondern aus dem Blut einen giftartigen Schaum aus. Das ist der Samen. Wenn er an die richtige Stelle fällt, vermengt sich das Blut des Weibes mit ihm, und davon wird er blutig.

Soweit können Verkehr und Konzeption unter Hinweis auf psychosomatische Einflüsse beschrieben werden, aber wie die Darstellung fortfährt, kommen auch göttliche und dämonische Kräfte ins Spiel.

> Der Urbeginn des Menschen entspringt der Lust, welche die Schlange mit dem Apfel dem ersten Menschen eingegeben hat, weil dann das Blut des Mannes durch die Lust in Erregung versetzt wird. Darum läßt dieses Blut kalten Schaum in das Weib fließen, der infolge der Wärme des mütterlichen Fleisches gerinnt und sich zu einem blutigen Gebilde entwickelt. Dieser Schaum bleibt so ständig in derselben Wärme und wächst dann durch die Absonderung des Trockenen aus der Nahrung der Mutter zu einer festen kleinen menschlichen Gestalt heran, bis die Handschrift [*scriptura*] des Schöpfers, die den Menschen formte, diese feste menschliche Gestalt ganz durchdringt, so wie ein Handwerker sein erhabenes Gefäß formt.[41]

Es macht den Eindruck, als ob der Teufel die Lust am Geschlechtsverkehr einflößt. Gottes Beitrag, der in der Belebung des Fötus besteht, erfolgt später. Diese Annahme wird durch einen anderen Abschnitt bestätigt, in dem Hildegard in ihrer Ausführung über *ventus delectationis* schrieb:

> Dieser brennende Sturm bricht manchmal im Menschen aus, wenn dieser untätig und mit keiner Besorgung beschäftigt ist, bläst in seine Brust, macht den Menschen recht vergnügt,

> steigt dann von der Brust in sein Gehirn empor und erfüllt es ganz sowie seine Gefäße mit einer brennenden Hitze. Dann ergreift er auch die Lunge und das Herz und gelangt so in die Gegend der Geschlechtsorgane, beim Mann zu den Lenden und bei der Frau zum Nabel. Dann schläft das Bewußtsein des Menschen ein, weil er nicht mehr weiß, was er tut. Dann kommt bei dem gewaltigen Sturm der Leidenschaft auch noch die Versuchung durch den Teufel hinzu, und der Mensch entbrennt in Leidenschaft und vergißt sein Schamgefühl.[42]

Diese dämonisierte Physiologie der Lust stimmt mit Hildegards Erklärung überein, daß der Teufel Adams Sperma vergiftete, als er Eva zur Lust verleitete. Und der Samen behält seine vergiftete Qualität, bis er durch die gutartigen Elemente im Mutterleib neutralisiert wird: „So lange ist er nur ein giftartiger Schaum, bis ihn das Feuer, nämlich die Wärme erwärmt, bis ihn die Luft, nämlich ein Hauch, austrocknet, bis ihm das Wasser, nämlich die Flüssigkeit, eine reine Feuchtigkeit zukommen läßt und Erde, nämlich ein Häutchen, ihn zusammenzieht."[43] Bewußt oder unbewußt übertrug Hildegard das archaische Tabu über die Unreinheit des Menstruationsblutes auf die männliche Flüssigkeit, die Galen und Konstantin der Afrikaner als „rein und warm" beschrieben hatten.[44] Im Gegensatz dazu war für Hildegard der Samen kalt und verdorben, während das mütterliche Blut einen wärmenden, heilsamen Einfluß auf den Fötus hat. Wenn das Embryo im Mutterleib heranwächst, wird es langsam, wenn auch niemals völlig von seinem ursprünglichen Makel gereinigt, bis im zweiten Monat die Seele in den Körper eintritt „wie ein warmer, luftiger Wind" und sich dort selbst ein Zuhause schafft, so „wie eine Seidenraupe in ihrem Kokon". Im ersten Monat sind die Glieder des Fötus nur durch Einschnitte getrennt so wie in der Sommerhitze gesprungener Ton; aber nach der Beseelung beginnen sie sich zu entfalten wie die Blüten einer Blume.

In ihren optimistischeren Stimmungen konnte Hildegard den Teufel beiseite lassen und die körperliche Liebe als eine gottgegebene Erfüllung der Prophezeiung von Adam betrachten, daß „die zwei ein Fleisch sein werden". Aber in ihrer konventionellen, letztlich aristotelischen Auffassung über sexuelle Ausscheidungen als Blutgemischen[45], war sie der Ansicht, daß im Geschlechtsverkehr, „wenn das Verlangen des Mannes am stärksten ist", sein Blut dünnflüssig wird und dahinströmt „und zirkuliert wie in einer Mühle; es nimmt etwas vom Schaum (und vom Schweiß) des Weibes in sich auf" und umgekehrt.[46] Mit dieser wechselseitigen Vermischung von Blut werden Mann und Frau ein Fleisch, und dieselbe „ewige Energie (*vis aeternitatis*), die das Kind aus dem Schoß seiner Mutter hervorbringt", vollendet die Vereinigung. Diesem Vorgang haftet hier keine Schuld an, und Hildegard betonte die Gegenseitigkeit, bei der beide Partner zusammenwirken müssen.

Anders als in den Darstellungen, die vom Teufel getrieben scheinen, erinnert diese hier an einen bemerkenswerten Textabschnitt bei Hugo von St. Viktor, in dem dieser Theologe durch eine Analogie mit dem normalen Verkehr zu erklären versuchte, wie die Jungfrau durch den Heiligen Geist empfing. Hugo zufolge sind erzwungene Vereinigungen unfruchtbar, weil „die Natur in der Frau durch die Liebe des Mannes wirkt und im Mann durch die Liebe der Frau"; wenn es an einer mangelt, kann keine fleischliche Verbindung und darum keine Empfängnis geschehen. Im Falle der Jungfrau pflanzte der Heilige Geist nicht nur den göttlichen Sohn in ihren Schoß, sondern auch ihr eigener Anteil des mütterlichen Fleisches wurde durch ihre Liebe zu ihm hervorgelockt, und nicht durch einen Mann.[47]

Für Hildegard wie für Hugo war das gegenseitige Verlangen eine biologische Vorbedingung für die Empfängnis. Die zugrundeliegende medizinische Vorstellung scheint die

„Zwei-Samen-Theorie" von Hippokrates und von Galen zu sein, die den weiblichen Orgasmus und den Samenerguß, der zur Empfängnis nötig ist, verbindet. So nahmen auch medizinische Autoren, die nüchterner als Hugo von St. Viktor schrieben, an, daß Prostituierte seltener schwanger werden, weil sie Verkehr ohne Vergnügen haben und darum keinen Samen von sich geben.[48] Hildegard aber war in bezug auf die Existenz weiblichen Samens ambivalent.[49] Der wesentliche Faktor schien ihr die Verbindung vermischten Blutes zu sein. Diese Theorie lieferte ihr übrigens auch ein medizinisches Argument gegen den Ehebruch. Denn wie sie beobachtete, ist das Blut einer verheirateten Person immer mit demjenigen ihres Ehegatten bzw. seiner Ehegattin vermischt; in einer illegitimen Vereinigung ist der Fötus durch die Vermischung von drei oder noch mehr fremden Blutströmen verunreinigt.[50]

Diese Theorie hält den Vergleich mit einer berühmten Textstelle in der *Scivias* über die Fortpflanzung aus. In der vierten Vision dieses Werkes sah Hildegard Männer und Frauen, die Gefäße mit Milch tragen und die Käse herstellten. Die Milch steht für den menschlichen Samen und der Käse für die daraus geformten menschlichen Wesen.

> Ein Teil davon (von der Milch) ist dick und ergibt fetten Käse, weil dieser Same in seiner Kraft brauchbar, gut ausgereift und richtig gemischt, tüchtige Menschen erzeugt. Ihnen werden durch angesehene Väter und hervorragende Persönlichkeiten herrliche Gaben des Geistes und der Natur mitgegeben, so daß sie im glücklichen Zustand der Klugheit, Unterscheidung und sinnvoller Beschäftigung vor Gott und den Menschen offensichtlich ausgezeichnet sind. Denn der Teufel findet seine Bleibe nicht in ihnen.[51]

Andere aber haben weniger Glück. Aus dünner Milch, die für unzureichenden, halb-vermischten und halbtemperierten Samen steht, gerinnen feuchte Käse, d.h. Leute, die „oft dumm, lau und für Gott und die Welt nutzlos" sind, weil sie nicht nachdrücklich nach Gott suchen. Schließlich gibt es auch bitteren Käse, der aus verdorbener Milch geronnen ist. Dieser stellt die Produkte aus falsch vermischten Samen dar, d.h. aus ehebrecherischen Verbindungen; diese Produkte sind oft deformiert und mißgebildet und leiden unter „Bitterkeit, Schwierigkeiten und Herzbeklemmung", was sie unfähig macht, ihren Geist nach Himmel zu richten. Dessen ungeachtet können sie mit Gnade und ausdauerndem Bemühen den Sieg erringen, indem sie geduldig gegen diese Charakterfehler ankämpfen.

Mit diesem moralisierendem Vorstoß modifiziert Hildegard den Determinismus, der im übrigen ihre Analogie beherrscht. Auf jeden Fall aber ist es eine Form von Determinismus, der mit den Texten, die hier gerade untersucht werden, unvereinbar ist. In ihnen wird die menschliche Natur im Ganzen als verdorben angesehen, wegen „der Einflüsterung des Teufels" und dem an sich schon verdorbenen Sperma, während hier nur der krankhafte Samen verdorben ist, und der Rest Nachkommenschaft hervorbringt, in der „der Teufel keinen Platz findet". Hildegard erklärte auch nicht, wie die günstige oder ungünstige Konstitution des Fötus die Seele beeinflußt, die zum Zeitpunkt der Zeugung noch nicht präsent ist, sondern erst „zur von Gott bestimmten Zeit" in Form einer feurigen Sphäre eingeflößt wird. Aufgrund solcher Schwierigkeiten überrascht es nicht, daß die Künstlerin der Rupertsberger *Scivias* die Sache vereinfachte, indem sie den Teufel wieder an seinen gewohnten Platz setzte. In der abgebildeten Miniatur ist eine schwangere Frau zu sehen, deren Kind gerade im Mutterleib belebt wird. Bei ihr steht eine Gesellschaft von Männern und Frauen, die ihre Schalen mit Käse anbieten. Etwas links über dieser Gruppe zeigt ein kleiner brauner Dämon verstohlen auf etwas, was wie ein Giftpilz in einem der Körbe aussieht (Abb. 5).

Abb. 5. *Die Belebung des Kindes und die Drangsale der Seele. Links wird die Seele, die in Form eines vieläugigen goldenen Quadrats zu erkennen ist, in das Embryo, das im Mutterschoß ruht, eingegossen; der Beitrag der Vorfahren des Kindes wird durch Männer und Frauen dargestellt, die Schalen mit Käse in den Händen halten. Rechts ist von unten nach oben die Seele dargestellt, die viele Versuchungen und Mißhandlungen durch Dämonen erleidet, bevor sie ihr Gemach im Himmlischen Jerusalem erreicht. Scivias 1.4, Eibingen Ms.*

Abgesehen vom Inhalt, wirft Hildegards Käse-Analogie das Problem ihrer Quellen besonders stark auf. Die ursprüngliche, „gelehrte" Quelle, nämlich Aristoteles, *Über die Entstehung der Tiere,* war zu ihrer Zeit noch nicht übersetzt worden, und es ist auch kaum anzunehmen, daß sie Avicennas Version der Analogie kannte.[52] Vielleicht ihre visionäre Phantasie benutzte einfach eine Ausführung zu Ijob 10,10–11.: „Hast du mich nicht ausgegossen wie Milch, wie Käse mich gerinnen lassen? Mit Haut und Fleisch hast du mich umkleidet, mit Knochen und Sehnen mich durchflochten." Denkbar ist aber auch, daß die aristotelische Überlieferung, die von arabischen Medizinern angewandt wurde, in die Tradition europäischer Volksmedizin Einzug gehalten hatte (oder gar aus dieser hervorgegangen war). Ein Artikel von Peter Dronke zitiert verschiedene zeitgenössische Volksbräuche, in denen der Käse und die Geburt lose miteinander verbunden sind.[53] In größerer zeitlicher Nähe zu Hildegard, gibt es einen Zeugen aus Montaillou aus dem frühen 14. Jahrhundert. Danach sagte Béatrice de Planissoles, eine Dorffrau, die durch die Inquisitoren befragt wurde, aus, daß ihr Liebhaber ihre Furcht vor einer Schwangerschaft beruhigt habe, indem er ein bestimmtes pflanzliches Verhütungsmittel anwandte. Béatrice glaubte, daß das Kräutermittel dasselbe sei wie das, was die Kuhhirten während der Käseproduktion über einen Kessel Milch hängten, um den Gerinnungsprozeß des Labs zu verzögern. So könne vergleichbar auch die Gerinnung von Samen im Schoß verhindert und die Empfängnis verhütet werden.[54] Da vermutlich weder die Landfrau noch deren Priester-Liebhaber von Montaillou Aristoteles gelesen hatten, läßt sich denken, daß dessen „Käse-Analogie" das populäre sowie das anerzogene Wissen über den Prozeß der Zeugung charakterisierte.

Abgesehen von dämonischer Bosheit und verdorbenem Samen, stellte Hildegard mindestens noch zwei andere deterministische Theorien auf, um zu erklären, wie Empfängnis mißlingt. Eine davon, die sich unter ihren originellsten Beiträgen findet, scheint eine Verfeinerung der *Scivias*-Vision zu sein. Im zweiten Buch der *Causae et curae* kehrte sie zum Thema des starken und schwächlichen Samens zurück, ohne das teufliche Gift zu berücksichtigen. Nun behauptete sie aber, daß ein männliches Kind gezeugt würde, wenn das Sperma des Mannes reichhaltig sei; wenn es aber dünn sei, würde ein weibliches empfangen. In der Zurückführung des Geschlechtes des Kindes auf den biologischen Beitrag des Vaters stimmt sie annähernd mit der modernen Genetik überein.[55] Aber der Charakter des Kindes wird hier durch eine unabhängige Variabel festgelegt. Es gibt zwar immer noch drei Klassen menschlicher Wesen, nämlich starke, schwächliche und verbitterte, wie im Vergleich mit dem Käse. Aber Hildegard sagte nun, daß das Kind, ob männlich oder weiblich, von starkem Charakter sein werde, wenn die Eltern einander in der Stunde der Empfängnis *in recto amore caritatis* hochschätzten.[56] Wenn es auf der einen oder anderen Seite an solcher Liebe fehlte, würde die Nachkommenschaft schwächlich und nicht tugendhaft sein, und wenn weder die Liebe des Mannes noch die der Frau aufrichtiger Nächstenliebe entspringe, würde ihrem Kind ihre eigene Bitterkeit innewohnen. Diese Theorie, die einen Faktor anerkennt, der zu Hildegards Zeit durchweg übersehen wurde, mag die reizvollste all ihrer Hypothesen sein. Aber selbst hier erörterte sie nicht die Launen ehelicher oder elterlicher Liebe nach der Stunde der Empfängnis. So bleibt die deterministische Tendenz weiter ausschlaggebend.

Eine andere Theorie versucht, die Stärke oder Schwäche des Spermas, und demgemäß die Gesundheit und den Charakter des Kindes, astrologisch zu erklären. Hildegards Standpunkt gegenüber dieser Wissenschaft war ebenfalls ambivalent. Während nämlich die *Scivias* eine Polemik gegenüber der Sterndeutung beinhaltet[57], findet sich in *Cau-*

sae et curae ein fester Glauben an den Einfluß des Mondes auf körperliche und geistige Zustände.[58] In bezug auf die Empfängnis stellte Hildegard unzweideutig fest:

> Wenn der Mond zunimmt und voll wird, dann vermehrt sich das Blut im Menschen, und wenn der Mond abnimmt, dann nimmt auch das Blut im Menschen ab... Wenn bei zunehmendem Mond das Blut im Menschen auf diese Weise zunimmt, dann ist auch der Mensch, nämlich das Weib ebenso wie der Mann, fruchtbar, das heißt fähig, Nachwuchs zu zeugen. Wenn nämlich bei zunehmendem Mond auch das Blut des Menschen zunimmt, ist der Samen des Mannes stark und kräftig, und wenn bei abnehmendem Mond auch das Blut im Menschen abnimmt, ist der Samen des Mannes schwach und ohne Kraft wie Bodensatz... Wenn eine Frau zu dieser Zeit empfängt, dann wird der Mensch, gleichgültig ob es ein Junge oder ein Mädchen wird, krank, schwach und nicht kräftig werden.[59]

Weil die Mondphase sowohl die Fruchtbarkeit wie auch die Lebensfähigkeit der Nachkommenschaft bewirkt, folgt: „Daher soll der Mann seine körperlichen Reifezeiten beachten und die richtigen Mondzeiten mit einem so großen Eifer ermitteln wie einer, der seine reinen Gebete vorbringt... daß seine Kinder nicht an Gebrechen zugrunde gehen müssen."[60] Tatsächlich empfahl Hildegard hier die „natürliche" Methode der Familienplanung – wenn sie diese auch eher in den Dienst der Zeugung als in den der Verhütung stellte, und wenn sie auch irrtümlich den Mondzyklus eher mit der Fruchtbarkeit des Mannes als mit der der Frau in Verbindung brachte. Jedenfalls ist es interessant, daß die Schriftsteller aus alter Zeit mit den neuesten Studien darin übereinstimmen, für eine Mehrheit der Frauen eine Verbindung zwischen der Menstruation und dem Neumond anzunehmen, was dann bedeutet, daß zur Zeit des Vollmonds der Eisprung erfolgt und somit die Zeit der höchsten Fruchtbarkeit gegeben ist. Denn anders als viele andere medizinische Autoren erkannte Hildegard diese Vollmondzeit als optimal für die Empfängnis.[61]

Gynäkologie

Am Ende von *Causae et curae* schlug Hildegard eine Reihe von gynäkologischen Arzneimitteln vor, von denen einige auch in ihrer *Physica* genannt werden.[62] Diese Art von Behandlungen waren zu ihrer Zeit unter heilkundigen Frauen gebräuchlich, es waren Kräutermischungen, Salben, Arzneitränke, Verbände und Bäder sowie einige Diätrezepte und ein Grundwissen über Zaubereien und Beschwörungen.[63] Hildegards Pharmakologie kann im Kern auf antike Autoren wie Galen, Plinius und Dioskorides zurückgeführt werden, deren grundlegende Werke später durch solche Verfasser wie Isidor, Rabanus Maurus, Walafrid Strabo und Macer Floridus noch weiter ergänzt wurden.[64] Allerdings arbeitete die Äbtissin ebenso mit Hilfe ihrer eigenen Beobachtungen, und ihre Beherrschung der Pflanzenkunde erstreckt sich auf mehr als 200 Pflanzen. Außerdem empfahl sie einige eher exotische Zutaten, wie zum Beispiel Tierteile oder Edelsteine, die häufig den Gebrauch sympathetischer Magie erforderten. Ungeachtet ihrer Bemühungen, Sexualverhalten und Fortpflanzung wissenschaftlich zu erklären, gab sie keine Grundprinzipien für die meisten ihrer therapeutischen Methoden an, außer dem homöopathischen Prinzip, bestimmte Qualitäten durch ihr Gegenteil auszugleichen.[65] In der Praxis, so hat es jüngst ein Medizinhistoriker dargelegt, scheinen diese zeitgebundenen Kurmethoden mehr Patienten geheilt zu haben als die damals bereits immer komplexer werdende professionelle Medizin, die in Salerno und Montpellier gelehrt wurde, denn die neuen Theorien waren von der Wirklichkeit und der aktuellen Praxis zu weit entfernt, um durchführbar zu sein. Bereits im späten 10. Jahrhundert wollte der arabische Arzt Rhazes „den Grund" dafür erklären, „warum unwissende Ärzte, gewöhnliche Leute und Frauen in den Städten erfolgreicher in der Behandlung bestimmter Krankheiten sind als Männer der Wissenschaft."[66]

In bezug auf die „Frauen in den Städten" muß nicht angenommen werden, daß sich diese heilkundigen Frauen, die überall im mittelalterlichen Europa praktizierten, allein auf weibliche Leiden beschränkten. Aber Geburtshilfe und gynäkologische Probleme waren ihr Hauptbetätigungsfeld, da weibliche Patientinnen eine natürliche Abneigung dagegen empfanden, männliche Ärzte wegen solcher Nöte zu konsultieren.[67] Diese Zurückhaltung scheint das ganze Mittelalter hindurch bestanden zu haben; und sowohl „Trotula" im späten 12. Jahrhunderts, als auch Jacoba Felicie im frühen 14. Jahrhundert erwähnten die weibliche Sittsamkeit, um die medizinische Praxis von Frauen zu rechtfertigen.[68] Wenn auch die Nonne Hildegard nicht als freie Ärztin oder Hebamme für die Allgemeinheit gewirkt haben mag, so war sie doch als medizinische Autorin und als Heilerin berühmt, und sie wird in ihrem Kloster durchaus medizinische Hilfe geleistet haben. Daher macht es Sinn, einige ihrer Rezepte mit denen der sogenannten *Trotula Major (Frauenkrankheiten)* zu vergleichen, das ist der einzig verfügbare gynäkologische Text ihrer Zeit.[69] Heutige Forscher tendieren dahin, für diese Abhandlung die Autorinnenschaft Trotulas abzulehnen, aber dennoch bleibt dieses Werk eng mit den weiblichen Heilpraktikerinnen verbunden, da es sich mehr als ein dutzendmal auf die Autorität der *mulieres salernitanae* (vermutlich Hebammen) und einmal auf Trotula selbst berief.[70] Das Werk bietet ein empirisches Wissen an, das dem Hildegards ähnlich ist, aber eine sehr viel größere Beimischung von galenischer Theorie enthält. So erörterte der salernitanische Autor zum Beispiel verschiedene Krankheiten (Erstickungsgefahr in der Gebärmutter, verdorbener Same, „Fieberbauch“, vereiterter oder prolabierter Uterus), die in der antiken Medizin bekannt, Hildegard aber unbekannt waren. Es überrascht nicht, daß sich die Äbtissin von Bingen außer den ihr unbekannten Krankheiten auch nicht mit solchen Angelegenheiten wie der künstlich herbeigeführten Empfängnis, der Abtreibung, sowie mit Techniken, die die Jungfräulichkeit vortäuschten, befaßte, und daß sie auch andere moralisch zweifelhafte Angelegenheiten, die in der *Trotula* oder späteren lateinischen Texten angesprochen wurden, nicht erörterte.[71]

Typisch für Hildegards Medizin sind vier Behandlungen, die sie für das Ausbleiben der Menstruation empfahl. Zuerst kann die Patientin sich selbst ein Saunabad bereiten, indem sie frisches Flußwasser, erhitzte Ziegelsteine und einen Strauß „warmer“ Kräuter verwendet, der aus Anis, Mutterkraut sowie Wollkraut besteht. „Wenn sie das Bad betritt, soll sie die noch warmen Kräuter auf einen Schemel legen, sich daraufsetzen und die noch warmen Kräuter um die Genitalien und herauf bis zum Nabel und um den ganzen Nabel herum auflegen.“[72] Die natürliche Wärme der Kräuter sollte ihr Fleisch und ihren Schoß erweichen und die verengten Adern öffnen.[73] Zweitens kann sich die Frau dann ein honiggesüßtes Weingetränk herstellen, in das Gewürznelken und weißer Pfeffer gemischt werden und das mit einer Auswahl verschiedener warmer Kräuter-Scharfgarbe, Raute, Osterluzei und Diptam – in einem festen Mischungsverhältnis zubereitet und dann durch die Kühle der Heidelbeeren gemildert wird. Wieder sollen die Wärme und die Reinheit dieser Mischung eine entspannende Wirkung haben und das verklumpte Blut im Unterleib lösen. Alternativ kann auch ein kälteres, wenn auch weniger Appetit anregendes Getränk aus Eiern, Wein, Schmalz und Liebstöckelsaft hergestellt werden, das vor und nach den Mahlzeiten getrunken werden sollte, und zwar fünf Tage lang oder so lange wie nötig. In der Zwischenzeit sollte die Patientin

Rindfleisch und andere schwere Speisen meiden, sich auf leichte Kost beschränken, und sie sollte eher Brunnenwasser oder Wein trinken als fließendes Wasser, das härter ist. Eine ähnlich sanfte Diät, die Hildegard generell für gesund hielt, empfahl sie auch Patientinnen mit dem gegenteiligen Problem einer übermäßigen Blutung. Aber da wo Wärme dazu geeignet ist, die Menstruation hervorzurufen, hält Kälte sie zurück. Daher sollte eine Frau mit übermäßigem Blutfluß ihre Schenkel mit einem Leinenumschlag umwikkeln, der in kaltes Wasser getaucht wurde.[74] Sie kann auch in warmes Wasser getauchten Efeu verwenden, und die natürlichen Kräfte des Efeu werden den Blutfluß dann zügeln, während die Wärme die Gesundheit der Glieder wiederherstellt. Endlich kann einer Frau mit starker Blutung auch durch eine sanfte aufwärts gerichtete Massage des Leibes und der Glieder geholfen werden, die dazu gedacht ist, den Blutfluß in den Adern umzukehren.

Hildegards Rezepte scheinen, verglichen mit den Rezepten für Menstruationsstörungen in der *Trotula* relativ einfach zu sein, weil sie weniger Kräuter und komplizierte Zubereitungen empfahl und nichts über eher drastische Behandlungsformen wie Aderlaß, Pessare, Ausräucherungen und Geschlechtsverkehr sagte. Für das Problem der Sterilität legt die *Trotula* eine Vielfalt von Gründen beim Mann wie bei der Frau dar, Hildegard aber nannte nur drei Gründe: Erstens kann es sein, daß der Samen des Mannes zu flüssig ist, zweitens kann die Gebärmutter zu kalt sein, oder drittens ist „dies bestimmt die gerechte Entscheidung Gottes“[75]. Wenn die Ursache des Problems bei der Frau liegt, kann sie versuchen Abhilfe zu schaffen, indem sie vor oder während des Geschlechtsverkehrs die Gebärmutter eines geschlechtsreifen, aber noch jungfräulichen Lammes oder Kalbes ißt, die mit Speck und mit anderem fettem Fleisch gekocht worden ist. Anscheinend soll diese Behandlung sowohl medizinische als auch magische Wirkungen haben, denn die kraftvollen Säfte sollen den Unterleib nicht nur befeuchten, sondern gleichzeitig soll die Fruchtbarkeit des reinen Tieres auf die Frau übertragen werden, „wenn Gott es so will". In ähnlicher Weise ist es möglich, daß die Patientin empfängt, wenn sie Fischrogen ißt, da Fisch nicht nur als fruchtbar, sondern auch als rein galt, denn Fisch pflanzt sich asexuell fort.[76]

Wenn die Frau schwanger wird, kann sie bei der Geburt schmerzhafte und gefährliche Wehen erleiden. Wie wir bereits gesehen haben, schrieb Hildegard als Theologin den Wehen eine apokalyptische Qualität zu, indem sie diese als Teil des Fluches über Eva deutete. In ihrer anderen Rolle aber bot sie nun verschiedene Heilmittel an, um schwere Wehen zu erleichtern, worunter das sanfteste eine feuchte Packung aus Fenchel und Haselwurz ist.[77] Fenchel war ein Kraut, das traditionell zur Lösung körperlicher Engegefühle benutzt wurde. Walafrid Strabo empfahl für die Frau in Wehen einen Trank aus Fenchelsamen und Ziegenmilch; Macer Floridus sah diese Pflanze als harntreibend und aphrodisierend an; der deutsche Botaniker Hans Foltz meinte, daß sie den Milchfluß steigere.[78] Eine exotischere Maßnahme bestand darin, daß die Schwangere ihren Unterleib mit etwas pulverisiertem und in Wasser aufgelöstem Kranichblut einreiben könne, dabei den rechten Fuß des Vogels über ihren Nabel binden und dann ihr Gesicht in der Tasse mit Blut wie in einem Spiegel untersuchen solle.[79] Ihr Spielgelbild zu sehen, ein typischer Zug Hildegards, mag beabsichtigt gewesen sein, um die magische Kraft des Vogels zu verdoppeln, eine Kraft die auf dessen schnellen Flug und seine Fähigkeit, Gefahren zu entfliehen, begründet ist. Wenn kein Kranichfuß zur Verfügung stände, sollte die Patientin diesen entweder durch das Herz eines Löwen ersetzen oder durch Kieselsteine, auf denen eine Maus geboren hat.[80] Und wenn sie auch dies nicht habe, so könnte sie einen magischen Zauber mit dem Halbedelstein Sardius (roter

Chalcedon oder Karneol) versuchen. Obwohl in einer Schrift über Edelsteine vage empfohlen wurde, daß Frauen diesen Stein tragen sollten[81], scheint dessen Anwendungsform bei Hildegard einzigartig zu sein. Sie wies die Frauen an, mit dem Edelstein über ihre Schenkel zu streichen und dabei zu sagen: „Wie du, Stein, auf Geheiß Gottes im ersten Engel erstrahltest, gehe du, Kind, als strahlender Mensch hervor und bleibend in Gott." Dann sollte die Patientin das Juwel über ihre Vagina halten und einen anderen Zauberspruch rezitieren: „Öffnet euch, Wege und Pforte, in jener Erscheinung, durch die Christus als Gott und Mensch zum Vorschein kam und die Riegel der Hölle öffnete, so gehe auch du, Kind, durch diese Pforte hinaus, ohne daß du stirbst und ohne daß deine Mutter stirbt."[82] Danach sollte die Frau den Stein in einen Gürtel binden und sich selbst damit umgürten und eine sichere Entbindung werde folgen.

Heilung und Magie

Es ist leicht vorstellbar, daß Hildegard Frauen pflanzliche Mischungen oder Bäder empfahl, daß sie sie jedoch aussandte, um Löwen zu jagen oder Mäuselöcher zu plündern, wenn geeignetere Behandlungsformen verfügbar waren, ist schwer begreiflich. Da solche Mittel auch nicht in *Causae et curae* erscheinen, läßt sich annehmen, daß Hildegard diese eher der Vollständigkeit halber als zum tatsächlichen Gebrauch in ihre Enzyklopädie aufgenommen hat.[83] Mit dem Edelsteinzauber scheint es jedoch anders zu sein. Für Hildegard war der universelle Glaube an die Wirksamkeit der Steine mehr als nur eine natürliche Magie. Wertvolle Steine, die in ihrer Natur und Herkunft feurig sind, haben nämlich eine Affinität zum Feuer des Geistes und zum Feuer, in dem Satan brennt; denn in all seinem Glanz war Luzifer mit ihnen geschmückt, als er aber stürzte, verlor er sie und sie verblieben auf der Erde „zur Ehre und Segnung und für die Heilkunst“[84]. Nun aber flieht der Teufel die Steine, weil sie, ihn an seine verlorene Schönheit erinnern; und wegen der ihnen innewohnenden Kräfte können sie nur für gute und ehrenwerte, nicht aber für mörderische und lüsterne Zwecke genutzt werden.

An den ursprünglichen Glanz Luzifers wie auch an seine Niederlage beim Abstieg Christi in die Hölle erinnert nun Hildegards Beschwörung im Sardius-Zauber. Die erste Formel erbittet dabei, daß durch die Wirkung des Juwels das neugeborenen Kind wie der gefallene Engel vor seinem Sturz leuchten möge, und die zweite erbittet, daß es dem Tod entkommen möge, wie Adam und Eva der Hölle bei der Auferstehung entkamen. So verdichtet sich in diesem Stück angewandter Theologie Hildegards Weltanschauung in einem einzigen Satz.

Es gibt keine klaren Abgrenzungen zwischen medizinischen, magischen und übernatürlichen Heilungswegen. Als Hildegard eine ähnliche Beschwörung für Sibylles Blutungen verordnete (siehe Kapitel 1), sollte der Zauberspruch selbst auf eine Schriftrolle geschrieben und anstelle eines Edelsteines verwendet werden, den die Hausfrau sich vermutlich nicht leisten konnte. Umgekehrt konnte ein magisches Objekt auch ohne eine gesprochene Formel benutzt werden. Hildegards *Vita* berichtet, daß drei Frauen, die in schweren Wehen lagen, mit Hilfe eines Gürtels gebaren, der aus dem Haar der Heiligen selbst gefertigt war und den ihre Nonnen als Reliquie bewahrt hatten.[85] Diese Art der Heilung ist nur eine Fortführung der Methoden, die Hildegard zu ihren Lebzeiten empfohlen hatte.

Ein Lieblingsstein der Äbtissin, der Saphir (oder Lapislazuli), konnte Frauen in einer anderen, häufig vorkommenden Notlage helfen. Der Saphir war, wie bereits gesagt, ein Stein, den Hildegard mit göttlicher Weisheit in Verbindung brachte. In ihrer Gesteinskunde gibt sie an, daß er die Augen reinigen, den Geist erweitern und Dämonen vertreiben könne. Nach Marbod von Rennes, der ersten Autorität auf dem Gebiet der Edelsteine, macht der Saphir „Gott gegenüber dem Betenden geneigt" und „kühlt inneres Brennen" ab; allerdings muß, wer ihn trägt, besonders keusch sein.[86] Diese Eigenschaften können seine Rolle in Hildegards Zauber erklären, durch den Frauen von unliebsamen Freiern befreit werden sollen. „Wenn aber der Teufel einen Mann zur Liebe zu einer Frau aufreizt", sie aber nicht in gleicher Weise empfindet, dann soll sie dreimal Wein über einen Saphir gießen und den Stein darum bitten, sie von des Mannes verteufelter Begierde zu befreien. Dann muß sie (oder, wenn sie vorsichtig ist, eine Freundin oder ein Freund) den Verliebten dazu bringen, diesen Wein drei Tage hintereinander zu trinken, und er wird davon „geheilt" sein.[87] Oder, wenn die Frau selbst Opfer eines Liebeszaubers (*zauber amoris*) geworden ist, kann sie von dessen Gift durch einen Pflanzensaft gereinigt oder von ihrem Liebeswahn befreit werden, indem sie frische Betonie, ein sehr kraftvolles Kraut, in ihre Nasenlöcher steckt und unter ihre Zunge legt.[88] Ebenso wird Alraune (Mandragora) als starkes Gegenmittel aufgeführt, was irgendwie merkwürdig ist, wenn man den uralten Ruf dieser Pflanze als Aphrodisiakum oder Fruchtbarkeitszauber bedenkt. Ein aromatisches Dampfbad oder ein Getränk aus Stachellattich kann den gleichen Zweck ebenfalls erfüllen.[89]

Der Fairneß halber muß gesagt werden, daß Hildegard zufolge all diese Mittel auch von einem Mann genutzt werden können, der an der eigenen nicht erwiderten Liebe oder der Verliebtheit einer Frau leidet, denn jedes Geschlecht kann das Opfer sein. So öffnet diese Enzyklopädie der Medizin ein Fenster in die Welt von Tristan und Isolde, in der Liebestränke und andere Arten von Zauberei eine reale und große Gefahr darstellten. Und für das Verständnis von Hildegards Sicht muß zu den verschiedenen sexuellen Schicksale des Menschen, die bereits ausgeführt wurden, die Möglichkeit der Beeinflussung des Herzens durch Magie hinzugefügt werden, in der sie eine diabolische Praxis sah, die in völligem Gegensatz zu ihren eigenen wohltuenden Zaubern stand.

In der *Acta* der Seherin finden sich weitere Beispiele für Konflikte zwischen dem, was heute schwarze und weiße Magie genannt werden würde. Diese Wundergeschichten genügten schon damals nicht, um Hildegards Kanonisierung in Rom zu bewirken, und der moderne Leser ist so nicht der erste, der sie mit Vorbehalt genießt. Dennoch bieten diese angeblichen Wunder eine brauchbare Ergänzung zu Hildegards Briefwechsel, da sie Zeugnis für ihren Umgang mit Laiinnen und mit Frauen aus der sozialen Unterschicht geben. Unter welchen Umständen suchten wohl solche Frauen die Hilfe einer lokalen Heiligen oder wundertätigen Frau auf? Neben der zu erwartenden Heilungen und Exorzismen (wobei die Heilung von Geisteskranken ein hervorragendes Thema ist) sind drei Geschichten, die einen Einblick in die Umgebung der Heiligen gewähren, besonders interessant.

Ein Bericht erzählt von einer unglücklichen Frau, deren Mann dem Teufel huldigte, indem er ihm jedes Jahr ein Opfer darbrachte. Nachdem der Teufel zuerst mit Tieropfern und dann mit Kindern beschwichtigt worden war, sollte ihm der Zauberer am Ende seine eigene Frau geben; aber die zum Opfer ausersehene Ehefrau entdeckte den Plan rechtzeitig und floh in ihrer Verzweiflung zu Hildegard. Die Heilige gab ihr eine Haarlocke, die sie in ihre Frisur einbinden sollte, damit sich der Teufel, wenn er käme, nicht in der Lage sähe, die Frau zu nehmen „wegen Hildegards Beschwörung", und statt dessen den Hals des verfluchten Ehemannes bräche.[90]

In einem etwas zwiespältigeren Fall war eine gleichermaßen unglücklich verheiratete Frau des Mordes an ihrem

Ehemann angeklagt und dazu verurteilt worden, sich selbst durch das Gottesurteil mit heißem Eisen zu läutern. Bei dieser seltsamen juristischen Prozedur wird Gott die Beweislast aufgeladen. Dabei mußte die Angeklagte einen heißroten Barren Eisen über neun Stufen tragen. Wenn dieser ihre Hände verbrannte, war sie schuldig, wurden sie aber nicht verbrannt, so war sie unschuldig. Die Witwe, die das Wunder ihrer Freisprechung erhoffte, suchte Hildegard auf, die das Eisen segnen sollte, und tatsächlich kam sie schließlich unverletzt durch das Gericht.[91] Im Erstaunen des Publikums zeigt sich eine gewisse Skepsis über die Wirkung des Gerichtsprinzips: wenn Gott nämlich immer die Unschuldigen in Schutz nehme, warum brauche dann die Angeklagte einen besonderen Segen von einer Heiligen, wenn sie aber schuldig sei, warum wirke dann der Segen? Wieder einmal muß man an Isolde denken, die dasselbe Gottesgericht erdulden mußte und ihre Ehre durch eine kluge List rettete.[92]

Aber so wie Hildegard die Unschuldigen in Schutz nehmen konnte, so konnte sie auch die Schuldigen bessern. Ein drittes „Wunder" ereignete sich, als die Seherin das junge Mädchen Berrudis traf, die sich selbst aus persönlichen Gründen als Schuljunge verkleidet hatte. Hildegard durchschaute die Verkleidung sofort und warnte das Mädchen, „sich zum Besseren zu bekehren", womit sie andeutete, daß diese nicht mehr lange zu leben habe. Berrudis bereute und zog wieder ihre weibliche Kleidung an. Sie verdunkelte aber auch ihr Gesicht, „damit sich kein Mann in sie verlieben möge", und kurz darauf starb sie.[93] Vermutlich soll das Wunder im Nachweis der Hellsichtigkeit Hildegards liegen, aber bedeutsamer scheint zu sein, daß sie ein Mädchen für die Verleugnung ihres Frauentums maßregelte, was von anderen frommen Schriftsteller vermutlich als verdienstvoll empfunden wurde.[94]

Insgesamt gesehen wird in Hildegards medizinischen Arbeiten und ihren angeblichen Wundern deutlich, daß sie sich um alle Arten von Frauenleiden – physische und geistige Krankheiten, Unfruchtbarkeit und Geburtswehen, brennende Leidenschaft und die Prüfungen des Ehelebens – kümmerte. In ihren Schriften beschäftigte sie sich allerdings ebenso eifrig mit den Männerkrankheiten. Dennoch sind von den persönlichen Wundern, die in der *Acta* aufgezeichnet wurden, siebzehn für Frauen durchgeführt worden und nur sechs für Männer, und von den letzten befassen sich zwei eigentlich mit Urteilssprüchen. (Diese Zahlen gelten nicht für die zahlreichen Heilungen von Epileptikern, Besessenen und Fieberpatienten, deren Geschlecht nicht erwähnt wurde.) Im dritten Buch der *Vita* der Heiligen sind die Zahlen ausgewogener: unter ihren Nutznießern werden sechzehn Frauen und zwölf Männer genannt. Wenn man einen gewissen Grad an Wiederholungen annimmt, dann läßt sich nicht immer genau bestimmen, ob sich verschiedene Zeugen auf dasselbe oder auf verschiedene Ereignisse bezogen. Hildegards Briefwechsel hingegen zeigt ein Übergewicht an männlichen Briefschreibern, was offensichtlich den Grund darin hat, daß mehr Männer des Schreibens kundig waren; ihre weiblichen Briefpartner waren in der Mehrzahl Äbtissinnen. So bestand also ihre Klientel, um es einmal so zu nennen, aus zwei verschiedenen Untergruppen. Während ihre geistige und soziale Berühmtheit ihr eine außergewöhnliche Freiheit in der Öffentlichkeit, d.h. in der Männerwelt, gab, blieb sie doch auch die Herrin einer weiblichen Gemeinde. Diese gewann sie nicht nur durch den Dienst an ihren Mitschwestern im Kloster, sondern auch indem sie das Bedürfnis der örtlichen Hausfrauen nach einer vertrauensvollen Autoritätsperson ihres eigenen Geschlechtes erfüllte, d.h. einer Frau, die sie in ihren Nöten aufsuchen konnten.

Die verschiedenen Quellen charakterisieren Hildegard als eine Frau, die mit gewöhnlichen sowie außergewöhnlichen Heilungsmethoden gleichermaßen vertraut war, obwohl diese Unterscheidung in ihren eigenen Augen kaum existiert haben wird. Über die Widersprüche in ihrer Sicht der Sexualität schien sie nicht übermäßig besorgt gewesen zu sein. Dieser Umstand wirft ein Licht auf eine Frau, die zu erstaunlichem Mitgefühl mit ihren verheirateten Schwestern sowie auch mit Männern fähig war, und die gewillt war, die sexuellen Komödie aus allen Blickwinkeln von oben, von unten und von innen zu betrachten. Wenn sie sich nie endgültig dafür entschied, wie groß dabei der Einfluß von Gott oder dem Satan, von menschlicher Leidenschaft, von Naturkräften oder von magischer Einmischung war, so wurde sie doch gerade durch ihre Unentschiedenheit vor falscher Vereinfachung bewahrt. Wenn aber, so kann vermutet werden, ihr prophetischer und reformatorischer Eifer alle anderen Belange überwog, so wie beispielsweise in der *Scivias*, dann gab sie sich selbst nur mit einer kraftvollen, wenn auch konventionellen Darstellung von Gut und Böse zufrieden, in der Gottes Gebot und die Niedertracht des Teufels, Tugend und Laster sowie Gehorsam und Sünde scharf dargestellt und einander entgegengesetzt waren. Als Moralistin kam es ihr eher darauf an, den trägen Willen herauszufordern, als sich an den suchenden Verstand zu richten, und Klarheit und nicht Subtilität war hier ihr oberster Wunsch. Wenn sie sich so mit sexuellem Verhalten beschäftigte, hielt sie sich nahe an die klassische Position über die Erbsünde, die Begehrlichkeit, die Unzucht und die Ehe und erklärte eher, wie die gefallene Sexualität unter Kontrolle gebracht werden müsse, als wie sie auf natürliche (oder gefallene) Weise funktioniere.

Aber wenn sie ihr Prophetenhorn beiseite legte und einfach als eine Beobachterin der Welt schrieb, dann führte sie ihr Instinkt für die Einheit des Lebens immer weiter in das nahtlose Netz des Seins hinein, worin Gut und Böse in ein so komplexes psycho-physisches Gewebe verwoben sind, daß jedes Einzelphänomen durch alle anderen, oder genauer, durch seinen Ort im Ganzen, bestimmt wird. In dieser Sicht, die in *De operatione Dei* und in *Causae et curae* prägend ist, formen biologische und himmlische Kräfte tatsächlich den menschlichen Charakter. Aber auch das Gegenteil ist der Fall, so daß, wenn ein Mensch seine moralische Verworfenheit auf die Mondphase zurückführen kann, es genauso plausibel ist, die menschlichen Sünden für den ungesunden Einfluß des Mondes verantwortlich zu machen. Diese Interdependenz und Gegenseitigkeit der Kräfte bezieht sich sowohl auf das Sexualverhalten als auch auf alles andere.

Hildegards Denken über die Sexualität basiert auf zwei Voraussetzungen, die für das feministische Ideal des späten 20. Jahrhunderts zentral sind, nämlich auf der persönlichen Freiheit und auf einem ganzheitlichen Konzept von Körper und Geist. Aber während für heutige Feministinnen beide Grundsätze unaufgebbar sind, so stehen sie bei Hildegard grundlegend in Opposition zueinander. Genau an diesem Punkt verzerren populäre Darstellungen Hildegards Gedankengut, um eine feministische Heroin entstehen zu lassen. Eine eingehende Studie des vorliegenden Materials zeigt aber, daß Hildegard moralische und geistige Freiheit mit einem dualistischen Konzept des Selbst verband. Danach nimmt die Seele ihren Weg zur Erlösung, indem sie sich klar vom Verlangen ihres Körpers loslöst. Andererseits ist Hildegards ganzheitliches Konzept mit einer pessimistischen und sogar deterministischen Sicht des menschlichen Lebens verbunden. Dabei scheint der strauchelnde Wille, der sich in seiner Schönheit und Gefallenheit in den verwickelten Maschen des Kosmosnetzes verfangen hat, hilflos gegen die Natur dieses Gewebes zu sein. Und wenn dieses Gewebe auch immer noch von der Weisheit, die die paradiesische Natur geprägt hatte, beeinflußt wird, so ist es doch zutiefst krank und, aus der Sicht des göttlichen Ratschlusses, unheilbar verdorben. Nur ein gänzlich neuer Anfang kann es retten. Dann wird allerdings die Sexualität nicht einfach in ihrem paradiesischen Zustand wiederhergestellt, sondern sie muß gänzlich transzendiert werden. Diese neue Gnade, die das göttliche Gewebe erlösen und die Schlange, die es verderbt hatte, vernichten wird, ist die Jungfräulichkeit.

In der abschließenden Szene von *Ordo virtutum* stellte Hildegard den Teufel dar, als er eine letzte Position in seiner Auseinandersetzung mit der Keuschheit bezog. Die Keuschheit prahlt damit, daß sie im Gedanken des Höchsten bereits das Haupt ihres Widersachers zerschmettert habe, und zwar durch das „süße Wunder", das sie in der Jungfrau gewirkt habe, wodurch der „Bauch" des Teufels, d.h. die sexuelle Natur in all ihrer Verdorbenheit, vernichtet wurde. Der Satan antwortet: „Du weißt nicht, was du anbetest, denn dein eigener Leib enthält keine schöne Gestalt, die du nur durch einen Mann empfangen kannst, und hierin brichst du das Gebot, das Gott für die süße Vereinigung der Geschlechter erlassen hast, daher weißt du nicht, was du sagst."[95] Um dem Teufel sein Recht zu geben, die Gestalt *ist* schön, und die Vereinigung ist süß; Hildegard verleugnete es nicht. Aber der Satan wird auch widerlegt, denn das Kind der Keuschheit ist edler als alle Söhne Adams, und es allein kann die Töchter Evas aus ihrer Pein befreien.

FÜNFTES KAPITEL

Die Mutter Gottes

„Gott ist eine gedachte Sphäre, deren Zentrum überall, deren Umkreis aber nirgendwo ist." So lautet das gefeierte Axiom von Hildegards Zeitgenosse Alanus von Lille.[1] Die Ärztin aus Bingen hatte vieles mit dem Metaphysiker aus Frankreich gemeinsam, besonders den vitalistischen und weisheitlichen Zug in ihrer Theologie sowie auch ihre Vorliebe dafür, das Wesen Gottes in Form eines Kreises darzustellen. Aber da, wo Alanus sich an dem jedwedem Verstand trotzenden Paradox erfreute, zeichnete Hildegard ein Bild dessen, was sie sehen konnte. „Gott blieb ganz wie ein Rad.... Das Runde des Rades ist die Vaterschaft, die Fülle des Rades ist die Göttlichkeit. Alle Dinge sind in ihm, und alle stammen von ihm ab, und jenseits davon gibt es keinen Schöpfer" – nur Luzifer, der sich in den leeren Raum ausdehnt.[2] In dem Rad der Gottheit sind Zeit und Ewigkeit, Kosmos und Mikrokosmos. Dasselbe Rad taucht in *De operatione Dei* auf, und diesmal ist es unterteilt in vier Quadranten (Abb. 6).[3] Der linke obere Abschnitt ist grün und repräsentiert die ewige Frische der Welt in Gottes Gedanken vor der Schöpfung; der rechte obere Abschnitt ist rot und zeigt die Herrlichkeit der erlösten Schöpfung nach dem Ende an. Blässe und Dunkelheit verschmelzen in der unteren Hälfte des Kreises und kennzeichnen die Qual der Zeit. Dann beginnt sich das Rad zu drehen, so wie die Zeitalter rollen, aber in der Mitte bleibt die Gestalt einer Frau unbewegt. Sie ist Caritas, die dort mit dem Vorherwissen Gottes ausruht, und vor deren Gesicht eine Tafel mit der Aufschrift zu lesen ist: „Ich werde die silberfarbene Form der Schönheit offenbaren, denn groß ist der strahlende Glanz Gottes, der keinen Anfang hat."

Abb. 6. *Das Rad der Liebe. Caritas ruht im Zentrum des Rades von Zeit und Ewigkeit. De operatione Dei III.10, Lucca, Biblioteca Statale, Cod.lat. 1942.*

Wir sind Caritas bereits begegnet. In Hildegards Brief an Adam von Ebrach erschien sie als die Dame des Universums mit einer elfenbeinernen Tafel, die die Saphirform Christi zeigte, und sie sprach die Worte aus Psalm 110: „Bei dir liegt der Anfang am Tage deiner Tugend und im Glanz der Heiligen; aus dem Mutterschoß gebar ich dich vor dem Morgenstern."[4] In jeder Veränderung bleibt die Erscheinung dieselbe: Caritas, die Offenbarerin ewiger Schönheit, ist auch Caritas, die Mutter; und das Kind, das sie vor dem Morgenstern gebar, war auf Erden der Sohn der Jungfrau. Anders als die paradoxe Sphäre Alanus, von Lille kann Hildegards Rad der Göttlichkeit dargestellt und bezeichnet werden. Der Kreisumfang ist die Vaterschaft Gottes, und das Zentrum ist die Mutterschaft Marias.

Mit der Mutter Gottes gelangen wir zum Herzen von Hildegards Theologie des Weiblichen. Sie ist der Schlußstein des Bogens, der auf der einen Seite durch die himmlische Vorahnung der Weisheit und auf der anderen Seite durch die Verkörperung der Fruchtbarkeit Evas geformt wird. Maria bringt die Visionen der Weisheit zu ihrer Erfüllung; sie offenbart den ewigen Ratschluß, der von der Liebe vor Anbeginn der Welt vorherbestimmt war, denn durch sie ist die Fleischwerdung vollendet, und Gott wurde Mensch. So vereint sie das Himmlische mit dem Irdischen und das Göttliche mit dem Fleischlichen. Zugleich ist sie die neue Eva, die durch ihre Jungfräulichkeit erneuert, was die erste Mutter durch ihre Fleischeslust verloren hat. Maria ist zusammen mit ihrem Sohn die oberste Gotteserscheinung, die Offenbarung von Gottes letztem Willen; sie ist auch das Vorbild einer neuen Schöpfung, die, ungleich der untergegangenen, mit allen Tugenden durchtränkt sein wird und stark darin, der Schlange zu widerstehen, und rein im Angesicht der Lust. In ihrer konkreten Besonderheit ist Maria das Gegenteil von Eva, aber im Gedanken Gottes ist sie der Archetyp Eva und daher des Frauseins als solchem. Schließlich ist sie das Paradigma der zweiten Mutter, Ekklesia. Die Verkündigung der Jungfrau, die vom Heiligen Geist überschattet wird, ist für jeden Priester am Altar, der wie sie den Leib Christi in die Welt bringt, ein Modell; und in ihrer jungfräulichen Geburt gleicht sie der Kirche, die durch die Taufe Kindern die Geburt schenkt, ohne die Integrität ihres Glaubens zu verlieren. Überall hier war Maria für Hildegard von zentraler Bedeutung. Mit ihrer streng inkarnatorischen Sicht der Welt und ihrer Tendenz, die Erbsünde als ein Abfallen in die Sexualität zu betrachten, wandte sich Hildegard einer Theologie der Buße zu, in der die jungfräuliche Geburt mindestens so wichtig ist wie das Kreuz.[5]

Hildegards Hymnen an die Jungfrau, die manchmal unbeholfen und manchmal verblüffend künstlich wirken, offenbaren eine marianische Frömmigkeit, die so charakteristisch ist wie alles andere in ihrem Werk.[6] Dennoch ist in einiger Hinsicht ihre Mariologie auch so traditionell, daß sie bereits für ihre eigene Zeit veraltet scheint.[7] Anders als ihre Zeitgenossen, eingeschlossen solch konservativer Benediktiner wie Rupert von Deutz und Honorius von Regensburg, ignorierte Hildegard die neuen Strömungen der Marienfrömmigkeit, die von St. Anselm und St. Bernhard gepflegt wurden. Sie hatte keine Visionen von Maria, erzählte keine Wunder von der Jungfrau und ignorierte apokryphe Legenden von ihrer Geburt und Kindheit. Auch empfand sie keine gefühlvolle Verehrung für die Magd, die ihr Kind säugte, oder die Mater dolorosa, die am Kreuz weinte. Dogmatisch ignorierte sie umlaufende Debatten über die Unbefleckte Empfängnis und die Himmelfahrt. Maria erscheint in ihrer Rolle als Braut Gottes, Mutter der Christen und Königin des Himmels selten in Hildegards Schriften. All diese Unterlassungen, die bei einer Schreiberin, deren Bandbreite so weit ist, überraschen, tragen dazu bei, ihren intensiven Fokus auf die Inkarnation selbst zu akzentuieren.[8] Es gibt eine auffallende unpersönliche Qualität in ihrer Lyrik: Sie kümmerte sich so wenig um die „Persönlichkeit“ Mariens wie sie sich um die Psychologie Evas scherte. Beide Frauen sind überlebensgroß und keine Individuen, sondern kosmische Erscheinungen des Weiblichen, und der Sinn des Weiblichen ist es, Gott in der Welt zu manifestieren.

Maria und der uralte Ratschluß

Hildegards weisheitliche Mariologie hat ihre Wurzeln in der karolingischen Periode, in der sich die marianische Liturgie und Ikonographie schrittweise entwickelte. Bereits Mitte des 7. Jahrhunderts, als das Fest Mariä Himmelfahrt in Rom eingeführt wurde, war die Lesung, die für die Messe ausgewählt wurde, aus dem großen Lobpreis der Weisheit in Sir 24,3–22.[9] Im späten 10. Jahrhundert finden sich liturgische Manuskripte für einen regulären Samstagsgottesdienst zur Ehre der gesegneten Jungfrau, in denen eine Lesung enthalten ist, die mit dem Vers beginnt: „Von der Urzeit her, im Anfang ward ich erschaffen und bis in Ewigkeit vergehe ich nicht“(Sir 24,9).[10] So wird in der Liturgie selbst ein Band, wenn nicht eine Identität zwischen der Mutter Gottes und der ewigen Weisheit geschmiedet, wobei auf eine besondere Prädestination Marias angespielt wird.

Theologen griffen das Thema rasch auf. Im 11. Jahrhundert pries der hl. Petrus Damian, ein glühender Marienverehrer, die als die Frau, die „vor der Gründung der Welt durch den ewigen Ratschluß der Weisheit auserwählt und bestimmt war“[11] In der Hochromanik war diese Lehre weit verbreitet. Der hl. Bernhard lehrte sie in einer seiner einflußreichen Predigten „super missus est“, in der er Maria die eine nannte, „in der und durch die Gott, unser König, vor der Zeit entschied, die Erlösung in der Mitte der Welt zu wirken.“[12] Ähnlich entwickelte Gottfried von Admont (gest. 1165), ein Benediktinerabt, der viele Häuser in Süddeutschland reformierte, diese weisheitliche Mariologie viel weiter. Er bestärkte die Lehre von der Unbefleckten Empfängnis und stellte Maria als Gottes vorherbestimmte Braut und „Gehilfin" dar: „Von Beginn an heftig nach der Erlösung des Menschen dürstend, denn dafür erschuf er sie, seine Geliebte, und hielt sie sündenlos im Bereich der Sünde... damit er in seiner Sehnsucht eine Begleiterin habe und eine Gehilfin, um zu passender Zeit das zu erfüllen, wonach er sich sehnte."[13] Im *Ordo virtutum* nannte der Autor Maria die Weisheit, die Gott besaß „im Anfang seiner Wege" (Spr 8,22), und ein Hinweis über ihre Prädestination krönt einen Dialog über die Metaphysik: „Wie könnte die Mutter, die von Urzeiten her bestimmt war, nicht gegenwärtig mit ihrem Sohn in einer mystischen Einheit verbunden sein? Liegt nicht der erste Ursprung aller göttlichen Werke in ihnen mit der vollkommenen Fülle des ewigen Willens und der höchsten Güte unsichtbar verborgen, um zur vorherbestimmten Zeit entfaltet zu werden?"[14] Die Lehre der absoluten Prädestination Christi hat die besondere Prädestination Marias zur Folge. Mutter und Sohn zusammen, verborgen im Gedanken Gottes von Ewigkeit an, erschließen das Geheimnis, für das die Welt gemacht war.

In diesem Sinne sah auch Hildegard Maria als Zentralstück von Gottes ewigem Plan und als seine Geliebte von vor allen Zeiten. Im Dendermonder Manuskript ihrer *Symphonia*, das aller Wahrscheinlichkeit unter der eigenen Aufsicht der Äbtissin hergestellt wurde, sind die liturgischen Stücke hierarchisch angeordnet, mit einer bedeutenden Ausnahme. Auf zwei Antiphonen an Gottvater folgen nicht weniger als zwölf Gesänge an die Jungfrau. Von den nächsten fünf Stücken verehren drei den Heiligen Geist, und jeweils eins ist an Caritas und an die Dreifaltigkeit gerichtet.[15] So erscheint die Mutter Gottes in der Position, die eigentlich ihrem Sohn gehört, nämlich zwischen der ersten und der dritten Person der Trinität; nur durch sie können Christus und der Geist offenbart werden. Als das Gefäß der Inkarnation nimmt sie ihren Platz nicht unter den Geschöpfen, sondern im Herzen Gottes ein, in dem alle Geschöpfe vorherbestimmt sind. Sie ist das Grün und die Blume, die im Samen des Seins verborgen sind.

> O Reis, dein Blühn hat Gott vorausgeschaut
> am ersten Tage seiner Schöpfung.[16]

> Lilie, strahlenweiße,
> Gott hat dich erblickt
> vor jedweder Schöpfung.[17]

Die Inkarnation kann auch als göttliche Romanze vorgestellt werden: Wie Zeus oder Apollo bewahrte Gott die Schönheit einer Magd und entschied sich, mit ihr zu vereinigen.

> Wie groß ist diese Kraft:
> Gott schaute auf die schönste Tochter,
> so wie der Adler auf die Sonne heftet seinen Blick.
> Der höchste Vater blickte auf die Reinheit dieser Jungfrau,
> da er wollte, daß sein Wort in ihr sollt Fleisch annehmen.[18]

In einer anderen Metapher ist Maria diejenige, die die gefallene Substanz der Welt wiederherstellt. Im Anfang schuf Gott die ursprüngliche Materie des Universums durch sein Wort, aber die Frau, die seine Herrlichkeit manifestieren sollte, brachte Chaos anstatt Ordnung. Durch Maria ist die *materia* selbst erneuert worden, als das Wort Fleisch wurde, damit in ihr der gesamte Kosmos lichtvoll und mit göttlichen Energien (*virtutes*) vollgeladen werden kann.[19] So stellt die Antiphon „O splendidissima gemma“ Maria als Neuschöpferin der Welt dar.

O funkelnde Gemme, der Sonne lautere Zier,
die sich aus dem Herzen des Vaters in dich
als sprudelnder Quell (des Lebens) ergoß –
sein einziges Wort, durch das er der Erde
Urelement [*primam materiam*], das Eva verdarb, erschuf.
Dies Wort hat der Vater in dir zum Menschen geformt;
der leuchtende Urstoff [*lucida materia*] bist du deshalb,
durch den das Wort aller Tugenden Kräfte im Hauch
entsandte,
wie jedes Geschöpfes Gestalt es im Urstoff [*prima materia*]
erweckte.[20]

In dieser Lyrik kommt das Beste von Hildegards eigenartiger Kunst zum Ausdruck, mit ihrer sparsamen Sprachweise und ihrer Durchsättigung mit Gedanken und Bildern. Die lateinische Antiphon bildet einen einzigen, komplexen Satz; durch eine komplizierte Folge von Relativsätzen und Appositionen verschiebt Hildegard den Fokus ihrer Meditation von Maria selbst (Juwel und Zier) zu Christus (Sonne, Quell und Wort), zum Vater und von dort zur Schöpfung und deren Verderben durch Eva. Erst da nimmt Hildegard ihre Anrede an Maria, nicht als Fürbitte, sondern in Form einer lehrhaften Behauptung, wieder auf. Die Wiederholung von *materia*, eine Anspielung auf *mater*, stellt sowohl eine Antithese als auch einen Parallelismus wie den in den Psalmen her. Maria, der klare und sonnenbeschienene Morgen, zerstreut die Wolken, mit denen Eva den ersten Tag überschattete (*turbavit*). Ihre Mutterschaft bringt eine neue Welt hervor, die wie die erste ist, aber besser: Im Urstoff (*prima materia*) erschuf das Wort das physische Sein, aber in der erleuchteten Materie (*lucida materia*) sandte er den Geist (*exspiravit*), um die Welt mit göttlichem Sein zu erfüllen.

In einer zweiten Parallele wird die ewige Abstammung des Wortes „aus dem Herzen des Vaters“ mit der zeitlichen Abstammung von Maria verknüpft. Verbindende Figur ist die Quelle des Lebens und des Lichtes (Ps 36,10). Christus ist in Ewigkeit aus Gott geboren wie die Strahlen der Sonne, um es mit einer der ältesten trinitarischen Metaphern zu sagen. Er ist auch das lebendige Wasser – eine Quelle, die aus dem Vater entspringt und zur Mutter fließt. Das Bild der Gemme steht für die Jungfräulichkeit Marias bei der Niederkunft (*in partu*). Mittelalterliche Verkündigungsbilder zeigen häufig einen Sonnenstrahl, der durch ein Glasfenster fällt, um anzuzeigen, daß Marias Jungfräulichkeit durch die Empfängnis und Geburt Christi nicht mehr verletzt wurde, als das Glas durch einfallendes Licht zerstört wird. Und Hildebert von Lavardin verglich in einer Predigt, die dem Sinn von Hildegards Gedicht sehr nahe kommt, die Mutter Gottes mit einem Kristall. Wenn dieser Stein ins Wasser getaucht und dann gleißendem Sonnenlicht ausgesetzt wird, strahlt und funkelt er. So wie aber der Kristall trotz seines Strahlens ganz erhalten bleibt, so bleibt Marias Jungfräulichkeit unberührt von der Geburt ihres Sohnes.[21]

In „O splendidissima gemma“ hält die Feier von Maria als Neuschöpferin nur kurz an, um zu bestätigen, daß Evas Fall ein Glück war. Diese patristische Lehre folgt nicht logisch aus der absoluten Prädestination Christi; denn wenn die Inkarnation in Gottes ewigem Ratschluß unabhängig von der Sünde begründet liegt, ist es nicht notwendig, diese „glückliche Schuld, die einen so großen Erlöser zu erhalten verdiente“[22], zu preisen. Dennoch teilte Hildegard mit den meisten ihrer Zeitgenossen die Sichtweise, da die Schöpfung durch die Niederkunft Marias eine größere Herrlichkeit erlangte, als sie durch den Fall Evas verloren hatte. „Die Jungfrau, die im Sonnenstrahl des uralten Ratschlusses steht, verwandelte den Fall der Frau ins Gute, und Gott tat dies, um den Teufel, der die Frau in die Irre geführt hatte, zu vernichten.“[23] Während also der Sündenfall selbst beklagt werden muß, geht die Klage doch in der Danksagung für die neue Eva unter. Die Prädestination Marias und das *Felix*-

culpa-Motiv vermischen sich im quasi- poetischen Text „O vita quae surrexisti“ miteinander.

> O Leben, das du in der Morgendämmerung aufgingst,
> als der hohe König barmherzig
> des weisen Mannes Weisheit von alters her bekannt machte
> –
> seit durch das Tor des alten Zerstörers
> eine Frau zum Tode trat:
> O Schmerz, o Kummer, o Leid,
> die in der Frau erbaut ward!
>
> O Morgendämmerung, du hast sie weggewaschen
> in einer Frau, die rein war.
> O Gestalt der Frau, Schwester der Weisheit,
> wie groß ist dein Ruhm!
> Denn in dir erstand ein unstillbares Leben,
> das der Tod niemals ersticken wird.
> Die Weisheit erhob dich,
> um alle Geschöpfe in deiner Schönheit lieblicher zu machen,
> als sie bei der Geburt der Welt waren.[24]

Dieses Prosagedicht findet sich in Hildegards Epilog zum *Leben des hl. Rupert*, der in Form eines Briefes an ihre geistigen Schwestern geschrieben ist. Nur hier verwendet sie den einzigartigen marianischen Titel „Schwester der Weisheit“ (*soror sapientiae*), der sich auf Spr 7,4 bezieht: „Sag zur Weisheit: Du bist meine Schwester!, und nenne die Klugheit deine Freundin!“ Das Buch der Sprüche oder Sprichwörter war eine der vier Schriften, die König Salomo, der wahrscheinlich der in der ersten Strophe erwähnte „weise Mann von alters her“ ist, zugeschrieben wurde. Salomo war auch der angenommene Autor des Hohenliedes, und Hildegard identifizierte, wie wir gesehen haben, die Schwester Braut in diesem königlichen Liebeslied mit Sapientia. Wenn die Weisheit die Gemahlin Salomos war, der das Hochzeitslied Christi und der Kirche komponierte, dann ist die „Schwester der Weisheit“ Maria, die Mutter und Gemahlin des „wahren Salomo“, Christi.

Hildegards Gedicht bildet das sprachliche Äquivalent zu einer romanischen Madonna, dem sog. „Thron der Weisheit“-Typus, in dem das priesterliche Christuskind auf dem Schoß Marias wie ein König auf seinem Thron sitzt – eine typologische Anspielung auf Salomo und Sapientia.[25] Hildegard wird diese Figuren, die im Mittelalter weit verbreitet waren, unzweifelhaft gesehen haben. Majestätisch und apersonal wie ihre Lieder tragen diese in ihrer Nüchternheit beeindruckenden Bildwerke manchmal die Inschrift: „In gremio Matris residet Sapientia Patris“ (Im Busen der Mutter wohnt die Weisheit des Vaters).[26] Ein anderes gereimtes Epigramm in diesem Kontext, das in dieselbe Konstellation von Weisheitsmotiven gehört, lautet: „Stella maris solem fert virgo puerpera prolem“ (Der Meerstern bringt die Sonne, die gebärende Jungfrau den Sohn). Maria ist der Morgenstern, der die Morgendämmerung der Gerechtigkeit ankündigt; Hildegard nannte sie die Aurora.[27] Liturgisch wird die Morgendämmerung der Erlösung in einer Antiphon zur Himmelfahrt sowohl mit Maria als auch mit Sapientia verbunden: „Klügste Jungfrau, wohin gehst du, die du leuchtest wie die Morgenröte.“[28] Dahinter verbergen sich wiederum sowohl die klugen Jungfrauen aus dem Gleichnis wie auch das Hohelied: „Wer ist die, die da erscheint wie das Morgenrot, wie der Mond so schön, strahlend rein wie die Sonne?“ (Hld 6,10). Die Morgenröte ist Marias besonderes Zeichen am Himmel. Das Bild verbindet sie einmal mit Christus, der Sonne, dann mit Ekklesia, dem Mond und zuletzt mit Hildegards Eva, der leuchtenden, aber tödlich verdunkelten Wolke.

Eva und Maria

In der Mariologie ist kein Thema älter und universaler als der Gegensatz von Eva und Maria, ein Topos, der auf das 2. Jahrhundert zurückgeht.[29] Irenäus, einer der ersten Theologen, die dieses Thema entwickelt haben, bemerkte, daß „die erstere dazu verleitet wurde, Gott zu fliehen, und die letztere davon überzeugt wurde, Gott zu gehorchen, so daß die Jungfrau Maria eine Fürsprecherin der Jungfrau Eva werden konnte. Durch eine Jungfrau kam die Menschheit unter die Knechtschaft des Todes; so wurde auch durch eine Jungfrau die Knechtschaft gelöst, und jungfräulicher Ungehorsam wurde durch jungfräulichen Gehorsam wieder ausgeglichen."[30] Für den griechischen Kirchenvater hatte der Gegensatz zwischen den beiden Jungfrauen noch keine sexuelle Bedeutung. Aber das augustinische Ethos, das die Erbsünde mit der sexuellen Begehrlichkeit verband, führte zu einer Redefinition von „Gehorsam" und „Ungehorsam" in den Begriffen von Keuschheit und Lust. Und als Theorie und Praxis der Jungfräulichkeit eine zunehmend starke Rolle im christlichen Leben zu spielen begannen, bahnte der irenäische Vergleich den Weg für das Gegensatzpaar von der sündigen *mulier* und der heiligen *virgo*. Ambrosius gab den Ton für die neue Antithese an: „Durch eine Frau kam die Torheit, durch eine Jungfrau kam die Weisheit."[31] Dieser Gegensatz wurde durch die apokryphe Tradition, daß Maria die erste Frau war, die das Gelübde der Jungfräulichkeit ablegte, verstärkt.[32]

In einer bemerkenswerten Vision der *Scivias* spielt Hildegard auf beide Gegensatzpaare – die verführte Frau und die Jungfrau, die Rebellin und die gehorsame Magd – an, indem sie ein einziges sprechendes Symbol für Keuschheit und Gehorsam verwendet. In dieser Vision wird der Sündenfall nicht aus der Sicht Satans und Evas dargestellt wie in *Scivias* I.2, sondern aus der Sicht Gottes und Adams, wobei sich auch ein versteckter Hinweis auf Maria findet. Die Seherin bezeugte zuerst Gott, wie er die Welt erschafft und den Menschen mit dem Lebensatem belebt. Danach bietet die Heilige Dreifaltigkeit, die durch Feuer, Flamme und einen Windstoß symbolisiert ist, Adam eine Blume an, an der er schnuppert, die er aber nicht pflückt (Abb. 7).

> Als das geschehen war, bot das leuchtende Feuer dem Menschen mittels der in sanftem Hauch glühend brennenden Flamme eine blendendweiße Blüte an; sie hing – wie Tau am Grashalm – an dieser Flamme. Der Mensch verspürte zwar ihren Duft mit der Nase, doch er verkostete sie nicht mit dem Mund, noch berührte er sie mit den Händen. Er wandte sich nämlich ab und geriet in die dichteste Finsternis, aus der er sich nicht mehr zu erheben vermochte.[33]

Diese Blume bedeutet laut der Erklärung dieser Vision „das milde Gebot eindeutigen Gehorsams, der dem Wort als lebensspendender fruchtbarer Tau (*in umida viriditate fructuositatis*) anhängt."[34] Durch gehorsames Befolgen des feurigen Wortes und des taufeuchten lebenspendenden Geist hätte Adam viel Frucht hervorbringen können, wenn er diese Blume gepflückt hätte. Es stellt sich die Frage, warum Hildegard die Legende geändert hat. Der Ersatz des Essens von der verbotenen Frucht durch das Versäumnis, eine verbindliche Blume gepflückt zu haben, stellt sich als ein brillanter Einfall heraus. Zunächst illustriert er Hildegards positives Konzept der Tugenden, indem im Ungehorsam Adams eine Unterlassungssünde und nicht eine Tatsünde gesehen wird. Aber noch weiter betrachtet kann die „blendendweiße Blüte" nur die Lilie der Verkündigung sein, so wie die Künstlerin es auf der Miniatur dargestellt hat. Und das Zwillingsbild der Lilie, der Tautropfen auf dem Grashalm, ist ebenfalls eine von Hildegards Lieblingsmetaphern für die Empfängnis Christi.[35] So bildet Adams Sünde ein ikonographisches Gegenstück zu Marias Gehorsamstat.

Abb. 7. *Der geschaffene, der gefallene und der erlöste Adam. Im oberen Abschnitt ist die Sphäre der Dreifaltigkeit, und dort riecht Adam an der Blume des Gehorsams, aber versäumt es diese zu pflücken. Im Zentrum sind die sechs Tage der Schöpfung dargestellt, die von der Nacht der gefallenen Welt umgeben sind. Im unteren Abschnitt steht Christus auf, um den alten Adam zu erlösen. Scivias II.1, Eibingen Ms.*

Adam weist den Tau, das Grün, die Blüte und das Licht zurück, aber in Maria wird die „grüne Fruchtbarkeit" in die Welt wieder eingegossen.

Und dein Schoß frohlockte
gleich dem Gras, auf das der Tau sich senkt,
wenn er ihm die Kraft zum Grünen eingegossen hat.
So geschah es auch in dir,
Mutter aller Freude.[36]

Bemerkenswert ist auch der synästhetische Charakter von Hildegards Vision: Die angebotene Blume leuchtet voll Licht, sondert Feuchtigkeit ab und strömt Duft aus. Und wie in einer Montage wird ein Bild über das andere gesetzt: Die himmlische Flamme bringt eine irdische Blume hervor, und aus einem anderen Blickwinkel fällt himmlischer Tau auf einen irdischen Grashalm. Beide Bilder erinnern an das Zusammenkommen beider Welten in der Inkarnation und lassen auf die Umkehrung von Adams Sündenfall durch Maria hoffen. Dieselbe Vision kann auch umgekehrt gelesen werden, wobei sich dann das leuchtende Feuer in der Morgendämmerung rötet und immer noch die jungfräuliche Lilie umrahmt.

O wie kostbar
ist diese Jungfräulichkeit der Jungfrau,
die ein verschlossenes Tor hat
und deren Leib die heilige Gottheit
mit Wärme überströmte,
so da in ihr eine Blume entsprang,
und der Sohn Gottes aus dem verschlossenen Raum
hervorkam
wie die Morgenröte.
Von dort öffnete ein lieblicher Sproß,
der ihr Sohn selber ist, durch ihren verschlossenen Leib
das Paradies,
und der Sohn Gottes kam aus dem verschlossenen Raum hervor
wie die Morgenröte.[37]

Marias „verschlossener Raum“, das Siegel ihrer Jungfrauenschaft, ist der Schlüssel zum verschlossenen Garten Eden.

> Heute hat das verschlossene Tor uns geöffnet,
> was die Schlange im Weibe erstickte.
> Darum leuchtet im Morgenrot
> die Blüte der Jungfrau Maria.[38]

Im Paradies hatte bis dahin keine Fortpflanzung stattgefunden: Adam wurde aus der jungfräulichen Erde geschaffen und Eva aus dem jungfräulichen Adam. Als die Schlange die beiden durch die Lust in Unruhe versetzte, verschwand die fruchtbare Jungfräulichkeit bis zur Ankunft Mariens. Leben „nicht aus männlichem Samen, sondern durch mystische Inspiration“ zu gebären, um es mit einem Hymnus von Ambrosius zu sagen[39], dazu ist schließlich sie in der Lage. Sie kann das Leben in reiner Weise fortpflanzen und damit den uralten Feind besiegen. „So wie Adam aus der unberührten Erde entstand, so wurde Christus aus der unberührten Maria geboren und war heilig.“[40] Und „wie der Mann unverletzt jene Frau voll Freude anblickte“, die aus ihm in seinem Schlaf genommen worden war, „so hat auch diese einzigartige Jungfrau ihren Sohn in ihrem Schoß voll Freude umfangen“[41]. In einem anderen Abschnitt nannte Hildegard Maria die „schlafende Erde“, wobei sie beide Gestalten verbindet: Sie ist die Erde, aus der der neue Adam genommen wird, und sie schläft in einer traumhaften Idylle so wie Adam bei der Geburt Evas. Als die Jungfrau den Gruß des Engels empfängt, nickt sie beifällig zur Erde, aus der sie genommen wurde – eine Geste, die sowohl ihre Demut als auch ihre Bedeutung als die „neue Erde“ des Paradieses ausdrückt.[42] Wäre Christus nicht aus einer Jungfrau geboren, so könnte er kein Mann aus dem Paradiese sein.

Sühne durch die jungfräuliche Geburt

Marias Jungfräulichkeit ist mehr als ein neuer Anfang und eine poetische Erinnerung an den Paradiesgarten. Sie ist auch eine notwendige Bedingung für die Reinheit Christi. Bernhard von Clairvaux argumentierte, daß Maria selbst nicht in Heiligkeit empfangen worden sein konnte, „denn wie könnte es Heiligkeit geben ohne den heiligmachenden Geist, oder wie konnte der Heilige Geist Gefährtenschaft mit der Sünde haben? Und wie könnte die Sünde abwesend sein, wo die Lust nicht fehlte?“[43] Das ist die augustinische Standardlinie, und Hildegard stimmte dieser trotz all ihres Naturalismus zu. In einer Predigt zum Weihnachtsevangelium („Und das Wort ist Fleisch geworden und hat unter uns gewohnt“, Joh 1,14) verband sie eindeutig die Heiligkeit mit der jungfräulichen Geburt und die Sünde mit der sexuellen Fortpflanzung. Die Sühne beginnt in der Reinheit Marias und hätte nicht ohne diese beginnen können.

> „Und das Wort ist Fleisch geworden.“ Das bedeutet, daß dasselbe Wort, das mit dem Atem des Lebens Fleisch aus der Erde geformt hatte, ein Gewand aus reinem Fleisch annahm und schlief, so wie Adam ohne Sünde geschlafen hatte, als ein Teil seines Fleisches zu einer Frau gebildet wurde. So wurde das Wort Fleisch und wuchs heran, um ein Mann zu werden, und wohnte unter uns wie Adam [und Eva] vor ihrer Sünde, als sie noch unwandelbar und ganz waren, so wie Gott sie geschaffen hatte, und noch kein Böses in sie gekommen war. In diesem Sinne wohnt das Wort unter uns und liebt die Menschen in Güte und Wahrheit.
> Aber als die List der Schlange Adam [und Eva] bestürmte, wurde ihr Blut vergiftet, und die Sünde ergoß sich aus dem Blut, aus der Fleischeslust und aus dem Verlangen des Mannes (Joh 1,13). Dann beraubten und zerstörten sie sich selbst, so daß danach kein Fleisch gerecht werden konnte mit Ausnahme des Kindes der Jungfrau, das aus dem himmlischen

> Wind, der über sie kam, empfangen wurde, und aus dem er emporwuchs und stark wurde. Aus diesem Grund war in ihm kein Zorn, kein Anwachsen bösen Verlangens (*malae voluntatis*), kein Geschmack von Männlichkeit (*virilis sudoris*), oder irgend etwas Böses. Und dieses makellose keusche Mädchen, das von den Stürmen der Begierde unberührt blieb, war reines Fleisch: Daher trat das Wort bei ihr ein und wuchs in einen Mann hinein.[44]

Um Marias Reinheit zu betonen, stellte sie Hildegard als bloßes Mädchen (*puellula*) dar und nicht als Frau. (Der Offenbarung von Elisabeth von Schönau zufolge war die Jungfrau bei der Verkündigung erst fünfzehn.)[45] Ihre Beschreibung als „reines Fleisch“ beinhaltet wahrscheinlich auch, daß sie von der Menstruation, dem Fluch Evas, ausgenommen war. So erklärt Christus im *Liber vitae meritorum*: „In ihrem Fleische, das keinerlei Schmutz ausgeschieden hatte und das rein war wie Adams Fleisch im Urbeginn, wurde ich Mensch.“[46] Weil die Jungfrau aus aller gefallenen Sexualität ausgenommen ist, spielt es keine Rolle mehr, ob sie Adam, Eva oder der geschlechtslosen Fruchtbarkeit der Erde ähnlich ist. Und so ist sie, obwohl sie das ursprünglich Weibliche verkörpert, in den Kategorien dieser gefallenen Welt „weder männlich noch weiblich“.

Nach einer sehr alten Lehre war die jungfräuliche Mutterschaft Marias ein Kunstgriff, den Gott verwendete, um die Geburt seines Sohnes vor dem Teufel zu verbergen. Ignatius von Antiochia hatte in seinem Brief an die Epheser von „drei Mysterien“ gesprochen, die dem Bösen verborgen waren: „Marias Jungfräulichkeit wurde vor dem Fürsten dieser Welt versteckt, wie auch ihre Schwangerschaft und der Tod des Herrn. Alle diese auszuposaunenden Geheimnisse wurden im tiefen Schweigen Gottes bewirkt.“[(47)] Die jungfräuliche Geburt Christi war genauso wie sein Opfertod in Gottes „Plan für die vollständige Zerstörung des Todes“ notwendig. So sagt auch Hildegard:

> Da konnte noch durfte nicht irgendeine fleischliche Beflekkung im Geist der Jungfrau sein, denn der Vernichter und Besieger des Menschengeschlechts, der Tod, wurde im Schlaf betrogen, als der Sohn Gottes im tiefen Schweigen der Morgenröte, d.h. in die demütige junge Frau einging. Der Tod trat gleichsam sicher auf und wußte nichts von dem Leben, das jene liebliche Jungfrau in sich trug, weil ihm ihre Jungfräulichkeit verborgen war.[48]

Das gleiche Thema ist poetisch im Wechselgesang „O tu illustrata“ ausgedrückt, wobei Marias strahlende Reinheit zur Verderbtheit Evas in Kontrast gesetzt ist. In der ersten Strophe wird die Jungfrau nacheinander mit jeder Person der Dreifaltigkeit in Verbindung gesetzt, besonders mit dem Geist, dessen Einhauchung das bekämpfte, was der Teufel in Eva ausgespien hatte. In der zweiten Strophe bewundert Hildegard die Verborgenheit des ewigen Ratschlusses, der die ursprüngliche Ganzheit wiederherstellte, indem er Evas künstliche „Gesetze“ des Fleisches und des Todes außer Kraft setzte.

> O du von göttlichem Glanz erleuchtete
> reine Jungfrau Maria.
> Durchströmt vom Wort Gottes,
> erblüht dein Leib
> vom eingetretenen Geist Gottes,
> der auf dich und in dir blies
> und aus dir die Seuche herauszog,
> die in Eva durch den Entzug der Reinheit entstanden war,
> als sie dem teuflichen Vorschlag folgte.
>
> Durch Gottes Ratschluß
> verbirgst du Wunderbare in dir
> das unbefleckte Fleisch,
> und als der Sohn Gottes
> in deinem Leib erblühte,
> zog ihn der Heilige heraus
> gegen die Gesetze des Fleisches,

die Eva errichtet hatte –
zur Ganzheit gepaart
im Leib der Gottheit.[49]

Obwohl die Zeugung Marias selbst für Hildegard kein Thema darstellte, schienen ihr doch Marias Freiheit von Lust und ihre fortwährende Jungfräulichkeit entscheidend zu sein. Die Tatsache, daß jedes Kind aus dem Blut seiner Mutter entsteht, machte es unumgänglich anzunehmen, daß nicht nur Christus selbst ohne geschlechtliche Zeugung geboren wurde, sondern daß auch Marias Blut nicht ein einziges Mal durch leidenschaftliches Verlangen befleckt worden war. Dies Thema kehrt in *Scivias* wiederholt auf. Das Fleisch der Jungfrau wallte „niemals in süßer Begierde auf" und blieb „unberührt"; „sie konnte keinerlei Makel in ihrer Jungfräulichkeit dulden, die sie geschwächt hätten"; ihre Schönheit strahlte „ohne jeden Sündenmakel, ohne den übelriechenden menschlichen Saft und ohne jede Begierde nach dem im sündigen Verlangen vollbrachten Werk."[50] Genauso wie der blühende Zweig Aarons von seinem Baum abgeschnitten wurde, ist „aus ihrem Herzen… der Mann so sehr herausgerissen worden, da sie niemals von der Lust irgendeiner geschlechtlichen Verbindung berührt werden konnte"[51]. Dennoch war für sie eine noch weitere Reinheit nötig, um Christus empfangen zu können.[52] Bei der Verkündigung „überschattete sie die Macht des Höchsten, und er umschloß sie so in seiner Wärme, daß… er sie gänzlich rein von aller Hitze der Sünde machte"[53]. Der kühlende Geist mildert wie ein Sonnenschutz die kraftvolle Glut der Gottheit und filtert das Feuer der Leidenschaft heraus.[54] Dieses Überschatten ist die Umkehrung von Evas Tat und bringt nicht Dunkelheit, sondern Licht. So gibt es nämlich eine ungleiche Gleichheit zwischen dem sündigen Geschlechtsverkehr mit seiner Wärme und seiner Feuchtigkeit und der jungfräulichen

Vereinigung mit dem Geist, der wie ein brennender Quell ist.[55] Bei dieser Vereinigung kühlt der Tau aus der Höhe das Feuer der Lust, während die Flamme aus der Höhe die lustvollen Säfte austrocknet.

Wie Hugo von St. Viktor, so beschrieb auch Hildegard Marias Empfängnis als normal mit Ausnahme davon, daß der Heilige Geist anstelle eines Mannes trat.

> Die Wärme eines Mannes entflammt die Frau, um zu empfangen. Daher kam die Wärme des lebendigen und unlöschbaren Feuers, um die Jungfrau zu entflammen, und machte sie fruchtbar und wusch den Schaum menschlichen Genusses aus ihrem Blut. Aus diesem gänzlich reinen und keuschen Blut gerann ein kleiner Klumpen, und dieses Klümpchen wurde Fleisch in der Form eines Kindes, und so wuchs das Kind im Mutterleib heran, bis es geboren wurde.[56]

Christus weitete seine einzigartige Reinheit auf alle aus, als er ins Wasser der Taufe abstieg. Auf diese Weise machte er „den Samen des Mannes mit dem gleichen Wasser rein... wie auch das Feuer Wasser herauszieht“[57]. Im Neuen Testament bedeutet getauft zu werden, an Christi Tod und Begräbnis teilzuhaben (Röm 6,3–4). Aber Hildegard stellte sich die Taufe eher wie eine stellvertretende Teilhabe an seiner Geburt vor, wobei die Wasser, in die er selbst eingetaucht war, die Makel der Empfängnis der Getauften wegwaschen. Ähnlich sah Hildegard den Beschneidungsritus, der normalerweise als ein Urbild der Taufe angesehen wird, als Vorwegnahme der Jungfrauenschaft Mariens an, da er ein Zeichen sexueller Disziplin darstellt. Als nämlich Abraham sich selbst beschnitt, „verwundete er auch den Hals der alten Schlange“ – dies ist eine gleichzeitige Anspielung auf den Beschnittenen wie auch auf Marias Triumph über den Satan (vgl. Gen 3,15).[58]

Eva war, wie bereits dargelegt wurde, in der nicht gefallenen spekulativen Welt Hildegards dazu bestimmt,

„schmerzlos aus ihrer Seite“ zu gebären, so wie sie selbst aus Adams Seite genommen worden war. In Maria erfüllt sich nun diese Bestimmung.

> Als die gesegnete Jungfrau etwas geschwächt war, so wie vom Schlaf benommen, da kam das Kind aus ihrer Seite – nicht aus der Öffnung ihres Schoßes – ohne ihr Wissen und ohne Schmerz, ohne Falten und ohne Schmutz, genauso wie Eva aus der Seite Adams hervorkam. Es kam nicht durch die Vagina, denn wenn es diesen Weg gegangen wäre, hätte es Falten gegeben; aber da die Mutter an dieser Stelle intakt war, trat das Kind nicht dort hervor. Und keine Plazenta bedeckte das Kind in dem jungfräulichen Bauch der Mutter so wie bei anderen Kindern, da es nicht aus männlichem Samen empfangen worden war.„[59]

Hildegard fuhr fort, Legenden über die Kindheit Jesu zu berichten, die eine apokryphe Herkunft anzeigen. Wie viele ihrer Legenden über Adam und Eva können sie letztlich auf jüdische Quellen zurückgeführt werden. Wie Edouard Cothenet gezeigt hat, entstammt das Motiv der schmerzfreien Geburt Marias der rabbinischen Legende von der Geburt des Mose. Josephus behauptete, daß die Mutter Mose diesen frei von Schmerzen geboren hatte. Nach jüdischer Tradition genoß sie dieses Privileg, denn „heilige Frauen teilen nicht das Schicksal Eva.“[60] In jüdisch-christlichen Kreisen wurden solche Ideen auf Maria übertragen. Die Idee, daß Maria nicht nur durch ein Wunder empfangen, sondern auch geboren hatte, ist zuerst in der *Himmelfahrt des Jesaja* nachweisbar, einer aus dem späten 1. Jahrhundert stammenden jüdisch- christlichen Apokalypse, die behauptet, daß Maria nach zweimonatiger Schwangerschaft „mit ihren Augen sofort schaute und ein Kleinkind sah und darüber erstaunt war“[61].

In späteren christlichen Jahrhunderten wurde trotz weitverbreiteten Glaubens an Marias Jungfräulichkeit *in partu* (bei der Geburt) die Idee von ihrer Geburt *clauso utero* (bei geschlossener Gebärmutter) verständlicherweise des Doketismus verdächtigt. Ambrosius verteidigte diesen Vorwurf gegen Jovinian, und Hieronymus verteidigte ihn gegen Helvidius. Ratramnus setzte dem im 9. Jahrhundert eine deutsche „Häresie" entgegen, die behauptete, daß „das Jesuskind nicht wirklich auf menschliche Weise durch die Öffnung des jungfräulichen Schoßes, sondern auf ungeheuerliche Weise über einen unbekannten Pfad aus dem Bauch zum Tageslicht gelangte, was keine Geburt, sondern einen Ausbruch darstellt."[62] Aber diese „Häresie" wurde später zur „Orthodoxie". Radbertus, der Gegenspieler des Ratramnus gewann dabei mit seiner Polemik *Über die Geburt der Jungfrau* allerdings die Oberhand, indem er argumentierte, daß immerwährende Jungfräulichkeit logischerweise Geburt ohne Wehen, ohne Nachgeburt, und ohne Öffnung des Mutterschoßes andeute.[63] Diese merkwürdige Deutung der Jungfräulichkeit *in partu*, ob nun doketisch oder nicht, hatte sich im zwölften Jahrhundert so sehr etabliert, daß Abaelard einmal einen Theologen der Häresie bezichtigte als er das Gegenteil behauptete.[64]

Während für uns diese Lehre eine Gnade zu verkünden scheint, die die Natur eher verleugnet als vervollkommnet, war es für Hildegard das Gegenteil: das sog. „Gesetz der Natur" ist für sie das falsche Gesetz des Todes, das Eva durch die Schlange gegeben wurde. Auf der anderen Seite entspricht die Art und Weise, wie Maria Jesus gebiert, dem Gesetz des Paradieses, das vor dem Sündenfall herrschte und das nun durch Maria wiederhergestellt und sogar übertroffen wird. Eva, die verführte Mutter, hatte im Gegenzug ihre Kinder verführt; Maria aber, die reine Mutter, macht ihre Kinder rein. Im Responsorium „O vis eternitatis" griff Hildegard das Thema von Adams beschmutztem „Gewand aus Haut", dem Fleisch, auf, das Maria reinigt, indem sie Christus damit bekleidet.

O Urkraft der Ewigkeit,
in deinem Herzen ordnest du alles,
erschaffen ist alles, wie du es gewollt,
durch dein Wort.
Und dieses dein Wort,
es zog Fleisch an in jener Gestalt,
die von Adam genommen wurde [*que educta est de Adam*].
Und so ward genommen von seinem Gewande
schmerzliches Leid.[65]

Es ist auffallend, daß Hildegard so schrieb, als ob Maria selbst „aus Adam genommen worden" wäre: die archetypische Einheit der Frau, der *feminea forma*, umfaßt hier beide Pole der Antithese von Naturgesetz und Gesetz des Paradieses. Auf der anderen Seite läßt das Responsorium „O clarissima Mater" diese Gegensätze wieder stärker hervortreten. Dieses Stück begrüßt Maria als die große Ärztin:

O lichte Mutter der heiligen Heilkunst,
durch deinen heiligen Sohn hast Salböl du gegossen
in Wund und Weh des Todes,
das Eva hat gebracht zum Schmerz der Seelen.
Den Tod hast du vernichtet
und aufgebaut das Leben.[66]

Nicht nur die Menschen, sondern auch die Naturelemente erfreuen sich der Reinheit, die durch Maria gekommen ist. Hildegard sah nämlich den Sündenfall in kosmischen Dimensionen: Nach der Sünde Evas wurden die Elemente, die einst unverdorben und unveränderlich waren, in Verdorbenheit und Verfall hineingewirbelt, und das Universum verlor seine gottgleiche Festigkeit. Seitdem „seufzt" die gesamte Schöpfung und liegt „in Geburtswehen" (Röm 8,22).[67] Aufgrund des untrennbaren Bandes zwischen Mikrokosmos und Makrokosmos konnte nur die Geburt des Erlösers im Fleisch und die damit verbundene Reinigung der menschlichen Nachkommenschaft, das Universum vor dem Verfall erretten, den auch die Menschheit erlebte. In der elliptischen Antiphon „Cum processit factura“ betrachtete Hildegard den finsteren Status der Menschheit, die dazu verdammt ist, mit „gemischtem Blut“ und nicht länger rein geboren zu sein, und die nun durch eine Morgendämmerung, die die ganze Schöpfung reinigt, erleuchtet wird.

> Als das Werk Gottes,
> von seinen Händen und nach seinem Bilde geformt,
> mit gemischtem Blut im Exil seinen Anfang nahm,
> da erfuhren die Elemente Freude in dir,
> o hochgelobte Maria.
> In der Morgenröte
> erschallen die Himmel im Lobgesang.[68]

Für die Komponistin Hildegard war Musik die oberste Verkörperung der Freude. Adams Stimme in Eden, so glaubte sie, ertönte mit solchem Nachhall, daß Sterbliche den Klang nicht ausgehalten haben würden. Aber nachdem Eva unter Schmerzen geboren hatte, brachte das Wehgeschrei des Kindes die Menschheit dazu zu klagen: „Denn Eva hatte alle schmerzhafte Trauer bekommen; in Maria aber erklang die Freude in der Musik der Leier und der Harmonie des Gesangs.“[69] So feiert *symphonia*, die Harmonie von Instrumenten und Stimmen, zu Recht diejenige, die die Welt in Einklang brachte.

Im Gottesdienst an Mariä Geburt wird Maria als die neue Mirjam, die Schwester des Mose verehrt, die das erlöste Gottesvolk mit Tamburin und Tanz aus dem Exil führt (Ex 15,20). In einer Predigt von Ambrosius Autpertus, die zum Gottesdienst des Festes gehört, findet sich ein klassischer Ausdruck dieses Motivs.

> Eva klagte, aber Maria jubelte. Eva trug Trauer in ihrem Leib, aber Maria trug Freude. Denn Eva gebar einen Sünder, Maria aber die Unschuld selbst.... Maria möge nun auf ihren Instrumenten spielen, die Mutter möge mit geschickten

> Fingern die Zimbel schlagen. Frohe Chöre sollen erschallen und Lieder mit süßen Harmonien wechseln. Höre denn, wie sie singt, sie, die unseren Chor leitet. Sie sagt: „Hochpreise meine Seele den Herrn." … Die neue Geburt Marias überwindet die Geburt Evas, und Marias Lied bereitet Evas Klagen ein Ende.[70]

Hildegards „Symphonie der Maria" ist ein Gesang der Elemente, der Engel und der Kirche.

> Voller Freude war dein Leib,
> da aus dir
> alle Symphonie des Himmels tönte,
> denn du, Jungfrau, strahlendhell in Gott,
> trugst Gottes Sohn.
> …
> Nun erstrahl, die ganze Kirche in Frohlocken,
> töne auf im Jubelklang
> ob Maria hochgepriesen,
> ob der liebevollen Jungfrau, Gottesmutter.[71]

So ist also die Inkarnation die Verkörperung der Musik selbst: Maria trägt nicht nur das Wort, sondern auch das Lied Gottes in sich. Ihre „Symphonie der Jungfrauen", ein lyrisches Gebet für ihre Gemeinschaft, beginnt Hildegard mit einer beeindruckenden Anrufung Christi, die aus dem Munde Marias kommt.

> O geliebter Sohn,
> den ich in meinem Leib trug,
> durch die Macht des heiligen Schöpfungsrades Gottes,
> der mich schuf und in meinen Leib
> alle Arten von Musik und Melodie einpflanzte.
> Nun folgen mir eine Schar Jungfrauen nach.
> Gewähre ihnen Schutz,
> o vielgeliebter Sohn.[72]

Musik ist wie Duft eine immaterielle Substanz. Sie steigt von der Erde zum Himmel empor, erfüllt die Luft und lockt die Seele zum Lobpreis. Dieses Gedicht ist fast eine Einladung zum Tanz: Maria geht den Jungfrauen voran, die der Musik folgen, zu der sie selbst geworden ist. Während sie wie Caritas im Zentrum des sich drehenden Rades steht, dessen Form sich im Gebet selbst widerspiegelt, spielt sie wie Sapientia allezeit vor Gott „auf seinem Erdenrund" (Spr 8,30- 31).

Maria als das weibliche Ideal

Als Schwester der Weisheit ist Maria die Erfüllung all dessen, was Eva sein sollte; als zweite Eva ist sie der polare Gegensatz der ersten. Aber wie steht es um Marias Beziehung zu Evas Töchtern? Einige mariologische Abhandlungen, bemerkenswert ist darunter Marina Warners *Alone of All Her Sex,* haben den mittelalterlichen Jungfrauenkult als frauenfeindlich angegriffen, da er unerreichbare Standards setzt, die wirkliche Frauen nicht erfüllen können.[73] Offensichtlich kann keine Frau erwarten, sowohl Mutter als auch Jungfrau zu sein. Hildegard ihrerseits schlug keine konkrete Nachahmung Marias vor; obwohl sie sich für die Jungfräulichkeit einsetzte, ermahnte sie Jungfrauen nicht dazu, wie es der Autor des *Speculum Virginum* und andere Werke dieser Art taten, „Christus in dem Geist zu empfangen, wie Maria ihn in ihrem Fleische empfing"[74]. Sie universalisierte allerdings die Weiblichkeit Marias auf bestimmte charakteristische Art und Weise.

Am wichtigsten ist dabei ihr Lieblingsthema von der Macht, die sich in der Schwachheit vollendet.

> Aus [Gottes] Glut entzündete sich, gleichsam als Zelt, das Fleisch der Jungfrau, so daß einer Mensch in um so glänzenderem Glauben und mit brennenderer Liebe daraus hervorginge als damals, da Gott vor dem Fall dem Adam die Eva verband. Gott hatte ja den Mann stark geschaffen, schwach aber das Weib, dessen Schwäche die Welt hervorbrachte. Und so ist die Gottheit stark, das Fleisch des Gottessohnes aber schwach, durch das doch die Welt ihr früheres Leben zurückerhält.[75]

Dieser Abschnitt aus dem *Liber vitae meritorum* bestärkt den Zusammenhang zwischen der Fruchtbarkeit der Frau und ihrer Schwachheit. Aber noch bedeutsamer ist hier die Entsprechung von weiblicher Schwäche und der Menschheit Gottes, in der Gott die Erlösung durch die Kraft der Schwäche wirkte. Hildegards Gedanke ist hier derselbe wie der von Elisabeth von Schönau in ihrer Vision der Ekklesia, die durch Christi zerbrechlichen Fuß aus Ton gestärkt wurde. Die Inkarnation ist, wie die Ehe von Adam und Eva, eine Vermählung von Stärke und Schwäche. Weil „die Frau auf die Menschheit des Gottessohnes hindeutet“[76], wird nicht nur Maria, sondern auch die weibliche Schwachheit an sich erhoben, wenn Christus durch eine Frau geboren wird.

Der Text impliziert auch eine Verweiblichung Jesu selbst. Gottfried von Admont bemerkte in seinem Kommentar zu Psalm 18, daß „in diesem Brautgemach, dem Bauch der gesegnetsten Jungfrau, der Sohn Gottes wie Bräutigam und Braut wurde: Bräutigam in seiner Göttlichkeit und Braut in seiner Menschlichkeit“[77]. Der „weibliche“ Aspekt Christi tendiert dahin mit der Weiblichkeit Marias und durch sie mit der Weiblichkeit im Ganzen zu assimilieren. Dieser Prozeß kann in einem Text der *Scivias* aufgezeigt werden, in dem Hildegard den marianischen Titel der *Mater misericordiae* betrachtet. Das Erbarmen erscheint hier, wie fast alle Tugenden, in der Gestalt einer Frau; in diesem Fall aber liefert Hildegard besondere Gründe für das weibliche Geschlecht. Christus ist natürlich das wahre Erbarmen, aber er wurde in Ewigkeit von Gott „überschattet“, so wie die Jungfrau in der Verkündigung, bis der Vater bestimmte, daß der Sohn sich durch Maria offenbaren sollte.[78] So nimmt das Erbarmen selbst einen weiblichen Charakter an. Und überdies paßt ein barmherziges Verhalten eher zu einer Frau als zu einem Mann: „Wie nämlich eine Frau ihr Haupt bedeckt, so vernichtet die Barmherzigkeit den Tod der Seelen. Und wie die Frau anziehender als der Mann ist, so ist die Barmherzigkeit lieblicher als die tobenden Laster des wahnsinnigen Sünders, bevor sein Herz von Gott heimgesucht wurde.“ In diesem Assoziationskomplex stellt die Figur Marias ein Bindeglied zwischen der Weiblichkeit Gottes und der Art tugendhaften Benehmens dar, das die Seherin als typisch weiblich ansah. Man kann nur hoffen, daß sie nicht analogisch „die tobenden Laster des wahnsinnigen Sünders“ als typisch männlich begriffen habe.

Neben Schwachheit und Barmherzigkeit verkörpert Maria insbesondere die Tugend der Demut. Diese Aussage ist noch sehr allgemein; denn auch in der Literatur über die Jungfräulichkeit werden Nonnen ständig darüber belehrt, daß ihre Keuschheit ohne Demut nur von geringem Wert ist.[79] Dennoch heiraten Nonnen nicht, Maria aber war verlobt. Hildegard erklärte nun, daß selbst ihre wunderbare Empfängnis Maria nicht unabhängig vom Mann machte. Vollkommene Demut erfordere gehorsame Unterordnung, sowohl unter Josef als auch unter Gott und dies sowohl in einer konventionellen Ehe sowie im Status der Jungfräulichkeit.[80]

> Als Maria, die Mutter Jesu, mit Josef verlobt wurde, achtete Gott die Gerechtigkeit und ursprüngliche Ordnung, in der er Adam und Eva miteinander vermählt hatte, und er wünschte, daß die Mutter seines Sohnes mit einem Mann

verlobt sei, damit er sie treu beschützen und für sie sorgen könne und sie ihm untergeben sein könne. Denn jede Frau mit einem Kind sollte einen Mann haben, der für sie sorgt. Und darin liegt die Gerechtigkeit, daß die Demut sich unterwirft. Denn wenn Maria niemand gehabt hätte, der für sie sorgte, hätte der Stolz sie leicht fangen können, so als ob sie keinen Mann brauchte, der für sie sorgte.[81]

Indem sich die Jungfrau Maria demütig dem Josef unterwirft, wird sie in noch einem anderen Sinne zur „Anwältin der jungfräulichen Eva", die selbst ihren Mann dominierte. Die stolze Eva wird erniedrigt, die demütige Maria wird erhöht. Paradoxerweise wird durch die Erhöhung Marias die alte Schöpfungsordnung bestätigt sowie auch eine neue Ordnung, die diese transzendiert, eingesetzt. Denn trotz der umgekehrten Erlösungshierarchie, in der Gott eher durch die schwache Frau als durch den starken Mann agiert, bleiben die sozialen Implikationen konservativ. Gott hat die Schwachen erwählt, um die Starken zu verwirren, dennoch ist in der weltlichen Existenz das „starke" Männliche immer noch dominant. Maria ist eine Ausnahme, die die Regel bestätigt, welche sie bricht – ganz wie Hildegard selbst, die trotz ihrer göttlichen Erwählung immer ein „armes kleines Weib" bleibt.

In ihrer Antiphon „O quam magnum miraculum," lobpreiste Hildegard die Unterwerfung Marias und gleichzeitig universalisierte sie als archetypische Frau, Maria mit Eva noch einmal identifizierend.

O welch großes Wunder!
In die unterwürfige Gestalt einer Frau
trat ein König ein.
Das hat Gott gemacht,
denn die Demut überragt alles.
Und o welch große Freude
wohnt in dieser Gestalt,
denn die Bosheit, die von der Frau ausströmte,

wurde nun von der Frau zerbrochen,
und sie hat allen süßen Duft der Tugend errichtet
und die Himmel mehr geschmückt,
als sie die Erde zuerst [*prius*] verwirrt hatte.[82]

Grammatikalisch gibt es in diesem Gedicht nur eine Frauengestalt. Wenn Hildegard in der letzten Zeile überraschenderweise das Wort *prius* anstelle des erwarteten *prima* wählt, heißt das, daß sie „die Frau" zugleich zur Geißel der Erde als auch zum Schmuck des Himmels macht, anstelle Evas Handeln mit dem von Maria zu kontrastieren. Die *feminea forma* erscheint unter den beiden Aspekten des Vernichtens und des Wiederherstellens, allerdings hat sie den Himmel *mehr* geschmückt, als sie einst die Erde entehrt hatte. So bleibt die Erhöhung der Frau als solcher das Ergebnis. Das ist auch die Botschaft der Antiphon „Quia ergo femina":

Den Tod, den eine Frau gebracht,
hat eine lichte Jungfrau überwunden.
So ruht der höchste Segen
– vor jeder Kreatur –
auf der Gestalt der Frau.
Denn Gott ist Mensch geworden
in einer Jungfrau, einzig geliebt und gesegnet.[83]

Am vollsten bringt Hildegard dieses Thema in der Sequenz „O virga ac diadema", dem wohl ausgefeiltesten und umfassenden Text ihrer marianischen Lyrik, zum Ausdruck. Sie selbst mochte diese Sequenz besonders gerne; lange nach ihrem Tod erzählten ihre Nonnen, wie sie im Kloster umherging und dieses Lied mit einer ganz besonderen Ausstrahlung sang.[84] Die Sequenz kombiniert alle marianischen Motive, die wir bis jetzt betrachtet haben: die Prädestination der Jungfrau, ihre Reinheit und ihr erneutes Leben, das Grün und den Sonnenaufgang sowie die kosmische Harmonie und Freude. Wegen ihrer Länge ist wohl auch die Struktur dieser Sequenz sorgfältiger durchdacht und bearbeitet als das meiste von Hildegards Lyrik. Wenn man den Anfangsgruß und das Schlußgebet einmal wegläßt, so kann der Text in drei Abschnitte aufgeteilt werden, von denen jeder wieder zwei Strophenpaare enthält. Im ersten Abschnitt (1a-2b) wird Marias „Blühen" mit der natürlichen Fortpflanzung, besonders der Adams, kontrastiert; im dritten Abschnitt (5a-6b) wird ihre Mutterschaft mit der Evas verglichen. Diese zwei komplementären Antithesen umrahmen einen zentralen Abschnitt, der eher weisheitlich als dialektisch orientiert ist. In der dritten Strophe erscheint Maria als die letzte Ursache und Urmaterie (*materia*) der Welt; in 4b wird sie als Geliebte Gottes und als die Freude der erlösten Schöpfung gesehen. Strophe 4a im Zentrum der Sequenz spielt einmal mehr auf Adam und Eva an, aber der Kontext ist nicht mehr antithetisch. Wie in dem Responsorium „O vis aeternitatis" und in den Antiphone, die wir gerade untersucht haben, *ist* Maria Eva: es gibt nur eine Frau, die aus Adam geboren wurde, um wie Sapientia der Spiegel der Schönheit Gottes und „die Umarmung seiner ganzen Schöpfung" zu sein. Diese einzigartige Aussage, die sich in der Mitte zwischen den zwei zu erwartenden Gegensätzen findet, charakterisiert den Ort der weisheitlichen und ganzheitlichen Vision Hildegards, die sich schwer aber siegreich in einer dualistischen Welt behauptet.

1a O Zepter und Krone aus königlichem Purpur,
du bist in deiner Feste sicher wie ein Schild:

1b du erblühtest grün auf andere Art
als Adam die ganze Menschheit fortpflanzte.

2a Ave, sei gegrüßt, aus deinem Leib
kam auf andere Weise das Leben hervor –
ein Leben, das Adam seinen Kindern vorenthielt.

2b O Blume, du sprossest weder aus dem Tau
noch aus dem Regentropfen auf,
auch ist der Wind nicht über dich hinweggefahren,
sondern die göttliche Reinheit ließ dich
aus dem edelsten Zweig entspringen.

3a O Zweig, deine Blüte hat Gott
am ersten Tag seiner Schöpfung vorhergesehen.

3b Und für sein Wort hat er dich goldene Materie gemacht,
o vielgelobte Jungfrau.

4a O welche Kraft liegt in der Seite des Mannes,
aus der Gott die Gestalt einer Frau machte,
die der Spiegel all seiner Pracht
und die Umarmung all seiner Schöpfung sein soll.

4b Von da an stimmen die himmlischen Instrumente ein,
und die ganze Erde staunt,
o vielgelobte Maria,
wie sehr Gott dich geliebt hat.

5a O wie sehr mu beklagt und betrauert werden,
da eine schuldhafte Traurigkeit
sich durch die List einer Schlange
in eine Frau ergo .

5b Denn diese Frau, die Gott zur Mutter aller bestimmt hatte,
verletzte ihren Leib mit den Wunden der Ignoranz
und brachte ihresgleichen vollen Schmerz.

6a Aber, o Morgenröte, aus deinem Leib
ging eine neue Sonne auf,
die alle Schuld Evas löschte,
und der Segen, der durch dich kam, war größer
als der Schaden, den Eva angerichtet hatte.

6b O Erlöserin, die du der Menschheit
das neue Licht gebracht hast,
versammle nun die Anhänger deines Sohnes
zur himmlischen Harmonie.[85]

In „O virga ac diadema“ sind die Themen, die alle Schriften Hildegards über die Jungfrau durchziehen, am besten ausgearbeitet und ausgedrückt. Wenn wir einmal von den Details absehen, so ist das fast vollständige Fehlen Marias als Person für ihr ganzes Schrifttum am charakteristischsten. Maria ist eher die personifizierte Unschuld und die Verkörperung von Eden. Ihr Fleisch ist der Garten, in dem Gott wohnt, und alles an ihr ist Freude, Unschuld und asexueller Eros. Ihre Schönheit ist nicht von menschlicher Gestalt, sondern ist unberührbares Wesen – Licht, Duft und Gesang. Sicher ist es bemerkenswert, daß die Visionärin, die solch eine Begabung für bildhafte Beschreibungen hatte und sechzehn Lieder zur Ehre Marias schrieb, niemals behauptete, ihr Antlitz gesehen oder ihre Stimme gehört zu haben. Und auch Maria hat hier keine persönlichen Gefühle oder eine persönliche Geschichte: abgesehen vom Moment der Inkarnation, spielt ihr Leben keine Rolle.

Das Ideal, das sie verkörpert, ist die Jungfräulichkeit, allerdings nicht die monastische Jungfräulichkeit, die die gefallene Menschheit zum Preis von Verzicht, Disziplin und Leid erworben hat. Maria ist daher kein Modell für eine direkte Nachahmung, denn sie verkörpert eher die Jungfräulichkeit des Paradieses. Diese hat einen mehr ästhetischen als asketischen Status, denn sie ist mit keinerlei Anstrengung verbunden. Und anders als die meisten Hymnenverfasser betonte Hildegard nicht einmal das Paradox, daß Maria sowohl Jungfrau als auch Mutter ist; sie scheint es überhaupt kaum als Paradox wahrgenommen zu haben. Jungfräulichkeit und Mutterschaft waren für sie nicht sich gegenseitig ausschließende Begriffe, sondern die zwei Aspekte des einzigartigen weiblichen Geburtsrechtes, das Eva unglücklicherweise verdarb. Maria ist die Höchste, weil sie schließlich dieses Erbe antrat, indem sie ein Kind ohne den tragischen Sündenfall der Sexualität gebar. Sie verkörpert so in ihrer Person das verlorene Paradies und bietet durch ihren Sohn auch einen Zugang dazu an.

Maria, die Kirche und das Priestertum

In der letzten Strophe von „O virga ac diadema" ist Maria, wie Barbara Grant bemerkte, „Isis-gleich, sie herstellt den mystischen Leib Christi wieder"[86]. In dieser Rolle ist sie die gnadenreiche Mutter und sogar die Erlöserin (*salvatrix*) der Kirche. Bezeichnender ist aber, daß Maria der Typus der Ekklesia ist, genauso wie Eva den Typus von Maria und Sapientia den Archetypus von Eva darstellt. In der patristischen Theologie gilt das Symbol der Ekklesia als jungfräuliche Mutter, die Maria gleicht, als nicht weniger altertümlich als Irenäus, Vergleich zwischen der alten und der neuen Eva.[87] Cyprian, der dieses Thema besonders liebte, beschrieb die Kirche als reine fruchtbare Braut Christi; keiner kann Gott als Vater haben, wenn er nicht die Kirche als Mutter hat.[88] Augustinus stellte häufig Parallelen zwischen der Mutter Ekklesia und der Mutter Gottes heraus. Die Kirche ist Mutter in der Nächstenliebe und Jungfrau in der Unversehrtheit; sie trägt die Glieder Christi, wie Maria das Haupt trug; beiden, seiner Mutter und seiner Braut, gibt Christus die Gabe der Fruchtbarkeit, ohne die Jungfräulichkeit anzutasten.[89] Leo der Große betonte die Rolle des Geistes: „Der Eine, der durch eine jungfräuliche Mutter aus der Kraft des Heiligen Geistes geboren wurde, macht seine unbefleckte Kirche durch dieselbe Einhauchung fruchtbar, so daß durch die Geburt der Taufe eine unzählbare Menge von

Kindern Gottes geboren werden möge."[90] Und Cäsarius von Arles predigte:

> Können wir in der Gestalt Marias nicht einen Typus für die heilige Kirche sehen? Zur Kirche stieg der Heilige Geist wirklich hinab, die Kraft des Höchsten überschattete, sie und Christus geht aus ihr mit mächtiger Kraft hervor. Sie ist unbefleckt in der Vereinigung, fruchtbar in ihren Geburten und jungfräulich in ihrer Keuschheit; sie empfängt nicht vom Mann, sondern vom Heiligen Geist.[91]

Der „Mutterschoß" der Kirche ist das Taufbecken, das durch den Geist fruchtbar gemacht und geheiligt wird – ein Akt, der symbolisch bei der Konsekration des Taufbeckens dargestellt wird, wenn die Osterkerze ins Wasser eingetaucht wird.[92] So bezog sich Hildegard also auf das Taufgeschehen, als sie in ganz traditioneller Weise die Geburt Ekklesias mit der Marias verglich.

> Deshalb ist die Kirche die jungfräuliche Mutter aller Gläubigen. Sie empfängt und gebiert sie nämlich geheimnisvoll durch den Heiligen Geist... Und wie der Heilige Geist die selige Mutter überschattet hat, so daß sie schmerzlos, auf wunderbare Weise den Sohn Gottes empfing und gebar und dennoch Jungfrau blieb, so erleuchtet auch der Heilige Geist die glückliche Mutter der Gläubigen... Wie der Balsam vom Baum ausgeschwitzt wird und die in ihm verborgenen Heilkräfte dem Salbgefäß entströmen und wie der helle Glanz des Karfunkels sich ohne Hindernis ausbreitet, so wurde der Sohn Gottes ohne das Hindernis der Verletzung aus einer Jungfrau geboren; und so gebiert auch die Kirche als seine Braut ohne Beeinträchtigung durch Irrtum ihre Kinder, bleibt jedoch in der Unversehrtheit des Glaubens der Jungfrau.[93]

Neben einigen besonderen Metaphern, die an die Bilder in „O clarissima Mater" und „O splendidissima gemma" erinnern, ist diese Analogie ein Allgemeinplatz, denn die

Taufe ist der mütterliche Akt der Kirche par excellence. Weniger bekannt, aber nicht weniger bedeutsam ist für Hildegard die Analogie zwischen Marias „Überschattung“ und dem anderen großen Sakrament. In einer Betrachtung der Eucharistie äußerte sie, daß „dieselbe Kraft des Höchsten, die das Fleisch im Leibe der Jungfrau formte, das Brot und den Wein auf dem Altar in das Sakrament von Leib und Blut Christi verwandelt, indem sie bei den Worten des Priesters darüber mit seiner Macht brütet“[94]. Der Begriff *Brüten* (*fovens*) ist mit Bedacht gewählt; reich an Nebenbedeutungen, läßt er zunächst an den Geist Gottes denken, der über den Wassern wie ein Muttervogel „brütete“, der durch seine Wärme die Geschöpfe ins Leben bringt (vgl. Gen 1,2).[95] In der hebräischen und syrischen Tradition ist der Heilige Geist (*ruach*) weiblich, und bereits im 2. Jahrhundert fand ein jüdisch-christlicher Dichter den Vergleich zwischen den mit Lebewesen wimmelnden Wassern der Genesis und dem Mutterleib von Maria passend.[96] Obwohl die Vulgataversion der Genesis das Bild des Vogels verschwinden läßt, blieb diese andere Lesart bekannt genug und im 12. Jahrhundert belebten einige Theologen die alte Idee von der Verkündigung als zweiter Genesis aufs neue. So schrieb Rupert von Deutz: „Der Heilige Geist, der am Anfang über den Wassern getragen wurde kam über die gesegnete Jungfrau und überschattete in unaussprechlicher Weise ihren Leib so, wie ein Vogel mit seiner verlangten Wärme ein unter ihm liegendes Ei ausbrütet.“[97] Und Hildegard sagte: „Die Jungfrau gebar einen Sohn durch die Wärme des Heiligen Geistes, der über ihr brütete; und wie ein Küken niemals ohne die Wärme der Henne aus einem Ei schlüpfen würde, so hätte die Jungfrau niemals einen Sohn ohne die Wärme des Heiligen Geistes geboren.“[98]

Maria erneuert also die *prima materia*; sie erlebt eine Kraft die sie wie die Woge göttlicher Energie durchströmt, die die kosmischen Gewässer am Anfang erlebt hatten, denn durch ihre Schwangerschaft erschafft der Geist die Welt aufs neue. Aber der Christus, den Maria einst geboren hat, wird täglich in der Kirche geboren und dies nicht nur in der Taufe, sondern immer dann, wenn in der Eucharistie Brot in seinen Leib verwandelt wird. Dieselbe Analogie läßt sich so auf jede Konsekration anwenden: Der Heilige Geist steigt wie ein Muttervogel, der seine Flügel über dem Ei ausbreitet, herab, bis das Küken zum Himmel fliegt und nur die Schale (die sichtbare Form von Brot und Wein) unter sich zurückläßt.[99] Das entspricht im Wesentlichen der östlichen Theologie der Eucharistie, die den sakramentalen Charakter stärker betont als den opfertheologischen Aspekt. Wieder steht also hier nicht das Kreuz, sondern die Inkarnation im Mittelpunkt der Verehrung.[100]

Um die Wiederkehr stets neuer Häresien über die Eucharistie zu bekämpfen, behaupteten orthodoxe Theologen immer wieder, daß der eucharistische Leib Christi dasselbe Fleisch sei wie das, was aus Maria geboren wurde. Radbertus, der Verfechter der Jungfräulichkeit Marias *in partu* aus dem 9. Jahrhundert, verteidigte diese Position erfolgreich in einer Auseinandersetzung mit seinem Streitpartner Ratramnus.[(101)] Zwei Jahrhunderte später versicherte Petrus Damiani lebhaft, daß „dieser Leib Christi, den die gesegnete Jungfrau gebar, liebkoste, in Windeln wickelte und in mütterlicher Sorge nährte – diesen selben Leib und keinen anderen, so behaupte ich, empfangen wir ohne jeden Zweifel vom heiligen Altar“[102]. Einige Meßbücher enthalten ein durch byzantinische Quellen beeinflußtes Hochgebet, in dem darum gebetet wird, daß der Heilige Geist, „der den Leib der gesegneten Maria mit seinem wahrhaftigen Glanz erfüllte, die Gaben, die auf diesem Altar zur Schau stehen, gnädig annehmen möge“[103]. Wahrscheinlich um die wahre, fleischliche Realität des eucharistischen Leibes zu schützen sowie um die Ehre Marias herauszuheben, nannte Gottfried von Admont sie die „einzigartige Materie aller Sakramente“.[104]

Hildegard brachte dieselbe Lehre eher auf indirekte und symbolische Weise zum Ausdruck. Ihre besondere Vorliebe für Naturbilder – Zweige, Blattwerk und Blume – , die sich durch das Wortspiel mit *virgo* und *virga* anbieten, habe ich bereits erwähnt. In ihrer Fruchtbarkeit ist die Jungfrau gleich den vielen Lebensbäumen der Schrift: dem Zweig aus der Wurzel Isai (Jes 11,1), dem Baum der Weisheit (Sir 24), dem Baum, der „an den Wassern gepflanzt“ ist (Ps 1) und so weiter. Aber wegen ihrer Jungfräulichkeit ist sie noch mehr der trockene, aber übernatürlich blühende Zweig Aarons (Num 17,1–11).[105] Dieses Paradox von trockener *viriditas* oder Fruchtbarkeit ohne Sexualität ist das, was Hildegard mit der Eucharistie verbindet. So erklärt sie in der *Scivias*, daß für das Altarsakrament nur Weizenbrot verwendet wird, weil Weizen die reinste der Getreidearten ist: Er blüht ohne Mark oder Saft, genauso wie der Leib Christi aus einer Jungfrau ohne den schädlichen Samen des Mannes wuchs. Diese Analogie greift wieder einmal zurück auf ihre Lehre von der Erlösung durch sexuelle Reinheit.

> Das Getreide ist die kraftvollste und beste Frucht aller Früchte. Es enthält in seinem Halm keinen Saft oder Mark, wie ihn die übrigen Pflanzen (*arbores*) haben... Denn wie der Weizenhalm ohne Mark wächst und in der reinen Ähre ein trockenes Korn entsteht, so gebar auch die selige Jungfrau ihren heiligsten Sohn in einfältiger Unschuld und brachte ihn ohne Manneskraft hervor. Er zog aus seiner Mutter keinen Saft der Sünde, weil auch sie ihn ohne männliches Mark empfing; so führt auch der Halm dem Korn keinen Saft zu, weil es nicht vom Mark des Halmes lebt, sondern durch Sonne, Regen und milde Luft grünt.[106]

So wird aus dem reinsten Getreide, das nicht durch sexuelle Säfte verdorben ist, der eucharistische Leib des Sohnes der Jungfrau. Dieses Thema ist feiner in Hildegards reifstem Lied „O viridissima virga" entwickelt.

O du grünster aller Zweige,
der du im Wind der Suche der Heiligen hervorkamst.

Als die Zeit kam,
da du in deinen Zweigen erblühen solltest –
sei gegrüßet du,
da bildete die warme Sonne in dir
einen Duft wie von Balsam.

Denn aus dir erwuchs die schöne Blume,
die allen Gewürzen,
so trocken sie auch waren,
einen Duft gab,
und sie ergrünten voller Pracht.

So regnete es Tau vom Himmel auf das Gras,
und die ganze Erde frohlockte,
denn aus ihrem Schoß kam Getreide empor,
und die Vögel des Himmels hatten ihre Nester darin.

Dann wurde ein Mahl bereitet,
das den Menschen, die es hielten,
große Freude schenkte.
So fehlt es in dir, o süße Magd,
an keiner Freude.

Eva hat all das verachtet.
Nun aber sei dem Höchsten Lob.[107]

Wenn der Geist über die Jungfrau kommt, regnet es Tau vom Himmel herab, und die Erde bringt Heil hervor (Jes 45,8), das beides ist, sowohl das messianische Fest als auch der große Baum des Königreiches, in dessen Zweigen die

Vögel des Himmels nisten (Mt 13,32). Christus, der eine Jungfrau fruchtbar machte, läßt auch die Wüste erblühen. Die Gewürze, die ihm ihr Blattwerk und ihren Duft anbieten, werden im Hohenlied gerühmt werden; denn die Braut kommt aus der Wüste „in Säulen von Rauch, umwölkt von Myrrhe und Weihrauch, von allen Wohlgerüchen des Händler" (Hld 3,6).[108] In Hildegards Symbolik steht das Wort *pigmentarius* (Gewürzhändler oder Kräuterkundiger) für „Priester".[109] Wie Honorius erklärte, ist Christus selbst „der wahre Kräuterkundige, das ist der Arzt der Seelen. Seine Kräutersammlung ist die Versammlung der Gerechten, von denen die Jungfrau die Würze aller Tugenden ist, so wie ein besonderes Gewürzpulver."[110]

Maria ist nicht nur der Ursprung des eucharistischen Leibes, der reine Weizen und der blühende Zweig. Sie ist auch personalisiert in jedem Priester, der diesen Leib anbietet. Bei der Verkündigung begrüßte Maria den überschattenden Geist mit Worten demütiger Zustimmung, die die Inkarnation ermöglichten. So muß auch in der Eucharistie der Priester denselben lebenspendenden Geist mit Worten des Gehorsams hervorrufen. So wie die Jungfrau ihr *fiat* aussprach und dann empfing, so wird „der Priester, der getreulich an Gott glaubt und ihm mit hingabebereitem Herzen die reine Opfergabe darbringt... die Worte des Heils in demütigem Gehorsam aussprechen (*dabit*)"[111]. Daraufhin wird sich das Wunder der Wandlung vollziehen. Die Analogie ist eine dreifache: Der brütende Geist vervollständigt zusammen mit dem gesprochenen Wort die Schöpfung, die Inkarnation und die Konsekration. So wie Marias „fiat" in der Antwort an Gabriel ein Echo auf das erste *fiat lux* ist, so stellt nun jeder Priester ein Echo auf Maria dar.

> Wenn der Priester die Worte Gottes wiederholt, dann wird der Leib des inkarnierten Gottes wiederhergestellt. Durch das Wort kamen alle Geschöpfe, die noch nicht inkarniert

> waren, ins Sein; und dasselbe Wort Gottes wurde Fleisch durch die Jungfrau Maria, als sie in einem Augenblick voll Demut sagte: „Siehe, ich bin die Magd des Herrn.“[112]

Hildegard richtet diese Bemerkungen in einem Mahnschreiben an die Prälaten von Mainz, und es ist wahrscheinlich, daß sie hier sowohl auf eine moralische als auch eine metaphysische Analogie anspielte. Weil der Priester, der Christus gegenwärtig sein läßt, den Platz Marias eingenommen hat, soll er sich auch daran erinnern, im Geist Marias zu handeln – in Glauben, Anbetung, Gehorsam und Demut. Anders als Elisabeth von Schönau sah Hildegard Maria nie als Priester; statt dessen lehrte sie, daß ein Priester wie Maria ist und daher auch so sein sollte. Zuerst brachte der Heilige Geist Christus durch das Überschatten der Jungfrau in die Welt, und nun bringt er ihn immer wieder durch das Überschatten des Taufwassers und des eucharistischen Brotes zu den Seinen. Daher tut die Kirche als jungfräuliche Mutter der Gläubigen gut daran, die jungfräuliche Gottesmutter nachzuahmen; das bedeutet, daß sie und alle ihre Priester sich selbst immer wieder vom Höchsten überschatten lassen. Den Klerus zu beschämen und damit ihn zur derselben Demut zu bringen, die sie in ihrer eigenen Gestalt als „armes kleines Weib“ verkörperte, das war sicher keine geringe Aufgabe innerhalb Hildegards prophetischer Mission.

SECHSTES KAPITEL

Die Braut Christi

In nicht weniger als fünf Visionen der *Scivias* wird die erhabene weibliche Gestalt der „Ekklesia“ dargestellt. Sie wird auch Braut Christi, unbefleckte Jungfrau und Mutter der Gläubigen genannt. Hildegard zog das Bild der Ekklesia anderen bekannten Bildern für die Kirche, wie Leib Christi, Arche der Erlösung usw., vor und wandte sich wiederholt dieser vollkommenen Frauengestalt zu, die die Einheit der erlösten Menschheit in der Vereinigung mit Gott verkörpert.[1] Sie ist die endgültige Erscheinungsform des Weiblichen und die letzte Manifestation des ewigen Ratschlusses in der Heilsgeschichte.

Jenseits der Zeit sind es Caritas und Sapientia, die die Inkarnation als Gottes unabänderliches Ziel und als den letztendlichen Grund seiner Schöpfung offenbaren. Eva, die am Anbeginn der Zeit steht, verkörpert sowohl die strahlende Verheißung wie auch den tragischen Verrat an diesem Ziel. In Maria, dem neuen und unbefleckten Anfang, wird der ewige Ratschluß erfüllt und der Welt kundgetan, und in Ekklesia geht er seinen schmerzvollen, aber siegreichen Gang durch die Geschichte bis zur Vollendung am Ende der Zeit. Aus der Sicht der Erlösungsgeschichte stellt Maria, die ihren Sohn gebiert, das zentrale Moment dar, nämlich „die Erfüllung der Zeit“. An ihren beiden Seiten rangieren Eva als proleptische und Ekklesia als eschatologische Gestalt. Zeitlich synchron gesehen, oder wie Hildegard sagen würde: „symphonisch“, offenbaren diese drei Erscheinungsformen des Weiblichen in der Heilsgeschichte die drei menschlichen Gesichter der Weiblichkeit Gottes.

Typologisch wiederholen sich in Ekklesia die beiden Gestalten von Eva und Maria. Wie Maria kann auch Ekklesia als eine zweite Eva gesehen werden, denn wie die erste Frau aus der Seite ihres schlafenden Mannes geformt worden war, so wurde die Kirche aus dem zweiten Adam „geboren“, als seine Seite am Kreuz durchbohrt wurde, so daß sie seine Braut werden konnte. In ihrer fruchtbaren Jungfräulichkeit ist Ekklesia auch mit Maria vergleichbar. Aber allein Maria ist Mutter und Jungfrau in einem einzigartigen individuellem Sein. Ekklesia hingegen ist, wie auch Eva, eine korporative und in diesem Sinne eine fiktive Person. Insofern nun Eva „die Frau als solche“ repräsentiert, sind alle Frauen, die Mutter werden und sich somit dem Gesetz der Fortpflanzung unterstellen, ihre Töchter und haben Anteil an ihrer Fruchtbarkeit sowie an ihrer Sünde. Alle geweihten Jungfrauen aber sind in der neuen Heilsordnung die Töchter Ekklesias. Die Gestalt der personifizierten Kirche liefert so, zusammen mit Maria, ein Rollenmodell für Nonnen und jungfräuliche Heilige. Dabei hat Ekklesia aber im Unterschied zu Maria auch Anteil an der Opferrolle Evas. Denn der Teufel konnte zwar der Mutter Gottes nicht schaden, aber er kann ständig die Braut Christi angreifen. Die Kirche kann nämlich in ihrer Rolle als Jungfrau durch raubgierige Kleriker und letztlich durch den Antichristen selbst vergewaltigt werden; in ihrer Rolle als Mutter aber können Schismen und Häresien sie ihrer Kinder berauben. Diese reine Jungfrau, die vom Himmel herabkommt, um Christus am Kreuz zu heiraten, um sein Hochzeitsfest in der Eucharistie zu teilen und um seine Kinder in der Taufe zum neuen Leben zu gebären, erscheint daher in der Heilsgeschichte ebenso als heimgesuchte Braut wie auch als *mater dolorosa*. Und in beiden Erscheinungsformen dient Ekklesia auch als Sprachrohr für Hildegards schärfste Kritik an den zeitgenössischen Klerus. So sind viele der apokalyptischen Predigten Hildegards auf eine Vision der leidenden Ekklesia fixiert, während diese Gestalt in ihrer Hoheit einen Brennpunkt bietet, um über die Sakramente, die Jungfräulichkeit und die Seelsorge zu belehren.

Gleichzeitig jedoch verwandte Hildegard die Gestalt Ekklesias auch verschiedentlich, um ihre konservativen Ansichten über die Unterordnung der Frau zu bestärken. Danach wird die Frau ausdrücklich vom Priestertum ausgeschlossen; es ist ihr eine Zeitlang verboten, eine Kirche zu betreten, nachdem ihr die Jungfräulichkeit genommen wurde; und auch metaphorisch erscheint schließlich eine Frau als die Verkörperung all der ungeheuerlichen Laster, die die Seherin an den Klerikern ihrer Zeit geißelte. Wenn also nun die in diesem Kapitel dargestellten Gedanken einerseits für die höchste Blüte von Hildegards Theologie des Weiblichen stehen, so lassen sie doch andererseits auch die Kluft zwischen der symbolischen Erhebung und der praktischen Unterwerfung der Frau deutlich werden.

Die ewige Kirche im Himmel

Wie zu erwarten, hat Ekklesia eine wichtige weisheitliche Dimension. Denn Hildegards Umgang mit der konkreten, historischen Kirche ihrer Zeit macht nur im Licht ihres Glaubens an eine ideale, zeitlose und präexistierende Kirche im Himmel Sinn. Theologisch hängt die Idee von der präexistierenden Kirche mit der Lehre von der absoluten Prädestination Christi und der besonderen Prädestination Marias zusammen. Das Neue Testament stützt diese Idee ausdrücklicher als die anderen beiden Lehren.[2] So sprach Paulus von den von Gott „vor der Erschaffung der Welt“ Auserwählten. Gemäß seinem Plan hat Gott „beschlossen, die Fülle der Zeiten heraufzuführen“ und „in Christus alles zu vereinen“ (Eph 1,4–10; vgl. 2 Tim 1,9). Im Brief an die Hebräer wird das himmlische Jerusalem als die „Gemeinschaft der Erstgeborenen“ beschrieben, die zusammen mit den Engeln „im Himmel verzeichnet sind“ (Hebr 12, 22–23). Dieses Jerusalem ist nach Paulus „unsere Mutter“ (Gal. 4, 26). Allegorisch ist es analog zu Sara, der freien Frau Abrahams, die im Gegensatz zu Hagar, seiner Sklavin steht.

Die Typologie des Apostels bildete die Grundlage eines fundamentalen Aspektes früher christlicher Ekklesiologie. Im *Hirt des Hermas*, einem visionären Werk des späten 1. oder 2. Jahrhunderts, erblickte der Seher Hermas Ekklesia in der Gestalt einer betagten Frau, und ein Engel erklärte, sie erscheine so, „weil sie vor allen Dingen erschaffen wurde... und um ihretwillen wurde die Erde geformt“[3]. Nach dem Brief II Klemens „ist die Kirche nicht auf die Gegenwart begrenzt, sondern sie bestand von Anbeginn. Denn sie war geistig, wie unser Herr Jesus, und wurde in den letzten Tagen... im Fleisch Christi manifestiert.“ Klemens war sich auch des Geschlechts der Kirche bewußt: „Das Männliche ist Christus, das Weibliche aber ist die Kirche.“[4] Die Kirchenväter Irenäus, Tertullian, Klemens von Alexandrien, Origenes, Ambrosius und Leo der Große gaben allesamt Zeugnis für die Lehre von der präexistenten Braut Christi.

Diese Lehre, in der die absolute Prädestination Christi mit der allegorischen Gestalt Ekklesias verbunden wurde, überlebte bis ins Mittelalter. Und wiederum ist hier für das weisheitliche Denken des 12. Jahrhunderts die Verbindung einer weiblichen Gestalt mit der Lehre der Präexistenz charakteristisch. Bernhard von Clairvaux bemerkte dazu: „Gemäß der Prädestination gab es keine Zeit, in der die Kirche der Erwählten nicht bei Gott war...nie war sie ungeliebt“[5]. Nach Rupert von Deutz ist unsere Mutter „die eine harmonische und geliebte Stadt Gottes und all seiner seligen Engel. Aus ihrem Schoß sind wir vorzeitig geboren und vertrieben worden, als wir, in der Person unseres Vorvaters, der wegen der Sünde den Frieden des Paradieses verlor, verbannt wurden und ins Exil gerieten.“[6] In dieser Sicht war das Aufkommen der Kirche auf der Erde nicht eine historische Neuerscheinung, sondern die Offenbarung einer vordem verborgenen

Wahrheit oder auch die Wiederherstellung einer verlorenen ursprünglichen Gnade. Und Gerhoh von Reichersberg sah den Bau Ekklesias als den innersten Sinn der Schöpfung und das vollendetste Werk der Dreifaltigkeit an.

> Ehre sei dem Vater, der ihre Materie durch das Wort aus dem Nichts erschuf; und dem Sohn, der sie zusammen mit dem Vater aus der vorherbestimmten Materie gestaltete; und dem Heiligen Geist, der ihr Fundament bereits geheiligt hat und am Ende ihr gesamtes Gebäude heiligen wird.[7]

Gerhohs Metaphern *materia* und *aedificatio* rufen das konkrete Bild der Kirche als Gebäude hervor, als Tempel, der aus lebendigen Steinen besteht (1 Petr 2,5); daneben entsteht eine abstraktere Vorstellung von der Kirche als Urstoff oder Grundlage der Welt, die Gott aus dem Nichts erschuf. Auch Hildegard verwendete das Konzept der *Materia* reichhaltig: Caritas als *materia* der Schöpfung und Maria als lichtvolle und goldene *materia* der Neuschöpfung wurden bereits behandelt. Ebenso ist es nun mit Ekklesia:

> Das himmlische Jerusalem, das durch den höchsten Baumeister geschmückt werden sollte, erschien in seiner Gegenwart als der Urstoff *materia* aller Dinge vor der Erschaffung der Welt... Denn Gott wollte, daß Jerusalem, welches durch die heilige Arbeit von Menschen aufgebaut ist und als Braut erscheint, die sich für ihren Gatten geschmückt hat, zum Lobpreis seiner Menschheit existiere, genauso wie er die Engel zum Lobpreis und zur Ehre Gottes erschaffen hatte.[8]

Ekklesia ist beides, Braut und Stadt (Offb 21,2); sie weiß sich Gott als einzelne Seele, aber auch kollektiv als sein Volk nahe. Nur mit Hilfe des ergänzenden Bildes der Stadt kann der Charakter der Braut als „korporative Person" hervortreten. Es ist bemerkenswert, daß, während Hildegard das Bildsymbol des Paradieses auf die Jungfrau anwandte, sie für die Kirche das der apokalyptischen Stadt bevorzugte. Denn obwohl der Garten und die Stadt beide sehr eng mit dem Weiblichen assoziiert sind, stehen sie doch für verschiedene Phasen seiner Erfüllung. Maria und Ekklesia sind das Alpha und das Omega der Erlösung, die erste und die letzte Gestalt in diesem Geschehen. Maria ist eine Erbauerin, aber die Kirche ist ein Bauwerk, ein kollektives Wesen, das „durch das heilige Werk der Menschen" errichtet wurde. Ihre Natur spiegelt das paradoxe „schon" und „noch nicht" des Reiches Gottes wider, denn obwohl die Kirche in einer Hinsicht das Baumaterial der Welt ist, muß sie in einem anderen Sinn erst noch errichtet werden. So wird sie von den weiblichen *Virtutes* zum Zeichen der Synergie, die eine der ursprünglichen Bedeutungen der Weiblichkeit Gottes ist, aufgebaut.[9] Als Stadt und als Braut Christi existiert Ekklesia „zum Lobpreis seiner Menschheit" und ist darin ein irdisches Gegenstück zu den Engeln, die seine Göttlichkeit preisen. Und wiederum steht hier die Frau „für die Menschheit des Sohnes Gottes".

Einer der bevorzugten Abschlußsegen in Hildegards Briefen ist das Gebet: „Mögest du zu einem lebendigen Stein im himmlischen Jerusalem werden."[10] Denn Ekklesia als Bauwerk ist eine Erscheinungsform, an der alle teilhaben können, ob nun als Gottes Mitarbeiter oder als sein Werk (1 Kor 3,9).[11] Dieser Tempel, den die Heiligen erbauen und auch selber sind, ist auch das Haus der Weisheit (Spr 9,1). So grüßte Hildegard in einer Sequenz zur Ehre des hl. Maximin, dessen Kult besonders in Trier florierte, diesen Missionar zugleich als Erbauer wie auch als Mauer des Tempels der Weisheit, den er inmitten der Kirche umarme:

In eurer Mitte leuchtet dieser Meister
als Pfeiler dieses Tempels,
der sich nach Adlerschwingen sehnte
und von der Weisheit ward genährt [*osculando nutricem Sapientiam*]
aus reicher Fruchtbarkeit der Kirche.[(12)]

Das genaue Verhältnis von Sapientia *nutrix* zur Kirche ist schwer zu bestimmen. Hier wie auch an anderer Stelle neigt die komprimierte Bildersprache der Seherin dazu, Begriffe miteinander zu vermengen, die eine analytischere Theologie unterscheiden würde. Aber diese Vermengung scheint ein wichtiger Punkt bei Hildegard zu sein: So wird der Bauherr mit der Mauer, die er errichtet – in einer völligen Verschmelzung von Arbeiter und Werk – eins, und die göttliche Sapientia geht in der menschlichen Ekklesia so auf, daß, unter dem Zeichen ihrer geheiligten Mutterschaft, Gottes Fruchtbarkeit nicht mehr länger von der des Mannes unterschieden werden kann.

Wie aber steht es um die Fruchtbarkeit der Frau? Im *Liber vitae meritorum* bot Hildegard ein ganz anderes Bild des Hauses dar, das die Weisheit errichtet hatte. Mit Hinsicht auf Sir 1,14–16, „Anfang der Weisheit ist die Gottesfurcht ..., *sie wird von auserwählten Frauen beachtet*,“[13], äußerte sie:

> Aber die Furcht Gottes wohnt auch in der Heiligkeit der auserwählten Frauen, weil Gott die Frau so gebildet hat, daß sie Ehrfurcht vor Ihm habe, Ehrfurcht aber auch vor ihrem Manne. Daher ist es nur gerecht, wenn die Frau ein zurückhaltendes (*timida*) Wesen an den Tag legt. Gerade darin bildet sie gleichsam das Haus der Weisheit, weil in ihrem Wesen das Irdische wie das Himmlische zur Verwirklichung kommt. Auf der einen Seite ist durch sie ja der Mensch ins Leben getreten, andererseits leuchten aber aus ihrem Wesen alle guten Werke in scheuer Keuschheit. ... Die ehrfurchtsvolle (*timorata*) Frau aber sammelt allen Reichtum guter Werke und heiliger Tugendkraft in ihrem Schoß, und sie läßt nicht ab, bis sie alles Gute vollbracht hat.[14]

Dieser Text ist im Hinblick auf den Status der Frauen auffallend ambivalent, oder zumindest erscheint er nach modernen Maßstäben so. Für Hildegard konnte jede Frau das sein, was Ekklesia ist, nämlich ein Haus der Weisheit, und dies entweder durch ihre Mutterschaft (indem sie die Kinder der Weisheit in ihrem Leib trägt) oder durch ihre Jungfräulichkeit (indem sie die Werke der Weisheit in ihrem Herzen bewahrt). Wegen dieser großen Würde ziemt es sich für sie, demütig und ehrfurchtsvoll zu sein, so wie Maria im Hause Josefs. Denn für die Frau gibt es keinen Höhenflug auf Adlerschwingen, sondern ihr steht nur die zurückhaltende weibliche Bescheidenheit an. So wird trotz, wenn nicht gar wegen, ihres erhabenen spirituellen Ranges die soziale Minderwertigkeit der Frau erneut bestärkt. Letztlich verwechselte Hildegard eigentlich die biblische Tugend der „Gottesfurcht" mit der geschlechtsspezifischen Scheu, die sie in den frühen Tagen ihrer Sendung sich selbst zum Vorwurf gemacht hatte.[15] Und der Konflikt zwischen Gottesfurcht und der Ehrfurcht vor dem Mann, den sie selbst oft erfahren hatte, wird hier nicht anerkannt. Was aber die Äbtissin auch sagen mochte, für sich selbst jedenfalls konnte sie immer eine Ausnahme machen. Je heftiger ihre Prophezeiungen an die irdische Ekklesia waren, um so weniger fühlte sie sich dazu verpflichtet, sich selbst „allezeit furchtsam" zu zeigen.

Eine kraftvollere Vision beherrscht Hildegards „O orchis Ecclesia", eine Antiphon, die für die Einweihung einer Kirche komponiert wurde.[16] In dieser phantastischen Lyrik, einer synästhetischen Glanzleistung, die durch das Vorkommen von fünf Wortern aus ihrer geheimen Sprache noch esoterischer erscheint, präsentiert die Dichterin Ekklesia als eine Art Walküre und gleichzeitig als „Stadt der Wissenschaften" (*urbs scientiarum*):

O grenzenlose Kirche,
die von Gottes Armen umgegürtet
und mit Hyazinth geschmückt ist,
du bist das köstliche Aroma
der Wunden der Völker

und die Stadt des Wissens!
Inmitten erhabener Musik
bist du gesalbt,
o glänzender Edelstein.[17]

Diese Ekklesia ist eher für das Schlachtfeld als für das Hochzeitsfest gekleidet, so wie auch die Ekklesia im zeitgenössischen *Spiel des Antichristen*, „in weiblicher Kleidung, mit Brustschild und Krone“[18] die Bühne betritt. Auf der Erde, wo sie immer noch kriegerisch ist, trägt die Kirche die Wunden der Schlacht auch im Sieg. Hildegards rätselhafte Rede von aromatischen Wunden kann durch einen Abschnitt aus ihrem Spiel *Ordo virtutum* erklärt werden: Am Ende dieses Dramas enthüllt Christus dem Vater seine Wunden, als er für die Kirche darum bittet, daß die Wunden an seinem Körper zu Edelsteinen verwandelt würden.[19] Wunden sind in mittelalterlicher Exegese eine stereotype Metapher für Sünden: so werden die Wunden der reuigen Seele mit dem Öl der Vergebung gesalbt und durch die Wunden (*stigmata*) Christi gereinigt.[20] Durch diese verwandelnde Gnade heilen die schwärenden Wunden der Völker, um zu den köstlichen Wunden der Kirche zu werden.

Der Übergang zwischen diesem Bild und dem nächsten ist selbst für Hildegard ungewöhnlich abrupt. Vielleicht kannte sie die Vorstellung von Hugo von St. Viktor über die Künste und die Wissenschaften als den Heilmitteln gegen die Erbsünde[21] oder auch die Allegorie des Honorius, *De animae exsilio et patria*. In dieser Abhandlung reist die Seele von ihrem Exilsort, Ignorantia, durch zehn Städte, die die freien Künste und andere Wissenszweige repräsentieren, bis sie endlich in ihrer Heimat, Sapientia, ankommt.[22] Für eine Prophetin wie Hildegard, die im Prinzip alle menschliche Lehre verwarf, ist aber *urbs scientiarum* ein unerwartet humanistischer Name für das neue Jerusalem. Es hat den Anschein, daß hier menschliches Wissen, ungeachtet seiner

Unzulänglichkeit, durch eine göttliche Umwandlung in den Tempel der Weisheit integriert werden kann, so wie die Wunden der Sünde in Düfte oder Juwelen verwandelt werden können. Die Wissenschaften können, wie auch die Heiligen, zu Bausteinen Ekklesias werden.

Synagoge und Kirche

Hildegards Lehre von einer „Kirche vor der Kirche" beinhaltet einen zweiten Hauptaspekt. Neben der Idee ihrer Präexistenz im Himmel traten viele Kirchenväter für die uralte und kontinuierliche Präsenz Ekklesias in der Geschichte ein. Augustinus und Gregor der Große nahmen an, daß die irdische Kirche oder die Stadt Gottes ihre Generationen seit Abel, wenn nicht gar seit Adam rechnete.[23] Und wie die Konzilsväter von Nizäa über den Logos gesagt hatten, „nie war es, daß er nicht war", so sprachen ihre mittelalterlichen Nachfolger in einem anderen Sinn von der Kirche. Hugo von St. Viktor äußerte, daß das Lamm Gottes von Beginn der Welt an geschlachtet worden war, „denn von Anbeginn der Welt gab es jene, für die es am Ende der Welt geschlachtet wurde"[24]. Ähnlich behauptete Gottfried von Admont, da „es niemals seit der Grundlegung der Welt eine Zeit gab, in der Gott keinen hatte, der zu seiner Kirche gehörte"[25].

In praktischer Hinsicht war diese „Kirche vor der Kirche" das Volk Israel, das wie Ekklesia in einer Frauengestalt personifiziert werden konnte, nämlich in der Gestalt der Synagoga.[26] Trotz des vorherrschenden Antijudaismus bewahrten Theologen in der Tradition Augustins, eine relativ vorurteilsfreie Sicht der Synagoga nicht allein als Gegnerin, sondern auch als Typus und „Mutter" Ekklesias.[27] So bemerkte Honorius in seinem Kommentar zum Hohenlied, daß Christus die Kirche seine Schwester nennt (4,9), weil beide Gott zum Vater und die Synagoga (*primitiva Ecclesia*) zur Mutter haben. Das jüdische Volk könnte die „Mutter und Amme" der jungen Kirche genannt werden, „denn aus ihr wurden die Apostel geboren, die die Kirche durch das Evangelium hervorbrachten und sie durch die Lehre des Gesetzes nährten"[28]. Gerhoh von Reichersberg verwies auf die Synagoge als „die alte Kirche der Väter" und auf die nichtjüdische Kirche als die „Synagoge der Völker"[29]. Und Rupert von Deutz führte die Identifikation noch weiter, indem er behauptete, da Ekklesia diejenige war, die Christus durch den Glauben Abrahams empfing, die ihn während des Zeitalters der Patriarchen und Propheten in ihrem Schoß trug, die in seinem Leiden in den Wehen lag und die bei seiner Geburt in der Auferstehung frohlockte.[30]

Natürlich wirkte sich die Gegnerschaft zwischen Christen und Juden auch auf dieses Symbol aus, indem eine kompliziertere Beziehung entstand, die mehr war als nur eine bloße Typologie oder eine bloße Antithese. Nach Petrus Chrysologus gebar Synagoga Christus im Fleisch und wurde später die feindselige Schwiegermutter seiner Braut, der Ekklesia der Völker.[31] Unglücklicherweise eignete sich der Gedanke der Rivalinnenschaft beider Frauen weit mehr für das volkstümliche Denken und für die Darstellung in den Bildenden Künste als ihre Kontinuität. So findet sich unter den häufigsten typologischen Motiven in der Kunst seit dem 9. Jahrhundert die Kreuzigung mit den zwei Symbolfiguren, wobei Ekklesia auf Christi rechter und Synagoga auf seiner linken Seite dargestellt ist.[(32)] Die eine, mit offenen Augen und königlich, hält einen Kelch, um das kostbare Blut aufzufangen, und weht stolz mit einem Banner, um ihren Sieg anzuzeigen. Die andere, mit verbundenen Augen und gedemütigt, wendet ihr Gesicht ab; manchmal hält sie einen zerbrochenen Stab, um zu zeigen, daß ihre Herrschaft zu Ende gegangen ist. Diese ikonographische Formel drückt in aller Kürze die paulinische Theologie der

Erwählung aus, so wie sie von der Hauptströmung mittelalterlicher Exegese interpretiert wurde: Danach wurde, weil die Juden Christus zurückgewiesen hatten, ihr Denken verschleiert, so daß sie die heilige Schrift nicht verstehen konnten (2 Kor 3,14–15), und statt dessen erwählte Gott die Heiden, um Israel „eifersüchtig zu machen-“(Röm11,11). Die Kirche der Heidenchristen, die früher unfruchtbar und einsam war, konnte sich nun freuen, weil ihre Kinder viel mehr sind als die Kinder von Gottes erster Braut, Israel (Gal 4,27). Im weniger intellektuellen Milieu degenerierte diese Antithese allerdings zu einem bloßen Gegensatz zwischen Glauben und Unglauben, Einsicht und Blindheit, Freiheit und Sklaverei, christlicher Nächstenliebe und jüdischer Niedertracht.

Kurz gesagt bringt die zweifache Sichtweise von Synagoga als Vorläuferin und als Gegnerin Ekklesias die zwei Frauen in ein Verhältnis, das analog zu der Beziehung zwischen Eva und Maria gesehen werden kann. Hildegard entwickelte hier wiederum beide ambivalenten Aspekte, wobei sie die Identität und die Differenz der Gestalten voll herausbrachte. So beschrieb sie ihre erste Vision der Ekklesia:

> Danach sah ich eine Frauengestalt, riesengroß wie eine Stadt. Ihr Haupt war mit wunderbarem Schmuck umkränzt, und von ihren Armen strahlte ein heller Glanz... Sie... stand nur...an einem Altar vor dem Angesicht Gottes. Sie umfaßte ihn mit ausgebreiteten Händen und überblickte mit durchdringenden Augen den ganzen Horizont. Ich konnte an ihr jedoch keine Bekleidung wahrnehmen; sie erstrahlte nur ganz von einem überhellen Licht und war von großem Glanz umgeben. Auf ihrer Brust blitzte ein rötlicher Schein wie Morgenrot auf.[33] (Abb. 8, rechts oben)

Und Synagoga beschrieb sie so:

Abb. 8. *Der Schoß der Kirche als das Netz Christi. Oben rechts umarmt Ekklesia den Altar Christi. Oben links macht die Mutter Kirche mit ihren Kindern Musik. Unten rechts ist die Taufe durch die Anrufung der Dreifaltigkeit dargestellt; die Täuflinge werden im Schoß der Kirche, der auch das Netz Christi ist, wiedergeboren. Unten links unterweist Christus die Gläubigen über die zwei Wege der Erlösung und der Verdammnis. Scivias II.3, Eibingen Ms.*

> Danach sah ich eine weibliche Erscheinung, vom Scheitel bis zur Sohle fahl und von der Leibesmitte bis zu den Füßen schwarz, mit blutroten Füßen; eine leuchtende reine Wolke umgab ihre Füße. Sie besaß keine Augen, ihre Hände aber hielt sie in den Achselhöhlen. Sie stand neben dem Altar vor den Augen Gottes, berührte ihn aber nicht. Und in ihrem Herzen trug sie Abraham, in ihrer Brust Mose und in ihrem Schoß die übrigen Propheten. Alle zeigten ihr Symbol und bewunderten die Schönheit der Kirche. Sie aber erschien in der gewaltigen Größe eines Stadtturms und trug einen Stirnreif, der der Morgenröte glich.[34] (Abb. 9)

Synagoga, wie auch Ruperts Kirche des Alten Testaments, geht mit Christus „schwanger", und zwar durch die erwartungsvollen Propheten, die daher in ihrem Schoß erscheinen. In ihrer Größe ist sie die erste Gestalt (*praefiguratio*) der Stadt Gottes und der turmhohen Macht Ekklesias. Aber da wo Synagoga blind ist, hat Ekklesia Augen, die den Himmel erschauen, und wo die erste ihre Arme träge faltet, erhebt die andere die ihren im Gebet und umarmt den Altar Gottes. Ekklesia ist „in Glanz gekleidet" (was die Rupertsberger Künstlerin durch Blattgold ausdrückte), aber Synagoga ist bleich, denn sie kennt die Geheimnisse Gottes nur in Schattengestalt. Rita Otto nahm an, daß die Künstlerin entsprechend dieser Blässe auch ein verblaßtes Purpur wählte, was ein Symbol vergangener Königswürde und Priesterschaft ist.[35] Nach ikonographischer Konvention wird aber eine Figur von oben nach unten „gelesen", wobei dann die verschiedenen Farben verschiedene aufeinanderfolgende Zeitalter der Geschichte bezeichnen. So ist die Synagoga in ihrer Erwartungshaltung zunächst bleich; durch Fleischeslust und Sünde wird sie schwarz; und am Ende wird sie durch den Mord an Christus blutrot. Allerdings wird durch das Strahlen der Morgenröte an ihrer Stirn die Inkarnation und durch die leuchtende Wolke um ihre Füße der Glaube der Kirche gekennzeichnet. Wenn die leuch-

Abb. 9.
Synagoga als die Mutter der Inkarnation. Mose sitzt an ihrer Brust und die erwartungsvollen Propheten sind in ihrem Schoß.
Scivias I.5, Eibingen Ms.

tende Wolke, das Symbol Evas, um ihre Füße wirbelt, so wird damit ein Hinweis auf die neue Eva Ekklesia gegeben, die aus dem verwundeten Fleisch Christi geboren wurde. Und wenn die Morgenröte, das Symbol der Erwählung Marias, das Haupt Synagogas krönt, so deswegen, weil Israel dazu vorherbestimmt war, die „Mutter der Inkarnation" zu sein.

Anders betrachtet, erhebt sich die düstere, aber majestätische Gestalt Synagogas zwischen den Zeichen Evas zu ihren Füßen und Marias an ihrem Haupt, da ihre Position zwischen der gefallenen Mutter alles Lebens und der Mutter Gottes ist. Auch die Blässe ihrer *obumbratio*, die auf die Verborgenheit des prophetischen Wissens hindeutet[36], stellt eine „Überschattung" dar, die zwischen der von Eva und Maria liegt, denn durch die Gnade Gottes und die Irreführung des Teufels wurde Synagoga zweimal berührt. Visuell muß dieses Bild aufgrund des subtilen Wechselspiels der Hildegardschen Metaphern in den entsprechenden Kontext inmitten des komplizierten Symbolsystems der *Scivias* verortet werden. Denn genauso wie in der Vision von Adams Sündenfall (II.1, Abb. 7) die Propheten wie Sterne durch die Nacht der Sünde leuchten, während ein verdunkelter Adam sich weigert, die Blume des Gehorsams zu pflücken, so ignoriert die blinde Synagoga die Vision der Propheten und weigert sich, den geistlichen Altar zu berühren. Das Zeichen der Sterne für die Propheten wirft wiederum ein Licht auf die Vision Evas (*Scivias* I.2 Abb. 2), die wie Synagoga mit der Erlösung schwanger geht – ungeachtet der Verdunkelung ihrer eigenen Sinne. Beide, Eva und Synagoga, sind dadurch „gerettet", daß sie Kinder zur Welt bringen (1 Tim 2,15). Und so wie Eva unverhofft zur apokalyptischen Frau wird, die mit der Sonne bekleidet ist, so wird sich nach Hildegards Prophezeiung „in der Endzeit die Synagoge gläubig in die Kirche verwandeln"[37]. Diese tief symbolische *materfamilias*, an die Eva, Maria und Ekklesia alle erinnern, verkörpert das ganze Drama der blinden, glaubenslosen und dennoch hoffenden Menschheit, die mit dem ewigen Ratschluß der Gnade gekrönt ist, einer Gnade, die zwar verdunkelt ist, aber nie durch die menschliche Sünde besiegt.

Die Hochzeit auf dem Kalvarienberg

Nachdem Hildegard die Gestalt der Synagoga an sich behandelt hatte, konnte sie die symbolische Kreuzigungs-Ikonographie allein auf die Gestalten von Christus und Ekklesia reduzieren. Das Motiv der Hochzeit Christi mit der Kirche am Kreuz, das durch die Eva-Typologie geprägt ist, ist noch älter als der Bildkontrast zwischen Synagoga und Ekklesia.[38] Seine Elemente stammen aus einer Mischung biblischer Texte. So wurde Ekklesia wie Eva aus der Seite ihres schlafenden Bräutigams erschaffen (Gen 2,21–23), um mit ihm in einer Ehe „ohne Flecken" vereint zu werden (Eph 5,25–27); ihr „Brautschatz" ist das Blut und Wasser, das für Taufe und Eucharistie steht und das am Kreuz aus Christi Seite floß (Jn 19,34). Und ihre sakramentale Vereinigung, die „Hochzeit des Lammes", wird in jeder Kommunionfeier der Gläubigen wiederholt (Offb 19,7–9). Dieser Ideenkomplex, der Stoff für endlose Ausarbeitungen bot, findet sich bei fast allen östlichen und westlichen Kirchenvätern. Die vielleicht prägnanteste Variante stammt allerdings aus dem späten 3. oder 4. Jahrhundert und steht im *Symposium* des Methodius von Patara:

> Die Kirche wurde aus Seinen Gebeinen und Seinem Fleisch geboren;... tatsächlich verließ der Logos zu ihrem Heil Seinen Vater im Himmel und kam hernieder, um seinem Weib anzuhangen; und... Er schlief in der Ekstase seines Leidens und beschloß dabei für sie zu sterben, „damit Er selbst sie im

> Bad reinigen könne und sie sich Ihm als eine Kirche ohne Makel zeigen könne", die darauf vorbereitet war, den geistigen, gesegneten Samen zu empfangen, den er selbst gesät hatte.[39]

In der *Scivias* deutete Hildegard auf ähnliche Weise die Kreuzigung als die Hochzeit Ekklesias. Aber anstatt von der „Geburt" der Kirche zu sprechen, legte sie ihren Akzent auf das Herabkommen der Braut vom Himmel, was mit der Lehre von der Präexistenz übereinstimmt. Wie gewohnt, erzeugt diese Vorstellung einen gewissen erhabenen Optimismus, und so erinnert nur wenig in dem Text daran, daß die Passion Christi auch aus Leiden und Schmerzen bestand.

> Und danach sah ich, wie die erwähnte Frauengestalt – als der Sohn Gottes am Kreuz hing – wie ein heller Glanz unversehens aus dem ewigen Ratschluß hervorging. In göttlicher Kraft wurde sie ihm zugeführt, vom Blut, das hoch aufsprudelnd aus seiner Seite floß, überströmt. Nach dem Willen des himmlischen Vaters wurde sie in seliger Vermählung mit ihm vereint und mit seinem Fleisch und Blut reich beschenkt.
>
> Und ich hörte eine Stimme vom Himmel zu ihm sagen: „Diese, mein Sohn, soll deine Braut zur Wiederherstellung meines Volkes sein. Sie sei ihm Mutter in der Wiedergeburt der Seelen durch die Erlösung in Geist und Wasser.[40]

Die Rupertsberger Miniatur dieser Vision (Abb. 10) betont die Einheit der Passion Christi mit der als Hochzeitsfest gesehenen Eucharistie, indem sowohl eine Kreuzigungszene im oberen Abschnitt und eine Darstellung der Messe im unteren Abschnitt mit der goldenen Gestalt der Ekklesia verbunden werden. Oben empfängt die Braut einen Teil des strömenden Blutes in ihrem Kelch, während das restliche Blut ihr Gesicht erleuchtet, was als eine Anspielung auf die Legende von Longinus, dem blinden Zenturio, der durch Christi Blut geheilt wurde, gesehen werden kann.[41] Unten erhebt Ekklesia in einer priesterlichen Geste ihre Augen und

Abb. 10.
Ekklesia als die Braut Christi. Die Hochzeit auf dem Kalvarienberg. Im oberen Abschnitt fängt Ekklesia das Blut Christi in ihrem Kelch auf. Im unteren Abschnitt ist Ekklesia als Priesterin dargestellt; die Medaillons stellen Christi Tod und Auferstehung dar, an die im Kanon der Messe erinnert wird. Scivias II.6, Eibingen Ms.

Hände zum Himmel, indem sie die Eucharistie darbietet, die zugleich ihre Mitgift und ihr Hochzeitsmahl ist. Kein anderer Priester ist zu sehen; allein das Licht, das sich auf den Altar ergießt, kennzeichnet die weihende, göttliche Kraft. Das Bild der Ekklesia als Priesterin erinnert natürlich auch an Hildegards Analogie zwischen Priester und der Jungfrau Maria sowie etwas entfernter an die Vision der Pura Scientia in bischöflichem Gewand. Die Seherin selbst erklärte die Verwendung weiblicher Ikonographie mit der Bemerkung, daß, obwohl die Frau eigentlich nicht am Altar dienen könne, eine geweihte Jungfrau doch „das Priestertum und jeden Altardienst“ in ihrem Bräutigam als eine Art Eherecht besitze.[42] Noch stärker hat dann natürlich die Braut Christi selbst dieses Privileg.

Aber wieder einmal wird dann durch die Konvention das Symbol von seiner scheinbaren Bedeutung getrennt. Um nämlich zu erklären, daß keine reale Frau am Altar dienen könne, sagte Hildegard, daß die Frau eine „schwache und gebrechliche Wohnstatt“ sei, die den Leib Christi genausowenig konsekrieren könne, wie sie in der Lage sei, zur Zeugung ihres eigenen Kindes beizutragen; und was noch schwerer wiege, fehle ihr der Bart, d.h. mit anderen Worten die sichtbare Männlichkeit, die von einem Priester verlangt werde. Die verheiratete Frau kann allerdings, wenn sie „gottesfürchtig“ ist, Ekklesia auf eine verschwiegenere Weise nachahmen. So verglich Hildegard in einer genialen, wenn auch etwas weit hergeholten Analogie die Bescheidenheit der Braut Christi mit der einer neuvermählten Frau. Zwischen ihrer Hochzeit auf dem Kalvarienberg und dem Beginn ihrer Sendung an Pfingsten verbarg sich die Kirche verschämt vor der Welt, bevor sie es wagte, öffentlich zu predigen. Ihrem Beispiel folgend sollte eine frisch vermählte Frau der Kirche so lange fernbleiben, bis die „Wunde“ der Entjungferung geheilt sei, so wie es auch das kanonische Recht verlange.[43] Diese prosaische Verwendung der Brautsymbolik zeigt, wie weit Hildegard ihre erhabenen Visionen auf das Alltagsleben von Frauen übertragen konnte; es zeigt aber auch, daß sie, wenn sie sich auch selbst von den allgemeinen Gesetzen, die aus der weiblichen Schwäche abgeleitet wurden, ausnehmen konnte, doch weder gewillt noch in der Lage war, diese Gesetze selbst in Frage zu stellen.

Das Hochzeitsfest Ekklesias, ihr Auftauchen im Licht, ist Gegenstand einer zweiten Antiphon, die für die Einweihung einer Kirche geschrieben wurde. „O choruscans lux stellarum" ist ein Parallelstück zu „O orzchis Ecclesia", aber es feiert die königliche Braut in einer direkteren und biblischeren Sprache.

O gleißendes Licht der Sterne,
o strahlendste, auserwählte,
königliche Braut,
o leuchtender Edelstein,
du bist geschmückt in erhabener Gestalt,
die keinen Fleck und keine Falte kennt.

Begleiterin der Engel bist du gar
und Gefährtin der Heiligen.

Fliehe,
flieh die Höhle
des alten Verderbers,
und komme,
komm in den Palast des Königs![44]

In diesem Hochzeitslied, das entfernt durch Psalm 45 inspiriert ist, wird die Braut aus dem Lager der Schlange, in dem Eva verführt wurde, in den königlichen Palast geleitet. Aus der „Stadt der Wissenschaften" ist nun die in Hebräer 12 beschriebene „Stadt des lebendigen Gottes" geworden, in der die Geister der Gerechten mit den Engeln feiern. Und wieder charakterisierte Hildegard die Kirche mit zweien ihrer Lieblingsbilder für den Glanz der geschaffenen Welt. So besitzt Ekklesia wie die Mutter Gottes eine juwelenartiger Transparenz, die auf Christus in ihr verweist, und die gleißenden Sterne erinnern an die Vielzahl der Heiligen, auf die sich die Kirche baut, sowie an die Vision der Mutter Eva als sternen-übersäte Wolke (Fig. 2). In Ekklesia endlich tauchen Evas Kinder aus der Wolke auf, um von nun an in ihrem Glanz zu erleuchten.

Während die Kirche, allegorisch gesehen, die Braut Christi ist, ist sie in einem anderen Sinne mit dem Heiligen Geist, der sie fruchtbar macht, „vermählt". In der Vision II.4 der *Scivias*, in der es um das Sakrament der Firmung geht, wird der Geist in Form eines Turmes dargestellt, der die Frau Ekklesia stärkt und hochhält, um sie vor dem Fall zu bewahren (Abb. 11). Aber zur gleichen Zeit stellt der Turm die „unermeßliche und unvergängliche Süßigkeit des Heiligen Geistes" dar, der aus sich Ströme der Heiligkeit ergießt und feurige Tugenden in der Kirche entzündet. Das Bild ist vielsagend.

> Und dann sah ich etwas wie einen großen runden Turm. Er bestand aus einem einzigen weißen Stein und hatte oben drei Fenster. Aus ihnen erstrahlte ein so heller Glanz, daß auch das Dach des Turmes, das wie eine Helmspitze emporragte, im Schein dieses Glanzes deutlicher zu erkennen war. Die Fenster aber waren rundum mit herrlichen Smaragden besetzt. Der Turm jedoch stand mitten hinter der erwähnten Frauengestalt, so wie ein Turm auf die Stadtmauer gesetzt wird; dank seiner Festigkeit konnte diese Gestalt gar nicht umfallen. Und ich sah, daß die Kinder, welche – wie gesagt – durch den Leib dieser Gestalt hindurchgezogen waren, in großer Herrlichkeit aufleuchteten.[45]

Die Zusammenstellung von Frau, Turm und taufendem Schoß verweist wiederum auf den *Hirten* des Hermas, ein Werk, das Hildegard sicher gekannt haben wird.[46] In der dritten Vision des Hermas zeigt die Dame Kirche dem Seher „einen großen Turm", der durch Engel, Erzengel und Jung-

Abb. 11.
Der Turm der Kirche. Ekklesia, genährt vom Heiligen Geist, der die feurigen Tugenden entflammt. Einige ihrer Kinder bleiben gläubig, während andere sie angreifen. Scivias II.4, Eibingen Ms.

frauen, die die Tugenden repräsentieren „auf dem Wasser gebaut ist“. Von Hermas gefragt, erklärt sie, daß der Turm sie selbst, die Kirche darstelle, die auf dem Wasser der Taufe errichtet sei. Auch wenn er aus vielen lebendigen Steinen aufgebaut ist, wird er in seiner vollendeten Gestalt als ein einziger Stein erscheinen, der aus dem Felsen Christi geschlagen ist. Im *Hirten* stellen beide, die alte Frau, die jünger wird, sowie der unfertige Turm, die geheimnisvolle Geschichte der Kirche dar, die im Himmel ewig, aber auf Erden noch unvollendet ist. Allerdings machte Hermas noch keine klaren Unterscheidungen zwischen Christus, der Kirche und dem Geist, während Hildegard sich verpflichtet fühlte, dogmatisch korrekt zu sein.[47] Für sie ist nur die Frau Kirche unvollendet (ihre Beine und Füße sind dem Blick verborgen), aber der Turm, der den Geist bezeichnet, ist bereits ganz und vollständig. Die Frau und der Turm sind daher nicht länger auswechselbare Symbole, die für das gleiche Konzept stehen. Statt dessen verweist ihre Nähe nun auf die Braut, „die durch den Heiligen Geist empfängt“, und dies in einem lebhaften, wenn auch untertrieben, sexuellen Bild.

Die Jungfrauen Christi und die Jungfrau Kirche

Keine Untertreibung findet sich hingegen bei der Seherin in ihrem Umgang mit der Jungfräulichkeit Ekklesias. So wird in einer anderen Vision der *Scivias* (II.5) die Braut wie eine Königin dargestellt, die sich in viele Farben kleidet, wobei jeder Farbton einen anderen Stand in der Kirche repräsentiert. Das Haupt Ekklesias glänzt in kristallklarem Schneeweiß (Priestertum); ihre Brust schimmert wie die Morgenröte (Jungfrauenschaft); ihre Taille ist in königliches Purpur gegürtet (Mönchtum); und unter ihrem Nabel leuchtet sie wie eine strahlende Wolke (Ehestand). Um diese Vision zu illustrieren, entfernte sich die Rupertsberger

Künstlerin mehr als gewöhnlich von der Textvorlage, dennoch übermittelt ihre Komposition deutlich das Anliegen der Seherin (Abb. 12). Die strenge, fast hölzerne Gestalt der Ekklesia erhebt hier ihre reich bekleideten Arme als Betende (*orans*) zum Himmel, was im Einklang mit einem alten ikonographischen Typ der Kirche steht.[48] Aus ihrer jungfräulichen Brust steigen Liebesflammen zum Himmel empor, und in ihrem Herzen steht die scharlachrote Gestalt der Virginitas mit einer Schar männlicher und weiblicher Jungfrauen. Auch diese steht wie ihre Mutter mit ausgestreckten Armen da, denn im Stand der Jungfrauen sah Hildegard eine Art Miniatur der ganzen Kirche.

> Und von der Stelle, wo die Morgenröte schimmerte, verbreitete sich sein Schein bis ins Innere des Himmels; und darin erschien eine überaus schöne mädchenhafte Gestalt. Sie trug nahezu schwarze Haare auf dem unbedeckten Haupt und ein rotes Gewand wallte auf ihre Füße nieder. Und ich hörte eine Stimme vom Himmel sprechen: „Das ist eine blühende Blume (*floriditas*) im himmlischen Sion. Mutter ist sie, Rosenblüte und Lilie der Täler. O du blühende Blume, du wirst dem Sohn des allmächtigen Königs vermählt, dem du namhafte Nachkommenschaft schenken wirst, wenn deine Zeit der Vollkraft gekommen ist“ (*cum tempore tuo confortaberis*). Und rundum erblickte ich eine riesige Schar von Menschen, die das Mädchen umstanden; sie leuchteten heller als die Sonne, und alle waren wunderbar mit Gold und Edelsteinen geschmückt… Und wiederum vernahm ich die Stimme aus der Höhe, die sprach: „Das sind die Töchter Sions; bei ihnen ertönt Zitherspiel und alle Art von Musik und die Stimme lauten Jubels und der Freude über alle Freuden.“[49]

Diese lyrische Vision umgibt Virginitas mit den Emblemen von Maria, d.h. mit Musik, Blumen und Morgenröte, und läßt ein Responsorium zu Mariä Himmelfahrt anklingen: „Wie in den Tagen des Frühlings umgaben sie Rosen und Lilien des Tales.“[50] Mönche und Jungfrauen können Maria

Abb. 12. *Ekklesia mit Virginitas und ihren Gefährtinnen. Mönche und Jungfrauen besetzen den Ehrenplatz in Ekklesias flammendem Herzen. Scivias II.5, Eibingen Ms.*

durch ihre Keuschheit, ihre Liebe und ihre Freiheit nachahmen, und wie Rosen und Lilien ohne menschliche Mühe wachsen, so erwählen sie das asketische Leben ohne Zwang.[51] Virginitas steht wie die Mutter Gottes symbolisch im Herzen der Kirche. Dennoch spielt die Nachahmung Marias eine relativ untergeordnete Rolle in Hildegards Lehre von der Jungfräulichkeit. Öfter sah sie das jungfräuliche Leben, besonders das der Nonnen, als eine privilegierte *imitatio Ecclesiae.*[52] Durch Marias Sohn ging die Kirche als ein „neues Volk" auf, dessen Zeichen und Ruhm die Jungfräulichkeit ist. Mystisch steht der Neubeginn für die ganze Kirche, aber wörtlich gehört er nur zu den Jungfrauen, die ein „lebendiger Wohlgeruch" sind, da sie „den Weg der geheimen Wiedergeburt" geloben.[53] „Als Gott geboren wurde, öffneten sich die Augen Ekklesias in ihrer jungfräulichen Natur... und ein neues, anderes menschliches Volk erschien, das vor der Geburt (Christi) nicht existierte."[54] Hildegard veränderte nicht die alte Lehre von der Jungfräulichkeit als einer *vita angelica,* einer Gnade, die den Zustand des Paradieses wiederherstellt und das Leben im Himmel antizipiert.[55] Aber als sie dieses „fremde Leben" in der klarsichtigen, mädchenhaften Gestalt der Virginitas personifizierte, etablierte sie ein konkretes und inniges Band zwischen den einzelnen geweihten Jungfrauen und der Jungfrau Ekklesia.

In einem visionären Brief an Papst Eugen III. beschrieb die Seherin zwei symbolische Gebäude, die den Stand der Laien und den Stand der Geistlichen in der Kirche repräsentierten. Das zweite Gebäude, das dem feurigen Turm aus *Scivias* II.4 ähnelt, beherbergt die monastische und klerikale Elite, die den besseren Teil erwählt hat, „so wie ein Stern seinen Glanz in einer Wolke vervielfältigt und wie eine weibliche Gestalt durch die Jungfräulichkeit gekrönt wird"[56]. In der Zeremonie der Jungfrauenkrönung sah Hildegard eine rituelle Mimesis der Schmückung Ekklesias[57], und in ihrem eigenen Kloster ging sie noch weiter.

Äbtissin Tenxwind von Andernach, die gegen die Politik der Seherin, nur hochwohlgeborene Nonnen zuzulassen, Einspruch erhoben hatte, verwunderte sich darüber, daß man den Rupertsberger Nonnen nachsagte, daß sie an Festtagen die Kirche in weißen Seidenschleiern, mit Ringen an ihren Fingern und mit goldgewirkten Kronen auf ihren Häuptern besuchten; diese Kronen oder Kränze seien vorne mit dem Bild des Lammes und an den Seiten mit den Darstellungen von Engeln und Kreuzen geschmückt.[58] Reizbar zitierte die Meisterin aus Andernach das Gebot des Apostels, daß andächtige Frauen sich selbst nur bescheiden kleiden sollten, nicht aber in Perlen oder kostbaren Gewändern (1 Tim 2,9). Hildegard erwiderte unerschrocken, daß diese Beschränkungen nur auf Frauen anzuwenden seien, die sich wegen der Lüsternheit Evas der „männlichen Gewalt" ihrer Ehegatten unterwerfen müßten.

> Das alles gilt nicht für die Jungfrau. Diese steht vielmehr in Einfalt und Unversehrtheit wie im schönen Paradies, das nie verdorrt dastehen wird, sondern immer in der schönen Kraft ihrer Blüte ... Die Jungfrauen sind im Heiligen Geist der Heiligkeit vermählt und in der Morgenröte der Jungfräulichkeit: Daher sollen sie dem Hohenpriester nahen wie ein Gott geweihtes Brandopfer.

Weiße Gewänder seien aber für die Bräute Christi angemessen, so fügte Hildegard hinzu, und sie trügen das Bild des Lammes, weil sie ihm folgten, wohin es auch immer gehe (Offb 14,4). Verheiratete Frauen müßten ihre *viriditas*, ihr langes Haar, verschleiern, so wie der Winter seinen Schleier auf die grüne Erde lege. Aber eine Jungfrau sei frei in ihrem paradiesischen Frühling; sie verschleiere sich nur in Demut, damit der Habicht des Hochmuts ihre Seelenschönheit nicht rauben könne. So wurden alle Nonnen für die visionäre Äbtissin zu einer Gestalt der einzigartigen jungfräulichen Braut und zu einer Erinnerung an Eva im Paradiesgarten, kurzgesagt zu einer Erscheinungsform der ursprünglichen *feminea forma*. Und Hildegards Antwort an die Äbtissin von Andernach basiert letztlich auf einer klangvollen Berufung auf das ewig Weibliche: „Die Urform des Weibes blitzte und strahlte in der ersten Wurzel, in der schon (keimhaft) das gestaltet liegt, worin jedes Geschöpf (vorgezeichnet) ist. Wieso? In zweifacher Hinsicht: einerseits im Hinblick auf das, wozu sie durch den Finger Gottes geschaffen ist; andererseits im Hinblick auf ihre gnadenhafte Schönheit." Man möchte gerne wissen, was Tenxwind mit dieser geheimnisvollen Antwort anfangen konnte.

Der Briefwechsel zwischen Tenxwind und Hildegard wirft auch noch ein anderes Licht auf die Art, wie die Seherin ihre Visionen in das praktische Alltagsleben übersetzte, denn die realen Schleier und Kronen, die in Tenxwinds Brief beschrieben wurden, sind mit dem Kopfputz der Schar von Jungfrauen in *Scivias* II.5 identisch. Wenn also Hildegard erklärte, daß ihre Nonnen diese Kronen „Kraft der Ermächtigung und Offenbarung durch den geheimnisvollen Anhauch dessen, der der Finger Gottes heißt", trügen, wissen wir genau, welche Offenbarung sie meinte. Wir können sogar die „Virginitas" selbst mit einer bestimmten Nonne identifizieren. 1151, kurz nachdem Hildegard die *Scivias* beendet hatte, wurde ihre vielgeliebte Sekretärin Richardis von Stade durch den Einfluß ihres Bruders, Erzbischof Hartwigs von Bremen, zur Äbtissin von Birsim (heute: Bassum) gewählt.[59] Hildegard bestritt diese Wahl und versuchte auf alle mögliche Weise den Weggang ihrer Lieblingsnonne zu verhindern. Dennoch nahm Richardis das Amt an und verließ den Rupertsberg nach Birsim, wo sie krank wurde und kaum ein Jahr später starb. Nach ihrem Tod schrieb Hildegard an Hartwig, um ihn über ihren gemeinsamen Verlust zu trösten. Obwohl die Welt diese Blume der Jungfräulichkeit geliebt hatte, so erklärte sie, liebte Gott sie mehr und nahm ihre Seele, um sie unbefleckt von weltlichem Ruhm zu bewahren. Sie fügte hinzu, daß während Richardis noch lebte, sie selbst diese in einer Vision gesehen und eine Stimme sprechen gehört habe: „O Jungfräulichkeit, du stehst im königlichen Brautgemach!“[60]

Mit denselben Worten beginnt auch die Rede der Castitas im *Ordo virtutum.* Möglicherweise spielte Richardis die Rolle dieser Tugend in der Erstaufführung, oder sollte sie zumindest spielen. Aber das Spiel wurde wahrscheinlich erst nach Richardis, Tod vollendet, und diese Rede findet sich nicht in einem frühen Entwurf am Ende der *Scivias.* So scheint eher, daß Hildegard diese Rede und die Antwort aus dem Chor in Erinnerung an ihre weggegangene Tochter komponiert hat.

CASTITAS: O Jungfräulichkeit, du stehst im königlichen Brautgemach.
O wie zärtlich brennst du in den Umarmungen des Königs,
wenn die Sonne durch dich scheint,
so daß deine edle Blüte niemals vergeht.
O edle Jungfrau, in keinerlei Gestalt wird deine Blüte jemals herabhängen!

VIRTUTES: Die Blume des Feldes fällt auf den Wind herein,
der Regen verstreut ihre Blätter.
O Jungfräulichkeit, du bleibst für immer in himmlischer Gesellschaft!
Du bist daher eine zarte Blüte, die niemals verwelkt.[61]

Die Übereinstimmung ist hier vollständig: In allegorischer Hinsicht ist die steife, imponierende Gestalt der Mutter Ekklesia zu sehen, die einer Reihe von Jungfrauen an ihrem Busen Schutz gibt und an deren Herzen die Jungfrau Maria steht. In historischer Sicht ist aber hier auch Hildegard zu erkennen, die Mutter ihrer eigenen mit Brautschleiern geschmückten Jungfrauenschar, deren Lieblingstochter sich in ihrer Mitte findet.

Selbst die himmlische Musik hat ihr Gegenstück in Hildegards „Symphonie der Jungfrauen", das sie für ihre Nonnen komponierte, damit diese es in der Nachfolge der Jungfrau und ihres Sohnes singen sollten.

> Du zärtlich Liebender,
> du zärtlich uns Umfangender,
> sei Beistand uns, zu wahren
> unsere Jungfräulichkeit.
>
> Wir sind dem Staub entsprossen
> und – weh, o weh – der Sünde Adams.
>
> Sehr hart ist es, zu widersagen
> dem Genuß (verbotner) Frucht.
> Richt du uns auf, Erlöser, Christus!
>
> ...
>
> In deinem Blute sind wir bräutlich dir verbunden,
> nicht eheliche Bindung suchten wir,
> erwählten dich, den Gottessohn.
>
> O Schönster du,
> o süßer Duft ersehnter Wonnen,
> wir seufzen immerfort nach dir
> in der Verbannung voller Tränen.
> Wann werden wir dich schaun und bei dir bleiben?[62]

Die Töchter Jerusalems ahmen in diesem glühenden Liebeslied ihre Mutter nach, indem sie nach dem Bräutigam Ekklesias verlangen, in dessen Umarmung die wahre Jungfernschaft nicht zerstört, sondern gerade erst verliehen wird.[63] Die erste Strophe spielt auch auf das Hohelied an

(8,5 Vulgata), wo der Bräutigam die Braut an Evas Fall erinnert: „Unter dem Apfelbaum hab, ich dich geweckt, dort, wo deine Mutter verdorben wurde, wo deine Gebärerin geschändet wurde." Mit Christi Hilfe werden diese Töchter Evas die neue Eva nachahmen, indem sie sich ihrer „Mitgift" des kostbaren Blutes und ihrer Hochzeit am Kreuz, erinnern. Vielleicht mehr als irgendein anderer von Hildegards Texten gehört dieses Gebet in die emotionale Nähe der Predigten Bernhards zum Hohenlied. Dennoch ist auch dies kein Aufschrei einer einzigen leidenschaftlichen Seele, sondern eine *Symphonie.* Denn nur in ihrer Einheit und Harmonie als Chor repräsentieren die Jungfrauen Christi die Jungfrau Ekklesia.

Von allen Heiligen im Kirchenjahr wirkte keine andere auf Hildegard so anregend wie die legendäre Ursula, von der berichtet wird, daß sie einen Zug von elftausend Jungfrauen ins Martyrium nach Köln geleitet hatte. Die Heilige genoß ein großes Ansehen, nachdem im Jahre 1106 „Reliquien" entdeckt wurden, als Heinrich IV. die Stadtmauern von Köln vergrößerte und auf einen alten römischen Friedhof neben der Kirche St. Ursula stieß. Die scheinbar unerschöpfliche Ansammlung von Knochen führte die Gläubigen zu der Ansicht hier auf die Grabstätte der Jungfrauen gestoßen zu sein, und ließ den Reliquienhandel für Jahrhunderte andauern. Die Funde erweckten auch ein neues Interesse an der Ursulalegende, welches in großem Umfang auch durch Hildegards Schützling, Elisabeth von Schönau, gefördert wurde.[64]

Die Sequenz der Seherin „Über die elftausend Jungfrauen" („O Ecclesia") ist ungefähr zeitgleich mit den Offenbarungen Elisabeths; aber trotz ihrer Freundschaft beeinflußte in diesem Fall keine der Seherinnen die andere. Im Gegensatz zu Elisabeth und ihrem Klientel zeigte Hildegard nämlich kein Interesse an den einzelnen Jungfrauen und ihren phantastischen Geschichten. Statt dessen behandelte sie Ursula und ihre Gefährtinnen genauso wie sie Richardis und ihre eigenen Nonnen oder Maria und die Gruppe von Jungfrauen an der Brust Ekklesias, behandelte. Auch Ursula wurde für sie zu einer Gestalt der Virginitas, einem Typus der Kirche, die nach ihrem Bräutigam verlangt und die mit ihm in einem Tod, der dem seinen ähnelt, vereinigt ist. Diese Typologie wird schon in der ersten Zeile der Sequenz deutlich, in der nicht Ursula, sondern Ekklesia angerufen wird. Wie *Scivias* II. 5 beginnt das Gedicht mit einer großartigen Vision der Kirche, konzentriert sich dann stärker auf die Person, die diese repräsentiert (und in das Scharlachrot ihres eigenen Blutes gekleidet ist), und öffnet sich dann noch einmal, um den Himmel zu umfassen.

O Ekklesia, deine Augen sind wie Saphire
und deine Ohren wie der Berg Bethel.
Deine Nase ist wie ein Berg aus Weihrauch und Myrrhe
und dein Mund wie das Rauschen vieler Gewässer.

In der Vision wahren Glaubens
liebte Ursula den Sohn Gottes
und entsagte sich dem Manne und seiner Welt
und erblickte die Sonne
und rief die schönste Jugend zu sich,
indem sie sprach:

„In großem Verlangen sehne ich mich danach,
zu dir zu kommen
und beim himmlischen Hochzeitsmahl bei dir zu sitzen.
Auf fremden Pfaden eile ich zu dir wie eine Wolke,
die in der reinen Luft wie Saphir vorüberzieht.„

Und als Ursula das gesagt hatte,
gelangte die Kunde davon zu allen Völkern.
Und sie sagten:
„Wie unschuldig unwissend ist doch dieses Mädchen,
sie weiß nicht, was sie spricht!“

Und sie begannen in großem Chor
mit ihr zu spotten,
solange bis die Bürde des Feuers auf sie fiel.

Von da ab erkannten alle,
daß Verachtung der Welt wie der Berg Bethel ist,
und sie nahmen auch
den süßesten Duft von Weihrauch und Myrrhe wahr,
der von der Weltverachtung ausging
und über allen aufstieg.

Dann eilte der Teufel in seine Glieder
und in die edelsten Verstorbenen,
die zum Schlachtopfer geworden waren.

Und aus der Ferne hörten dies alle Elemente
und schrien zum Throne Gottes auf:
„Wach! Das scharlachrote Blut des unschuldigen Lammes
ist bei seiner Hochzeit vergossen worden."

Das sollen alle Himmel hören,
und im gemeinsamen Chor sollen sie das Lamm Gottes loben
–
denn der Hals der alten Schlange
ist an diesen Perlen, die vom Wort Gottes aufgespannt wurden,
erstickt worden.[65]

Diese Sequenz ist ein Zeugnis der Leidenschaft, bei der das Verlangen eines Mädchens mit der Passion und dem Hochzeitsmahl des Lammes verschmilzt. In seinen Bildern wird die Apokalypse mit dem Hohenlied verbunden, und Größenunterschiede lösen sich in einer dramatischen Verschmelzung des gänzlich Personalen mit dem kosmisch Elementaren auf. So steht hinter der Gestalt der Ursula, die lächerlich und schwach erscheint, die Braut des Lammes mit der Stärke von Bergen, die Zufluchtsort und Horizont der kampfbereiten Ekklesia sind. Das Saphirblau von Ursulas Augen wird zum Himmel, durch den Ursula, deren eigene Augen wie die eines Adlers auf die Sonne gerichtet sind, „auf fremden Pfaden" zu ihrem Geliebten strömt. Ekklesias Stimme ist „wie das Rauschen vieler Gewässer", das Echo der prophetischen Vision des Menschensohns (Offb 1,15), da durch ihre Predigt die Braut bereits mit ihrem Bräutigam vermählt ist. Ihre Nase riecht als Organ der Urteilskraft den Duft des Opfers Christi, der durch die heroische Weltverachtung (*contemptus mundi*) der Jungfrau weitergetragen wird. Ursulas Schrei der Sehnsucht stellt wie auch die tönende Stimme Ekklesias Antwort und Fortsetzung des Anrufs Christi dar. So spiegelt sich in ihrer Liebeserklärung seine Einladung zum Letzten Abendmahl wider: „Ich habe mich danach gesehnt vor meinem Leiden dieses Paschamahl mit euch zu essen" (Lk 22,15). Dieser Bezug zur Passion Christi vereinigt seine Sehnsucht und sein Leiden mit dem der Jungfrauen, indem ihr Martyrium in eine Eucharistie verwandelt wird. „Die Braut Christi fährt darin fort nicht zu ruhen, sondern zu kämpfen", so heißt es im *Speculum virginum*, „als sie den Kelch des Herrn dem goldenen Kelch Babylons vorzog. Sie ist zur Welt gestorben, indem sie Gott sich selbst und ihr Eigentum als lebendiges Opfer darbot."[66]

Nach der Anspielung auf die Eucharistie entfaltet sich hier die Geschichte der Passion Ursulas als Teil des apokalyptischen Kampfes zwischen Christus und Satan weiter. Die *symphonia* der Spötter trifft dabei auf die Symphonie der Engel, und der Leib Christi steht gegen den Leib Satans.[67] Der Spott von Ursulas Peinigern, „sie weiß nicht, was sie spricht", erinnert an das Gespött des Teufels im *Ordo virtutum*, der dort seine Widersacher der Naivität bezichtigt: „Ihr wißt nicht, wer ihr seid… ihr wißt nicht, wen ihr verehrt."[68] Weder die Welt noch der Teufel kann das „fremdartige Leben" der Jungfernschaft begreifen: vielleicht dachte Hildegard hier auch an einige ihrer weniger verständigen Nachbarn. Auf jeden Fall kann auf den Spott nicht direkt geantwortet werden; Ursula antwortet nur, indem sie ihre unbesiegbare Geringschätzung der Welt demonstriert. Durch ihren Mut steigt dann die himmlische Ekklesia wieder „auf die Erde hernieder“, und selbst die „Glieder“ des Teufels erkennen die Braut Christi in den Jungfrauen, in dem Augenblick, in dem sie sie gerade schlachten. Als das Blut der Märtyrerinnen so wie das Blut Abels zum Himmel aufschreit, beschwören die Elemente das Blut des Lammes, das in seiner – und der Jungfrauen – Verlobung vergossen wurde. Der Schrei erinnert nicht nur an das einmalige Opfer Christi, er bedeutet auch, daß selbst jetzt noch sein Blut aus den Wunden seiner Braut in ihrer eucharistischen Hochzeit ausfließt. Die Hochzeit wird sofort im Himmel vollendet, wo die Jungfrau und ihre Gefährtinnen in einer überraschenden Verwandlung zu einer Perlenkette werden, die nicht etwa die Braut schmücken, sondern die den Teufel erwürgen soll. So endet die Sequenz triumphalistisch, obgleich überraschend, mit einem denkwürdigen Bild der Virginitas, die das Haupt der Schlange zertritt (Gen 3,15).[69]

Mutter Kirche und die Mutterschaft Gottes

Die Jungfräulichkeit Ekklesias ist nicht nur mit der archetypischen Schönheit der Frau (die paradiesische Eva und Maria) verbunden, sondern auch mit der schmerzvollen und asketischen Liebe, die sogar ins Martyrium führen kann. Auf jeden Fall bezieht sich das Symbol direkt auf das Leben und Sterben von Frauen, die für sich den Weg der Jungfräulichkeit erwählten. Im Vergleich dazu hat die Mütterlichkeit Ekklesias aber keine solche Bedeutung für reale Mütter. Im Gegenteil ist dies ein Symbol, das sich primär auf die

Aufgaben und Eigenschaften des männlichen Klerus bezieht. So verweisen die Geburten der Mutter Ekklesia auf die Taufe, ihr Stillen auf das prophetische Lehren und Predigen, ihre mütterliche Zärtlichkeit auf das Bußsakrament, und ihr Aufschrei von Verlassenheit und Schande auf die Verwüstungen, die unwürdige Priester angerichtet haben. Aber selbst wenn die mütterlichen Funktionen Ekklesias Hildegard dazu veranlaßten, über die mütterlichen Gaben Gottes nachzudenken, dann ehrte sie darin doch nur die Weiblichkeit Gottes und nicht die Mütterlichkeit der Frauen, die vom Charme der Jungfräulichkeit unberührt und daher ungeheiligt bleibt. In der Art, wie die Äbtissin durchweg die Mutter Kirche behandelt, läßt sich eine konstante Feminisierung kirchlicher und klerikaler Handlungen erkennen, die durch die willentliche Ausgrenzung nichtjungfräulicher Mütterlichkeit und Weiblichkeit aus dem heiligen Raum verschärft wird.

In Hildegards einzigartiger Taufikonographie vermischen sich mütterliche und männliche Elemente mit einem visionären Synkretismus, der charakteristisch für sie ist. In ihrer ersten Vision Ekklesias (Fig. 8, unten rechts) sah sie den Mutterschoß dieser Gestalt wie ein Fischnetz unterteilt.

> Dann sah ich in Bodennähe schwarze Kinder wie Fische im Wasser durch die Luft schwimmen. Sie gingen durch die Öffnungen, mit denen die Gestalt durchbohrt war, in ihren Leib ein. Und sie seufzte auf und zog sie zu ihrem Haupt empor; da gingen sie aus ihrem Mund hervor, sie selbst aber blieb unversehrt. Und plötzlich erschien mir wiederum jenes helle Licht und darin eine Menschengestalt, die ganz von rötlichem Feuer durchglüht war (wie ich es schon früher in einer Vision gesehen hatte); sie zog jedem einzelnen von ihnen die schwarze Haut ab und warf sie über den Weg hinweg, bekleidete alle mit blütenweißem Gewand und ließ sie ein hellstrahlendes Gesicht sehen, während sie zu jedem von ihnen sprach: „Lege die alte Unversehrtheit (*vetustatem iniusti-*

tiae) ab und ziehe die neue Heiligkeit an. Denn die Tür zu deinem Erbe ist dir wiedererschlossen."[70]

Die Vision ist eine Collage von Taufsymbolen, die eine einheitliche Lehre wenn nicht ein einheitliches Bild zum Ausdruck bringen. Die schwarzen Kinder sind die noch mit der Ursünde befleckten Katechumenen, die auf der Suche nach Erlösung zur Mutter Kirche eilen und dann in ihren Schoß eintreten (Jn 3,4), indem sie sich auf die Taufe vorbereiten. In ihrem Seufzen ruft sie die Dreifaltigkeit (Mt 28,19) herab und zieht ihre Kinder zu Christus, ihrem Haupt (Eph 5,23). In diesem Herabrufen gebiert sie durch das Wort und den Geist – oder illustrativ, durch den Mund. Ihre Jungfräulichkeit, der reine katholische Glaube, bleibt währenddessen erhalten. Der Sohn Gottes zieht das Gewand der Sünde, den alten Adam, aus und kleidet die Neubekehrten in das Licht Christi (Gal 3,27; Kol 3,9–10). In einer neuartigen Komposition, die Hildegards Text treu bleibt, kombinierte die Künstlerin drei alte Taufsymbole: den Schoß der Mutter Kirche, das Herabrufen der Dreifaltigkeit (dargestellt durch eine dreifarbige Sphäre) und das Gewand der Unsterblichkeit.

Das vierte Motiv ist problematischer. Hildegard verglich hier die Katechumenen mit Fischen und den Schoß Ekklesias mit einem Fischnetz, das vermutlich das Netz des Menschenfischers Petrus darstellt (Mt 4,19). In der Urkirche hatte das kryptische Anagramm Christi (ΙΧΘΥΣ) zur Ausbildung eines ganzen, damit verbundenen Symbolkomplexes geführt, wobei der Taufbrunnen ein Fischteich (*piscina*) ist, die Neubekehrten der geheimnisvolle Fischfang Petri sind (Lk 5,1–11), die Predigten der Apostel das Netz Christi sind, und die Welt oder die Kirche ein See ist.[71] Tertullian hatte in seiner Abhandlung *De baptismate* behauptet, daß „nach dem Beispiel Jesu Christi, unserem Fisch... wir kleinen Fische aus dem Wasser geboren" sind, „und wir werden nicht gerettet werden, wenn wir nicht im Wasser bleiben“[72]. Und Ambrosius hatte gesagt, daß „der apostolische Angelhaken tatsächlich ein Netz sei, das die gefangenen Fische nicht zerstöre, sondern sie bewahre und sie aus den Tiefen zum Licht empor ziehe“[73]. Aber zur Zeit Hildegards war diese patristische Symbolik nicht mehr gebräuchlich, und die Geschichte vom geheimnisvollen Fischfang Petri diente den mittelalterlichen Exegeten nur noch als Prüfstein für das Primat Roms.[74] Als Hildegard also ihre Bilder aneinanderfügte und das Netz Petri auf den Schoß Ekklesias legte, belebte sie eine alte Tradition neu, aber sie feminisierte sie auch, denn sie unterließ es gänzlich, die Apostel zu erwähnen, und sprach nur von der Mutter Kirche. Der Schoß Ekklesias ist der Brunnen, und der Brunnen ist der große See, in den Christus, der Bräutigam – und nicht Petrus-, sein Netz geworfen hat, und die Fische eilen zum Netz wie Kinder zu ihrer Mutter. Obgleich sie eine glühende Papalistin war, redete Hildegard einst sogar den Papst selbst als die „*materia* aller geistlichen Berufe“ an.[75]

Dieser eigentümliche Titel ist nur einer von vielen, bei dem auf die pastorale Seelsorge als einer Art von Mütterlichkeit angespielt wird. Hildegard verwandte eine solche Bildsprache sehr häufig, wenn sie an Bischöfe und Klosterobere schrieb, entweder um sie um einen Gefallen zu bitten, oder um ihnen wegen der Vernachlässigung ihrer Pflichten Vorhaltungen zu machen. Der gerade zitierte Brief wurde 1173–74 geschrieben und Hildegard wollte sich hierdurch der Fürsprache von Papst Alexanders III. in ihrem Streitfall mit den Mönchen vom Disibodenberg versichern. In einem anderen Brief an Papst Eugen III. (1153) hatte Hildegard um Gnade für ihren Patron Erzbischof Heinrich von Mainz gebeten, der die Gunst Kaiser Barbarossas verloren habe und wegen Inkompetenz abgesetzt werden sollte. Hildegard, die im Namen Gottes sprach, focht hierin die Motive der Feinde Heinrichs an und bat den Pontifex, den Fall

„nach der tief inneren mütterlichen Barmherzigkeit Gottes" zu beurteilen.[76] Obwohl sie Heinrichs Schuld eingestand, erinnerte sie Eugen doch daran, daß „Barmherzigkeit... Ihm lieber als Opfer" ist, und deutete an, daß Mildherzigkeit den irrenden Prälaten rascher zur Reue führen würde. Buße ist wirklich „eine zärtliche Mutter", sagte sie an anderer Stelle einer zerknirschten Schwester Äbtissin.[77] Und in *De operatione Dei* schrieb sie, da der Schöpfer Männliches und Weibliches gleichermaßen in der Seele und im Körper angelegt habe: Stärke, Mut und Gerechtigkeit seien männliche Eigenschaften, während Barmherzigkeit, Mitleid und Reue weiblich seien.[78] Alardus, dem Abt von St. Martin in Köln, gab sie den Rat, seine Mönche „in mütterlicher Zärtlichkeit" zu unterweisen, nicht aber mit „scharfen Worten", so daß sie ihre Münder öffnen könnten, um Brot anstelle von Disteln zu empfangen.[79] Bei anderer Gelegenheit rügte sie einen unbekannten Pfarrer, der seine Schutzbefohlenen spirituell geschwächt aufwachsen ließ, daß sie keine „Brüste mütterlicher Fürsorge" hätten, an denen sie saugen könnten.[80]

Solche bildhaften Ausdrücke sind nicht spezifisch eigentümlich für Hildegard oder das 12. Jahrhundert, sondern sie stammen wie auch das Bild der Braut Christi von Bildmetaphern aus den Paulusbriefen. Der Apostel nannte die Korinther „Säuglinge in Christus", die er mit Milch und nicht mit fester Speise nähren müsse (1 Kor 3,1–2; Hebr 5,13–14; 1 Petr 2,2), und die Galater nannte er „kleine Kinder", mit denen er in den Wehen liege, bis Christus in ihnen Gestalt annehme (Gal 4,19). Frühe Kirchenväter wie Klemens von Alexandrien und Origenes unterschieden zwischen den „Einfachen", oder den geistigen Kindern, und den „Vollkommenen", oder den Müttern in Christus, eine Unterscheidung die in geistlichen Schriften weite Verbreitung fand.[81] Einer bekannten Predigt Gregor des Großen zufolge „wird jeder, der im Glauben Christi Bruder oder

Schwester ist, in der Predigt zu seiner Mutter; dabei gebiert er den Herrn und gießt ihn in das Herz des Hörers aus"[82].

Im 12. Jahrhundert kam es zu einer Renaissance des Themas der geistigen Mütterlichkeit, besonders in der Tradition des Hohenliedes.[83] Das Säugen und die Geburt konnten dabei Predigt und Seelsorge symbolisieren; so kennzeichneten nach Honorius, langem Kommentar zum Hohenlied die Brüste Ekklesias, die „süßer als Wein" sind, „diejenigen, die in beidem (Altem und Neuem Testament) geschult sind und die die Milch der Lehre aus den zwei Gesetzen für die kleinen Kinder in Christus ausgießen"[84]. Bernhard von Clairvaux deutete die Brüste der Braut als die Liebe, die Zuneigung und die Anweisungen, die die Mutter Kirche, besonders durch Äbte und Prälaten, ihren Kindern anbiete. In einem klassischen Vergleich von aktivem und kontemplativem Leben stellte er die „Brüste", d. i. der öffentliche Predigtdienst und die Seelsorge, den „Küssen", d. i. das einsame Gebet, gegenüber.[85]

In einer Studie über Mutterbilder unter den Zisterziensern beobachtete Caroline Bynum, daß dieser Symbolismus zwei grundlegende Charakteristika hat, nämlich die väterliche Autorität, die durch mütterliche Zuneigung versüßt wird, und die kindliche Abhängigkeit von Gott oder seinem Repräsentanten, dem Abt.[86] Die lange, lebendige Tradition in der Prälaten mit mütterlicher Fürsorge assoziiert werden, zeigt auf, daß Hildegards Bild ist nicht typisch „weiblich", aber in der Verwendung dieser Bildsymbole stimmt sie auch nicht gänzlich mit den Zisterziensern überein. Zum Beispiel übertrieb Hildegard anders als Bernhard das Bild des Säugens niemals auf sentimentale Weise, und obwohl sie viel über Mütterlichkeit sprach, sagte sie doch wenig über geistliche Kindschaft aus. Und obwohl das Bild des „Säugens" ihr häufig den Gedanken an Zärtlichkeit und Milde nahelegte, konnte es auch auf die Heftigkeit und kosmische Kraft der Predigt Ekklesias verweisen. So schrieb die Äbtissin folgenden Lobpreis für den Missionar St. Eucharius:

> Durch deine Lehre ward die Kirche
> erfüllt mit Einsicht,
> so daß ihr Ruf die Berge übertönte,
> sich neigten Hügel, neigten Wälder,
> die nährten sich an ihrer Brust.[87]

Die triumphierende Kühnheit dieses Bildes erinnert an Deuterojesaja, der Jerusalem große Dinge verhieß: „Du wirst die Milch der Völker saugen und an der Brust von Königen trinken" (Jes 60,16). In einem ähnlichen Text beschwor Hildegard die unwiderstehliche Macht der Stimme Ekklesias: „Wer kann sich dieser Stimme erwehren, die donnerte, als sie sich auf Flügeln erhob, und die den Abgrund bezwang, indem sie unter dem Schutz mütterlicher Lebenskraft erklang."[88] Die Stimme ist der prophetische Geist, aber die *materna viriditas,* durch die es klingt ist in diesem Fall Hildegard selbst, die gegen die Kardinäle donnerte, die Heinrich von Mainz absetzten. Die so dargestellte Mutter Ekklesia, die sich in der Äbtissin von Bingen repräsentiert, ist eine *mulier* ohne *mollities*.

In einer vernichtenden öffentlichen Predigt, die sie um 1169 in Köln hielt, warf sie allen Klerikern der Stadt Nachlässigkeit vor: „Wehe denen, die eine Stimme haben und die damit nicht rufen, und denen, die Brüste haben und damit die Kinder Gottes nicht nähren!"[89] Hildegard tadelte den Klerus dafür, daß er die Lehre und den Gehorsam vernachlässige, daß er sich nicht um die Erziehung seiner Untergebenen kümmere und vor allem, daß er den Katharern nicht widerstehe. Während Priester den Soldaten oder den Minnesänger spielten, leiteten verführerische Häretiker die Herde Christi auf Irrwege. Die nachlässigen Kleriker beteuerten, daß niemand sie beachten würde, aber Hildegard erinnerte sie scharf daran, daß allein um des Gehorsams willen Abel dem Haß seines Bruders trotzte, Noach den Spott seiner Nachbarn aushielt, Abraham seinen Sohn als Brandopfer anband und Mose die Vorwürfe seines Volkes erlitt. Es ist besonders bemerkenswert, daß die Seherin in diesem Fall das Bild des mütterlichen Stillens nicht verwandte, um auf Barmherzigkeit zu drängen, sondern um zu strengerer Disziplin und zu furchtloser Predigt gegen die Häresie anzuspornen. Sie dachte nicht länger an weibliche Zärtlichkeit, sondern an die Glieder, die ihre besondere Aufgabe im Leib Christi zu erfüllen hätten. Wenn die Prediger schwiegen und wenn „die Brüste der Kirche" nicht nährten, dann, so behauptete sie, würde der ganze Leib leiden, da diese Katastrophe das System kosmischer Harmonien zerrüttete.

Hildegard beschrieb Gott manchmal in weiblichen Bildern, die aus dem Bereich der Mutter Kirche übertragen waren, so wie es auch die weißen Mönche taten, deren Verehrung Jesu als Mutter ihr aber fremd war.[90] Wenn sie mütterliche Bilder auf Gott anwandte, betrachtete die Seherin, einmal abgesehen von ihren Weisheitsvisionen, nicht den Menschen Jesus, sondern seine göttliche Natur, die *divinitas*, die Urheber des physischen und des spirituellen Lebens ist. So legte sie zum Beispiel in *De operatione Dei* einen Vers aus dem Hohenlied (1,4) aus, in dem die Brüste des Bräutigams und der Braut von den Mädchen höher als Wein gepriesen werden. Ihre Glosse bezieht sich nicht auf Christus oder die Kirche, sondern auf die *sancta divinitas*, die alle Gerechten mit der Süße der Tugenden erhält, so wie der Wein, der in ein Gefäß gegossen wird.

> Darum sollen frohlocken und sich freuen die Gläubigen... dürstend nach Gottes Gerechtigkeit sollen sie nun das Heilige von seinen Brüsten saugen und nie genug daran haben, da sie sich immerfort in der Betrachtung Gottes erquicken;

> überstrahlt doch das Heilige allen menschlichen Verstand. Wenn so der Mensch das Rechte ergreift, verläßt er sich selbst, kostet die Tugend und trinkt. Er wird davon gestärkt wie die Adern eines Trinkenden voll Wein werden.[91]

So wird die Milch der Mutterliebe zum berauschenden Wein der Ekstase.

Ein anderer Vers aus dem Hohenlied – „Ach wärst du doch mein Bruder, genährt an der Brust meiner Mutter" (8,1) – regte sie zu einer ähnlichen Auslegung an. Die elende Seele möchte Christus gerne ihren Bruder nennen, um sich an den Brüsten seiner göttlichen Mutter zu nähren.

> Ich nenne dich ja wegen deiner Menschwerdung Bruder, der (die Milch der) Barmherzigkeit und Wahrheit trinkt; das ist die Speise, mit der die Gottheit die Menschen nährt. Sie ist mir durch meine Erschaffung Mutter, d.h., sie gibt mir mit der Kindernahrung (*cum educatione vegetationis*) das Leben. Was heißt das? Die Nahrung der Kirche ist voller Gnade, denn du, das lebendige Brot und der Quell des lebendigen Wassers, gewährst ihr im Sakrament deines Leibes und Blutes überreiche Fülle.[92]

Dieser Abschnitt aus der *Scivias* illustriert, wie Hildegard in der Mutterschaft Ekklesias eine Ausweitung der Mutterschaft Gottes sah. Wie mehrere der Weisheitsvisionen, so beginnt auch dieser Text mit der Schöpfungsordnung, die dann in Beziehung zur Erlösungsordnung gesetzt wird. Obwohl der Text direkte weibliche Bilder für Christus vermeidet, leitet er von Gott der Schöpferin zur Gestalt der Mutter Kirche über, und durch den Ausdruck *plena gratia* indirekt die Jungfrau angesprochen wird. In diesen zwei Abschnitten umfaßt die göttliche Fruchtbarkeit, *ubertas*, alle vier Bedeutungsebenen: wörtlich ist sie die Fülle der Natur, allegorisch die Eucharistie, moralisch die Gabe der Tugend und der Gerechtigkeit, und anagogisch entspricht sie der Freude der Vision Gottes.

Aber die göttliche Mütterlichkeit hat auch einen dunklen, leidvollen Aspekt. Im 12. Jahrhundert begann die Verehrung Marias als *mater dolorosa*, als schmerzensreiche Mutter, eine Verehrung, die im Spätmittelalter zur vollen Entfaltung kam. Es ist ein Merkmal für Hildegards Konservatismus, daß bei ihr nicht Maria, sondern Ekklesia diese Rolle spielte; d. h., bei ihr klagt die Kirche über die Sünden und Leiden ihrer Kinder. Seit Irenäus hatten sich Theologen immer auf den Schmerz der Mutter Kirche berufen, um auf indirekte Weise sowohl Gottes Kummer über die Sünde als auch seine unvergleichliche Geduld zum Ausdruck zu bringen. So verglich Rupert von Deutz die Kirche, die bittet für die Bekehrung der Sünder, mit der Witwe von Sarepta, die Elija um die Auferstehung ihres Sohnes bat (1 Kön 17,17–24).[93] Für Honorius war die Mutter Kirche die Frau des Evangeliums, die in Schmerzen ihre Kinder gebiert, aber am Ende der Welt wird sie ihr Leid wegen der Freude, daß ihr Kind geboren wurde, vergessen (Joh 16,21).[94] Und Hildegard läßt die Mutter Kirche ausrufen:

> Ich empfange und gebäre nämlich viele, die mich, ihre Mutter, mancherlei Beunruhigungen aussetzen und bedrücken; denn sie bekämpfen mich durch Irrlehrer, Schismatiker und unnütze Gefechte, durch Raub und Mord, Ehebruch und Unzucht und ähnliche Verfehlungen. Doch sehr viele von ihnen erstehen in wahrer Buße zum ewigen Leben; und sehr viele verfallen in eitler Verhärtung dem ewigen Tod.[95]

Einige dieser Aufrührer, „die die mütterliche Brust und die süße Nahrung der Kirche aufgaben", greifen sie auch offen an. Abb. 11 zeigt ihren Angriff mit dem Schwert auf sie, aber die Angreifer erweisen sich als machtlos gegen ihre Macht. Die schmerzensreiche Mutter fleht Gott an, solche Kinder um seines Sohnes willen zu verschonen, „bis die Vollzahl ihrer Kinder in das Zelt der himmlischen Stadt eingeht"[96].

Zur Zeit des Schismas diente das Thema vom Schmerz der Mutter Ekklesia, um der Bitte zum Erhalt der Einheit Ausdruck zu verleihen. Ganz in der Tradition Cyprians, der sich während des Novatianischen Schismas ständig auf die Leiden der Mutter Kirche berief[97], erhob Hildegard in ihrer Antiphon „O virgo Eccesia" einen Klageschrei:

O Jungfrau Kirche, laut müssen wir klagen,
da der wütende Wolf
dir seine Kinder entriß.
O wehe der listigen Schlange![98]

Aber die folgende Antiphon aus der *Symphonia* „Nunc gaudeant" feiert die Rückkehr der verlorenen Kinder.

Nun möge sich der Mutterleib Ekklesias freuen,
denn in der Harmonie der Höhe
sind ihre Kinder an ihrem Busen vereint.
Darum bist du, schändliche Schlange, verwirrt,
denn die, die deinen Argwohn
in ihrem Fleisch hatten,
erstrahlen nun im Blut des Gottessohnes.
Preis sei dir, höchster König! Halleluja.[99]

Oft liegen den grandiosen Bildern Hildegards konkrete Ereignisse zugrunde, die allerdings rhetorisch verschleiert sind.[100] So war der Aufstand des Arnold von Brescia das historische Ereignis, das die Kirche am meisten erschütterte, während sie die *Symphonia* (1151–1158) komponierte. Arnold war ein feuriger und populärer Reformer, der dazu aufrief, Papst und Klerus ihre Pfründen zu entziehen, der Eugen III. aus Rom jagte und der Bernhard von Clairvaux zu Zornausbrüchen provozierte. 1155 konnte der neue englische Papst Hadrian IV. schließlich Arnold stürzen, indem er während der Karwoche ein Interdikt über das Volk von Rom verhängte, das nicht aufgehoben werden sollte, bis sie den Reformer aus der Stadt vertrieben und sich dem päpstlichen Gesetz unterworfen hätten. So kann es sein, daß sich hinter dem „wütenden Wolf“ der ersten Antiphon Arnold verbirgt; in der Apokalyptik Hildegards steht das Zeitalter des Wolfes für eine Ära der Gewalt und der Usurpation.[101] In einem Brief an Hadrian IV. spielte Hildegard auch in sehr geheimnisvollen Ausdrücken auf dessen Kämpfe mit wilden Tieren an.[102] Ein Häretiker würde natürlich die Jungfräulichkeit Ekklesias, ihren unverletzten Glauben sowie ihre mütterliche Zuneigung beleidigen. Wenn die zweite Antiphon Arnolds Fall feiert, dann könnte der Hinweis auf Jesu Blut auf die Aufhebung des Interdikts über Rom anspielen. Die Empfindungen des „Nunc gaudeant“ lassen Cyprians leidenschaftliches Gebet im Traktat *De Ecclesiae unitate* widerhallen, in dem es heißt, „daß unsere Mutter sich daran erfreuen möge, an ihrer Brust den Leib eines Volkes zu empfangen, das in einem Geist vereint ist“[103].

„Eine weibische Zeit“

Wie alle lebendigen Metaphern, so lassen sich auch Hildegards bildhafte Ausdrücke umkehren. Das trifft besonders auf Ekklesias Weiblichkeit zu, die sie nicht nur jungfräulich und fruchtbar, sondern auch besonders anfällig für Verderbnis macht. Trotz des Turmes des Geistes, der ihre ewige Sicherheit darstellt, kann in der konkreten Geschichte aus der freudigen Mutter eine leidvolle Mutter werden, und die jungfräuliche Braut kann geschändet werden. Ihre Reinheit wird paradoxerweise immer dann beschmutzt, wenn männliche Kleriker, die sie beschützen sollten, ihre Männlichkeit verlieren und weibische Wege gehen. Anstatt in einem guten Sinne „mütterlich“ zu sein – mitleidsvoll, nährend und aufmerksam in der Sorge für ihre Kinder –, werden sie bloß „weibisch“. Um die Kleriker zu maßregeln, brandmarkte Hildegard ihre eigene Geschichtsepoche als „weibische Zeit“ (*muliebre tempus*), die sowohl dem paradiesischen

Zeitalter der „jungfräulichen Natur“ als auch dem apostolischen Zeitalter der „männlichen Stärke“ unterlegen sei. Nachdem der Heilige Geist an Pfingsten herabgestiegen sei, so schrieb sie, errichteten die Apostel ihre Lehre stark wie Stahl in einem männlichen Zeitalter; aber in diesen späteren Tagen sei die Kirche und all ihre Tugend zu weiblicher Schwäche degeneriert.[104]

Bereits 1150 oder 1151 hatte sie Konrad III. prophezeit, daß die gegenwärtig „weiblichen“ – oder anders gesagt, launenhaften und streitsüchtigen – Zeiten in eine noch schlechtere Ära übergehen würden.[105] Etwas später beschwerte sie sich bei Hillinus, dem Erzbischof von Trier (1152–1169), daß „das gegenwärtige Zeitalter weder kalt noch heiß, sondern dreckig sei“ (vgl. Offb 3,16). Jetzt ist die „weibische Zeit“, die der Zeit entspricht, als Eva Adam verführte.[106] (Es mag bedeutsam sein, daß Hildegard in demselben Brief die Frau als einen „Quell der Weisheit“ und der „Freudenfülle“ pries, als ob sie einen Ausgleich zu dieser negativen Sicht des Weiblichen schaffen wollte.) Die Trierer Prälaten erhielten eine ähnliche prophetische Botschaft, als Hildegard gegen das weibliche Zeitalter donnerte, das mit einem gewissen ungenannten Tyrannen begann (wahrscheinlich Heinrich IV.).[107] In ihrer *Vita* datierte sie den Beginn dieses Zeitalters auf das Jahr 1100, um die Zeit ihrer eigenen Geburt.[108]

Was verstand Hildegard genau unter *muliebre tempus*? Da wo sie das Wort *weibisch* in einem abschätzigen Sinn verwandte, bezog sie sich nicht einfach auf die Erscheinung weiblicher Züge im Mann; diese können, wie bereits gezeigt wurde, sowohl gut als auch schlecht sein. Es scheint eher, daß dieses Etikett das kennzeichnen sollte, was vom Weiblichen übrigbleibt, wenn seine zwei positiven Attribute – die Jungfräulichkeit und die Mütterlichkeit – weggenommen sind und nur die allgemeine „weibliche Schwäche“ übrigbleibt. Im *Liber vitae meritorum* werden drei Laster wegen ihrer negativen Weiblichkeit herausgestellt, nämlich die Verzweiflung, die Habgier und die weltliche Traurigkeit.[109] Unter ihren Eigenschaften finden sich Schwäche, Feigheit, Eitelkeit, Torheit und Lüsternheit. Selbst die *Unbekannte Sprache* Hildegards gibt der Weiblichkeit einen schlechten Klang, indem *femina* als *vanix* gedeutet wird, was eine unmißverständliche Anspielung auf *vanitas* (Eitelkeit) darstellt.[110]

In ihrer heftigen Brandmarkung der weibischen Zeit verurteilte Hildegard eine Kirche, deren eitle und vergnügungssüchtige Prälaten in ihrer Begierde nach weltlicher Ehre, leichtem Lebenswandel und Wohlstand alle männliche Kraft und allen Eifer für das Wort Gottes verloren hatten. Ironischerweise sind diese weibischen Priester dieselben, die sie an anderer Stelle für ihren Mangel an mütterlicher Fürsorge anklagte: „Sie haben Brüste und wollen damit nicht stillen." Wo sie kühn und männlich sein sollten, entfalten sie nichts als weibliche Weichheit, wo sie mütterlich und zärtlich sein sollten, offenbaren sie nur ihre Herzenshärte, und wo sie die Jungfräulichkeit Christi und der Kirche nachahmen sollten, beschmutzen sie sich durch Unzucht. Kurz gesagt besitzen sie die Tugenden keines der Geschlechter, aber die Laster von beiden. Da sie selbst keine Jungfrauen sind, können sie auch die Jungfräulichkeit der Kirche nicht achten; ihr reiner Glaube wird durch die Bedrohung, die von den Katharern ausgeht, besudelt. Im Angesicht dieser Gefahr erhob sich Hildegard als *virgo* und *virago*: eine schwache Frau, die von Gott erhoben wurde, um die Weibischen zu beschämen. „Obgleich du wegen der Übertretung Evas vom Manne (*per virilem formam*) unterjocht (*conculcata*) wirst, sprich von diesem feurigen Werk, das dir in glaubwürdigem Gesicht gezeigt wird."[111]

In einigen ihrer bekanntesten prophetischen Schriften maßregelte Hildegard die Machthaber im Namen der mißbrauchten Jungfrau Ekklesia. So wird in *De operatione Dei* die Kirche unter einem bestimmten Aspekt mit der Tugend der Gerechtigkeit identifiziert, die ausruft: „Die Kirche ist aus mir durch die Wiederherstellung des Geistes und des Wassers entstanden. Und wir sind eins wie auch Gott und Mensch eins sind."[112] Hier steht nun Iustitia, wie an anderer Stelle Caritas und Sapientia, für den himmlischen Aspekt der göttlichen und menschlichen Synergie, die die Kirche, d. h. die fortschreitende Inkarnation, ist. Und so wie Caritas über ihre getrennten Kinder klagt und wie Sapientia ihre schmutzigen Kleider wäscht, so ist nun Iustitia darüber bekümmert, daß ihre Schönheit in dem großen Zusammenspiel von ihren menschlichen Partnern verdorben wird. Denn in diesen weibischen Zeiten wurde ihre Krone durch das Schisma dunkel, ihre Robe wurde durch unzüchtige Priester besudelt, und alle ihre Ordnungen wurden wie die Sonne hinter den Wolken überschattet. Sie beschwert sich nun darüber, daß jedermann sein eigenes Gesetz sein möchte und, daß diejenigen, die noch unter der Rute ihres Meisters stehen sollten, sich selbst als Meister hinstellen. Weil Priester weder auf die Schriften horchten noch sie lehrten, wandelten die Gläubigen freudlos einher wie ein Volk ohne König. Und obwohl sie sich Gottes Geboten unterwerfen sollten „wie die Frau dem Mann", lehnten sie sich auf, weil kein Mann da ist, der sie regiert. Aber Gott kann nicht verspottet werden, und die Gerechtigkeit wird sich revanchieren. In diesem Kontext wird die Kirche dargestellt, wie sie von innen durch ihre angeblichen Anführer belästigt wird. Wenn Iustitia auf der einen Seite auch eine göttliche, himmlische Königin ist, die erhabener als alle Sterblichen ist, so hat sie sich auf der anderen Seite doch herabgelassen, um als einsame Jungfrau auf der Erde zu leben, die ihren männlichen Beschützern so lange anvertraut ist, bis ihr Bräutigam kommt. Zwar sind Männer – insbesondere Prälaten – bloß ihre Diener, aber ihre Ehre und ihr Wohlergehen hängt dennoch von ihnen ab. Und so sieht Iustitia wie eine bedrängte Braut aus, die trotz der ihr angetanen Schmach eine Ausstrahlung besitzt und sowohl Erbarmen als auch Ehrfurcht anregt.

In Hildegards Brief an Werner von Kirchheim – zu seiner Zeit ein kraftvoller Traktat, den die Bollandisten als eine Prophetie der Reformation lasen [113] – stimmt Ekklesia selbst das Klagegelied an. Die Seherin schrieb hierin in ihrem erhabendsten Stil:

> Als ich im Jahre 1170 nach der Menschwerdung des Herrn geraume Zeit auf dem Krankenbette lag, schaute ich, wach an Körper und Geist, die Gestalt einer sehr schönen Frau. Von auserlesener Anmut, anziehend in ihrer Lieblichkeit, besaß sie solche Schönheit, daß Menschengeist es nicht zu fassen vermochte. Ihre Gestalt ragte von der Erde bis an den Himmel hinan. Ihr Antlitz funkelte von höchstem Glanz. Mit ihren Augen blickte sie in den Himmel hinein. Bekleidet war sie mit einem strahlenden Gewand aus weißer Seide und einem Mantel, der mit kostbaren Steinen – Smaragd und Saphir –, auch mit Perlchen und Perlen geschmückt war. An den Füßen trug sie Schuhe aus Onyx. Aber ihr Antlitz war mit Staub bestreut, ihr Gewand an der rechten Seite zerrissen. Auch hatte der Mantel seine erlesene Schönheit verloren. Und ihre Schuhe waren von oben her beschmutzt. Mit lauter, klagender Stimme schrie sie zum hohen Himmel hinauf und sprach: „Horch auf, Himmel, denn mein Antlitz ist besudelt. Trauere, Erde, denn mein Kleid ist zerrissen. Erzittere, Abgrund, denn meine Schuhe sind beschmutzt. Die Füchse haben ihre Höhlen und die Vögel des Himmels ihre Nester, aber ich habe keinen Heiler und Tröster noch einen Stab, auf den ich mich stützen könnte und der mir Halt wäre." Und weiter sprach sie:
> „Im Herzen des Vaters war ich verborgen, bis der Menschensohn, in Jungfräulichkeit empfangen und geboren, sein Blut vergoß. Mit diesem Blut, als seiner Mitgift, hat er sich mir vermählt, damit ich in der reinen und einfachen Wiedergeburt aus dem Geiste und dem Wasser die vom Geifer der

> Schlange Verkrümmten und Besudelten neu gebäre. Meine Pfleger (*nutritii*), die Priester, die bewirken sollten, daß mein Antlitz funkle wie das Morgenrot, mein Gewand aufleuchte wie der Blitz, mein Mantel strahle wie kostbares Gestein und meine Schuhe hell glänzten, haben mein Antlitz mit Staub bestreut, mein Gewand zerrissen, meinen Mantel dunkel und meine Schuhe schwarz gemacht. Die mich ganz und gar hätten schmücken sollen, haben mich in allem treulos verlassen. Mein Antlitz besudeln sie, indem sie, behaftet mit großer Unreinheit ihrer ausschweifenden Sitten, dem argen Schmutz der Hurerei und des Ehebruchs, mit reißender Habsucht übelster Art bei Kauf und Verkauf aller möglichen ungeziemenden Dinge, das Mysterium vollziehen und den Leib und das Blut meines Sohnes empfangen. Und sie wickeln es so in Schmutz ein, wie wenn man ein Kind vor die Schweine in den Kot hineinlegen würde."[114]

Aufgrund der spezifischen Vorwürfe gegen den Klerus – Hurerei, Ehebruch, Simonie, Ämter- und Pfründenanhäufung, leichter Lebenswandel, Habgier, Nachlässigkeit und Gehorsamsverweigerung – kann dieser Text Hildegards in die Tradition der Gregorianischen Reform verortet werden. Auch ihre Bildwelt erinnert wiederum an den Abt von Clairvaux. In Bernhards Sicht waren die Prälaten „die Freunde des Bräutigams", die, wie Johannes der Täufer, die Sorge für die Braut so lange tragen müssen, bis der Bräutigam kommt und sie für sich beansprucht.[115] Hildegard warf diesen treulosen Freunden vor, daß sie, anstatt die Jungfrau Christi zu beschützen, diese beschmutzt und entwürdigt hätten. Für diesen Betrug würden sie ihren gerechten, aber tragischen Lohn erhalten. Prinzen werden gegen sie beraten, ihr Wohlstand wird von ihnen genommen, und sie werden verbannt werden, eine wütende Bevölkerung wird sich im Namen Gottes gegen sie wenden und dabei ihre Weihe und ihr Priestertum als bloße Bagatelle ansehen, und schließlich werden sich am Scheidepunkt Klöster auflösen.

Aber wie auch zu Zeiten Elijas (1 Kön 19,18) wird ein Rest, „der sich vor Baal nicht niedergekniet hat“, übrigbleiben. Selbst in diesen späteren Tagen wird die Geschichte ihren gewöhnlichen wechselhaften Kurs nehmen: Zeiten des Frieden und der Gerechtigkeit werden mit gottlosen Zeiten abwechseln, die durch eine Folge von fünf Raubtieren symbolisiert sind (Fig. 13, oben links).

Diese Prophezeiungen des Untergangs kulminieren in einer apokalyptischen Vision der Kirche, die vom Antichrist bestürmt wird. Die frühmittelalterliche Apokalyptik, einschließlich der von Hildegard, war stark durch eine Abhandlung des Mönches Adso aus dem 10. Jahrhundert über den Antichrist beeinflußt (*De ortu et tempore Antichristi*). Darin steht, daß der letzte Feind der Kirche in einer unheimlichen Parodie auf die Geburt Christi von einer „Antijungfrau“ geboren werden würde.[116] Hildegard griff diese Idee in *Scivias* III.11 auf und prophezeite, daß der Satan sich als heiliger Engel verkleiden würde, um die Mutter des Antichrist, eine Hure, die der Zauberei kundig ist, zu täuschen. Sie würde ihre Unzucht dann als heilig bezeichnen und vorgeben, den Vater des Kindes nicht zu kennnen, so daß eine dumme, fehlgeleitete Öffentlichkeit sie als eine Heilige ansehen würde.[117] Dieselbe Prophezeiung taucht in *De operatione Dei* wieder auf: „In jener Zeit wird ein unreines Weib einen unreinen Sohn empfangen. Die alte Schlange aber, die den Adam ausgesaugt hat, wird ihn mit ihrer ganzen Schar derartig anstecken, daß nichts Gutes... in ihm bleiben kann.“[118] Es überrascht nicht, daß die Unreinheit der Geburt des Antichrist und andere sexuellen Taten in Hildegards Sicht schwer wiegen. So behauptete sie auch, daß der Sohn der Verdammnis viele verführen würde, indem er das Gebot der Enthaltsamkeit mit dem „wissenschaftlichen“ Grundprinzip ablehne, da diese der warmen und feurigen Natur des Menschen zuwiderlaufe. Schließlich würde er versuchen Ekklesia, selbst zu bedrängen und damit die Arbeit beenden, die die gottlosen Prälaten begonnen hatten. Daraus folgt die monströse Vision in Abb. 13. (untere Hälfte):

> Doch auch die Frauengestalt, welche ich früher an dem Altar vor den Augen Gottes erblickt hatte, wurde mir jetzt wiederum dort gezeigt, und zwar so, daß ich auch sie nur von der Mitte des Leibes an abwärts sah. Sie hatte nämlich von ihrem Nabel bis an die Stelle, an der man die Frau erkennt, verfärbte und schuppige Flecken. An derselben Stelle des weiblichen Erkennungsmerkmals erschien ein unförmiges pechschwarzes Haupt mit feurigen Augen, eselsgleichen Ohren und mit Nase und Rachen, wie ein Löwe sie hat. Mit weit aufgerissenem Maul knirschte es und wetzte schreckenerregend die furchtbaren eisenartigen Zähne.[119]

Der Kopf bezeichnet natürlich den Antichrist mit seinen verdorbenen Handlungen, Lehren und Verfolgungen. Er erscheint da, wo Ekklesias Genitalien sein sollten, denn sein Ziel ist es, die Kirche zu verführen, so wie der Teufel Eva ins Verderben führte. Die Miniaturistin malte anstelle von Mutter Ekklesia, die durch die männliche Stärke des Heiligen Geistes unterstützt wird (Abb. 11), nun die Kirche im Gewand eines grotesken Hermaphroditen und stellte die Ohren des Antichrist in Form eines errigierten Phallus dar, um auf seinen Versuch der Vergewaltigung der Jungfrau Christi hinzuweisen. Aber Hildegard sah in ihrer Vision auch den Menschensohn (oben rechts), und an der Stelle seiner Genitalien sah sie die Morgenröte der Gerechtigkeit und eine Lyra mit angespannten Saiten. Diese zwei Symbole zeigen an, daß die Gläubigen durch Leiden gehen müssen, um die Freude der himmlischen Hochzeit zu erreichen.[120] In diesen beiden entgegengesetzten Bilder des Geschlechtsverkehrs brachte Hildegard das Paradox ihres eigenen göttlichen und jungfräulichen Eros am gewagtesten zum Ausdruck: Der Sohn Satans bedrängt die neue Eva in einem Bild

Abb. 13 *Die Jungfrau Ekklesia, die vom Antichrist angegriffen wird. Oben links stellen die fünf apokalyptischen Bestien die künftigen Zeiten dar. Oben rechts thront Christus, der Eckstein der himmlischen Stadt. Unten erhebt sich der Antichrist, der als monströser Kopf dargestellt ist, auf einem Haufen von Exkrementen und greift die blutende Ekklesia an. Die Gläubigen werden von Unsicherheit zerrissen. Scivias III. 11, Eibingen Ms.*

grobschlächtiger, abstoßender Perversion, während die Symbole der Jungfräulichkeit – Musik und die Morgenröte – die wahre Vereinigung von Bräutigam und Braut anklingen lassen. Der Antichrist – der Sohn einer Hure, der Apostel „natürlicher“ Sexualität und der Widersacher der Keuschheit – verkörpert die letzte und größte Bedrohung der jungfräulichen Kirche. Aber schließlich wird die alte Schlange nach ihrer letzten Selbstbehauptung verbannt werden, und die Pforten des Paradieses werden sich wieder für die neue und unverdorbene Eva mit all ihren Kindern öffnen, damit sie sich dort einer ewig-jungfräulichen Vereinigung mit dem neuen, ewigen Adam erfreuen kann, „so wie es vor Beginn der Welt bestimmt war.“

In ihren vielen Gestalten erscheint Ekklesia paradoxerweise als eine konkretere und in gewisser Weise menschlichere Person, als die Jungfrau Maria. Sie empfängt und gebiert nicht nur, sondern grämt und freut sich, unterweist, nährt und züchtigt. Ihre Weiblichkeit ist in seiner Ausdrucksweise vielfältiger und bietet Hildegard einen größeren Anreiz für ihre bildhafte Imagination. Außerdem kann die reine figürliche Ekklesia im Gegensatz zur historischen Maria ein Rollenmodell für lebendige Frauen liefern. Ein Grund für diese unerwartete Feststellung liegt darin, daß Maria, obgleich sie ein Mädchen aus Galiläa war, in Hildegards Schriften eine überzeitliche Vollkommenheit verkörpert. Wenn auch ihr Erscheinen auf der Erde das Zentrum der Geschichte bildet, so ist es doch weder durch die Bedingungen der Geschichte bestimmt, noch zieht es die Geschichte in seine eigene Sphäre hinein. Und obwohl durch die Jungfrau das Paradies zurückgewonnen ist, bleibt es doch der normalen sterblichen Erfahrung verschlossen. Im Gegensatz dazu kann von Ekklesia gesagt werden, daß sie die Geschichte selbst personifiziert. Wie bei Synagoga können aus ihrem Bild von der Spitze nach unten hin Hinweise auf die aufeinanderfolgenden Weltzeitalter abgelesen werden. Wenn auch ihr Haupt mit dem ewigen Ratschluß gekrönt sein mag, so sind ihre unteren Teile doch blutig und zerrissen, zum Zeichen für die Versuchungen, denen sich die Kirche vor und während der Herrschaft des Antichrist unterziehen muß. Weil sie aber verletzlich und dem Strom der Geschichte unterworfen ist, kann sie als eine Gestalt wahrgenommen werden, die in jeder Situation agiert und leidet und deren Manifestationen mit den momentanen Krisensituationen variieren. Daher bleibt der symbolische Gehalt ihrer Persona offen für die kreative Ausgestaltung. Und weil Ekklesia nicht nur eine metaphysische Realität, sondern auch ein soziales Konstrukt ist, verändert sich ihr Status mit den Bedingungen ihrer Mitglieder. Während der jungfräuliche Garten immerwährend versiegelt, unverletzlich und unveränderbar ist, wimmelt die Stadt, die Ekklesia ist, voll von Arbeitern und Verwüstern, die in und an ihr so oft zerstören wie auch aufbauen können.

Hildegards weisheitliches Konzept der Kirche verleiht Ekklesia allerdings auch eine massive Größe, die all ihre Erscheinungen durchzieht. Sie hat eine solide, unverkennbare „Persönlichkeit", die ausgeprägter als jede der schattenhaften Charakterporträts ist, die sich aus Hildegards Briefen oder Erinnerungen abstrahieren lassen. Die Schlußfolgerung, daß diese Art symbolischer Repräsentationen das Herz der „realen Welt" bildete, so wie die Seherin sie wirklich wahrgenommen hat, scheint unumgänglich. Visionäre Gestalten wie Caritas, Sapientia und Ekklesia begegnen dem Leser daher nicht als bloße Abstraktionen oder allegorische Konstrukte. Im Gegenteil sind sie eigentlich bodenständiger als irgendein historisches Individuum, das die Äbtissin beschrieb. So vermischte sich Ursula, die einzige weibliche Heilige, mit der sich Hildegard zu identifizieren schien, bei ihr sehr rasch mit der substantielleren Gestalt der Ekklesia. Selbst Richardis, die Nonne, der sie in Liebe und Konflikt am stärksten verbunden war, wird in einem unpersönlichen Lobgesang erhoben, der von der Gestalt der Castitas gesprochen wird. Und wie bereits gesehen wurde, gelangten Maria und Eva nicht als Individuen in Hildegards Imagination, sondern als symbolische Gestalten, d.h. als Typen der einzigen *feminea forma*. Denn Hildegard scheint, trotz all ihrer Arbeit in der Medizin, in der Verwaltung, und in ihrer Beratungstätigkeit, eigentlich in den Formen oder Ideen, die sie in ihren Visionen sah, mehr Tiefe, Substanz, und Detail anerkannt zu haben, als sie in Individuen sehen konnte. So war sie Platonistin nicht nur aufgrund dieser oder jener Meinung, sondern in ihrer grundlegenden Denk- und Wahrnehmungsweise.

Dieser Charakterzug Hildegards kann helfen, eine Tatsache zu erklären, die heutige Leser/innen irritiert. Trotz der umfangreichen weiblichen Bilderwelt für die Kirche und das Priestertum, pflichtete Hildegard dem Ausschluß der Frauen vom Klerus und anderen Formen weiblicher Unterordnung nicht nur bei, sondern unterstützte sie auch aktiv. Im Blick auf ihren historischen Kontext überrascht das nicht, aber es muß auch nicht als unvermeidbar angesehen werden. Denn es hatte bereits Bewegungen gegeben, angefangen bei den Montanisten des 3. Jahrhunderts bis hin zu den Guglielmiten des 13. Jahrhunderts, in denen die Stellung der Frau in der Kirche bestärkt werden sollte, und dies unter Bedingungen, die im Vergleich zu denen in Hildegards keineswegs günstiger schienen. Und allein die bloße Tatsache, daß sie die Angelegenheit überhaupt anging und darüber so starke Worte machte, wie sie es tat, zeigt an, daß sie sich einer möglichen Alternative durchaus bewußt war. Ihre Selbstwertschätzung als weibliche Prophetin für ein weibisches Zeitalter macht sie nur zu einer Ausnahme von der Regel: Frauen mögen darin fortfahren, Prophetien auszusprechen, solange wie die Zeiten weiblich bleiben, aber wenn die Zeiten sich normalisieren, werden solche Ausnahmen nicht mehr vonnöten sein. Es ist bezeichnend, daß die

Abfolge apokalyptischer Zeitalter, die in der *Scivias* und in *De operatione Dei* prophezeit werden, keinen Hinweis auf eine kommende Ära gibt, in der Geschlechtsrollen umgekehrt oder verändert werden.

Möglicherweise möchten einige Leser/innen nun Hildegards elaborierten weiblichen Symbolismus als eine Art von Schleier abtun, der nur dazu dient, weibliche Machtlosigkeit zu verkleiden – bestenfalls als eine Kompensation, schlimmstenfalls als ein Zusammenspiel mit dem Unterdrücker. Aber Hildegard definierte ihre Welt nicht in den Kategorien des modernen Feminismus. In der mittelalterlichen Religion wurde allgemein „Machtlosigkeit" als ein Wert für beide Geschlechter hochgehalten; Hildegard personifizierte dies in solchen Tugenden wie Demut, Geistesarmut, Gehorsam und Geduld. Wie bereits aufgezeigt wurde, sahen sie und Elisabeth von Schönau Schwäche als eine Form der Stärke an.[121] Zeitgenössische Kritiker/innen mögen dennoch ihren Standpunkt bestreiten, aber der Hauptstoß der Kritik würde die mittelalterliche Frauenfeindlichkeit nicht wirklich treffen. Hildegards Verteidigung der Kraft durch die Schwäche ist nur eine Anwendung eines weitreichenden Prinzips, das nicht spezifisch mittelalterlich oder frauenfeindlich, sondern bloß christlich ist.

Neben ihrem Platonismus und ihrem Verständnis weiblicher Schwäche ist ihre ungewöhnliche Sensibilität schwierig zu erfassen. Der Einfachheit halber mußte ich von ihren „Gedanken" und ihrer „Imagination" sprechen, aber es ist wichtig, sich zu vergegenwärtigen, daß, wenn Hildegard Griffel und Wachstafel in die Hand nahm, sie nicht sich selbst als die Denkende, Imaginierende, Dichtende oder Komponierende begriff. Von den Erkenntnissen moderner Psychologie gänzlich unberührt, schrieb sie einfach „die Worte und Visionen, die ihr offenbart worden waren"[122]. Und in diesen Visionen sah sie Ekklesia, die Braut Christi, als eine lebendige und substantielle Person. Die visionäre

Gestalt der Ekklesia war für sie nicht bloß eine Redefigur oder die verbale Ausschmückung eines abstrakten Konzepts. Sie war ein reales, ewiges Wesen im Himmel, und nur dadurch, daß die Versammlung von Bischöfen, Priestern, Mönchen, Nonnen und Laien sie auf Erden verwirklichte, konstituierte sie sich selbst als „die Kirche". Und noch weitgehender war die Kirche für Hildegard nicht auf den ausgewählten Körper von Prälaten und Religiösen, die seine Elite bildeten, begrenzt, sondern er umfaßte die ganze Menschheit. Ekklesia schloß jeden ein, den Hildegard kannte oder kennenlernen konnte mit Ausnahme der Juden – und selbst ihnen war es am Ende bestimmt, zu konvertieren. Wenn sie also die Kirche als eine Frau erblickte, indem sie aus alten typologischen Motiven ein Porträt beispielloser Lebendigkeit und Komplexität entwickelte, bewies sie, daß die Menschheit in ihrer Gesamtheit – Frauen und Männer in der Geschichte, in der Gesellschaft und in der Beziehung zu Gott – ein weibliches Antlitz hat. Im Wissen, daß ihre Weiblichkeit für die Menschheit Gottes, für die erlösende Schwäche und für das Fleisch Gottes ein Zeichen war und dieses Wissen mit der ganzen Kraft, die ihre platonische und visionäre Seele der Tatsache der Zeichenhaftigkeit zuschrieb, empfindend, konnte Hildegard ihren Unmut überwinden und die Frauenverachtung ihrer Kultur mit einer Gelassenheit aushalten, die in unserer entmythologisierten Welt kaum glaubhaft erscheint.

SIEBTES KAPITEL

Schwester der Weisheit

In jüngerer Zeit hat Hildegard von Bingen großen Anklang bei den Anhängern einer „schöpfungszentrierten" bzw. ökologischen Spiritualität gefunden, die sie als eine Art „New-Age- Mystikerin" populär machten, indem sie die stärker optimistischen, ganzheitlichen und naturalistischen Seiten ihres Gedankengutes hervorhoben.[1] Tatsächlich gibt es in ihrem Werk Textstellen, die von der „Dame Natur" im *Roman de la Rose* hätten ausgesprochen sein können, und im Kapitel über die Weiblichkeit Gottes sind genau diese Stellen hervorgehoben worden. Die Weiblichkeit stellt in einer weisheitlichen Schöpfungstheologie wie der von Hildegard das immanente göttliche Prinzip dar, das zwischen dem transzendenten Gott und seinen Geschöpfen vermittelt. Sie ist Weisheit und Liebe, Energie, Synergie und Schönheit. Als Gemahlin des männlichen Schöpfers ist sie die göttliche Mutter alles Lebendigen. Aber es muß hier richtiggestellt werden, daß Hildegards Lehre im Grunde nicht schöpfungszentriert ist; vielmehr liegt ihr Zentrum in der Inkarnation, in der die Weiblichkeit Gottes, wie alles andere, ihre tiefste Bedeutung findet. Sapientia repräsentiert in diesem Kontext den ewigen Ratschluß und die absolute Prädestination des Gottmenschen, der in weiblicher Gestalt durch die Prädestination Marias und Ekklesias symbolisiert wird. So ist die Weiblichkeit auf allen Ebenen dasjenige in Gott, was sich selbst am innigsten mit der Menschheit verbindet und durch diese mit dem Kosmos.

Umgekehrt ist der weibliche Aspekt der Menschheit das, was zur Vereinigung mit Gott gelangt: Maria, die Kirche, die Tugenden, die jungfräuliche Seele und selbst die Menschheit Christi sind weiblich oder werden als weiblich angesehen. Louis Bouyer, ein zeitgenössischer katholischer Theologe, drückte dies analog so aus. „Das Geheimnis der Frau… ist das Geheimnis der erlösten Schöpfung, die Gott vollendete und mit der er sich selbst vermählte." Aus diesem Grunde sind in der Ehe Frau und Mann verbunden

> „in der archetypischen Vereinigung des ewigen Wortes mit der göttlichen Weisheit, die sich in der Hochzeit von Christus und der Kirche erfüllt hat. Diese Weisheit ist tatsächlich keine andere als der Plan Gottes für seine Schöpfung und für die Vereinigung seiner Schöpfung mit ihm, für die sie geschaffen wurde. Darin liegt auch der Grund dafür, daß die Weisheit sich vom Anfang bis zum Ende in der Schöpfung selbst verwirklicht: zuerst in der Jungfrau Maria und zuletzt in der gesamten Kirche."[2]

Die Natur der Weisheitstheologie, ob sie nun aus dem Blickwinkel der Schöpfung oder der Erlösung gesehen wird, fördert eine optimistische Haltung zur Welt. So bietet sich die Weisheit denen, die sie lieben, freizügig an, und ihre Erscheinung vermittelt die Möglichkeit sowie die tatsächliche Erfahrung der Gotteserkenntnis. Dabei arbeiten die himmlischen Tugenden mit Männern und Frauen zusammen, um die Kirche zu errichten. So können die moralischen Anstrengungen mit Hilfe der Gnade erfüllt werden, ohne daß die Freiheit verletzt wird. Gott ist erreichbar und immer in der Welt gegenwärtig, und der Kosmos überströmt von heilenden, lebenspendenden Energien. Die Sünde ist zwar in ihrer Tragweite anerkannt, wird aber nicht als die einzige Ursache der Inkarnation angesehen; für die Erbschaft der Sünde ist nicht Gott verantwortlich, und auch die Sühne wird eher sakramental als opfertheologisch verstanden. Sogar die Prädestinationslehre die in der augustinischen und reformatorischen Theologie eine düstere Note trägt, bietet hier eher einen Anlaß zu Gewißheit und Hoffnung. Schließlich existieren alle Geschöpfe, worunter die Mutter Gottes besonders hervorragt, seit Beginn der Zeiten bis in die Ewigkeit in der Umarmung der Liebe, wie auch immer ihr Schicksal in dieser sublunaren Sphäre sein mag.

Dennoch stellt diese beruhigende, „lebensbejahende" Vision, die durch tausende von feinen Harmonien in Makrokosmos und Mikrokosmos und nuanciert wird, nur die eine Hälfte von Hildegards Weltsicht dar. Die andere Hälfte, die von ihren modernen Bewunderern weniger geschätzt wird, tendiert hin zu Weltabkehr, asketischer Transzendenz und stark moralischen Dualismus. Auch das ist mit dem Weiblichen verbunden, aber auf eine andere Art. So wird Eva, die erste Erscheinung der Frau auf der Erde, zwar wegen ihrer grenzenlosen Fruchtbarkeit gerühmt, aber die genauere Lektüre zeigt, daß, nachdem Evas Jungfräulichkeit durch den Satan verletzt wurde, auch die Mütterlichkeit ihren Glanz verlor und diesen, mit der Ausnahme der einzigartigen Mutter Gottes, nie wiedergewann. Mit all ihren Zeitgenossen hat Hildegard sich an der Mutterschaft der Jungfrau erfreut, aber es war nur das Jungfräuliche und nicht das Mütterliche, das sein sakrales Wesen beibehielt, als sie sich an wirkliche Frauen wendete. Und der Jungfrauenkult enthält selbst in seinem großartigsten Lobpreis der „Gestalt der Frau, Schwester der Weisheit", als unvermeidliche Kehrseite die Ablehnung der Sexualität. Im Unterschied zur gängigen Meinung ihrer Zeit begrenzte Hildegard ihre Abneigung zwar nicht nur auf die weibliche Sexualität; aber die Abneigung an sich kann nicht geleugnet werden. Bestenfalls konnte sie von dieser traditionellen Verachtung des Fleisches ablassen, wenn sie sich in das relativ neutrale Gebiet medizinischer Schriften begab, wo sie Sexualität und Mutterschaft mit Verständnis und einem gewissen Grad an Wertschäzung erörterte. Dennoch präsentieren für sie nur Jungfrauen wirklich die Weiblichkeit Gottes auf Erden. Und die mädchenhafte Schönheit der Weisheit sah Hildegard in der auserwählten Schar von

Nonnen offenbart, während der mütterliche, nährende Aspekt sich für sie kaum in Frauen, sondern eher in Priestern, Bischöfen und Äbten verkörperte. Es ist nicht das unwesentlichste Paradox bei Hildegard, daß während sie die männliche Menschheit Christi durch eine Frau verkörpert sieht, sich für sie die Mütterlichkeit der Kirche hauptsächlich durch Männer inkarniert.

Aus meiner Untersuchung konnte bereits gesehen werden, daß die visionäre Welt Hildegards einen derartigen Reichtum hat, daß kein einziges Motiv mehr als ein Hinweis auf das Ganze sein kann. Künftige Studien ihrer Kosmologie, Poesie, Spiritualität und politischen Gedanken werden ihre Wertschätzung noch steigern. Dennoch läßt bereits diese Untersuchung über das Weibliche als theologisches Symbol deutlich genug ihre Stärke sowie auch ihre Schwäche als Lehrerin des christlichen Glaubens erkennen. In der vollen Blüte dessen lebend, was M.-M. Davy „la symbolique romane"[3] nannte, lud sie ihre Leser dazu ein, oder besser gesagt, befahl sie ihnen, die Welt so zu erfahren, wie sie sie sah, nämlich übergenau geordnet, überwältigend lebendig und strahlend in ihrer schier architektonischen Schönheit. Ihre Schriften stellen bis heute den Höhepunkt der Weisheitstheologie dar und versammeln und verbinden alle ihre Elemente: christologische, liturgische, marianische, kosmologische, ekklesiologische und humanistische. Hier herrscht kein Ungleichgewicht zwischen göttlicher Immanenz und Transzendenz, zwischen historischen Zeit und Ewigkeit und zwischen männlichen und weiblichen Gottesnamen. Auch die Anthropologie ist nicht weniger reich entwickelt und betont besonders das Gottesbild, den Mikrokosmos, den freien Willen und die Tugend sowie die Unterschiede zwischen den Geschlechtern. In der moralischen Sphäre treffen dann allerdings die Gegensätze weniger glücklich aufeinander, und die Ethik der Bejahung und der Entsagung erweisen einander als feindlich. Wie allgemein in der mittelalterlichen Theologie herrscht auch bei Hildegard die Entsagung vor, wenn bei ihr auch die ästhetische Vorstellung von der Jungfräulichkeit der Askese ein gewisses Ma an freudvollem Überschwang verleiht.

Ihre Hauptschwäche aber beruht auf dem, was in moderner Sicht die mittelalterliche Kirche insgesamt charakterisiert, nämlich einer Überbetonung der Beziehung von Sexualität und Sünde. Diese hat ihre weitreichenden Konsequenzen in der Abwertung der Ehe und somit der christlichen Laien sowie in einer übermäßigen Hochachtung der Kleriker und der monastischen Elite aufgrund ihres Zölibates. Dieser Klerikalismus wird durch eine typisch mittelalterliche Überbetonung der Hierarchie gestärkt, die auf Kosten der Gleichheit, ihres biblischen Ergänzungsstückes, geht. Sicher hätte Hildegards eigener Status als Prophetin, die für Prälaten schrieb, einen Konflikt zwischen der charismatischen und der institutionellen Autorität mit sich bringen können. Aber anders als spätere Mystiker und Propheten, angefangen bei Joachim von Fiore bis hin zu Martin Luther, oder von Guglielma von Mailand bis zu Marguerite Porete [4], griff Hildegard nur den Mißbrauch, aber nicht eigentlich die Gestalt und die Quelle hierarchischer Macht an. In ihrem unerschütterlichen Glauben an die göttliche Ordnung der Gesellschaft und besonders an die der Kirche sah sie keinen grundsätzlichen Konflikt zwischen den prophetischen und den priesterlichen Charismen. Was das Geschlecht betrifft, so liegt ihre radikalste Neuerung darin, daß sie die paulinische Lehre von der göttlichen Kraft, die sich in der Schwäche vollendet, auf sich selbst und daher auf die Frau anwandte. Auf dem Hintergrund der Gesellschaft des 12. Jahrhunderts konnte solch eine Äußerung gefährliche Folgen haben; genauso wie die Behauptung, daß die Frau die Menschheit Christi repräsentiere, die Ideologie des allein-männlichen Priestertums erschüttert haben könnte. Aber wie radikal auch die Grundsätze sein mochten, Hildegard zog doch nicht solche alarmierenden Schlußfolgerungen daraus. So war sie zwar findig genug, um ihre eigenen Aktivitäten und ihre Autorität zu verteidigen, aber sie strebte sicherlich nicht die vollständige Ermächtigung der Frauen an.

Neubetrachtung von Theologie und Geschlechtlichkeit

Da die geschlechtsspezifische Frage für die Erörterung von Frauenliteratur unausweichlich geworden ist, mag es aufschlußreich sein, noch einmal die Art und Weise zu umreißen, in denen sich Hildegard dieser Frage zuwandte oder es eben nicht tat. Zunächst einmal drückte sich ihr Bewußtsein der Rollenverkehrung nicht darin aus, daß sie „männlich werden" wollte, eine Lieblingsstrategie früherer asketischer Frauen.[5] Dennoch pries ihr Briefpartner Richard von Indersdorf Gott dafür, daß er männliche Kraft in die Brust einer Frau eingegossen habe[6], und Johannes Braun stellte 1918 die „ernsthafte, fast männliche Hildegard" der „sanften, weiblichen" Elisabeth gegenüber.[7] Für einen Priester des Klosters Lutter aus dem 12. Jahrhundert war Hildegard mit einem „männlichen Verstand" in ihrem schwachen weiblichen Körper ausgestattet[8], und Joseph Bernhart fand 1929 ihre „kränkliche Natur" bei dem Ausmaß an „männlichen Aktivitäten" überraschend.[9] Zweitens suchte sich die Äbtissin, die den immerwiederkehrenden Topos der männlichen Frau selbst nicht aufgriff, auch keine Frauengestalten aus der Vergangenheit als Rollenvorbilder aus. In dieser Hinsicht unterschied sie sich von Elisabeth von Schönau und von einem weiteren ihrer männlichen Briefschreiber, der sie rechtfertigte, indem er sich auf biblische Vorläufer wie Debora, Hanna und Elisabeth, die Kusine Marias, berief.[10] Wenn sie sich schon mit weiblichen Vorbildern identifizierte, so zog sie solche symbolischen Gestalten wie Ekklesia, Caritas und Scientia Dei vor. Drittens löste Hildegard das Geschlechtsproblem nicht, indem sie traditionelle Vorstellungen vom „männlichen“ und „weiblichen“ bedeutsam revidierte oder verschwommen machte. Darin stellt sie eine bedeutsame Ausnahme zu Caroline Bynums Schlußfolgerung dar, daß nämlich „Männer Geschlechtskonzepte entwickeln, während Frauen Konzepte des Menschen entwickeln“[11], einer These, die hauptsächlich auf dem Studium von Schriftstellern des 13. bis 15. Jahrhunderts basiert. Dennoch kompensierte sie die Vorstellung weiblicher Unterlegenheit, die sie grundsätzlich akzeptierte, nicht nur indem sie die anderen positiven Bedeutungen des Weiblichen herausstellte, sondern auch indem sie das Symbol der Männlichkeit sowohl im negativen wie im positiven Sinn verwandte, und vor allem, indem sie die geschlechtliche Ganzheitlichkeit Gottes sowie auch die des Menschen betonte, auch wenn sie auf dem Grundsatz der Hierarchie der Geschlechter beharrte.

Hildegard selbst löste das Problem ihrer prophetischen Sendung als Frau primär, indem sie für sich in Anspruch nahm, daß Gott eine schwache Frau inspiriert hatte, um die mächtigen Männer zu beschämen. Dieses Grundprinzip hat eine lange Geschichte in der Hagiographie. Es ist aber bezeichnend, daß dieser Topos weniger von Frauen selbst aufgegriffen wurde als von Männern, die darin bestrebt waren, ihren weiblichen Schützling oder ihre spirituelle Mutter zu verteidigen. Dies läßt sich beispielsweise in der Biographie Julianas von Cornillon aus dem 13. Jahrhundert finden.[12] Auch Fra Arnaldo machte im Vorwort zum Buch der Visionen Angelas von Foligno (gest. 1309), deren Bewunderer er war, die Bemerkung: „Dies steht im Gegensatz zur Ordnung göttlicher Vorsehung und geschieht zur Beschämung der Männer im Fleische, wenn hier eine Frau zum Lehrmeister gemacht wurde.“[13] Und Johannes Marienwerder schrieb in seinem *Leben der Dorothea von Montau* (gest. 1394): „Niemand soll in ihr die Schwachheit ihres Geschlechts verachten, denn der Herr über alle Geschöpfe hat die Schwachen erwählt, um die Starken bestürzt zu machen. Und die Weisen der Welt sollen die Tiefe ihres Verstandes nicht unterschätzen, denn der Herr pflegt die Törichten zu erwählen, um die Weisen zu verwirren.“[14] Andernorts wurde Katharina von Siena ihres Beichtvaters Raimund von Capua zufolge, von Gott gesagt, daß sie keine männliche Kleidung, tragen bräuchte, weil Gott sie gerade als Frau benötige, um unwürdige Männer zu beschämen.[15] Und im 15. Jahrhundert versuchte Pius II. Jeanne d'Arc in Schutz zu nehmen, indem er behauptete, daß Gott die Aufgabe, Frankreich zu retten, dem schwachen Geschlecht anvertraut habe, „damit die Franzosen mit ihrem gewohnten Stolz sich ihrer eigenen Kraft nicht allzu sicher würden“[16]. Möglicherweise blieb dieser Topos deshalb so gebräuchlich, da er es männlichen Schreibern ermöglichte, die heroische Heiligkeit von Frauen anzuerkennen und die allgemeinen Schwächen ihres eigenen Geschlechts zuzugeben, während gleichzeitig doch bekräftigt werden konnte, daß von Natur aus eigentlich Männer „die Starken“ und „die Weisen“ seien; denn, um als Frau erhoben zu werden, bedurfte es doch einer besonderen Gnade. Obwohl Hildegard diesen Topos nicht einführte, (er wurde zuerst im 10. Jahrhundert von Roswitha von Gandersheim benutzt)[17], wäre es nun interessant festzustellen, wie weit ihre Schriften zu seiner späteren Popularität beigetragen haben.

Schließlich soll nun die problematische Beziehung zwischen Hildegards Geschlecht und ihrer Vorliebe für eine Theologie des Weiblichen betrachtet werden. Dabei kann von einigen unbestreitbaren Behauptungen ausgegangen werden: Offensichtlich übertraf Hildegards Interesse am Weiblichen per se das ihrer männlichen Vorgänger und Zeitgenossen; zu den Merkmalen, die sie als essentiell weiblich empfand (wie die Jungfräulichkeit, die Fruchtbarkeit, die natürliche und die künstliche Schönheit und die liebevolle Güte) fühlte sie sich stark hingezogen; und sie besaß auch eine visionäre und poetische Gabe, durch die ihre weiblichen Bilder sich besonders in die Erinnerung einprägen konnten. Aber die Behauptung, daß ihr symbolisches Denken diese Form annahm, weil sie eine Frau war, wäre zu weitgehend. Wie bereits aufgezeigt wurde, sind die Elemente ihres Weisheitsdenkens extrem alt, und ihre Weisheitslehre kann mit der von männlichen Autoren des 12. Jahrhunderts wie Honorius, Rupert von Deutz, Bernhard von Clairvaux, Gottfried von Admont und Alanus von Lille parallel gestellt werden. Bei einer Untersuchung der späteren Geschichte der Weisheitstheologie oder der Theologie des Weiblichen, stellt sich heraus, daß sie zu unterschiedlichen Zeiten sowohl von weiblichen als auch von männlichen Autoren aufgegriffen wurde; und ob sie zu einem gegebenen Zeitpunkt als „günstig für Frauen" wahrgenommen wird, scheint stark vom jeweiligen Begriff von Weiblichkeit und vom gegenwärtig vorherrschenden Feminismus abzuhängen. Eine kurze Skizzierung dieser Geschichte mag tatsächlich zur Klärung einiger der grundlegenden Fragen beitragen, die durch diese Studie aufgeworfen wurden.

Das Weisheitsdenken bis ins zwanzigste Jahrhundert

Im Spätmittelalter nahm die Zahl der weiblichen Heiligen, Visionärinnen und Autorinnen von Erbauungsliteratur beständig zu. Aber die Aufzeichnungen hochmittelalterlicher Frauenmystik unterscheiden sich substantiell von den Schriften Hildegards. Trotz der reichen und vielfältigen Bildwelt ihrer Werke waren Frauen wie die zwei Mechthilds, Marguerite von Oingt und Hadewijch hauptsächlich an der mystischen Vereinigung interessiert und konzentrierten sich eher auf Gott und die Seele als auf Kosmologie und Geschichte.[18] Die Weisheitstheologie, in dem Sinn, wie ich sie definiert habe, florierte in dieser Zeit nicht. Da sie in ihren Grundannahmen essentiell platonisch und in ihrer Ausdrucksweise poetisch war, verlor sie beim Ansturm aristotelischer Logik, die im 12. Jahrhundert begann und im 13. Jahrhundert Hochkonjunktur feierte, an Boden. Zeitweise konnten die großen Scholastiker zumindest die Balance zwischen Immanenz und Transzendenz halten, die die Weisheitstheologie am besten charakterisiert hatte. Aber als die Kluft zwischen scholastischem Schrifttum und Erbauungsliteratur, zusammen mit dem Graben zwischen professionellen Theologen und frommen Laien, immer größer wurde, war die Bereitschaft, anomale Werke wie die *Scivias* günstig aufzunehmen, nur noch gering, denn sie paßten in keine Kategorie, da sie für die frommen Laien zu gelehrt und diffus, für die Scholastiker aber nicht begriffsklar oder systematisch genug waren.

Zur gleichen Zeit übten spekulative Mystiker in der Tradition Meister Eckharts einen zunehmenden Druck gegen den apophatischen Weg aus. Viele gaben das Interesse der Weisheitstheologen an der Gotteserscheinung in der Natur auf und wandten sich statt dessen der Suche nach der Vereinigung mit dem Unbekannten in der Tiefe des Geistes zu. Noch entscheidender für den Niedergang der Weisheitstheologie war die allgemeine Verfinsterung der Frömmigkeit des 14. Jahrhunderts. Diese konzentrierte sich fast wie besessen lieber auf die Passion als auf die Inkarnation, lieber auf ein geduldiges Ausharren als auf die aktive Zusammenarbeit mit Gott und lieber auf die Abwendung von der Welt als auf die Feier der Geschöpfe.[19] Dennoch interessierten sich bestimmte spätmittelalterliche Autoren für Weisheitsthemen. So bezeichnete sich zum Beispiel Heinrich Seuse als „Diener der ewigen Weisheit“ und Juliana von Norwich schrieb, daß „die hohe Macht der Dreifaltigkeit unser Vater ist, und die tiefe Weisheit der Dreifaltigkeit ist unsere Mutter, und die große Liebe der Dreifaltigkeit ist unser Herr."[20] Doch der Kontext dieser Motive hatte sich durch die Verehrung des leidenden Christus grundlegend verändert.

Mit dem Anbruch eines neuen Humanismus bot das 15. Jahrhundert ein günstigeres Klima für die Weisheitstheologie. Wie im 12. Jahrhundert wurde dabei wieder ein aufblühender Platonismus durch ein erneuertes Interesse an der klassisch monastischen Spiritualität befruchtet. Nicht nur Augustinus und die griechischen Kirchenväter, sondern auch spirituelle Autoren des 12. Jahrhunderts wie Bernhard von Clairvaux, Wilhelm von St. Thierry, Guigo II. der Kartäuser und Hugo und Richard von St. Viktor waren in der Frührenaissance auf einer Welle der Popularität.[21] Die Humanisten des fünfzehnten Jahrhunderts, Nikolaus von Kues, Ficino und Pico della Mirandola, berufen sich in ihrer Sehnsucht nach einer Weisheit, die die Betrachtung des Göttlichen mit der Erkenntnislust am Irdischen aussöhnt, auf die Monastiker des 12. Jahrhunderts wie Hugo von St. Viktor, Hildegard von Bingen und Alanus von Lille.[22] Eine der interessantesten Gestalten dieser Zeit ist der monastische Humanist Johannes Trithemius (1462–1516), Abt von Sponheim, der Hildegards Ruhm neu belebte und ihr in mancher Hinsicht ähnelte. Er komponierte sogar eine Sequenz zu ihren Ehren, in der er ihr geheimnisvolles Wissen wie auch ihre Tugenden pries.[23] Wie die Äbtissin von Bingen widmete Trithemius sein Leben der Aufgabe der monastischen Reform. Aber er hatte auch eine brennende Leidenschaft für Bücher und einen weitverbreiteten, etwas anrüchigen Ruf als Magier. So zählte zu seinen Schülern auch der berühmte Zauberer und Frauenverteidiger Cornelius Agrippa von Nettesheim.[24] Und schließlich war es der mystisch bewegte französische Humanist Jacques Lefèvre d'Étaples, der Autor der Abhandlung *Über die natürliche*

Magie (1493), der 1513 die erste Ausgabe der *Scivias* herausgab. Diese frommen, aber intellektuell ungebundenen Seelen standen Hildegard auf ihre Weise näher als die zielstrebigeren Gläubigen aus dem Jahrhundert davor.

Ein Historiker, der sich mit der Weisheitstheologie beschäftigt, würde sich nun vermutlich den christlichen Kabbalisten der Renaissance zuwenden, welche ein androgynes Verständnis der Trinität (das der mittelalterlichen jüdischen Theosophie angepaßt ist) mit einem starken Interesse an den kosmologischen Vorgängen und an komplexen Spekulationen über den ersten Adam verbanden.[25] Aber die Gestalt, die eigentlich den Samen für die folgende Entwicklung gelegt hat, ist Jakob Böhme (1575–1624), ein lutherischer Mystiker, dessen lebhaftes und immens einflußreiches theosophisches System der „edlen Jungfrau Sophia" einen großen Platz einräumt. Unter anderem wird sie als Spiegel der Gottheit, ewige Idee, ungeschaffener Himmel oder Ruhm Gottes, Braut Adams vor dem Sündenfall, himmlische Jungfrau, die sich selbst mit Maria vereinigte und als persönliche Führerin und Muse des Sehers wahrgenommen.[26] In der protestantischen Welt, wo Gott Vater und Sohn keinen Ausgleich mehr in der Mutter Maria und der Braut Ekklesia fanden, nahm die Weisheitstheologie stärker esoterische und heterodoxe Formen an und wurde in ihren Äußerungen über die göttliche Androgynität gewagter. Als die Verbindung mit der uralten liturgischen Tradition gerissen war, wuchs auch die Tendenz zum Selbstausdruck in hoch imaginativen, eigentümlichen und oft ekstatischen Formen. Böhmes Schriften inspirierten Theosophen aller Art, worunter die englischen Philadelphier des späten 17. Jahrhunderts bemerkenswert sind. Das war ein Kreis von Visionären, die, geleitet von John Pordage und der Prophetin Jane Leade, sich selbst mit den Geheimnissen der göttlichen Sophia beschäftigten und die verkündeten, daß „Eva nun als mächtiger, starker und schrecklicher Adler hervorkommen wird."[27]

Im 18. Jahrhundert manifestierte die Tradition sich in so verschiedenen Gestalten wie William Blake, dem visionären Dichter, der Prophezeiungen über Albion und Jerusalem machte (und selbst zutiefst von Böhme beeinflußt war), und Ann Lee, der Tochter eines Schmieds, die die Sekte der Shakers gründete. Diese unorthodoxen christlichen Kommunisten siedelten von England nach Amerika über und blühten während des 19. Jahrhundert weiter auf. In einer Phase ihrer Geschichte verehrten sie ihre Mutter Ann als die zweite ruhmreiche Ankunft Christi, die in der Gestalt einer Frau erfolgen sollte (1 Kor 11,7). Sie strebten nach einer vollständigen Gleichheit zwischen Frau und Mann in einer engelhaft zölibatären Lebensweise, in der es „weder Mann noch Frau gibt". Und in ihrem Gottesdienst tanzten sie den Lobpreis auf einen androgynen Gott:

The Father's high eternal throne
Was never fill'd by one alone:
There Wisdom holds the Mother's seat,
And is the Father's helper-meet.[28]

[Des Vaters hoher ewiger Thron/Wurde niemals durch einen allein ausgefüllt:/Da nimmt die Weisheit den Platz der Mutter ein,/Und ist des Vaters passende Hilfe.]

Abgesehen von vielen weniger theosophischen Sekten, die die Weisheitstradition nur noch in abgewandelter und minderwertigerer Form repräsentierten, führte Böhmes Einfluß schließlich über die deutsche Romantik zu einer Wiederbelebung dieser Tradition. Das Wiederaufleben der vollständigen Theologien des Weiblichen im 19. und frühen 20. Jahrhundert steht in Beziehung zu vielen kulturellen Umständen wie der bürgerlichen Erhöhung der Mutterschaft, dem Aufkommen romantischer Sehnsucht nach dem Mittelalter mit seinen verfeinerten Formen höfischer Liebe und der gleichermaßen romantischen Verehrung der Natur.

Goethe brachte das Empfinden von mehr als einer Generation zum Ausdruck, als er das Ewig-Weibliche am Ende des *Faust* in den mystischen Chor einführte:

Alles Vergängliche
Ist nur ein Gleichnis;
Das Unzulängliche
Hier wirds Ereignis;
Das Unbeschreibliche,
Hier ist es getan;
Das Ewig-Weibliche
Zieht uns hinan.[29]

Aber es war der Russe Vladimir Soloviev (1853–1900), der die Zeitströmungen der Romantik, des deutschen Idealismus und die Theosophie Böhmes verband, um die weibliche Gottheit wieder in den Vordergrund zu bringen. Für ihn war, wie auch für Böhme, die Jungfrau Sophia ein unverzichtbares religiöses Konzept und eine visionäre Braut im Zentrum seines eigenen spirituellen Lebens. In seiner mystischen Dichtung, in seinen philosophischen und ökumenischen Werken sowie in seiner Abhandlung über die Geschlechter brachte er seine Vision der „ewigen göttlichen Weiblichkeit" und deren Implikationen in jedes Gebiet, angefangen bei der Ekklesiologie bis hin zur romantischen Liebe, ein.[30] Solovievs Gedankengut inspirierte, so kontrovers es auch war, eine ganze Schule russischer Theologen, die sich mit unterschiedlichem Erfolg daran begaben, gnostische Elemente daraus zu entfernen und es einwandfrei orthodox zu machen. Unter diesen russischen „Sophiologen", die im Westen immer noch relativ unbekannt sind, befinden sich Pavel Florensky (*Die Säule und der Grund der Wahrheit*), Sergej Bulgakov (*Die Weisheit Gottes*) und Paul Evdokimov (*Die Frau und die Erlösung der Welt*).[31]

Im katholischen Westen erfuhr die Weisheitstheologie

eine selbständige Wiederbelebung, die durch das lange philosophische Gedicht „Das Ewig-Weibliche“ (1918) von Teilhard de Chardin, inspiriert worden war. Dieses Epos von Ideen skizziert die Evolution des Weiblichen, angefangen bei einer vagen, rudimentären Anziehungskraft über die Vitalität instinktiven Lebens bis zu den heiligen Lockungen der Jungfräulichkeit und der idealen Schönheit. Die personifizierte Weiblichkeit spricht schließlich von ihrer Rolle als Mittlerin zwischen Gott und Welt.

> Gott habe ich längst vor euch an mich gezogen.
> ...
> Glaubt ihr, da er ohne meine Reinheit, die ihn bezaubern sollte, jemals Fleisch geworden und inmitten seiner Schöpfung herabgestiegen wäre?
> Allein die Liebe ist fähig, das Sein zu bewegen.
> Um also aus sich herausgehen zu können, mußte Gott im voraus vor sich her einen Weg der Sehnsucht bahnen und einen Wohlgeruch der Schönheit ausbreiten.
> ...
> Zwischen Gott und Erde gesetzt als ein Bereich der gemeinsamen Anziehung, lasse ich den Einen auf den anderen zukommen, voller Leidenschaft, bis sich in mir die Begegnung ereignet, in der sich das Wachstum und die Fülle Christi durch die Jahrhunderte hindurch vollenden.
> Ich bin die Kirche, die Braut Jesu.
> Ich bin die Jungfrau Maria, die Mutter aller Menschen.[32]

Teilhards Theologie des Weiblichen ist ebenso eng mit der traditionellen Mariologie und Askese wie auch mit der Romantik und mit seinem eigenen Evolutionsgedanken verbunden. Einige ihrer besonderen Merkmale klingen noch an anderer Stelle im französischen Katholizismus an, nämlich bei Henri de Lubac, dem bewegenden Geist patristischer Renaissance, der der Auslegung von Teilhards Gedicht ein ganzes Buch widmete[33], Louis Bouyer, der zu Beginn dieses Kapitels zitiert wurde, und dem Dichter und Dramatiker Paul Claudel, dessen Heldinnen Ausdruck romantischer Weiblichkeit sind. In einer Bemerkung über die biblische Heldin Ester, die in einem Werk mit dem passenden Titel *Die Abenteuer der Sophia* steht, preist er die Frau dafür, daß sie „fähig ist, dem Mann diesen kreativen Schlaf zurückzubringen, in dem sie selbst empfangen wurde. Sie ist die Schicksalssäule. Sie ist das Geschenk... Sie ist der Anknüpfungspunkt des freundlichen Bandes, das unaufhörlich den Schöpfer mit seinem Werk verbindet. Sie versteht ihn. Sie ist die Seele, die sieht und handelt. In gewisser Weise teilt sie mit ihm die Geduld und die Kraft der Schöpfung."[34]

Auf deutschem Boden übernahmen katholischen Frauen die Initiative, um Theologien des Weiblichen zu formulieren. So wurde *Die ewige Frau* (1934) von Gertrud von le Fort in sechs Sprachen übersetzt und genoß zwei Jahrzehnte lang ein hohes Ansehen. Diesem Werk folgte die Arbeit der Philosophin und Karmelitin Edith Stein: *Die Frau. Ihre Aufgabe nach Natur und Gnade* (1959).[35] Theologisch am profundesten und herausfordensten ist aber die fast vergessene Studie von Maura Böckeler: *Das Große Zeichen (Apok. 12,1). Die Frau als Symbol Göttlicher Wirklichkeit* (1941).[36] Böckeler war von den griechischen Kirchenvätern, den deutschen Romantikern und den russischen Sophiologen, aber vor allem von Hildegard von Bingen inspiriert worden; denn sie war Ordensfrau in Eibingen und die deutsche Übersetzerin der *Scivias*. Ihre Weisheitstheologie gründet sich auf eine neuartige Konzeption der Trinität als Stille, Wort und Antwort. Wenn danach Adam den Logos repräsentiert, dann ist Eva ein Bild des Geistes, das heißt der antwortenden dritten Person, die die ewige Jungfrau, Mutter und Braut innerhalb der Trinität selbst ist. In ihrer Diskussion von der Schöpfung und des Sündenfalls Evas, der Geburt Marias und der Menschwerdung, folgte Böckeler in groben Umrissen der Theologie Hildegards, wie ich sie in den letzten fünf Kapiteln dargestellt habe, wobei sie diese in eine Sprache transponierte, die zugleich patristischer und romantischer ist. Mit ihrem Werk schließt sich der Kreis.

Feminismus und die Zukunft von Sophia

Wie die vorhergehenden Seiten angezeigt haben, steht Hildegard nicht nur im Zentrum des Gegenstromes innerhalb der Kultur des 12. Jahrhunderts, sondern auch innerhalb einer theologischen Tradition, die von den Tagen Salomos bis in unsere Zeit reicht. Der Begriff der Weisheitstheologie läßt sich dabei nicht leicht definieren. Ihre Entwicklung in der Geschichte ist voll von scheinbaren Lücken, toten Enden und Diskontinuitäten, und die Vielfalt ihrer Formulierungen ist verblüffend. Es gibt noch keine systematische Geschichte darüber.[37] Eine der interessantesten Kontinuitäten in dieser Geschichte liegt in der flexiblen, aber beständigen Beziehung zwischen bestimmten Gottesvorstellungen und damit verbundenen Vorstellungen über die Geschlechter. Dabei besteht natürlich keine einfache oder direkte Korrelation zwischen dem Geschlecht eines Autors und dem Begriff der Weiblichkeit Gottes oder bestimmten Glaubenskonzepten über Männlichkeit und Weiblichkeit. Dennoch wurde die Weisheitstheologie gerade wegen ihrer Beschäftigung mit der Weiblichkeit Gottes so eng mit solchen Glaubensvorstellungen verbunden, daß ihre wechselhafte Entwicklung ein sensibles Barometer für die Betrachtung der Psychologie und Soziologie der Geschlechter bietet.

Da historisch gesehen sowohl Männer als auch Frauen von Theologien des Weiblichen angezogen wurden, können diese Denksysteme nicht einfach nur mit dem vermeintlichen Bedürfnis von Frauen, sich mit machtvollen, weiblichen Symbolen zu identifizieren, oder mit dem behaupteten Bedürfnis von Männern, diese Symbole als Bilder ihres Verlangens zu projizieren, erklärt werden. Solche Motive mögen in Fällen individueller Autoren, einschließlich Hildegards, tatsächlich zutreffen. Aber abgesehen von der Frage, ob sich dieser Symbolismus nun auf die psychologischen Bedürfnisse von Frauen oder Männern bezieht oder nicht, bleiben in jedem Fall zwei Faktoren konstant. Einer davon ist es, die Differenz der Geschlechter radikal und sogar metaphysisch wahrzunehmen. In einer Theologie des Weiblichen können die Begriffe „männlich" und „weiblich" nicht bloß als biologische Kategorien verstanden werden, auch wenn diese Kategorien mit streng gekennzeichneten, psychologischen Merkmalen und scheinbar unveränderbaren sozioökonomischen Rollen verbunden werden. Sondern die Geschlechter müssen durch einen verbliebenen Platonismus, ob offen oder abgeschwächt, als ontologische Kategorien definiert werden, d.h. als Kategorien, die zuallererst innerhalb der göttlichen Wirklichkeit unterschieden werden, und sich erst dann in der physischen, psychischen und kulturellen Polarität als männlich und weiblich verkörpern. Der zweite konstante Faktor liegt darin, daß das „Weibliche" immer eine größere Beachtung erfuhr als das „Männliche", so als ob die Bedeutung von Männlichkeit selbstevident wäre und nur die Bedeutung von Weiblichkeit ständig entdeckt werden müßte. Diese „Bedeutung", so muß allerdings betont werden, ist nicht konstant die gleiche geblieben. So war etwa für Hildegard die göttliche Weiblichkeit rein, jungfräulich und strahlend, während sie für C. G. Jung die Materialität und das Böse implizierte.[38] Auch wird das Weibliche nicht notwendigerweise deswegen herausgestellt, um die Unterlegenheit der Frau zu beweisen; genauso kann sie betont werden, um ihre Überlegenheit zu begründen, wie ich anhand von einigen zeitgenössischen Beispielen aufzeigen möchte. Der gemeinsame Nenner scheint ein Sinn dafür zu sein, daß das Weibliche irgendwie problematisch ist. Vernachlässigt, unterbewertet oder in einer patriarchalen Kultur falsch verstanden, muß es im allgemeinen Weltbild ständig wieder neu definiert, neu bewertet und neu lokalisiert werden.

In den letzten Jahrzehnten gerieten beide philosophischen Ansätze unter heftigen Angriff. Wie Rosemary Ruether herausgestellt hat, reflektiert das Spektrum des heutigen Feminismus immer noch die Spaltung zwischen Liberalismus und Romantik aus dem 19. Jahrhundert.[39] Die Liberalen, die die überwältigende Mehrheit der amerikanischen und europäischen Feministinnen ausmachen, haben deutlichen Einspruch gegen die Vorstellung erhoben, daß das Geschlecht eine metaphysische Kategorie sei; sie erkennen darin nur eine raffinierte Version der Behauptung, daß die Anatomie Schicksal sei. Eine ganze Flut psychologischer, soziologischer und anthropologischer Schriften von Feministinnen hat nachzuweisen versucht, daß geschlechtsbezogene Differenzen eher kulturell konditioniert als angeboren sind.[40] Gleichzeitig wird schon die Intention, kritische Untersuchungen über „Frauen" als „Geschlecht" anzustellen, nur als ein Weg angesehen, auf dem sich patriarchale Vorurteile weiter fortsetzen. Dabei wird argumentiert, daß der Versuch, das Weibliche als solches zu definieren, bloß zur stärkeren Verengung stereotyper Bilder beiträgt; da die Idealisierung des Weiblichen nur männliche Dominanz unterstützt, indem nämlich Frauen vor politischer Macht „geschützt" werden; und daß das Unterfangen, dem Weiblichen „besondere" Funktionen zuzuschreiben, impliziert, daß immer noch das Männliche als das normativ menschliche oder göttliche Sein angesehen wird. Die liberale Kritik erhebt weiterhin den Vorwurf, daß Theologien des Weiblichen Frauen allein nach ihrem biologischen Status, als Jungfrau, Ehefrau oder Mutter, definieren und dabei keinen Raum für Selbstbestimmung lassen. Außerdem würden solche Lehren Frauen zu Opfern machen, indem sie ihnen vermittelten, ihre sozial konditionierte „Schwäche" als Teil eines göttlichen Planes zu sehen. Die Kritik ist eindrucksvoll.[41]

Aber es gibt auch noch Romantikerinnen unter uns, und zu ihnen zählen nicht nur konservative Frauen und Antifeministinnen, sondern auch Frauen, die die politischen Anliegen des Feminismus unterstützen. Am konservativen Ende dieses Spektrums befindet sich ein Flügel der Evangelikalen Bewegung, der zuletzt einen ganzen Schwall an Literatur hervorgebracht hat, die einen Lobgesang auf das „vollständige Frausein" anstimmt, womit im großen und ganzen eine Ablehnung des Feminismus und eine Bestärkung paulinischer und mittelalterlicher Analogien gemeint ist. Dabei soll die Frau zum Mann so stehen, wie der Mann zu Gott steht, nämlich sich ergänzend, vielgeliebt und unterwürfig. In dieser Version von Frausein gibt es keinen Raum für die Weiblichkeit im Himmel; es handelt sich hier essentiell um eine Gegenüberstellung von Menschlichem und Göttlichem.[42] Dieses Verständnis wird in einem anderen theologischen Kontext auch von katholischen, anglikanischen und orthodoxen Autoren geteilt, die sich gegen die Frauenordination wenden.[43] In vielen ihrer Schriften wird argumentiert, daß es nicht das menschliche Gesetz, sondern die Natur der Frau ist, so wie sie von Gott verfügt wurde, die die Frau für das Priestertum untauglich macht.

Am anderen Ende des Spektrums aber nehmen viele radikale Feministinnen nicht weniger absolut eine Unterscheidung zwischen männlichen und weiblichen Seinsformen in der Welt an. Diese Art von Romantik ist charakteristisch für feministisch utopische Phantastinnen, lesbische Separatistinnen, Jungianerinnen und Literaturtheoretikerinnen, die behaupten, daß Frauenliteratur in einem separaten „Raum" entsteht, der sich vom patriarchalen Diskussionshorizont absetzt.[44] Im spirituellen Bereich lehnt eine Richtung romantischer Feministinnen die christliche Tradition auch gänzlich ab, um die Weiblichkeit Gottes als Göttin in den verschiedenen Formen von neuem Heidentum feiern zu können.[45] Unabhängig davon, ob diese Göttin einen männlichen Partner hat, ist es in jedem Fall sie, die in dieser neuen Religion oder „Thealogie" die Vormachtstellung hat, und zwar genauso unmißverständlich wie die Frauen in ihrem Kult. Der Kompromiß, den Hildegard gefunden hatte, nämlich die Akzeptanz traditioneller Frauenrollen neben der Verehrung der Weiblichkeit Gottes, scheint nicht länger möglich zu sein. Seltsamerweise scheinen aber Evangelikale und Göttinverehrer beide Erbinnen der alten Theologien des Weiblichen zu sein. Was sie nämlich im Gegensatz zu den Liberalen miteinander teilen, ist eine Vorliebe für „das Weibliche" als eines gültigen, symbolischen Konstrukts, das gewisse notwendige Wahrheiten über Gott und die Frauen übermittelt.

Es läßt sich fragen, warum, in Anbetracht der starken liberalen Kritik, die romantischen Alternativen noch für so viele attraktiv sind. Liberale Denkerinnen vertreten die Ansicht, daß hier eine allzubekannte Kollaboration zwischen Opfer und Unterdrücker stattfindet. Im Gegensatz dazu bestehen Vertreterinnen eines romantischen Feminismus, darauf die Weiblichkeit zu feiern, weil, so behaupten sie, Versuche, die geschlechtlichen Unterschiede im Interesse „bloß menschlicher" Werte zu unterdrücken, nur zum Wiedererstarken von dominanten, von Männern definierten kulturellen Normen führen würden. Ann Belford Ulanov, Theologin und jungianische Analytikerin, meinte, daß „jede Anstrengung, die versucht, die Bilder sexueller Polarität zu vernichten, nur dazu führt, daß sie ins Unterbewußtsein verdrängt werden"[46]. Die Wahrnehmung männlicher und weiblicher Differenz, so behauptete sie, ist so tief in der menschlichen Erfahrung verwurzelt, daß deren Verleugnung nur zu einer massiven Verwirrung in der Psyche führen könne. Obwohl der spezifische Inhalt von „männlich" und „weiblich“ sich jeweils unterscheide, sei die Polarität selbst doch grundlegend, müsse aber nicht zu einer starren Polarisierung führen. Solch ein destruktiver Vorgang geschehe nur dann, wenn die Archetypen zu steifen Stereotypen verflacht würden. Folge davon sei, daß das Weibliche auf eine statische und unveränderliche Art errichtet werde, daß es Frauen wie eine Zwangsjacke übergestülpt werde und daß es als Teil des psychischen Potentials von Männern abgelehnt werde. Wenn es aber erst einmal auf so einengende Weise definiert sei, wird es von Frauen selbst zugunsten einer nicht differenzierten, bloß menschlichen Seinsform abgelehnt werden. Aber da das Männliche bereits lange und immer noch das dominante Geschlecht ist, führe „bloße Menschlichkeit“ üblicherweise zu einer Bekräftigung offener oder versteckter männlicher Werte. Daher gebe die Unterdrückung der Frauen einer oberflächlich gerechteren, aber psychisch keineswegs harmloseren Unterdrückung des Weiblichen nach. Um dieser Unterdrükkung entgegenzusteuern, beleben einige Feministinnen das Symbol der Sophia aktiv wieder und im Zusammenhang damit arbeiten sie neue Theologien des Weiblichen aus.[47]

Hildegard, mit ihrer häufigen Umkehrung der geschlechtlichen Bilder, vermied instinktiv die Gefahr, das Weibliche exklusiv allein mit Frauen zu assoziieren. Gleichzeitig erkannte sie, daß sowohl männliche als auch weibliche Merkmale, so wie sie ihr von ihrer Kultur gelehrt wurden, gleichermaßen, wenn auch auf unterschiedliche Weise Symbole für Christus sein konnten. In dieser Hinsicht sah sie tiefer als neokonservative Theologen, die dahin tendieren, im Weiblichen nur ein Bild des Geschöpfs zu sehen, daß eher dem Schöpfer gegenübergestellt ist, als mit ihm vereinigt und in seine Göttlichkeit eingefügt. Im Endeffekt verleugnen sie somit, daß Frauen vollständig nach dem Bild Gottes geschaffen sind, während viele Göttinverehrer Männern das umgekehrte Kompliment machen. Aber wenn absolutisierte Stereotypen schon der menschlichen Ganzheitlichkeit Schaden zufügen, dann ist es wohl noch törichter, sie wortwörtlich auf Gott anzuwenden und das transzendente Eine „bloß“ als männlich oder weiblich, oder auch als männlich *und* weiblich zu verstehen. In diesem heutigen Streit kann wiederum Hildegard eine Wegweiserin sein. Denn das, was die Mystiker der *via negativa* durch die systematische Ablehnung aller Bilder erreichen, das erreichte sie durch eine wahre Überfülle an Bildern. Ihre visionären Gestalten fließen dabei mit verwirrender und schwindelerregender Geschwindigkeit ineinander über, aber in allen und hinter allen leuchtet weder Mann noch Frau, sondern das lebendige Licht.

In diesem Licht haben wir unseren Blick eine Zeitlang auf eine einzige, komplexe Gestalt gerichtet, die Gestalt der Frau. Am Ende wird sie wieder in dieses Licht eintauchen, nicht um darin verlorenzugehen, sondern um davon überschattet zu werden. In der Zwischenzeit aber steht die heilige Hildegard vor uns als eine, die sie sah, die ihre Stimme hörte und die als Hörende für alle, die auf sie achteten, zum Echo wurde: „Sage zur Weisheit: Du bist meine Schwester! und nenne die Klugheit deine Freundin.“

Anmerkungen

Erstes Kapitel

1 Teile dieses Kapitels sind in meinem Artikel „Hildegard of Bingen, Visions and Validation“, in: Church History 54 (1985), S. 163–175, erschienen.

2 *Ep.* 164, in: Pitra 576. Alle Texte aus dem Briefwechsel Hildegards wurden für dieses Buch von der Autorin selbst aus dem Lateinischen ins Englische übersetzt. Im Deutschen sind die Texte, soweit vorhanden zitiert aus: Hildegard von Bingen, Briefwechsel. Nach den ältesten Handschriften übersetzt und nach den Quellen erläutert von Adelgundis Führkötter OSB, Otto- Müller-Verlag, Salzburg, 1965 (im folgenden zitiert als *Briefwechsel*). Texte, die dort nicht vorhanden sind, wurden von der Übersetzerin aus dem Englischen ins Deutsche übertragen (Anm. der Übersetzerin).

3 *Ep.* 1, in: Pitra 328–331; *Briefwechsel*, S. 223–225.

4 *Ep.* 14, in: Pitra 378–379.

5 *Ep.* 16, in: Pitra 386.

6 *Ep.* 21, in: Pitra 395. Dieser Brief trägt den Namen Guiberts (Wibert von Gembloux), aber der Mönch erklärte Hildegards Nonnen später, daß seine Brüder aus Villers ihn geschrieben und ohne seine Kenntnis abgeschickt haben.

7 *Ep.* 2, in: Pitra 332.

8 Philippe Delhaye, „Le dossier antimatrimonial de l,*Adversus Iovinianum* et son influence sur quelques écrits latins du XIIe siècle“, in: Mediaeval Studies 13 (1951), S. 65–86; Vern Bullough, „Medieval Medical and Scientific Views of Women“, in: Viator 4 (1973), S. 485–501; Julia O'Faolain und Lauro Martines (Hgg.), Not in God's Image, New York 1973; Marie- Thérèse d'Alverny, „Comment les théologiens et les philosophes voient la femme“, in: Cahiers de civilisation médiévale 20 (1977), S. 105–129.

9 Heinrich Schipperges (Hg.), „Ein unveröffentlichtes Hildegard-Fragment“, in: Sudhoffs Archiv für Geschichte der Medizin 40 (1956), IV.28, S. 71. Für das „muliebre tempus“ siehe *Ep.* 13, in: PL 197, 167b; *Ep.* 26, in: PL 197, 185c; *Ep.* 49, in: PL 197, 254cd.

10 Hildegard von Bingen, *Scivias*. Hg. von Adelgundis Führkötter, CCCM Bde. 43–43a, Turnhout 1978 (im folgenden zitiert als *Scivias*),

I.1., S. 8. Dt. Ausg.: Hildegard von Bingen, Scivias. Wisse die Wege. Eine Schau von Gott und Mensch in Schöpfung und Zeit. Übersetzt und herausgegeben von Walburga Storch OSB, Augsburg 1991, S. 8.

11 Für die *Vita* und *Acta* siehe PL 197, 91–140. Guiberts *Vita* ist erschienen in: Pitra 407- 414. Siehe nun die neue kritische Edition von Monika Klaes, CCCM 126, Turnhout 1993. Andere Dokumente, die sich auf Hildegard beziehen, können nachgelesen werden in: AASS, September. Bd. 5, 629–701; P. Acht (Hg.), Mainzer Urkundenbuch. Bd. 2, Teil 1, Darmstadt 1968; „Annales Zwifaltenses maiores ad 1142", in: MGH. SS. 10, S. 56; „Vita S. Gerlaci" 8, in: AASS, Januar. Bd. 5; „Chronicon Alberici" ad 1141, 1153, in: MGH. SS 23, S. 842; „Gesta Senoniensis Ecclesiae" IV.15, in: MGH. SS 25, S. 306; Vincent von Beauvais, Speculum historiale, 27.83 ad 1146 (Douai, 1624; neu erschienen 1965). Der Humanist Trithemius von Sponheim bezieht sich im 15. Jahrhundert in vielen seiner Schriften auf Hildegard. Siehe seine „Chronicon Hirsaugiense" ad 1149, 1150, 1160, 1180; „Chronicon Sponheimense" ad 1136, 1148–1150, 1179, 1498; „Catalogus illustrium virorum Germaniae", S. 138; „De scriptoribus ecclesiasticis", S. 281; alle Chroniken sind erschienen in: Marquand Freher (Hg.), Opera historica, Frankfurt 1601, neu erschienen 1966.

12 *Vita*, auctore Guiberto 1, in: Pitra 408.

13 Gottfried von Disibodenberg und Dieter von Echternach, *Vita Sanctae Hildegardis* (im folgenden zit. als *Vita)* 1.2., hg. von J.-P. Migne, PL 197, 93ab. Dt. Ausgabe: Das Leben der hl. Hildegard von Bingen, 1968, S. 47.

14 Hildegard wird meistens als „magistra" oder „preposita" bezeichnet und mit solchen Ehrentiteln wie „mater", „domina" und „sponsa Christi" angeredet. Die Bezeichnung „abbatissa" erscheint nur in einem Dokument, das von Friedrich Barbarossa 1163 an sie adressiert ist.

15 Hildegard benutzt das Wort „umbra", um die Bilder, die sich in der „fons vitae", wörtlich ein spiegelnder Teich oder eine sprudelnde Quelle, spiegeln, zu bezeichnen. Die „umbra viventis lucis" ist ein „Schatten" im Vergleich zum „lux vivens" selbst, aber der Schatten ist dennoch heller als das Licht im alltäglichen Leben.

16 *Ep.* 2, in: Pitra 332–333; *Briefwechsel*, S. 226.

17 *Vita* 2.16, in: PL 197, 103ab.

18 *Acta* 7, in: PL 197, 136b.

19 Pierre Riché, „L'Enfant dans la société monastique au XIIe siècle", in: Pierre Abélard – Pierre le Vénérable. Les courants philosophiques, littéraires et artistiques en Occident au milieu du XIIe siècle. Colloque international de Cluny 1972, Paris 1975, S. 692–693.

20 *Ep.* 29, in: PL 197, 189–190. Für die korrekte Wiedergabe dieses

Briefes siehe Marianna Schrader und Adelgundis Führkötter, Die Echtheit des Schrifttums der heiligen Hildegard von Bingen, Köln und Graz 1956, S. 105–108; *Briefwechsel*, S. 25.

21 *Vita* 1.5, in: PL 197, 94–95.

22 *Ep.* 1, in: PL 197, 143ab. Für Bernhards Rolle siehe Jean Leclercq, La femme et les femmes dans l'oeuvre de saint Bernard, Paris 1982, S. 52–56.

23 *Vita* 1.6, in: PL 197, 95cd.

24 Für die Geschichte dieser Gemeinschaften siehe Maria Brede, „Die Klöster der heiligen Hildegard Rupertsberg und Eibingen", in: A. Brück (Hg.), Hildegard von Bingen, 1179–1979. Festschrift zum 800. Todestag der Heiligen, Mainz 1979, S. 77–94.

25 Charles Daremberg und F. A. Reuss (Hg.), Subtilitatum diversarum naturarum creaturarum libri novem, in: PL 197, 1117–1352; Paul Kaiser (Hg.), *Causae et curae,* Leipzig 1903. Eng mit diesen Arbeiten verbunden ist das Fragment aus Berlin Cod. lat. 674, hg. v. Heinrich Schipperges („Ein unveröffentlichtes Hildegard-Fragment", in: Sudhoffs Archiv für Geschichte der Medizin 40 (1956), S. 41–77). Dieser Text besteht aus medizinischen und theologischen Notizen oder „sententiae", die zufällig, aber oft parallel zum Material in den *Causae et curae* geordnet sind. Obwohl die Überlieferung dieser Schriften Hildegards schwach ist, ist ihre Authentizität durch drei zeitgenössische Werklisten gesichert: *Liber vitae meritorum,* Vorwort, in: Pitra 7; *Ep.* 8, in: Pitra 346; *Vita* 2.4, in: PL 197, 101a.

26 Odo von Soissons an Hildegard, *Ep.* 127, in: PL 197, 352a: „Dicitur quod elevata in coelestibus multa videas, et multa per scripturam proferas, atque modos novi carminis edas, cum nihil horum didiceris."

27 Pudentiana Barth/M.-I. Ritscher/Joseph Schmidt-Görg (Hgg.), Hildegard von Bingen, *Lieder*, Salzburg 1969 (im folgenden zitiert als *Lieder*). Die Autorin hat eine neue kritische Edition mit englischer Übersetzung herausgegeben: Barbara Newman (Hg.), Symphonia armonie celestium revelationum, Ithaca, New York 1988.

28 Hildegard von Bingen, Liber vitae meritorum, per simplicem hominem a vivente luce revelatorum, in: Pitra 7–244 (im folgenden zitiert als *Liber vitae meritorum*). Dt. Ausgabe: Hildegard von Bingen, Der Mensch in der Verantwortung. Das Buch der Lebensverdienste. Nach den Quellen übersetzt und erläutert von Heinrich Schipperges, Salzburg 1972.

29 Diese Arbeit wird allgemein auch als *Liber divinorum operum* bezeichnet; dieser Titel wurde in der Mansi-Edition in: PL 197, 741–1038 gewählt. Das früheste Manuskript, entstanden in Rupertsberg ca. 1170–1174 (Gent, Universiteitsbibliotheek Cod. 241), trägt

aber den Titel *De operatione Dei*. Diese Schrift, die Veränderungen und Korrekturen der Autorin enthält, bildet die Grundlage für die kritische Edition von Albert Derolez und Peter Dronke, die im Moment vorbereitet wird. In der deutschen Übersetzung wurde zitiert nach: Hildegard von Bingen, Welt und Mensch. Übersetzt und herausgegeben von Heinrich Schipperges, Salzburg 1965.

30 Migne druckte 145 von den Hildegard – Briefen zusammen mit Briefen, die an die Heilige adressiert sind in PL 197. Pitra fügte noch 145 andere Briefe hinzu. Elf weitere Briefe wurden von Francis Haug in der Revue bénédictine 43 (1931), S. 59–71, veröffentlicht. Der Berliner MS. Cod. lat. 674 enthält 44 Briefe, von denen 12 vor kurzem von Peter Dronke in seinem Buch „ Women Writers of the Middle Ages", Cambridge 1984, S. 256–264, veröffentlicht wurden. Ein großer Teil der Briefe sind in der deutschen Ausgabe des *Briefwechsel* veröffentlicht. Siehe nun die kritische Edition von Lieven van Acker (Hg.), Hildegard von Bingen, *Epistolarium*, CCCM Bde. 91–91a, Turnhout 1991–1993.

31 Frederick an Hildegard, *Ep.* 27, in: PL 197, 186bc: „Notum facimus sanctitati tuae, quoniam ea quae praedixisti nobis, cum Ingelheim manentes, te ad praesentiam nostram venire rogavimus, jam in manibus tenemus."

32 Für den Text ihrer Predigt siehe *Ep.* 48, in: PL 197, 244–253.

33 Für diese Schriften siehe PL 197, 1037–1116. Pitra gab das sogenannte *Prooemium zum Leben des hl. Disibod* und den *Epilog zum Leben des hl. Rupert* heraus (Pitra, 352–357; Pitra, 358–368). Diese Sammelbände, die verschiedene Lieder und Lehrpredigten enthalten, waren für die liturgische Praxis der Nonnen geplant.

34 Expositiones quorumdam evangeliorum, in: Pitra, 245–327.

35 Fragmente in: Pitra 496–502.

36 „De Catharis", in: Pitra 348–351.

37 *Ep.* 14, in: PL 197, 167–171.

38 Mittelrheinisches Urkundenbuch I, Nr. 636, S. 694: „Ipsum itaque locum cum sanctimonialibus et possessionibus sub nostram imperialem protectionem suscipientes, statuimus et imperiali edicto sanctimus, ne aliquis advocatiam eiusdem loci sibi usurpet, verum ab omnibus infestationibus et iniuriis imperiali dextera et Maguntini archiepiscopi auxilio liber semper et securus existat."

39 *Ep.* 37, in: Pitra S. 523–524; M. Schrader/A. Führkötter, Die Echtheit des Schrifttums der heiligen Hildegard von Bingen, Köln – Graz, 1956, S. 128.

40 *Ep.* 127, in: Pitra S. 561.

41 *Ep.* 4, in: PL 197, 154–156; *Briefwechsel*, S. 86.

42 Siehe Korrespondenz zwischen Hildegard und Christian, Erzbi-

schof von Mainz, *Epp.* 8 und 9, in: PL 197, 159–161; Vgl. *Acta* 6, in: PL 197, 135b.

43 *Ep.* 47, in: PL 197, 218–221.

44 Odoricus Raynaldus: Annales ecclesiastici ad 1237, Nr. 50 (in: PL 197, 88a): „cum enim habeatur in depositionibus testium ad nostram praesentiam destinatis, quod eadem multos curaverat daemoniacos et infirmos, nec personae, nec loca, nec tempora designantur; neque reperitur in eis quid vel quae magistra dixerit."

45 *Acta* 10, in: PL 197, 138c.

46 Helmut Hinkel, „St. Hildegards Verehrung im Bistum Mainz", in: A. Brück (Hg.), Hildegard von Bingen, 1179–1979, Festschrift zum 800. Todestag der Heiligen, Mainz 1979, S. 385–412; Hildebrand Fleischmann, Hildegard-Eigenoffizium, Freiburg – Regensburg 1952.

47 Siehe Adolf Katzenellenbogen, Allegories of the Virtues and Vices in Mediaeval Art, London 1939.

48 *Scivias* III.3.3, S. 375; dt. Ausg. S. 353.

49 Es gibt eine vollständigere Version dieses Stückes, die *Ordo virtutum*, die unabhängig von der *Scivias* ist und, die vielleicht im Zusammenhang mit Hildegards *Symphonia* steht. Siehe Peter Dronke (Hg.), „The Text of the Ordo Virtutum", in: Poetic Individuality in the Middle Ages, Oxford 1970, S. 180–192. Audrey Davidson hat eine Aufführungsversion mit Musik herausgegeben: The Ordo Virtutum of Hildegard of Bingen, Kalamazoo 1985.

50 Zu diesem Manuskript vgl. Louis Baillet, Les Miniatures du *Scivias* de Sainte Hildegarde, Paris 1911; Hans Fegers, „Die Bilder im *Scivias* der Hildegard von Bingen", in: Das Werk des Künstlers 1 (1939), S. 109–145; Christel Meier, „Zum Verhältnis von Text und Illustration im überlieferten Werk Hildegards von Bingen", in: A. Brück (Hg.), Hildegard von Bingen, 1179–1979. Festschrift zum 800 Todestag der Heiligen, Mainz 1979, S. 159–169. In Farbe sind die Bilder reproduziert in der CCCM-Edition der *Scivias*.

51 *Liber vitae meritorum* I.32 und I.39, in: Pitra 17 und 19.

52 *Liber vitae meritorum* I.16, in: Pitra 12 (Obduratio); V.8, in: Pitra 186 (Maleficium); II.17, in: Pitra 68 (Infelicitas).

53 *De operatione Dei* I.2.42, in: PL 197, 786d-787b.

54 *De operatione Dei* I.4.98, in: PL 197, 883cd; dt. Ausg. S. 162

55 Die ganze erschaffene Welt ist wie ein Buch, ein Bild und ein Spiegel für uns. Alanus von Lille, Rhythmus alter, in: PL 210, 579a.

56 *De operatione Dei* I.4105, in: PL 197, 889bc.

57 *De operatione Dei* I.4.42, in: PL 197, 836c-837a.

58 Charles Czarski, The Prophecies of St. Hildegard of Bingen, Diss. University of Kentucky, 1983; H. D. Rauh, „Hildegard von Bingen",

in: Das Bild des Antichrist im Mittelalter: Von Tyconius zum deutschen Symbolismus, München 1973, S. 474–527.

59 „Visiones et oracula beatae illius et celeberrimae Hildegardis, quae apud vos sunt (mittite). Quae mihi ex eo commendata est et venerabilis, quod eam dominus Eugenius specialis charitatis affectu familiarius amplectebatur. Explorate etiam et rescribite, an ei sit de fine huius schismatis aliquid revelatum. Praedixit enim in diebus papae Eugenii, quod non esset, nisi extremis diebus, pacem et gratiam in Urbe habiturus." PL 199, 220c. Dazu schrieb Hildegard: „De schismate Ecclesiae non jubet me Dominus loqui, sed gladium suum vibrat, et arcum suum tendit." *Ep.* 64, in: Pitra 534.

60 Fragmente von Gebenos Arbeit sind unter der Überschrift „Speculum futurorum temporum" erschienen in: Pitra 483–488. Der vollständige Text wurde noch nicht herausgegeben.

61 Gebeno von Eberbach, Speculum, Prologus 3, in: Pitra 484–85.

62 Trithemius, Chronicon Hirsaugiense ad 1149, in: Opera historica, S. 132.

63 Siehe Ildefons Herwegen, „Les collaborateurs de Ste. Hildegarde", in: Revue bénédictine 21 (1904), S. 192–203, 302–315, 381–403; M. Schrader/A. Führkötter, Die Echtheit des Schrifttums der heiligen Hildegard von Bingen, Köln – Graz, S. 143–153.

64 Guibert von Gembloux, *Ep.* 29.25–27, in: Pitra 431–433. Zu Guiberts Argument vgl. Augustinus, „De doctrina christiana" IV.3 und IV.26, in: CCSL 32, 117 und 134–135.

65 Peter Dronke, Poetic Individuality in the Middle Ages, Oxford 1970, S. 178–179.

66 Für diese Unterscheidung siehe Jean Leclercq, The Love of Learning and the Desire for God, New York 1961. S. 233–286. Zwei gute Einführungen in die Symbole des 12. Jahrhunderts finden sich bei M.-D. Chenu, Nature, Man and Society in the Twelfth Century, Chicago 1968; und M.-M. Davy, Initiation à la symbolique romane, XIIe siècle, Paris 1964.

67 Christel Meier, „Zwei Modelle von Allegorie im 12. Jahrhundert: Das allegorische Verfahren Hildegards von Bingen und Alanuss von Lille", in: Walter Haug (Hg.), Formen und Funktionen der Allegorie, Stuttgart 1979, S. 78.

68 Kent Kraft hat die schillernde Bildwelt der Visionen mit Hildegards Kommentar verglichen, der „sie ausspannt und dann Schicht für Schicht einfriert". (Kent Kraft, The Eye Sees More than the Heart Knows, The Visionary Cosmology of Hildegard of Bingen, Diss University of Wisconsin 1977, S. 104).

69 Peter Dronke, Poetic Individuality in the Middle Ages, Oxford

1970, S. 157; ders., „Problemata Hildegardiana", in: Mittellateinisches Jahrbuch 16 (1981), S. 116–117.

70 Vgl. Adelgundis Führkötter in ihrer Einleitung zu *Scivias*, S. xviii.

71 Dieser Textabsatz und der nächste sind aus: *Scivias*, Protestificatio, 1–8; dt. Ausg. S. 5.

72 *Ep.* 75, in: PL 197, 297c; *Ep.* 6, in: PL 197, 157c; *Ep.* 92, in: PL 197, 313a.

73 Die folgenden Zitate stammen aus *Ep.* 49, in: PL 197, 254–258.

74 *Ep.* 100, in: PL 197, 321–322; *Briefwechsel*, S. 211. Dabei wurde der Satzteil „als Gott die Gestalt (des Weibes) baute" (dt. Ausg.) durch „und Gestalt, geformt in Gottes Bau" (lat. *figura in aedificatione Dei formata*) ersetzt; und der Ausdruck „weltliches Leben"(dt. Ausg.) wurde durch den Begriff „Einsiedlerleben" (lat.: *singularis vitae*) ersetzt (Anm. der Übers.). Ambivalenz und Antagonismus gegenüber der Rolle des Abtes oder der Äbtissin im 12. Jahrhundert werden beschrieben in: Pierre Salmon, The Abbot in Monastic Tradition, Washington 1972, S. 95–99; und Caroline Bynum, Jesus as Mother: Studies in the Spirituality of the High Middle Ages, Berkeley 1982, S. 154–159.

75 Vgl. für ähnliche Ratschläge *Epp.* 32, 33, 37, 42, 44, 66, 70, 74, 77, 78, 86, 101, 108 und 112, in: PL 197; und *Epp.* 39, 57, 61, 63, 76, 83, 89, 98, 118, 137, 138, 151 und 159, in: Pitra.

76 Bertha von Sulzbach, Schwägerin von Konrad III., heiratete 1146 Manuel Comnenus und gebar eine Tochter. Siehe *Ep.* 81, in: Pitra 542; *Briefwechsel*, S. 88.

77 Oder „Sibylla trans Alpes" wie in der Manuskriptüberschrift von *Ep.* 36, in: Pitra 521. Zu dieser Zeit sollte „Sibylla" eher als ein gewöhnlicher Eigenname denn als ein Beiname betrachtet werden.

78 *Ep.* 125, in: Pitra 560–561. Derselbe Brief, bei dem allerdings der Name und der Hinweis auf Sibylles Tochter gestrichen ist, erscheint als *Ep.* 88, in: PL 197, 309d-310a. Adressat ist hier der Vorsteher eines Klosters in Koblenz. Der Herausgeber hat Hildegards Brief an Sibylle mit einem anderen an Bertha, einer Hausfrau in Fulda, vertauscht (Ep. 43, in: Pitra 526). Wie Schrader und Führkötter herausgestellt haben (in: dies., Die Echtheit des Schrifttums der heiligen Hildegard von Bingen, Köln – Graz, 1956, S. 160–171), verfälscht der sogenannte „Riesenkodex" (Wiesbaden, Hess. Landesbibliothek Hs. 2), aus dem die meisten Briefe der Migne-Sammlung stammen, häufig die Adressaten der ansonsten authentischen Briefe, um Hildegards Korrespondenten einen höheren Rang zu verschaffen.

79 *Ep.* 36, in: Pitra 521.

80 *Vita* 3.40, in: PL 197, 119cd.

81 *Vita* 2.22, in: PL 197, 106cd.

82 Fragment IV.28, in: H. Schipperges (Hg.), „Ein unveröffentlichtes Hildegard- Fragment", in: Sudhoffs Archiv für Geschichte der Medizin 40 (1956), S. 71. Vgl. *Vita* 2.34, in: PL 197, 115c-116d; und *Ep.* 116 von Tenxwind, der Äbtissin von Andernach (PL 197, 336b- 337a), eine forschende Kritik, die in einem ironisch höflichen Ton gehalten ist.

83 Vgl. Barbara Newman, „Divine Power Made Perfect in Weakness. St. Hildegard on the Frail Sex", in: L. Thomas Shank (Hg.), Peace Weavers. Medieval Religious Women. Bd. 2, Kalamazoo 1987.

84 Elisabeth von Schönau, *Liber visionum* I.1, in: F. W. E. Roth (Hg.), Die Visionen der heiligen Elisabeth und die Schriften der Äbte Ekbert und Emecho von Schönau, Brünn 1884, S. 1. Zu Elisabeth siehe auch Kurt Köster, „Das visionäre Werk Elisabeths von Schönau. Studien zur Entstehung, Überlieferung und Wirkung in der mittelalterlichen Welt", in: Archiv für mittelrheinische Kirchengeschichte 4 (1952), S. 79–119; Josef Loos, „Hildegard von Bingen und Elisabeth von Schönau", in: A. Brück (Hg.), Hildegard von Bingen, 1179–1979, Festschrift zum 800. Todestag der Heiligen, Mainz, 1979, S. 263–272.

85 *Ep.* 45, in: PL 197, 217d. Dieser Brief ist wahrscheinlich nicht die Antwort auf den Elisabeth-Brief, der von Migne herausgegeben wurde, sondern auf einen ihrer früheren Briefe.

86 Besonders der Berg, die Stadt und die Säule, die im *Liber visionum* beschrieben werden, erinnern an die *Scivias* III, ebenso wie der stilisierte Dialog zwischen der Prophetin und Gott oder seinem Engel an Hildegard erinnern.

87 Annales Palidenses ad 1158, in: MGH. SS 16, 90.

88 Elisabeth, *Liber visionum* I.1, in: F.W.E. Roth (Hg.), Die Visionen der heiligen Elisabeth von Schönau und die Schriften der Äbte Ekbert und Emecho von Schönau, Brünn 1884, S. 1.

89 Elisabeth, *Liber visionum* I.67, in: Roth, Die Visionen der heiligen Elisabeth, a. a. O., S. 32. Vgl. Ez 2, 1; Mt 28, 20; Ps 27, 14.

90 Elisabeth von Schönau, *Liber viarum Dei* 6, in: Roth, Die Visionen der heiligen Elisabeth, a. a. O., S. 91.

91 Siehe Raoul Manselli, „Amicizia spirituale ed azione pastorale nella Germania del seculo XII: Ildegarda di Bingen, Elisabetta ed Ecberto di Schönau contro l'eresia catara", in: *Studi e materiali di storia delle religioni* 38 (1967), Fasc. 1–2, S. 302–313.

92 *Ep.* 45, in: PL 197, 214d-216d. Der Abschnitt, in dem Elisabeth sich selbst als „magistra sororum quae in Schonaugia sunt" beschreibt, ist eingeschoben.

93 Elisabeth von Schönau, *Liber visionum* II.1, in: Roth, Die Visionen der heiligen Elisabeth, a.a.O., S. 40. Vgl. Ambrosius über Deborah: „Um die Seele von Frauen zu entflammen, urteilte eine Frau, entschied

eine Frau, prophezeite eine Frau und triumphierte eine Frau und lehrte Männer mitten in den kämpfenden Truppen die Kunst des Krieges unter weiblichem Kommando. Im Mysterium ist jedoch der Glaubenskampf der Sieg der Kirche.“ *De viduis* 8.49–50, in: PL 16, 362–363.

94 Elisabeth von Schönau, *Liber visionum* I.6, in: Roth, Die Visionen der heiligen Elisabeth, a.a.O., S. 6. Die Vision kommt wahrscheinlich von der Ikonographie der Maria im priesterlichen Gewand als Personifikation der Kirche. Siehe Ilene Forsyth, The Throne of Wisdom. Wood Sculptures of the Madonna in Romanesque France, Princeton 1972, S. 23–24 und Abb. 112–121.

95 Elisabeth von Schönau, *Liber visionum* III.4, in: Roth, Die Visionen der heiligen Elisabeth, a.a.O., S. 60–61.

96 Vgl. Gertrud Jaron Lewis, „Christus als Frau: Eine Vision Elisabeths von Schönau“, in: Jahrbuch für Internationale Germanistik 15 (1983), S. 70–80. Für die Weiblichkeit Jesu, einem wichtiges Nebenthema für die Schriftsteller des 12. Jahrhunderts, siehe den Einleitungsaufsatz und die Literaturangaben in: Caroline Bynum, Jesus as Mother. Studies in the Spirituality of the High Middle Ages, Berkeley 1982.

97 Elisabeth von Schönau, *Liber visionum* III.31, in: Roth, Die Visionen der heiligen Elisabeth, a.a.O., S. 87.

Zweites Kapitel

1 Für die allgemeine Diskussion siehe Morton Bloomfield, A Grammatical Approach to Personification Allegory, in: Modern Philology 60 (1963), S. 161–171.

2 „The figure who in specific theological contexts will be called verbum dei and seen as the masculine son of God has always, in another integumentum, been identified with Sapientia or Providentia – a feminine hypostasis“. Zitiert aus: Peter Dronke, Notes to Bernard Silvestris, in: Cosmographia, Leiden 1978, S. 165, n. iii 17–18.

3 Für die formativen Phase der Christologie ist es laut Jaroslav Pelikan offensichtlich, „da die Basis für die vollständigsten Aussagen über das Göttliche in Christus als Logos nicht aus dessen augenscheinlicher Dokumentation in Johannes 1, 1–14, sondern aus Sprüche 8, 22–31 (LXX) stammen“ – einem Lobpreis auf Sophia. Um die Interpretation dieses Textes scheint auch die arianische Kontroverse des 4. Jahrhunderts ausgebrochen zu sein. Vgl. Jaroslav Pelikan, The Emergence of the Catholic Tradition 100–600. Chicago 1971, S. 186–193.

4 Martin von Léon, „Sermo IV in Nativitate Domini“. Zitiert in: Étienne Catta, „Sedes Sapientiae“, in: Hubert du Manoir (Hg.), Maria. Études sur la sainte Vierge, Paris 1949–1964, Bd. 6., S. 707, Anm. 103.

5 Siehe die wichtige Studie von Wolfgang Edelstein, Eruditio und sapientia: Weltbild und Erziehung in der Karolingerzeit, Freiburg 1965. Für die Messe siehe PL 101, 451 und Marie- Thérèse d'Alverny, La Sagesse et ses sept filles, in: Mélanges dédiés à la mémoire de Félix Grat. Bd. 1., Paris 1946, S. 245–278.

6 Ein bekannter „Ordo", der um 950 in Hildegards eigener Diözese von Mainz zusammengestellt wurde, schreibt während des Monats August die Lesung der Weisheitsbücher an den Sonntagen direkt vor und nach dem Hauptfest Mariä Himmelfahrt vor. Michel Andrieu, Les Ordines Romani du haut moyen âge, Bd. 5, Louvain 1961, S. 89, 357–358; Vgl. auch Catta, Sedes Sapientiae, und Georges Frénaud, Le Culte de Notre Dame dans l'ancienne liturgie latine, in: Hubert du Manoir (Hg.), Maria. Études sur la sainte Vierge, Paris 1949–1964. Bd. 6., S. 157–211.

7 Zu dieser literarischen Bewegung siehe Brian Stock, Myth and Science in the Twelfth Century. A Study of Bernard Silvester, Princeton 1972; Winthrop Wetherbee, Platonism and Poetry in the Twelfth Century. The Literary Influence of the School of Chartres, Princeton 1972; Peter Dronke, Fabula. Explorations into the Use of Myth in Medieval Platonism, Leiden 1974.

8 *Scivias* III.8.13, S. 495.; dt. Ausg. S. 475.

9 *De operatione Dei* III.10.1, in: PL 197, 997–998; vgl. Abb. 6.; dt. Ausg. S. 281.

10 *Scivias* III.4. Zu dieser Vision siehe Peter Dronke, Arbor Caritatis, in: P. L. Heyworth (Hg.), Medieval Studies for J. A. W. Bennett, Oxford 1981, S. 228–233.

11 Das einzige andere illustrierte *Scivias*-Manuskript (Heidelberg, Cod. Sal. X.16, fol. 176[v]), das aus unabhängigen Exemplaren ohne Hildegards Aufsicht zusammengestellt wurde, unterscheidet sich vom Text. Anstelle der weiblichen Figur, wie in der Vision beschrieben, wird hier die Scientia Dei durch einen bärtigen alten Mann dargestellt.

12 *Scivias* III.4.15, S. 401; dt. Ausg. S. 379.

13 Vgl. George Tavard über die biblische Sophia: „Wisdom is that which man can know of God's glory, or, equivalently, that of God which is communicable to man." Zit. aus: George Tavard, Woman in Christian Tradition, Notre Dame 1973, S. 24.

14 *Scivias* III.9.25, S. 538–539; dt. Ausg. S. 515 u. 516.

15 Der hl. Hieronymus schrieb, daß im neuen Jerusalem, die Jungfrauen vor Freude in den Straßen tanzen würden „et tripudiante saltatu, dicent cum David: Saltabo et ludam in conspectu Domini." Zit. aus: Commentarium in Zachariam II.8.5, in: CCSL 76a: 809. In einer Sequenz über den hl. Rupert stellt Hildegard dem Treiben einer heidnischen Orgie die chormäßigen Tänze des Himmels gegenüber. Vgl. *Lieder* Nr. 37, S. 252–256.

16 Explanatio Symboli S. Athanasii, in: PL 197, 1067bc; *De operatione Dei* III.10.4, in: PL 197, 1001b.

17 *Liber vitae meritorum* I.46 und IV.38, in: Pitra 23 und 160; dt. Ausg. S. 45 u. 197.

18 *Liber vitae meritorum* III.8, in: Pitra 108; dt. Ausg. S. 108.

19 *Lieder* Nr. 16, S. 228.

20 Richard von St. Viktor, De Trinitate. Hg. v. Jean Ribaillier. Paris 1958. Siehe besonders. Bd. III.

21 *Ep.* 142, in: Pitra 567.

22 Pseudo-Dionysius, De coelesti hierarchia 3.2, in: PG 3, 173a; vgl. Richard von St. Viktor, Benjamin Major 5.14, in: PL 196, 187ab.

23 *De operatione Dei* III.10.14, in: PL 197, 1016a; vgl. *Ordo virtutum*, S. 191.

24 Siehe z.B. Augustinus, In Joannem 2.1.16, in: PL 35, 1387; Eriugena, Periphyseon III.16, in: PL 122, 667a; Honorius, Liber XII quaestionum 1, in: PL 172, 1178c, und Elucidarium I.4, in: PL 172, 1112b; Rupert von Deutz, De sancta Trinitate, in Genesim I.5, in: CCCM 21, 132–133; Alanus von Lille, Theologicae regulae 45, in: PL 210, 641b. Die ursprüngliche Quelle ist Platos *Timaios*, 29e.

25 De Nuptiis Philologiae et Mercurii II.205. Hg. und übers. v. Luciano Lenaz, Padua 1975, S. 166; John of Salisbury, Metalogicon IV.36. Übers. v. Daniel McGarry, Berkeley 1962, S. 262–263.

26 Bernard Silvestris, *Cosmographia* II.13. Hg. v. Peter Dronke, S. 102.

27 *De operatione Dei* III.8.1., in: PL 197, 979b; dt. Ausg. S. 264.

28 *De operatione Dei* III.8.2, in: PL 197,. 979c-981a; dt. Ausg. S. 264–266.

29 Eine unmittelbarere Quelle für das Bild ist vielleicht die Pfingsthymne „Veni Creator", in der der Heilige Geist als „Fons vivus, ignis, caritas/Et spiritalis unctio" angesprochen wird.

30 Vgl. Augustinus, De Trinitate IX.12 und Hildegards *Ep.* 14, in: PL 197, 170d: „Rationalitas etiam tres vires habet, scilicet sonum, verbum, sufflatum. In Patre Filius est, ut verbum in sono, Spiritus sanctus in utroque, ut sufflatus in sono et verbo."

31 Peter Dronke, „Arbor Caritatis", in: P. L. Heyworth (Hg.), Medieval Studies for J. A.W. Bennett, Oxford 1981, S. 228–233; Manfred Lurker, Der Baum in Glauben und Kunst, Baden-Baden 1976.

32 Zu dieser Lehre siehe J.-M. Bissen, „La tradition sur la prédestination absolue de Jésus- Christ du VIIe au XIVe siècles", in: France franciscaine 22 (1939), S. 9–34; Rudolf Haubst, Vom Sinn der Menschwerdung. „Cur Deus Homo", Teil III, München 1969; James McEvoy, „The Absolute Predestination of Christ in the Theology of Robert Grosseteste", in: Sapientiae Doctrina, Louvain 1980, S. 212–230.

33 *Scivias* III.1, S. 329. Vgl. a.a.O. II.1.11, S. 118: „Quod Verbo Dei incarnato illud magnum et antiquum consilium visum est"; dt. Ausg. S. 309.

34 *Lieder* Nr. 2, S. 214.

35 *Ep.* 30, in: PL 197, 192d; *Briefwechsel* S. 140.

36 Vgl. Peter Dronkes übertriebene, aber herausfordernde Bemerkungen über die „höfischen" Aspekte dieser Vision. Peter Dronke, Medieval Latin and the Rise of European Love-Lyric. Bd. I, Oxford [2]1968, S. 66–69.

37 Siehe zum Beispiel Ambrosius, *De fide* 4.8, in: PL 16, 634.

38 Georges Frénaud, Le Culte de Notre Dame dans l'ancienne liturgie latine, in: Hubert du Manoir (Hg.), Maria. Études sur la sainte Vierge, Paris 1949–1964. Bd. 6., S. 193, 198.

39 *Scivias* II.2, S. 124; dt. Ausg. S. 116. Vgl. Christel Meier, Die Bedeutung der Farben im Werk Hildegards von Bingen, in: Frühmittelalterliche Studien. Bd. 6 (1972), S. 266–269.

40 „Maria, Marienbild", in: Lexikon der christlichen Ikonographie. Bd. III. S. 159–160, Abb. 6 und 11.

41 Albert Böckler, Deutsche Buchmalerei vorgotischer Zeit. Königstein 1953. S. 53; Ernst Guldan, Eva und Maria, Graz – Köln 1966, S. 47–48, 171–172 und Abb. 23, 24, 26.

42 Eriugena, Periphyseon (De divisione naturae) V.24, in: PL 122, 912ab; McEvoy, Absolute Predestination, S. 222, n. 23.

43 Eriugena, Periphyseon II.36, in: PL 122, 615d-616a. „Causae itaque primordiales sunt, quod et in praecedentibus dixeram, quas Graeci ideas vocant, hoc est, species vel formas aeternas et incommutabiles rationes, secundum quas, et in quibus visibilis et invisibilis mundus formatur et regitur."

44 Honorius, Clavis physicae 13. Hg. v. Paolo Lucentini, Rom 1974, S. 10. Honorius zitierte das „Periphyseon" II, in: PL 122, 1205cd, Eriugena zitierte wiederum Maximus, des Bekenners „ambigua" über den „Sermo de hospitalitate" des Gregor von Nazianz.

45 *De operatione Dei* III.8.3, in: PL 197, 981d-982a.

46 Honorius, Libellus octo quaestionum, in: PL 172, 1187c. Für die byzantinischen Vorbilder dieses Motivs siehe Bissen, La tradition sur la prédestination absolue.

47 Rupert von Deutz, De gloria et honore Filii hominis, super Matt. 13, in: CCCM 29, 415. Vgl. Augustinus: De civitate Dei XIV.23, in: CCSL 48, 444–445.

48 Glossa ordinaria, in: PL 113, 1208d.

49 Zu dieser Schrift siehe Albert Böckler, Die Regensburg-Prüfeninger Buchmalerei des 12. und 13. Jahrhunderts. München 1924, S. 33–41.

50 London BL Arundel MS. 44, fol. 41r. Siehe nun Jutta Seyfarth (Hg.), Speculum virginum, CCCM 5, Turnhout 1990.

51 Das *Speculum virginum*, geschrieben in der ersten Hälfte des 12. Jahrhunderts, war im Rheinland sehr verbreitet. Zum Text und seiner Manuskript-Überlieferung siehe Matthäus Bernards, Speculum virginum. Geistigkeit und Seelenleben der Frau im Hochmittelalter. Köln – Graz 1955.

52 *Ep.* 47, in: PL 197, 227d.

53 Das Oxford Latin Dictionary definiert „materia" (Bedeutung 8) als „die Bedingung, durch die eine Handlung oder Situation berührt wird, Mittel, Gelegenheit, etc." Siehe die mittelalterlichen Beispiele im „Novum glossarium Mediae Latinitatis" für die Bedeutung dessen, „was eine Handlung herausfordert oder Gelegenheit dazu gibt; das Motiv". Hildegards Gebrauch der Begriffe „materia" und „forma" sollten nicht im aristotelischen Sinne interpretiert werden, dessen Metaphysik ihr fremd wäre.

54 *Ep.* 30, in: PL 197, 193a.

55 Vgl. *Causae et curae* I, dt. Ausg, S. 5: „Als Gott die Welt erschaffen wollte, schuf er sie aus dem Nichts, aber in seinem Willen lag die Materie der Welt. Denn als sich Gottes Willen offenbarte, um das Werk zu vollbringen, ging alsbald aus seinem Willen, wie Gott es wollte, die Materie als ein dunkler, noch ungeformter Klumpen hervor." Hier wäre „materielle Ursache" die angemessene Übersetzung. In *De operatione Dei* II.5.17, in: PL 197, 916c, werden Himmel und Erde aus Genesis 1,1 als „lucida materia" und „turbulenta materia" bezeichnet.

56 Siehe Appendix B, Nr. 1; Diskussion in: Peter Dronke, Poetic Individuality in the Middle Ages, Oxford 1970, S. 157; dt. Übers. aus d. Lat. u. Engl.

57 Barbara Grant, Five Liturgical Songs by Hildegard von Bingen, in: Signs. Bd. 5 (1980), S. 564.

58 *Liber vitae meritorum* V.39, in: Pitra 197; dt. Ausg. S. 238.

59 Siehe George Economou, The Goddess Natura in Medieval Literature, Cambridge/Mass. 1972.

60 *Liber vitae meritorum* III.8, in: Pitra 107.

61 *Lieder* Nr. 19, S. 232–234.

62 *De operatione Dei* I.1.2, in: PL 197, 744a; dt. Ausg. S. 26.

63 Diese Inschrift – „vegetabilis in arboribus, sensibilis in pecoribus, racionabilis in hominibus" – erscheint auf einem Band, das die Anima mundi auf der einzigen bekannten bildlichen Darstellung hält und das den Honorius – Text *Clavis physicae* illustriert; siehe Marie- Thérèse d'Alverny, Le cosmos symbolique du douzième siècle, in: Archives d'histoire doctrinale et littéraire du moyen âge. Bd. 28 (1953), S. 46. Die

grundlegende Arbeit hierzu ist: Tullio Gregory, Anima mundi, Florenz 1955.

64 Abaelard, Theologia christiana I.72, in: CCCM 12, S. 101–102.

65 Abaelard, Theologia christiana I.95, in: ebd S. 111–112.

66 Abaelard, Theologia christiana I.109, in: ebd S. 117.

67 Charles Jourdain (Hg), Des commentaires inédits de Guillaume de Conches et de Nicolas Triveth sur la *Consolation de la philosophie* de Boèce, in: Excursions historiques et philosophiques à travers le moyen âge, Paris 1888, S. 36–37.

68 Bernhard von Clairvaux, De erroribus Abaelardi IV.10, in: PL 182, 1062b; Wilhelm von St. Thierry, Disputatio adversus Petrum Abaelardum V, in: PL 180, 265.

69 *De operatione Dei* I.1.3, in: PL 197, 744cd; dt. Ausg. S. 27.

70 *De operatione Dei* I.1.2, in: PL 197, 743–744; dt. Ausg. S. 25–26.

71 *Vita* 2.35, in: PL 197, 116c.

72 *De operatione Dei* I.1.2, in: PL 197, 744b; dt. Ausg. S. 26.

73 *Vita* 2.35, in: PL 197, 116b.

74 *De operatione Dei* III.9.14, in: PL 197, 996b; dt. Ausg. S. 278.

75 Kent Kraft, The Eye Sees More than the Heart Knows. The Visionary Cosmology of Hildegard of Bingen, Ph.D. Diss. Universitity of Wisconsin 1977, S. 256–257.

76 Gerhoch von Reichersberg, Commentarium in Psalmos 7, in: PL 193, 730a.

77 *Ep.* 116, in: PL 197, 336cd.

78 *De operatione Dei* III.9.2, in: PL 197, 985bc; dt. Ausg. S. 269.

79 Augustinus, Sermo 37, in: CCSL 41, 446–473; Aelred, Sermo 25 de beata Maria, in: PL 195, 353d; Adam, Sermo 5 in Assumptione, in: PL 211, 734.

80 *Liber vitae meritorum* IV.38, in: Pitra 160–161; dt. Ausg. S. 197.

81 Vgl. Richard von St. Viktor, Adnotatio in Ps. 44, in: PL 196, 323a-324a: „Probatio enim charitatis est exhibitio operis. Nam opera bona ejus sunt vestimenta. In vestitu, inquit, deaurato. In vestitu opera justitiae, in auro intellige claritatem sapientiae. Vestimenta ergo aurea, opera sunt discreta."

82 *De operatione Dei* III.10.3, in: PL 197, 1000cd; dt. Ausg. S. 283.

83 *De operatione Dei* III.9.14, in: PL 197, 996c; dt. Ausg. S. 279.

84 Boethius, Consolatio Philosophiae, Buch 1, Prosa 3.

85 Alanus von Lille, De planctu Naturae, Prosa IV. Hg. v. Thomas Wright, in: Anglo- Latin Satirical Poets of the Twelfth Century. Bd. II., London 1872, S. 467.

86 *De operatione Dei* III.10.8, in: PL 197, 1007b; *Ep.* 52, in: PL 197, 269b-271d.

87 Für das Haus der Weisheit als Körper Christi siehe Augustinus: De civitate Dei XVII.20, in: CCSL 48, 588; Leo der Große, Ep. 31, in: PL 54, 792; Gregor, Moralia in Job 33.15, in: PL 76, 693–694; Honorius, Sermo de dedicatione, in: PL 172, 1101; Pseudo-Anselm, Homilia Prima in Ecclus., in: PL 158, 586c. Vgl. Bernhards Predigt „De domo divinae Sapientiae, id est Virgine Maria", Nr. 52, in: Bernhard von Clairvaux, Opera. Hg. v. Jean Leclercq und Henri Rochais. Bd. 6[I], Rom 1957–1977, S. 274–277.

88 Vgl. Ep. 12 an Guy de Chartreuse, Ep. 15 an Papst Honorius, Ep. 91 an Oger de Mont-St. Eloi, Ep. 228 an Eustachius, den Inhaber des Bischofssitzes in Valencia, und Ep. 328 an Hugo, den Abt in Prémontré. Alle in: The Letters of St. Bernard of Clairvaux. Übers. v. Bruno James, London 1953, S. 42, 50, 136, 306, 407–408.

89 Ep. 2 in: Letters of St. Bernard, S. 10–11.

90 Dieser Einfluß sollte allerdings nicht übertrieben werden. Obwohl Hildegard mit dem zisterziensischen Ethos vertraut war, sucht man in ihren Arbeiten vergebens nach den Spuren des Ordens, z. B. die Ergebenheit gegenüber der Menschheit Jesu, die asketische Strenge, die Theologie der Kontemplation und die Reflexionen über die Psychologie der Liebe.

91 *Ep.* 144, in: PL 197, 380bc. Mignes Text ist unvollständig, aber der fehlende Text kann in Ep. 3, in: Pitra 334–335, gefunden werden. Und der vollständige Text steht in: J. M. Canivez (Hg.), Statuta capitulorum generalium ordinis Cisterciensis. Bd. 1., Louvain 1933, S. 53–56. Das Datum des Briefes ist umstritten. In Alberics Chronik (MGH. SS 23, 842) findet sich die Frage der Äbte und die Antwort Hildegards unter dem Jahr 1153. Aber Pitra gibt ohne Erklärung die Angabe ca. 1172. Ich sehe keinen Grund, das Datum Alberics anzuzweifeln, denn es scheint natürlich, daß das Generalkapitel Hildegard im Jahr von Bernhards Tod um Hilfe bittet, als die Erinnerung an gegenseitige Hochachtung der zwei Heiligen noch wach ist.

92 *Ep.* 144, in: PL 197, 380cd.

93 Bernhard von Clairvaux, Sermo 29 super Cantica, in: Opera. Bd. 1, S. 202–209.

94 Bernhard von Clairvaux, Sermo 1 in festo Annuntiationis, in: Opera. Bd. 5, S. 13–27; Hugo von St. Viktor, Miscellanea II.63, in: PL 177, 623c-625d; Rupert von Deutz, De glorificatione Trinitatis IX.6, in: PL 169, 186–187. Zu diesem Thema siehe Arthur Långfors, Le thème des quatre filles de Dieu. Excursus bibliographique, in: Notices et extraits de la Bibliothèque nationale et autres bibliothèques. Bd. 42 (1933), S. 172–282.

95 R. W. Southern (Hg.), Memorials of St. Anselm, Oxford 1969, S. 354–360.

96 *Ep.* 93, in: Pitra 547–548; *Briefwechsel* S. 138. Die zweite „puella" muß eher Humilitas als Obedientia sein, wie in Pitras Text, weil sie in ihrer Ansprache mit „Ego humilitas" beginnt und am Ende des Briefes als „domina" bezeichnet wird.

97 Einen merkwürdigen Seitenblick auf dieses Problem erscheint in Bengt Hasselrot, Les vertus devraient être soeurs, ainsi que les vices sont frères, in: Actes du 4e Congrès des Romanistes Scandinaves. Revue romane, Sonderheft 1, Kopenhagen 1967, S. 35–44.

98 *Ep.* 23, in: PL 197, 180c-181a; *Briefwechsel* S. 57.

99 *Scivias* II.6.76, S. 290; dt. Ausg. S. 271.

100 Abaelard, Ep. 7, De origine sanctimonialium, in: PL 178, 232b; Rupert von Deutz, in Cantica I.6, in: CCCM 26, 24.

101 *Ep.* 135, in: PL 197, 363a-c.

102 *Ep.* 144, in: PL 197, 381a.

103 *Ep.* 116, in: PL 197, 337b-338c.

104 Über die göttliche Ordnung und das Klassenbewußtsein in Hildegards Denken vgl. Peter Dronke, Women Writers of the Middle Ages, Cambridge 1984, S. 165–167.

105 Siehe Marie-Thérèse d'Alverny, Le symbolisme de la Sagesse et le Christ de Saint Dunstan, in: Bodleian Library Record. Bd. 5 (1956), S. 232–244; dies., Alain de Lille et la *Theologia,* in: L'homme devant Dieu. Mélanges Henri de Lubac. Bd. 2, Paris 1964, S. 112.

106 Siehe z. B. die Bamberger und die Grandval – Bibeln, die in Tours nicht lange nach Alkuins Tod hergestellt wurden, und die Bibel des 11. Jahrhunderts von St. Martial de Limoges, zitiert in: d'Alverny, La Sagesse et ses sept filles.

107 Für eine sehr schöne Illustration dieses Motivs siehe Georg Swarzenski, Die Salzburger Malerei, Stuttgart21969. Tafel 115, Abb. 392.

108 Alkuin, De dialectica, in: PL 101, 966a; ders., De grammatica, in: PL 101, 849c.

109 Eriugena: Annotationes in Marcianum. Hg. v. Cora Lutz, Cambridge/Mass. 1939, S. 64.

110 Rosalie Green, Michael Evans u. a. (Hg.), Herrad von Hohenburg, Hortus Deliciarum, London 1979. Diese Ausgabe ist eine Rekonstruktion des Textes; das Originalmanuskript ist nicht mehr vorhanden.

111 Siehe M. L. Arduini, „Il tema , vir ' e , mulier ' nell'esegesi patristica e medioevale di Eccli. XLII.14, in: Aevum. Bd. 55 (1981), S. 246–261.

1 Die Literatur zu diesem Thema ist umfangreich. Empfehlenswert ist besonders: George Tavard, Woman in Christian Tradition, Notre Dame 1973; und Rosemary Ruether (Hg.), Religion and Sexism. Images of Woman in the Jewish and Christian Traditions, New York 1974; außerdem die Arbeiten, die im ersten Kapitel in Anmerkung 8 zitiert werden.

2 Vgl. das Kapitel über Hildegard in: Peter Dronke, Women Writers of the Middle Ages, Cambridge 1984; Elisabeth Gössmann, Das Menschenbild der Hildegard von Bingen und Elisabeth von Schönau vor dem Hintergrund der frühscholastischen Anthropologie, in: Peter Dinzelbacher/Dieter Bauer (Hgg.), Frauenmystik im Mittelalter. Ostfildern 1985, S. 24–47.

3 Johannes Chrysostomos, Lehrpredigt 8 über Genesis 1, Nr. 4, in: PG 53, 73.

4 Abaelard, Expositio in Hexaemeron, in: PL 178, 760d-761d.

5 Arnold de Bonneval, De operibus sex dierum, in: PL 189, 1534ab.

6 Ivo de Chartres, Panormia XII.44, in: PL 161, 1291ab.

7 Hervé de Bourg-Dieu, In Epistolam I ad Corinthios, in: PL 181, 927c; Peter von Celle: De panibus 10, in: PL 202, 975b; Gilbert Porreta im Troyes Cod. lat. 626, fols. 113[v]-114[r], zit. in: Robert Javelet, Image et ressemblance au douzième siècle. Bd. II, Paris 1967, S. 207, Anm. 540. Als Zusammenfassung dieser Positionen siehe Javelet, Image et ressemblance. Bd. I, S. 236–245.

8 Rupert von Deutz, In Genesim II.7, in: CCCM 21, 191.

9 Augustinus definiert das Bild Gottes als „ipsa ratio vel mens vel intelligentia" in: De Genesi ad litteram III.20, in: CSEL 28[I], 86. Diese Sichtweise wird wiederholt von Alkuin, De animae ratione 5, in: PL 101, 641a; Rabanus Maurus, Commentarium in Genesim I.7, in: PL 107, 460b; Angelomus de Luxeuil, Commentarium in Gen. 1, in: PL 115, 122d; Remigius d, Auxerre, Commentarium in Gen. 1, in: PL 131, 57a. Siehe Gerhart B. Ladner, Ad Imaginem Dei. The Image of Man in Mediaeval Art, Latrobe/Pa 1965, S. 86–87, Anm. 54.

10 Ladner, Ad Imaginem Dei, a. a. O., S. 42, 108–109.

11 Eriugena zitiert Gregor von Nyssa, der den Körper „imago animae" und dann „veluti secunda imago [Dei]" nennt. Siehe Eriugena, Periphyseon (De divisione naturae) II.27 und IV.11, in: PL 122, 585d, 790c.

12 Bruno von Segni, Expositio in Genesim, in: PL 164, 158ab.

13 Hélinand de Froidmont, De cognitione sui 8, in: PL 212, 729d.

14 *De operatione Dei* II.5.43, in: PL 197, 945d; dt. Ausg. S. 235. *De operatone Dei* I.4100, in: PL 197, 885c; dt. Ausg. S. 164. Für die spätere Entwicklung dieses Themas siehe Caroline Bynum: „„... And Woman His

Humanity‘. Female Imagery in the Religious Writing of the Later Middle Ages“, in: Caroline Bynum/Steven Harrell/Paula Richman (Hgg.), Gender and Religion. On the Complexity of Symbols, Boston 1986.

15 *De operatione Dei* I.4100, in: PL 197, 885b; dt. Ausg. S. 164; dabei wurde der Ausdruck *Instrument* durch das Wort *Posaune* ersetzt..

16 *Ep.* 47, in: PL 197, 223a.

17 Die sog. „assumptus homo“-Christologie, eine der drei Möglichkeiten, die Petrus Lombardus in seinen *Sententiae* diskutiert, basiert auf der Metapher der Kleidung. In der Formulierung Augustinus, besteht diese Theorie darin, daß der Mensch „[durch das Wort] Gestalt annahm, so daß er zum Besseren gewandelt und erneuert werden konnte, so wie ein Gewand, das von einer Person getragen wird, aber in einer Art und Weise, die unaussprechlich vorzüglicher und passender ist... weil er nicht menschlich wurde durch seine Verwandlung in einen Menschen, sondern indem er den Menschen wie ein Gewand anzog“. Vgl. Augustinus, De diversis quaestionibus 83, Frage 73, in: PL 40, 84–85.

18 Expositiones evangeliorum, in: Pitra 261. Im allgemeinen wurde die Aussage als eine rhetorische Frage in der Art der Frage „Was habe ich mit dir zu tun?“ interpretiert.

19 *Scivias* III.1.16, S. 345; dt. Ausg. S. 322: „Gott... bewahrte seinen Glanz (den Glanz des gefallenen Engels) für den Lehm auf. Er formte ihn zum Menschen und umkleidete ihn mit ganz gewöhnlichem Erdenstoff (*natura terrae*), damit er sich nicht zur Gottähnlichkeit erhebe. Denn den er herrlich, in großer Pracht (*multo fulgore*) erschaffen hatte, aber nicht wie den Menschen mit einer so gebrechlichen und elenden Gestalt umhüllt hatte, der konnte in seinem Hochmut nicht bestehen.“

20 *De operatione Dei* I.4.65, in: PL 197, 851c, verbesserte Fassung aus Gent, Universiteitsbibliotheek, Cod. 241, fols. 164–165; dt. Ausg. S. 126.

21 *Causae et curae* 59. Diese Assoziation kann durch einen Text von Rupert von Deutz erklärt werden: „Die Natur selbst lehrt, daß es dem Manne geziemt, mit der Erde zu arbeiten, denn für Frauen ist es passender, sich mit nützlicher Handarbeit für den Körper des Mannes zu beschäftigen. Deshalb wird der Text “daß er den Erdboden bearbeite, von dem er genommen war„ richtig so gedeutet, daß auch die Frau in Fürsorge für ihren Mann arbeiten soll, von dem sie genommen war.“ In Genesim III.31, in: CCCM 21, S. 272.

22 *De operatione Dei* I.4100, in: PL 197, 885bc; dt. Ausg. S. 164; dabei wurde folgender Satz in Angleichung an den die Übersetzung von B. Newman (*kursiv*) geändert: „Dies tat Gott in seiner mannhaften Schöpfungskraft, so wie Er auch den ersten Mann in seiner gewaltigen Kraft hervorgebracht hatte.“

23 *Scivias* III.2.9, S. 356, dt. Ausg. S. 334: „...wie wenn ein Mensch sein Gesicht im Spiegel betrachtet, ob es schön oder entstellt ist. So untersucht er in der Erkenntnis das Gute und das Böse in der vollbrachten Tat, die er innerlich betrachtet."

24 Zu diesem Bild vergleiche Maura Böckeler, Das Große Zeichen, Salzburg 1941, S. 27- 34; Margot Schmidt, „Hildegard von Bingen als Lehrerin des Glaubens. *Speculum* als Symbol des Transzendenten", in: A. Brück (Hg.), Hildegard von Bingen, 1179–1979. Festschrift zum 800. Todestag der Heiligen, Mainz, 1979, S. 95–157; Heinrich Schipperges, „Das Schöne in der Welt Hildegards von Bingen", in: Jahrbuch für Ästhetik und allgemeine Kunstwissenschaft 4 (1958–1959), S. 83–139.

25 *De operatione Dei* III.6.6 und III.10.14, in: PL 197, 960d und 1016b.

26 *Causae et curae* 65. Vgl. *Ep.* 51, in: PL 197, 261b: „hominem speculum honoris sui et miraculorun suorum constituit [Deus]."

27 Vgl. Gottfried von Admonts Äußerung, daß obwohl der Mann über das göttliche Antlitz, das er in sich trägt für sich selbst nachsinnen kann, er es dennoch erst „plenius et perfectius" sieht, wenn er sich in der Frau betrachtet, die von ihm genommen wurde. Hinweis aus: Homiliae dominicales, in: PL 174, 360cd.

28 *Ep.* 47, in: PL 197, 222d.

29 *Scivias* II.1.6, S. 115; dt. Ausg. S. 108.

30 *Liber vitae meritorum* VI.15, in: Pitra 226. „Lucifer enim velut speculum cum omnibus ornamentis suis constitutus erat; sed ipse lux, et non umbra ejusdem lucis esse voluit."

31 Siehe *Liber vitae meritorum* IV.3, Pitra 148: „Omne instrumentum Deus sic instituit, quod unumquodque in aliud respiciat. Quanto plus enim alius ab alio sapit, quod in se nescit, tanto plus scientia illi adest." Vgl. *De operatione Dei* III.6.5, in: PL 197, 959d: „Plenum namque gaudium utilitatis ex se ispo homo habere non potest nisi illud ab alio percipiat".

32 *Causae et curae* 136.

33 *Ep.* 13, in: PL 197, 167b.

34 *De operatione Dei* II.5.43, in: PL 197, 945cd.

35 Eine typische Auslegung findet sich bei Hervé de Bourg-Dieu: „Die Frau ist der Ruhm des Mannes, wenn er regiert und sie gehorcht; der Mann wird durch Weisheit regiert, die Frau durch den Mann." Ders.: In Epistolam I ad Corinthios, in: PL 181, 926c.

36 *Scivias* I.2.12; dt. Ausg. S. 22, *kursiv:* Übers. aus d. Engl. Die Ausgabe zeichnet keine abweichenden Manuskript-Lesart auf oder versucht, die Fehlzitierung zu korrigieren. Dies wird herausgehoben von Marie-Thérèse d'Alverny. Comment les théologiens et les philosophes voient la

femme. In: Cahiers de civilisation médiévale. Bd. 20. 1977. S. 123, Anm. 103.

37 Siehe Henri Leclercq, „Adam et Eve“, in: Dictionnaire de l'archéologie chrétienne et de liturgie. Bd. I.1 (1907), S. 509–519; Herbert Schade, Das Paradies und die Imago Dei. Eine Studie über die frühmittelalterlichen Darstellungen von der Erschaffung des Menschen als Beispiele einer sakramentalen Kunst. In: Probleme der Kunstwissenschaft. Bd. II, Berlin 1966, S. 79–182.

38 *Scivias* I.2, S. 13; dt. Ausg. S. 16.

39 Peter Dronke, Tradition and Innovation in Medieval Western Colour-Imagery, In: Eranos Jahrbuch. Bd. 41 (1972), S. 82, 84.

40 *Scivias* I.2.10, S. 19; dt. Ausg. S. 20.

41 Nach Alanus von Lille: „per lunam Ecclesia, per stellas sancti figurantur“, weil „stella a stella differt in claritate“ (I Kor 15,41). Distinctiones, in: PL 210, 955c-956a.

42 Augustinus übernimmt diese Meinung, um damit seine Sichtweise zu rechtfertigen, daß Adam und Eva sich auch im Paradies sexuell fortgepflanzt hätten, wenn sie nicht gefallen wären. Siehe Augustinus, De Genesi ad litteram IX; Gregor, Homiliae in Evangelia II.34, in: PL 76, 1249cd; Paul Salmon, Der zehnte Engelchor in deutschen Dichtungen und Predigten des Mittelalters. In: Euphorion. Bd. 57 (1963), S. 321–330.

43 *Scivias* III.1.16, S. 344–345; dt. Ausg. S. 322.

44 *Scivias* I.3.31, S. 59; dt. Ausg. S. 55.

45 Rabanus Maurus, Commentarium in Ecclus. VI.13, in: PL 109, 925d.

46 *Scivias* II.5.23, S. 195; dt. Ausg. S. 186.

47 Isidor von Sevilla, Etymologiae XIII.7.2, in: PL 82, 476b.

48 Ambrosius, Expositio in Lucam 10.42, in: CCSL 14, 357.

49 *Ep.* 47, in: PL 197, 222d.

50 *De operatione Dei* I.4.5, in: PL 197, 809ab. Dieser Äther darf nicht mit der Aristotelischen Quintessenz verwechselt werden; siehe Hans Liebeschütz, Das allegorische Weltbild der heiligen Hildegard von Bingen, Leipzig 1930, S. 67–68.

51 *Causae et curae* 104; dt. Ausg. S. 119.

52 *De operatione Dei* III.10.38, in: PL 197, 1038a: „Ipsa enim cum inspiratione Spiritus sancti officialis existit, et complexionem de aere habet; ideoque de ipso aere, de pluvia, de vento, et de omni tempestate infirmitas ei ita infixa est, ut nequaquam securitatem carnis in se habere possit, alioquin inspiratio Spiritus sancti in ea habitare non valeret.“

53 Als brauchbare Zusammenfassung dieser Bedeutungen siehe unter „umbra“ in: Alanus von Lille, Distinctiones, in: PL 210, 985–986.

54 Vgl. Gerhoch von Reichersberg: „Die Sonne der Gerechtigkeit verabscheut die Wolke der Sünde, die die ganze Erde bedeckt, so sehr, daß es ihr richtig erscheint, ihre Helligkeit zurückzuziehen, weil sie ihr Ebenbild nicht im Spiegel des schmutzigen menschlichen Herzens formen kann, wenn nicht der Schmutz zuerst weggewischt wird." Ep. 27, in: PL 193, 614b.

55 Prooemium Vitae S. Disibodi II, in: Pitra 353.

56 *De operatione Dei* I.4.37, in: PL 197, 833bc; verbessert aus Gent Cod. 241, fol. 145; dt. Ausg. S. 107.

57 Augustinus, De nuptiis et concupiscentia I.7 et passim; De peccato originali 38–45. Peter Brown hat den revolutionären Charakter der Lehre des Augustinus entdeckt. Peter Brown, Sexuality and Society in the Fifth Century A. D. Augustine and Julian of Eclanum, in: Emilio Gabba (Hg.), Tria Corda. Scritti in onore di Arnaldo Momigliano, Como 1983, S. 49–70.

58 Augustinus, De Genesi ad litteram XI.30, in: CSEL 28^1, 363.

59 Augustinus, De nuptiis et concupiscentia II.26: „Ob nun tatsächlich die Vermischung der Keimelemente der beiden Geschlechter im Schoß von solch einer Freude begleitet wird, ist eine Frage, die vielleicht Frauen aus ihrem innersten Gefühl entscheiden können; aber uns steht es nicht an, eine müßige Neugier so weit zu treiben."

60 Augustinus, De Genesi ad litteram IX.3, in: CSEL 28^1, 271–272.

61 Siehe z. B. Honorius, Elucidarium I.74, in: Yves Lefèvre (Hg.), „Elucidarium", Paris 1954, S. 374; Guillaume de Champeaux, „Glosulae glos. ad Romanos 5", Bamberg Cod. Bibl. 129, fol. 13, zit. in: Michael Müller, Die Lehre des hl. Augustinus von der Paradiesesehe und ihre Auswirkung in der Sexualethik des 12. und 13. Jahrhunderts bis Thomas von Aquin, Regensburg 1954, S. 48, Anm. 22.

62 Rupert von Deutz, In Genesim II.9, in: CCCM 21, 193–194.

63 Abaelard, Expositio in Hexaemeron, in: PL 178, 781cd; Müller, Lehre des hl. Augustinus, S. 66–75. Siehe auch Reinhold Grimm, Die Paradiesesehe. Eine erotische Utopie des Mittelalters, in: Franz Hundsnurscher und Ulrich Müller (Hgg.), Getempert und Gemischet. Festschrift Wolfgang Mohr, Göppingen 1972, S. 1–25.

64 Ralph Marcus (Übers.), Philo. „Questions and Answers on Genesis", in: Loeb Classical Library. Supp. 1. Bd. 46, London 1953, S. 26. Vergleichbares findet sich in: „De opificio mundi" 59 und „Legum allegoria" II.11.

65 Arnold de Bonneval, De operibus sex dierum, in: PL 198, 1545.

66 Rupert von Deutz, In Genesim III.2, in: CCCM 21, 236.

67 Siehe J. M. Evans, Paradise Lost and the Genesis Tradition, Oxford 1968, Kapitel 3; Rabbinische Quellen über Adam sind zitiert in: Louis Ginzberg, The Legends of the Jews. Bd. 1., Philadelphia 1954, S. 59–62.

68 *Ep.* 47, in: PL 197, 222c; Solutiones 3–4, in: PL 197, 1041b-d; *Causae et curae* S. 45–46, 82.

69 *Ep.* 47, in: PL 197, 220c.

70 Fragment IV.29, in: Heinrich Schipperges (Hg.) „Ein unveröffentlichtes Hildegard-Fragment", in: Sudhoffs Archiv für Gerschichte der Medizin 40 (1956), S. 72; vgl. Augustinus, De peccato originali 40.

71 Peter Dronke, Poetic Individuality in the Middle Ages, Oxford 1970, S. 157.

72 Fragment IV.7, in: Heinrich Schipperges (Hg.) „Ein unveröffentlichtes Hildegard-Fragment", in: Sudhoffs Archiv für Geschichte der Medizin 40 (1956), S. 68.

73 Vgl. Gottfried von Admont: „Wenn Eva, als eine Gestalt [Marias], ein Brautgemach für den Heiligen Geist im Tempel ihres Herzens mit den Tugenden von Demut und Gehorsam geschmückt hätte, dann hätte die Gnade nicht gefehlt und während die Macht des Höchsten sie überschattete, würde keine Hitze der Begierde ihre Seele, die Gott geweiht ist, verbrannt haben. Sie hätte tatsächlich von ihrem Mann empfangen, so wie die Erde, die durch Regenschauer gewässert wird, Kräuter und Knospen in fruchtbarem Wachstum hervorbringt; und ihr Mann würde ohne die Leidenschaft der Begierde die eheliche Umarmung nur zur Fortpflanzung des Samens benutzt haben." In: De operibus sex dierum, in: PL 189, 1564–1565. Für die Typologie siehe Sebastien Tromp, De nativitate Ecclesiae ex corde Jesu in cruce, in: Gregorianum. Bd. 13 (1932), S. 489–527.

74 *Causae et curae* 136; dt. Ausg. S. 154; das Wort *Söhne* im deutschen Text wird hier richtiger mit *Kinder* übersetzt. Dieses Motiv könnte auch aus jüdischen Quellen stammen; eine Midrash in der „Torah Shelemah" behauptet, daß Adam sich an Evas Umarmung im Traum erfreute, als sie geschaffen wurde, sonst hätte er niemals gewußt, wie er lieben sollte. „Midrash Abakir", zit. in: Menahem Kasher, Encyclopedia of Biblical Interpretation. Bd. 1, New York 1953, S. 114.

75 Die Frau wurde normalerweise als die Kirche gedeutet, bis Ambrosius Autpertus eine marianische Interpretation einführte. Für die Geschichte der Exegese siehe Ewald Vetter, „*Mulier amicta sole* und Mater Salvatoris", in: Münchner Jahrbuch der bildenden Kunst. Bd. 9–10, (1958/59), S. 32–71.

76 *De operatione Dei* II.5.16, in: PL 197, 915bc; dt. Ausg. S. 102.

77 *Liber vitae meritorum* III.98, in: Pitra 141.

78 *Liber vitae meritorum* I.114, in: Pitra 50; dt. Ausg. S. 76.

79 *Physica* IV.10 und I.47, in: PL 197, 1257b und PL 197, 1148ab.

80 J. M. Evans, Paradise Lost and the Genesis Tradition, Oxford 1968, S. 87–88.

81 *Scivias* I.2.10, S. 19; dt. Ausg. S. 21; der Ausdruck *Empfänglchkeit* im deutschen Text wurde hier mit *Weichheit* wiedergegeben.

82 *Causae et curae* 47: „Caro et cutis Adae fortior et durior fuit quam hominum nunc sit, quia Adam de terra formatus fuit et Eva de ipso."

83 Isidor von Sevilla, Etymologiae XI.2.17–18, in: PL 82, 417a. Nach rabbinischer Lehre trägt nur die Frau Parfüm, weil das Fleisch ein Konservierungsmittel braucht, um frisch zu bleiben, aber der Staub der Erde braucht keins. Ebenso beruhigt sich ein wütender Mann schneller als eine Frau, weil Erde im Wasser schneller weich wird als Knochen. Vgl.: Louis Ginzberg, The Legends of the Jews. Bd. 1., Philadelphia 1954, S. 67.

84 *Causae et curae* 47; dt. Ausg. S. 54.

85 *Ep.* 104, in: PL 197, 325–26a.

86 Apocalypsis Mosis XIX.3, in: R. H. Charles (Hg.), Apocrypha and Pseudepigrapha of the Old Testament. Bd. II., Oxford 1913, S. 146. Andere Quellen für dieses Motiv siehe in: Louis Ginzberg, „Adam", in: Jewish Encyclopedia. Bd. I., S. 179.

87 Ambrosius, De Paradiso 12.55, in: CSEL 32[I], 312.

88 Alkuin, Interrogationes et responsiones in Genesim 6, in: PL 100, 517d-518a; Rupert von Deutz, In Genesim III.3, in: CCCM 21, S. 237.

89 *Liber vitae meritorum*, in: Pitra 64; dt. Ausg. S. 89.

90 *Ep.* 104, in: PL 197, 326a.

91 *Causae et curae* 36.

92 Zum Vergleich dieser zwei moralisierenden „physici" siehe Raymond Klibansky/Erwin Panofsky/Fritz Saxl, Saturn and Melancholy, London 1964, S. 110–111.

93 *Ep.* 47, in: PL 197, 220–224; *Causae et curae* 143–146; *Solutiones* 3–6, in: PL 197, 1041b- 1042c. Zu rabbinischen Parallelen siehe Genesis Rabbah xi; Baba Batra (Talmud) 58a; Targum Yerush. Gen. 3.7; Apocalypsis Mosis xx; Pirke R. Eliezer xiv; Vita Adae et Evae xxxiv.1.

94 *Causae et curae* 36.

95 *Causae et curae* 102–103; dt.Ausg. S. 117–118.

96 Louis Ginzberg, Legends of the Jews, Bd. V, S. 101, Anm. 85.

97 Rupert von Deutz, In Genesim III.22, in: CCCM 21, 260; vgl. Isidor von Sevilla, Etymologiae XI.140, in: PL 82, 414b.

98 Zum Beispiel heißt es bei Arnold de Bonneval: „Die Nachkommenschaft vervielfältigt sich durch den Drang nach Lust und weil die Sünde im Ansturm der Unkeuschheit nicht anerkannt wird, wird sie in Schmerzen erlitten, wenn der Schoß der Frau erschüttert wird. Wenn die Ketten der Natur von innen her gebrochen werden, kommt die Nachgeburt heraus, während das Kind weint. Die zitternden Hände der Hebammen begegnen dem anhänglichen Baby – wirklich, es ist ein elendes Geschäft." In: De operibus sex dierum, in: PL 189, 1564bc.

99 *Causae et curae* 105; dt. Ausg. S. 120.
100 *De operatione Dei* II.5.31, in: PL 197, 928ab; *Scivias* III.12.
101 *Causae et curae* 105. Für die „menstrua, quae vulgus flores appellat" siehe Elisabeth Ma son-Hohl (Übers.), Trotula. Diseases of Women, Los Angeles 1940, S. 2; Paul Diepgen, Frau und Frauenheilkunde in der Kultur des Mittelalters, Stuttgart 1963, S. 141.
102 *Scivias* I.2.20, S. 27; dt. Ausg. S. 28; anstatt *„ich erlasse der Frau... nicht"* in der deutschen Ausgabe wurde mit *„ich verachte... nicht"* übersetzt.
103 Vgl. Gregor der Große, „Responsiones" an Augustinus von Canterbury, Frage 8, zit. in: Bede, Ecclesiastical History of the English People. Übers. und hg. v. Bertram Colgrave und R.A.B. Mynors, Oxford 1969, S. 92–93: „Eine Frau muß während ihrer monatlichen Regel nicht am Betreten einer Kirche gehindert werden, weil dieses natürliche Überfließen nicht als Verbrechen betrachtet werden kann. Daher ist es nicht gerecht, daß sie von Besuch der Kirche ferngehalten werden soll, wegen etwas, das sie unfreiwillig erleidet."
104 Die einzige Analogie, die ich finden konnte, erscheint in einem manichäischen Scholabuch, das um 600 durch Theodore bar Khoni zusammengestellt wurde, der schrieb, daß Adam weinte „wie ein Löwe, der brüllt und heißhungrig ist". Zitiert in: J. M. Evans, Paradise Lost and the Genesis Tradition, Oxford 1968, S. 67. Nach dem „Physiologus" bedeutet das lebendige Brüllen des Löwen die Auferstehung. Vgl. Michael Curley (Übers.), Physiologus, Austin 1979.
105 *Physica* VII.3, in: PL 197, 131ab; dt. Ausg. S. 451.
106 *De operatione Dei* II.5.15, in: PL 197, 914cd; dt. Ausg. S. 201.
107 *Scivias* I.2.28, S. 32; dt. Ausg. S. 32.

Viertes Kapitel

1 Dieses Textmaterial wurde in einem kurzen Überblick dargestellt von: Bernhard Scholz, Hildegard von Bingen on the Nature of Woman. In: American Benedictine Review. Bd. 31 (1980), S. 361–383; sowie von Michela Pereira, „Maternità e sessualità femminile in Ildegarda di Bingen. Proposte di lettura", in: Quaderni storici. Bd. 44 (1980), S. 564–579.

2 Bertha Widmer, Heilsordnung und Zeitgeschehen in der Mystik Hildegards von Bingen, Basel 1955, S. 20. Als Gründe für die Ablehnung des Werkes als echt, gibt Widmer seinen naturalistischen Ansatz, den Determinismus, den Gebrauch germanischer Wörter und eine Bezugnahme auf Plato an einer Stelle (S. 51) an. Aber der Philosoph wird nur nebensächlich erwähnt und nicht als Autorität zitiert, und die germanischen Wörter

beziehen sich ausschließlich auf die Namen von Pflanzen und Krankheiten und zeigen so eher, daß Hildegard sich auf einheimische Volkstraditionen bezog und nicht auf die Medizin der Gelehrten. Die Themen Naturalismus und Determinismus werde ich später ausführlich besprechen.

3 Kathleen Casey hat beobachtet, daß die mittelalterliche Gesellschaft „trotz aller Versuche durch die klerikale Kultur (wenn nicht durch die Kleriker selber) niemals besonders unschuldig oder repressiv oder prüde im Gebrauch der Sprache war“. Vgl. Kathleen Casey, „The Cheshire Cat. Reconstructing the Experience of Medieval Women“, in: Bernice Carroll (Hg.), Liberating Women's History, Urbana 1976, S. 238.

4 Augustinus, *Confessiones*, Buch X, 6.33–34.

5 Charles Williams, The Descent of the Dove. A Short History of the Holy Spirit in the Church, London 1939, S. 57–58.

6 Helen Lemay, Human Sexuality in Twelfth – through Fifteenth-Century Scientific Writings. In: Vern Bullough/James Brundage (Hgg.), Sexual Practices and the Medieval Church, Buffalo 1982, S. 188.

7 Peter Dronke, Women Writers of the Middle Ages, Cambridge 1984, S. 171.

8 *Scivias* II.5.12, S. 186; dt. Ausg. S. 178.

9 Offensichtlich sah sie das Ordensgelübte als ein Sakrament gleichen Ranges, denn in der *Scivias* II.5 wird es im Zusammenhang mit der Heiligen Ordnung diskutiert. Buße oder Krankensalbung hingegen betrachtete sie nicht als Sakramente, denn zu ihrer Zeit war die Sakramentenlehre noch immer im Fluß.

10 *Scivias* I.2.15, S. 24; dt. Ausg. S. 25. Für das *opus diabolicum* siehe *Scivias* I.2.20, S. 27.

11 *Liber vitae meritorum* I.38, in: Pitra 19; dt. Ausg. S. 41.

12 *Scivias* I.2.20, S. 27; dt. Ausg. S. 28.

13 *Scivias* II.3.22, S. 147; dt. Ausg. S. 138.

14 Vgl. Adelard von Bath, Quaestiones naturales 42, in: Martin Müller (Hg.), Beiträge zur Geschichte der Philosophie und Theologie des Mittelalters. Bd. 31 (1934), S. 42–43; Wilhelm von Conches, Philosophia IV.14, in: PL 172, 89; Brian Lawn (Hg.), The Prose Salernitan Questions, London 1979, S. 4.

15 *Scivias* II.3.22, S. 147–148; dt. Ausg. S. 139.

16 Marianna Schrader/Adelgundis Führkötter, Die Echtheit des Schrifttums der heiligen Hildegard von Bingen. Quellenkritische Untersuchungen, Köln – Graz, 1956, S. 58; vgl. Gertrude Engbring, „Saint Hildegard, Twelfth Century Physician“, in: Bulletin of the History of Medicine. Bd. 8 (1940), S. 770–784.

17 Isidor von Sevilla, De natura rerum 11, in: PL 83, 981–982. Für eine moralisierende Version der Temperamenten-Tafel siehe: Hugo von

Folieto, De medicina animae, in: PL 176, 1185. Eine ausführliche Diskussion findet sich in: Raymond Klibansky/Erwin Panofsky/Fritz Saxl, Saturn and Melancholy, London 1964, 2. Kapitel.

18 Wilhelm von Conches, Philosophia I.23, in: PL 172, 56.

19 Alberic von London, in: G. H. Bode (Hg.): Scriptores rerum mythicarum latini tres. Bd. I., Celles 1834, S. 163.

20 Aristoteles, De generatione animalium I.20, 729a. Vgl. IV.1, 765b: „ein Mann ist männlich auf Grund eines besonderen Vermögens und eine Frau ist weiblich auf Grund eines besonderen Unvermögens."

21 *Causae et curae* 77; „fertilis natura feminae frigidior est et magis sanguinea quam natura viri." Das Blut ist eigentlich eines der warmen Temperamente, aber Hildegards Gebrauch der Temperamententheorie war oft unorthodox. Unzweifelhaft hatte sie das Menstruationsblut der Frau im Kopf.

22 *Causae et curae* 60, 87.

23 *Causae et curae* 59, 87.

24 *Causae et curae* 107–108. Siehe Paul Diepgen, Frau und Frauenheilkunde in der Kultur des Mittelalters, Stuttgart 1963, S. 137–138.

25 *Causae et curae* 105; dt. Ausg. S. 120.

26 *De operatione Dei* III.10.38, in: PL 197, 1038a; dt. Ausg. S. 317.

27 Peter Dronke, Women Writers of the Middle Ages, Cambridge 1984, S. 163.

28 *Vita* 2.7, in: PL 197, 109d.

29 *Causae et curae* 69; dt. Ausg. S. 81.

30 *Causae et curae* 76; dt. Ausg. S. 88.

31 *Causae et curae* 136, 69–70; dt. Ausg. S. 154; S. 81–82. Eine der medizinischen Fragen aus Salerno (Nr. B.7) gebraucht eine ähnliche Analogie, um das Gegenteil zu sagen: ein Feuer aus naßem Holz brennt, obwohl es schwerer anzuzünden ist, stärker, wenn es einmal brennt. In: Brian Lawn (Hg.), The Prose Salernitan Questions. London 1979, S. 4.

32 *Causae et curae* 136–137; dt. Ausg. S. 154.

33 Sibylle war unter diesen Besuchern und Besucherinnen vermutlich sehr ungewöhnlich, weil sie einfaches Latein lesen konnte. Die Mehrheit konnte wahrscheinlich weder lesen noch schreiben und mußte mit der Äbtissin persönlich oder durch einen Boten reden. Doch obwohl nur noch wenige Briefe an solche Frauen vorhanden sind, sind Hildegards *Vita* und die *Acta*, die für ihre Kanonisierung vorbereitet wurden, voll von Berichten über ihre Beziehung zu diesen Frauen. Diese größtenteils unsichtbare Bevölkerungsschicht bildet den sozialen Kontext, aus dem sie das Material für viele ihrer medizinischen Arbeiten geschöpft hat.

34 Die Metapher des Liebenden als einem durstigen Hirschen wurde in

den spätmittelalterlichen Romanen zum Allgemeinplatz. Marcelle Thiébaux, The Stag of Love. The Chase in Medieval Literature, Ithaca 1974, S. 158–159 und S. 222–228.

35 P. Diepgen, Frau und Frauenheilkunde in der Kultur des Mittelalters, Stuttgart 1963, S. 76; R. Klibansky/E. Panofsky/F. Saxl, Saturn and Melancholy, London 1964, S. 111; B. Scholz, Hildegard von Bingen on the Nature of Woman. In: American Benedictine Review. Bd. 31 (1980), S. 377; P. Dronke, Women Writers of the Middle Ages, Cambridge 1984, S. 180–183.

36 *Causae et curae* 87–89.

37 P. Dronke, Women Writers, a. a. O., S. 181–183.

38 Der psychoanalytische Gebrauch der Typologie, der von C. G. Jung begründet wurde, kann als legitimes Stiefkind der mittelalterlichen Temperamentenlehre betrachtet werden. Auf dem Jung'schen Schema der Denk-, der Gefühls-, der Empfindungs- und der intuitiven Typen aufbauend, entwickelte seine Schülerin Toni Wolff eine psychosexuelle Typologie besonders für Frauen. Ihre vier Typen sind die Mutter, die Hetäre, die Amazone und das Medium – eine Kategorie, die „mittelalterliche Mystikerinnen, Seherinnen, Sibyllen und Heilerinnen" mit einbezieht. Toni Wolff, „Strukturformen der weiblichen Psyche", in: Studien zu C. G. Jungs Psychologie, Zürich 1959, S. 269–283.

39 *Ep.* 141, in: PL 197, 372d: „nulla feminea forma hoc incipiat, quod Spiritus sanctus in illam non misit, ne postea vacua remaneat." Hildegard wandte sich auch gegen das Anbieten von Kindern als klösterliche Oblaten ohne deren Zustimmung. *Scivias* II.5.45–46, S. 213–215.

40 Zu Hildegards Archaik siehe Heinrich Schipperges, „Einflüsse arabischer Medizin auf die Mikrokosmosliteratur des 12. Jahrhunderts", in: Paul Wilpert (Hg.), Antike und Orient im Mittelalter. Miscellanea Mediaevalia. Bd. 1, Berlin 1962, S. 135; John Riddle, „Theory and Practice in Medieval Medicine", in: Viator 5 (1974), S. 171. Konstantins einflußreiches Werk „De coitu", das das Thema aus ausgesprochen männlicher Sichtweise betrachtet, wurde von Paul Delany ins Englische übersetzt. In: Chaucer Review. Bd. 4 (1970), S. 56–65.

41 *Causae et curae* 59–60; dt. Ausg. S. 71.

42 *Causae et Curae* 140. Für eine ähnliche, aber präzisere Version dieser Physiologie, die ein mittelalterlicher Allgemeinplatz war, siehe Konstantin, „De coitu" 56, und Brian Lawn (Hg.), The Prose Salernitan Questions, Nr. B. 16,a. a. O., S. 11. Für den Nabel als Sitz weiblicher Leidenschaft siehe Rabanus Maurus, „De universo" VI, in: PL 111, 167d.

43 *Causae et Curae* 60–62.

44 Über die schädlichen Merkmale des Menstruationsblutes siehe P. Diepgen, Frau und Frauenheilkunde in der Kultur des Mittelalters, Stutt-

gart 1963, S. 139–143. Rabanus Maurus sagte, daß durch eine Berührung mit ihm „das Getreide nicht wächst, der Wein sauer wird, die Pflanzen sterben, die Bäume ihre Frucht verlieren, Eisen rostet, Kupfer schwarz wird; wenn Hunde davon essen sollten, werden sie tollwütig." in: „De universo" VI, in: PL 111, 174; vgl. auch Isidor von Sevilla, Eymologiae XI.141, in: PL. 82, 414b.

45 Vgl. Aristoteles, De generatione animalium I.14; Brian Lawn (Hg.), The Prose Salernitan Questions, Nr. B.4, a.O., S. 3: „Sperma ist menschlicher Samen (männlicher oder weiblicher), der sich aus den reinsten und heilsamsten Gliedern und Säften und besonders aus dem Blut zusammensetzt, das ein Nahrungsmittel für den gesamten Körper ist."

46 *Causae et curae* 68.

47 Hugo von St. Viktor, On the Sacraments of the Christian Faith II.1.8, Cambridge/Mass. 1951, S. 229.

48 Wilhelm von Conches, Dragmaticon; Rezension in Brian Lawn (Hg.), The Prose Salernitan Questions. Nr. B.10, a. a. O., S. 6.

49 In *Scivias* I.4.13, S. 75, beschreibt Hildegard „tam viri quam mulieres, in corporibus suis humanum semen habentes". Aber in den *Causae et curae* schreibt sie, daß das Blut der Frauen keine Samen produziert, sondern nur eine „tenuem et parvam spumam... sed magis sanguineam quam albam" (S. 60). Für die Herkunft dieser „zwei-Samen-Theorie" siehe das Werk des Hippokrates über Geschlechtsverkehr und Schwangerschaft (Hippokrate, On Intercourse and Pregnancy I.21. Übers. v. T. U. H. Ellinger, New York 1952). Aristoteles verneint die Existenz eines weiblichen Samens in: „De generatione animalium" I.19, 727a.

50 *Causae et curae* 68. Vgl. Brian Lawn (Hg.), The Prose Salernitan Questions. Nr. B. 46, a. a. O., S. 22–23, wo gesagt wird, daß ein Bastard dem betrogenen Ehemann ähneln kann, weil der Geist des schuldigen Liebespaares so unter der Angst vor seiner Rückkehr stehen, daß der Samen von dessen Bild geprägt ist.

51 *Scivias* I.4.13, S. 75; dt. Ausg. S. 69.

52 Aristoteles, De generatione animalium II.4, 739b; Avicenna, Canon of Medicine I.196. Ins Englische übers. v. O. C. Gruner, London 1930, S. 230.

53 Peter Dronke, Problemata Hildegardiana, in: Mittellateinisches Jahrbuch. Bd. 16 (1981), S. 114–116.

54 Emmanuel LeRoy Ladurie, Montaillou. The Promised Land of Error. Übers. v. Barbara Bray, New York 1979, S. 172–173.

55 Salernitanische Schriftsteller erklären auf der anderen Seite, daß das Geschlecht des Kindes möglicherweise vom relativen Übergewicht des männlichen oder weiblichen Samens, von der Einpflanzung des Fötus auf der rechten oder linken Seite der Gebärmutter und vom Grad der Wärme

oder Kälte während der Schwangerschaft abhängt. Claude Thomasset, „La représentation de la sexualité et de la génération dans la pensée scientifique médiévale", in: Willy van Hoecke/Andries Welkenhuysen (Hg.), Love and Marriage in the Twelfth Century, Louvain 1981, S. 6.

56 *Causae et curae* 35–36.

57 *Scivias* I.3.20–23, S. 50–55.

58 *Causae et curae* 16–19. Hildegard deutet, wenn auch dunkel, an, daß der Mondzyklus Änderungen in der atmosphärischen Feuchtigkeit mit sich bringt, die auch die Strömung der Flüssigkeiten im Körper beeinflussen; und dadurch verändert sich auch der psychosomatische Zustand und das Verhalten von Männern und Frauen. Dennoch wirkt dieser Einfluß auch umgekehrt, denn aus einer anderen Sichtweise sind die menschlichen Verletzungen selbst auch ein Grund für Wetterwechsel und Mondveränderungen. Quer zu diesem umkehrbaren Prozeß steht die Sicherheit, daß „der Heilige Geist die veränderbare menschliche Natur überwindet" und den Zyklus durchbricht. Diese Einschränkungen stehen der Authentizität des rein deterministischen Mondhoroskops entgegen, das an das Kopenhagener Manuskript der *Causae et curae* angehängt ist. Das Horoskop, das detaillierte Charakterbilder und Vorherbestimmungen in Bezug auf Gesundheit und Lebensdauer von Jungen und Mädchen, abhängig von jedem Tag des Mondzyklus, gibt, wurde von Hans Liebeschütz (Das allegorische Weltbild der heiligen Hildegard von Bingen, Leipzig 1930, S. 85, Anm. 2), von Schipperges (Einflüsse arabischer Medizin, S. 134, Anm. 17) und von Schrader und Führkötter (Marianna Schrader/Adelgundis Führkötter, Die Echtheit des Schrifttums der heiligen Hildegard von Bingen. Quellenkritische Untersuchungen, Köln – Graz, 1956, S. 57) als unecht abgelehnt. Obwohl Dronke vor kurzem versucht hat, es wieder als echt einzuführen (Women Writers of the Middle Ages, a.a.O., S. 177–178).

59 *Causae et curae* 77–78; dt. Ausg. S 89–90.

60 *Causae et curae* 18; dt. Ausg. S. 24.

61 Für die Menstruation bei abnehmendem Mond siehe Aristoteles: „De generatione animalium" II.4, 738a und „Historia animalium" VII.2.1. In Brian Lawn (Hg.), The Prose Salernitan Questions, Nr. 20, a.a.O., S. 12 hei t es: „talis purgatio de mense in mensem in novilunio fieri debet". Laut Diepgen wurde weithin geglaubt, daß junge Frauen mit dem Neumond menstruieren, reifere Frauen bei Vollmond und ältere Frauen bei abnehmendem Mond. Mit Aristoteles und Avicenna meinten viele Autoren, daß die besten Tage für die Empfängnis die Tage direkt im Anschluß an die Periode sind, und die schlechtesten Tage die sind, die direkt nach der Mitte des Zyklus kommen. P. Diepgen, Frau und Frauenheilkunde in der Kultur des Mittelalters, Stuttgart 1963, S. 141–142.

62 Das Manuskript aus dem 15. Jahrhundert mit dem Titel „Subtili-

tatum diversarum naturarum creaturarum libri novem“ (Paris BN Cod. 6952), das Charles Daremberg und F. A. Reuss als Grundlage für ihre Edition in PL 197 benutzten, unterscheidet sich in großen Teilen von den anderen zwei überlieferten Manuskripten des Werkes; es scheint Einschübe aus den *Causae et curae* zu enthalten. Ohne kritische Edition ist es derzeit unmöglich, den ursprünglichen Zustand des Textes zu erfassen.

63 Siehe Irmgard Müller, „Krankheit und Heilmittel im Werk Hildegards von Bingen“, in: Anton Brück (Hg.), Hildegard von Bingen, 1179–1979. Festschrift zum 800. Todestag der Heiligen, Mainz 1979, S. 311–349; Muriel Hughes, Women Healers in Medieval Life and Literature, New York 1943, 3. Kapitel.

64 Jerry Stannard, „Greco-Roman Materia Medica in Medieval Germany“, in: Bulletin of the History of Medicine. Bd. 46 (1972), S. 455–468.

65 P. Diepgen, Frau und Frauenheilkunde in der Kultur des Mittelalters, Stuttgart 1963, S. 213.

66 John Riddle, „Theory and Practice in Medieval Medicine“, in: Viator 5 (1974). Der Brief von Rhazes, einem der Vorläufer des Avicenna, kann nachgelesen werden in: Bayard Dodge (Hg./Übers.), Fihrist. Bd. 2, New York 1970, S. 708.

67 Das Widerstreben war manchmal gegenseitig. Vern Bullough zitiert einige Ärzte des 13. und 14. Jahrhunderts, die sowohl vor der Gefahr warnen, weibliche Patientinnen zu behandeln, als auch vor der Unwissenheit weiblicher Heilerinnen. Er kommt zu dem Schluß, daß „die meisten mittelalterlichen Ärzte sich nur geringfügig mit weiblichen Patientinnen beschäftigen... Frauen werden häufig anderen Frauen zur Fürsorge überlassen, während der Arzt sich selbst auf das wertvollere Geschlecht konzentriert.“ Vern Bullough, Medieval Medical and Scientific Views of Women, in: Viator. Bd. 4 (1973), S. 501.

68 Elizabeth Mason-Hohl (Übers.), „Trotula“. The Diseases of Women, Los Angeles 1940, Titelblatt und S. 2: „Aufgrund ihrer Bescheidenheit, ihrer Schwachheit und der Empfindlichkeit ihrer (intimen) Körperteile trauen sich Frauen nicht einem männlichen Arzt, die Probleme ihrer Krankheit zu offenlegen.“ Jacoba, eine Pariser Ärztin, die im Jahre 1322 für die Praxis der Medizin ohne Lizenz angeklagt wurde, verteidigte sich damit, daß „bisher eine Frau lieber gestorben wäre, als das Geheimnis ihrer Krankheit irgendeinem Mann anzuvertrauen, und dies sei so wegen der Ehre des weiblichen Geschlechts und der Scham, die sie sonst fühlen müßte“. Zu ihrem Fall siehe M. Hughes, Women Healers in Medieval Life and Literature, New York 1943, S. 91; Dokumente in: Heinrich Denifle u. a. (Hgg.), Chartularium universitatis Parisiensis. Bd. 2, Paris 1889–1897, S. 257–267.

69 P. Diepgen, Frau und Frauenheilkunde in der Kultur des Mittelalters, Stuttgart 1963, S. 81. Die Werke, die Trotula zugeschrieben werden, sind in fast 100 Manuskripten überliefert und waren Anregung für französische, deutsche und andere volkssprachliche Versionen. Die „Gynäkologie" des Soranus war im Mittelalter wenig bekannt. Der einzige andere weit verbreitete Text „De secretis mulierum" von Pseudo-Albertus stammt aus dem späten 13. Jahrhundert.

70 Eine gute Zusammenfassung der Kontroverse bietet Edward Tuttle, „The *Trotula* and Old Dame Trot. A Note on the Lady of Salerno", in: Bulletin of the History of Medicine. Bd. 50 (1976), S. 61–72. In neuerer Zeit stellte John Benton die These auf, daß „Trota" oder „Trotula" eine authentische medizinische Schriftstellerin und Praktikerin im 12. Jahrhundert (nicht des 11. Jh., wie allgemein angenommen), sei, aber paradoxerweise nicht die Autorin der Werke, die ihr zugeschrieben werden. John Benton, „Trotula, Women's Problems, and the Professionalization of Medicine in the Middle Ages", in: Bulletin of the History of Medicine. Bd. 59 (1985), S. 30–53.

71 Zu diesen Fragen siehe John Noonan, Jr., Contraception, Cambridge/Mass. 1965, S. 200- 211.

72 *Causae et curae* 185–187; vgl. *Physica* I.111, in: PL 197, 1174. Für die Übersetzung der Kräuternamen habe ich Peter Riethe, Naturkunde (Salzburg 1959) und George Usher, A Dictionary of Plants Used by Man (London 1974), verwendet.

73 Vgl. Hippokrates, Aphorismus V.28: „Aromatische Dampfbäder sind für die Behandlung weiblicher Krankheiten nützlich und wären auch oft für andere Gelegenheiten zu empfehlen, wenn sie nicht solche Kopfschmerzen verursachen würden." John Chadwick und W.N. Mann (Übers.), Hippocrates. Medical Works, Oxford 1950, S. 166.

74 *Causae et curae* 187–188; Vgl. *Physica* II.2 und I.140, In: PL 197, 1211cd und 1187a.

75 Elizabeth Mason-Hohl (Übers.), „Trotula". The Diseases of Women, Los Angeles 1940, S. 16–19; *Causae et curae* 182–83; *Physica* VII.15, in: PL 197, 1324d; dt. Ausg. S. 204.

76 *Physica* IV, Vorwort, in: PL 197, 1267b.

77 *Causae et curae* 188; *Physica* I.66, in: PL 197, 1157d-1158a.

78 Walafrid Strabo, Hortulus X.211–213; Macer Floridus, De viribus herbarum XVII.695–697; Hans Folcz, Confectbuch 11256–257; Texte in: J. L. Choulant (Hg.), Macer Floridus, Leipzig 1832, S. 148, 56–57, 192.

79 *Physica* VI.4, in: PL 197, 1289bc; dt. Ausg. S. 389.

80 *Physica* VII.3 und VII.39, in: PL 197, 1315cd und 1335cd.

81 Damigeron (Paris BN Cod. lat. 7418) in: Eugenius Abel (Hg.), Orphei Lithica, Berlin 1881, S. 195.

82 *Physica* IV.7, in: PL 197, 1255ab.

83 Dennoch erscheinen auch seltene und selbst mythische Zutaten in Rezeptsammlungen, die für den tatsächlichen Gebrauch bestimmt waren. Siehe die fremdartige Zusammenstellung von medizinischen und magischen Texten im elsässischen Rotulus des 12. Jahrhunderts, der beschrieben wird in: Lucille Pinto, „The Folk Practice of Gynecology and Obstetrics in the Middle Ages", in: Bulletin of the History of Medicine. Bd. 47 (1973), S. 513–523.

84 *Physica* IV, Vorwort, in: PL 197, 1247–1250; dt. Ausg. S. 310; Peter Riethe, „Die medizinische Lithologie der Hildegard von Bingen", in: Anton Brück (Hg.), Hildegard von Bingen, 1179–1979. Festschrift zum 800. Todestag der Heiligen, Mainz 1979, S. 351–370.

85 *Vita* 3.41, in: PL 197, 119d-120a.

86 Marbod, „De lapidibus", hg. v. John Riddle, Wiesbaden 1977, S. 41–43.

87 *Physica* IV.6, in: PL 197, 1253–1254; dt. Ausg. S. 308.

88 *Physica* I.101, I.128, in: PL 197, 1169c-1170a und 1182c-1183a; dt. Ausg. S. 118, 145 f.; Walafrid Strabo nannte diese Pflanze ein „Allheilmittel" (Hortulus 20, S. 153); Macer Floridus sagte, daß es ein Gegenmittel gegen Gift ist. (De viribus 11, S. 48).

89 *Physica* I.56, I.92, in: PL 197, 1151bc und 1165d-1166a; dt. Ausg. S. 84, 116. Für den klassischen Gebrauch von Mandragora siehe die Geschichte von Lea und Rahel in Gen 30,14–17.

90 *Acta* 6, in: PL 197, 135bc.

91 *Acta* 3, in: PL 197, 133bc.

92 Des Ehebruchs angeklagt, schwört die schuldige Heldin, daß sie keinen Mann zwischen ihren Beinen gehalten hat außer ihrem Ehemann (König Mark) und den Aussätzigen (in diesem Falle Tristan in Verkleidung), der sie gerade über eine Furt getragen hatte. Weil ihr Eid buchstäblich wahr ist, kann sie unbestraft entkommen.

93 *Acta* 3, in: PL 197, 133ab.

94 Caesarius von Heisterbach erzählt die Geschichte eines Mädchens, namens Hildegundis, die sich nach vielen Abenteuern als Bruder Joseph verkleidet und schließlich als ein Mönch des Klosters Schönau im Jahre 1188 stirbt. In den Augen des Erzählers war das religiöse Leben des Mädchens beispielhaft: „Tanta est fortitudo mentis in quibusdam feminis, ut merito laudetur." Zitiert aus: Dialogus miraculorun I.40, Hg. v. Joseph Strange. Köln 1851. S. 52–53.

95 *Ordo virtutum*, S. 190–191.

1 Alanus von Lille, „Theologicae regulae“ 7, in: PL 210, 627a; ders.,: „Sermo de sphaera intelligibili“, in: Marie-Thérèse d'Alverny (Hg.): Alain de Lille: Textes inédits, Paris 1965, S. 297- 306. Das Axiom wurde bis zum pseudohermetischen Buch der 24 Meister zurückverfolgt. Siehe Joseph Ratzinger, The Theology of History in St. Bonaventure. Ins Engl. übers. v. Zachary Hayes, Chicago 1971, S. 144.

2 *Causae et curae* 2, verbessert und übers. v. Peter Dronke, in: Dronke: Women Writers of the Middle Ages. Cambridge 1984, S. 241 und 172.

3 *De operatione Dei* III.10.1, in: PL 197, 997.

4 *Ep*. 30, in: PL 197, 192d.

5 In der Konkordanz, die zusammen mit der CCCM – *Scivias*, Hildegards doktrinärstem Werk, veröffentlicht wurde, umfassen die Wörter „crux“, „passio“ und „sacrificium“ zusammen ungefähr anderthalb Spalten, während „virgo“ und „virginitas“ fast drei Spalten brauchen. Die zwei Annäherungen an die Sühne schließen sich zwar nicht gegenseitig aus, aber Hildegards Schwerpunkt ist doch eindeutig.

6 Eine Abhandlung über die Lieder findet sich bei Peter Walter, „Virgo filium dei portasti. Maria in den Gesängen der hl. Hildegard von Bingen“, in: Archiv für mittelrheinische Kirchengeschichte. Bd. 29 (1977), S. 75–96; und bei Barbara Grant, „Five Liturgical Songs by Hildegard von Bingen“, in: Signs. Bd. 5 (1980), S. 557–567.

7 Zur zeitgenössischen Marienlehre siehe: Jean Leclercq, „Dévotion et théologie mariales dans le monachisme bénédictin“, in: Hubert du Manoir (Hg.), Maria. Études sur la sainte Vierge, Paris 1949–1964, Bd. 2, S. 547–578; Walter Delius, Geschichte der Marienverehrung, München 1963; Hilda Graef, Mary, A History of Doctrine and Devotion. Bd. 1, New York 1963.

8 Die enge Verbindung zwischen marianischer Frömmigkeit und dem zentralen Dogma ist charakteristisch für die frühmittelalterliche Frömmigkeit. Ilene Forsyth hat beobachtet, daß die romanische Madonna synthetisiert bzw. zusammenführt, während die gotischen Madonnen sich sehr unterscheiden und einzelne Aspekte des Marien- Mysteriums isolieren. Vgl. Ilene Forsyth, The Throne of Wisdom. Wood Sculptures of the Madonna in Romanesque France, Princeton 1972, S. 29.

9 Dies ist für die Lektionare von Corbie und Mürbach erwiesen (8. Jahrhundert). Georges Frénaud, „Le Culte de Notre Dame dans l'ancienne liturgie latine“; sowie: Étienne Catta, „Sedes Sapientiae“, in: Hubert du Manoir (Hg.), Maria. Études sur la sainte Vierge, Paris 1949–1964, Bd. 6, S. 175 und 693–694.

10 Norcia Missal, Rom, Vallicellana B. 8 (spätes 10. Jahrhundert); MS. Vat. Pal. lat. 510; auch bezeugt in Lektionaren des 11. Jahrhunderts aus Besançon und Trier. Vgl. G. Frénaud, Le Culte de Notre Dame dans l'ancienne liturgie latine, a. a. O., S. 188–190; É. Catta, Sedes Sapientiae, a. a. O., S. 695–696.

11 Petrus Damianus, Sermo 45 in Nativitate S. Mariae, in: CCCM 57, S. 273.

12 Bernhard von Clairvaux, Homilia super Missus est 4.8, in: Opera 4, S. 54.

13 Gottfried von Admont, Homilia 31 in Annunciatione, in: PL 174, 770bc.

14 Speculum virginum, in: London BL Arundel 44, fol. 41^{r}.

15 Peter Dronke, „The Composition of Hildegard of Bingen's Symphonia", in: Sacris Erudiri. Bd. 19 (1969–1970), S. 381–393. Der spätere „Riesenkodex", der in Rupertsberg nach Hildegards Tod erstellt wurde, beinhaltet noch vier weitere Marienstücke, die entweder zu einem späteren Zeitpunkt komponiert worden waren oder die bei der Erstellung des früheren Manuskript, das unvollständig ist, verloren gegangen waren. Im Riesenkodex wurden die Lieder auch neu arrangiert, um die scheinbar ungewöhnliche Position Marias zu korrigieren.

16 *Lieder* Nr. 13, S. 224; für die *virgo/virga* siehe Num 17, 8 und Jes 11, 1.

17 *Lieder* Nr. 12, S. 222.

18 *Lieder* Nr. 14, S. 226–228. Für den Adler als Symbol des Kontemplativen vgl. *De operatione Dei* III.9.10, in: PL 197, 993–994; *Ep.* 29, in: Pitra 190c; *Vita* 1.27, in: PL 197, 110ab. Hildegard kehrt die gewöhnliche Verwendung des Bildes um und macht Maria mehr als Gott zum Gegenstand des Blickes.

19 Zu „materia" siehe zweites Kapitel, Anm. 53 und 55. Gottfried von Admont nannte die Jungfrau „perpetuae salutis materia" und „humanae redemptionis singularis materia" (Zit. in: PL 174, 769b und 964a). Eine Litanei des 12. Jahrhunderts aus Mainz nennt sie „mater et materia nostrae salutis". Zit. in: G. G. Meersseman, Der Hymnos Akathistos im Abendland, Bd. 2, Freiburg/Schw. 1960, S. 252.

20 Appendix B, Nr. 2; *Scivias* III.13.1, S. 615; dt. Ausg. S. 590. Barth und Ritscher haben „Pater" in Zeile 9 als Vokativ übersetzt, aber dies wäre in einem Hymnus, der sich an Maria wendet, sicherlich falsch.

21 Hildebert von Lavardin, Sermo 142 in Adventu Domini, in: PL 171, 933–934.

22 Aus dem Exsultet, das in der Osternacht gesungen wird: „O certe necessarium Adae peccatum, quod Christi morte deletum est! O felix culpa, quae talem ac tantum meruit habere Redemptorem!"

23 Prooemium Vitae S. Disibodi 3, in: Pitra 353.

24 Ad Vitam S. Ruperti Epilogus 6, in: Pitra 364; dt. Übers. aus d. engl. u. lat. Text.

25 Ilene Forsyth, The Throne of Wisdom. Wood Sculptures of the Madonna in Romanesque France, Princeton 1972, S. 22–30. Die Ikonographie des Salomo-Thrones stammt aus 1 Kön 10, 18, wie es z. B. Guibert von Nogent auslegt: „Die Weisheit von Gottvater … ist derselbe Salomo, der sich selbst einen Thron aus Elfenbein macht, als er in der Jungfrau einwohnt, die wie keine andere keusch war." Vgl. De laude S. Mariae, in: PL 156, 543.

26 Siehe z. .B. die Majestas von Beaucaire in I. Forsyth, Throne of Wisdom, a. a. O., Abb. 2; die Anbetung der Magier aus Arezzo (ebd. , S. 26, Anm. 5); die Miniatur aus dem Stuttgarter „Passionale" in: Hanns Swarzenski, Vorgotische Miniaturen, Königstein 1927, S. 43.

27 Vgl. Pseudo-Damian: „Als die Jungfrau geboren wurde, brach der Tag an, denn Maria, die Verkünderin des wahren Lichts, erhellte durch ihre Geburt den Himmel mit dem Glanz der Morgenröte. Sie ist der Morgenstern in der Mitte der Wolke, die mit hellem Schein in der Höhe des Himmels leuchtet und die Welt unten mit seinen blendenden Strahlen färbt. Sie ist die Morgenröte, die der Sonne der Gerechtigkeit vorausgeht oder eher noch diese gebiert, ihr allein fügt sie sich in ihrer Helligkeit." Vgl. Sermo 41 in Assumptione, in: PL 144, 719d.

28 „Virgo prudentissima, quo progrederis, quasi aurora valde rutilans?" Magnificat-Antiphon, Erste Vesper; zit. in: *Scivias* II.3.9, S. 140 und II.5.5, S. 180.

29 Siehe Hugo Koch, Virgo Eva – Virgo Maria, Berlin 1937; Ernst Guldan, Eva und Maria, Graz – Köln 1966; vgl. auch die Literaturangaben in Anm. 7.

30 Iränaeus, Adversus Haereses V.19.1, in: PG 7, 1175–1176. Dieser Text ist eine Lesung für den Samstaggottesdienst im römischen Brevier.

31 Ambrosius, In Lucam IV.7, in: CCSL 14, S. 108.

32 B. H. Cowper (Hg.), The Apocryphal Gospels. London [5]1881, darin: Gospel of Pseudo- Matthew 8, S. 34–64. Diese Tradition wurde durch Augustinus aufgenommen (Sermo 291 in Nativitate S. Joannis Baptistae 5, in: PL 38, 1319) und entwickelte sich zu einem Allgemeinplatz mittelalterlicher Lehre.

33 *Scivias* II.1, S. 110; dt. Ausg. S. 104.

34 *Scivias* II.1.8, S. 116; dt. Ausg. S. 109.

35 *De operatione Dei* III.7.13 und III.9.3, in: PL 197, 974d und 986c; *Ep.* 47, in: PL 197, 231c; *Lieder* Nr. 12 und 71. Vgl. die Benedictus-Antiphon für die Laudes am 24. Dezember: „Orietur sicut sol Salvator mundi: et descendet in uterum Virginis, sicut imber super gramen."

36 *Lieder* Nr. 12, S. 224.

37 Appendix B, Nr. 3; dt. Übers. aus d. engl. u. lat. Text.

38 *Lieder* Nr. 6, S. 218.

39 Veni Redemptor Gentium: „Non ex virili semine/Sed mystico spiramine,/Verbum Dei factum es caro/Fructusque ventris floruit."

40 In festo Purificationis, Expositio Evangeliorum 9, In: Pitra 267. Für denselben Vergleich siehe Honorius, Speculum Ecclesiae, in: PL 172, 849b; und Gottfried von Admont, Homilia 27 in Annunciatione, in: PL 174, 748d. Der Vergleich ist zuerst aufgezeichnet in Iränaeus, Adversus Haereses III.21.10, in: PG 7, 954.

41 *De operatione Dei* III.7.13, in: PL 197, 974d; dt.Ausg. S. 260.

42 *De operatione Dei* I.1.17, in: PL 197, 750cd; dt. Ausg. S. 34.

43 Bernhard von Clairvaux: Ep. 174.7, in: Opera 7, S. 391. Für die Unbefleckte Empfängnis siehe Kari Børresen, Antropologie médiévale et théologie mariale, Oslo 1971.

44 In Nativitate Domini, Expositio Evangeliorum, in: Pitra 251. Der ungewöhnliche Gebrauch von „Adam" als einem Kollektivnamen kann einen Bezug zum archaischen Gebrauch in Gen. 5, 2 darstellen, „Et vocavit nomen eorum Adam", oder es handelt sich um eine fehlerhafte Mitschrift der Predigt durch Hildegards Hörer, die später immer wieder falsch abgeschrieben wurde.

45 Elisabeth von Schönau, Liber visionum II.32, in: F. W.E. Roth (Hg.), Die Visionen der heiligen Elisabeth und die Schriften der Äbte Ekbert und Emecho von Schönau. Brünn 1884, S. 5.

46 *Liber vitae meritorum*, in: Pitra 238. Zu dieser Frage siehe Charles Wood, „The Doctor's Dilemma. Sin, Salvation, and the Menstrual Cycle in Medieval Thought", in: Speculum. Bd. 56 (1981), S. 710–727.

47 Ignatius von Antiochia, Ep. ad Ephesios 19.

48 *Scivias* III.1, S. 330; dt. Ausg. 310. Vgl. das weihnachtliche Halleluja, das auf Weish 18, 15 basiert: „Dum medium silentium tenerent omnia, et nox in suo cursu medium iter perageret, omnipotens Sermo tuus, Domine, a regalibus sedibus venit, Alleluia."

49 Appendix B, Nr. 4. Unglücklicherweise scheint die „Korruption Evas" den Text beeinflußt zu haben. Die Zeilen 6–9 sind problematisch. dt. Übers. aus d. engl. u. lat. Text.

50 *Scivias* II.6.14, S. 243, dt. Ausg. S. 299; *Scivias* III.1, S. 330, dt. Ausg. S. 309; *Scivias* III.1.8, S. 336, dt. Ausg. S. 315.

51 *De operatione Dei* III.7.3, in: PL 197, 963c; dt. Ausg. S. 251.

52 Die Lehre von der Unbefleckten Empfängnis war noch nicht etabliert, und viele Theologen glaubten, daß die Jungfrau teilweise im Schoß ihrer Mutter geweiht und dann bei der Verkündigung gänzlich geläutert wurde. Siehe z. B. Paschasius Radbertus, De partu virginis 1, in: CCCM

56c, S. 53–54; Bernhard von Clairvaux, Sermo 2 in Assumptione 2, in: Opera 5, S. 232; Gottfried von Admont, Homilia 27 in Annunciatione, in: PL 174, 756c.

53 *Ep.* 43, in: PL 197, 213a.

54 Vgl. Radbertus, De partu virginis 1, in: CCCM 56c, 48; Gottfried, Homilia 23 in Annunciatione, in: PL 174, 762–763.

55 „Gott ist ein unauslöschbares Feuer und eine lebende Quelle... woher er alle fleischliche Begierde in der Jungfrau Maria verzehrte, so daß sein Sohn, ohne das Feuer der Sünde, seine Menschheit von ihr erhielt. Denn der Heilige Geist, der eine lebendige Quelle ist, übergoß sie mit seiner sanften Feuchtigkeit wie der Tau auf das Getreide niedergeht." *Ep.* 47, in: PL 197, 231bc.

56 Fragment IV.6–7, in: Heinrich Schipperges (Hg.) „Ein unveröffentlichtes Hildegard-Fragment", in: Sudhoffs Archiv für Geschichte der Medizin 40 (1956), S. 68.

57 *Liber vitae meritorum* VI.54, in: Pitra. 239; dt. Ausg. S. 286 f. Noch ausdrücklicher heißt es an anderer Stelle, daß Christus „die tödliche Empfängnis der Menschen reinigte, als er vom Heiligen Geist empfangen und durch die Jungfrau Maria geboren wurde, ohne Sünde (die zugezogen ist von) der männliche Natur." *Ep.* 47, in: PL 197, 231a.

58 Prooemium Vitae S. Disibodi 2, in: Pitra 353.

59 Fragment IV.7, in: Heinrich Schipperges (Hg.), a. a. O., S. 68.

60 Josephus, Antiquitates II.9.4; zit. in: Louis Ginzberg, The Legends of the Jews. Bd. V, Philadelphia, S. 397, Anm. 41. Siehe auch Edouard Cothenet, „Marie dans les Apocryphes", in: Hubert du Manoir (Hg.), Maria. Études sur la sainte Vierge, Paris 1949–1964, Bd. 6, S. 81–82.

61 Ascension of Isaiah XI.8. Übers. v. R. H. Charles, London 1900, S. 76. Die Geburt ohne Schmerzen wird als eine der messianischen Verheißungen in der syrischen Apokalypse des Baruch 73.7 aufgeleitet, in: R. H. Charles (Hg.), Apocrypha and Pseudepigrapha of the Old Testament. Bd. II, Oxford 1913, S. 518.

62 Ratramnus, „De eo quod Christus ex virgine natus est" 1, in: PL 121, 83a.

63 Radbertus, De partu virginis 1, in: CCCM 56c, S. 56–58.

64 Abaelard, Introductio ad Theologiam II.6, in: PL 178, 1056c.

65 *Lieder* Nr. 58, S. 276.

66 *Lieder* Nr. 4, S. 216.

67 Für die Unveränderlichkeit der Welt vor dem Sündenfall und nach dem letzten Gericht siehe *Scivias* III.12.15, S. 613; *Causae et curae* S. 10.

68 Appendix B Nr. 5; dt. Übers. aus d. engl. u. lat. Text. Die Antiphon ist schwierig. Ich nehme an, daß sich die ersten vier Zeilen auf den Zustand der Gefallenheit beziehen und die letzten vier die Reaktion der Welt

auf die Inkarnation beschreiben. Dieses Ereignis kann nicht Gegenstand der ersten vier Zeilen sein, da Christus ausdrücklich nicht „in ortu mixti sanguinis" geboren wurde.

69 Ad Vitam S. Ruperti Epilogus 1, in: Pitra 360. Zu Adam vgl. *Ep.* 47, in: PL 197, 220c; *Physica* VII.3, in: PL 197, 1315ab.

70 Pseudo-Augustinus, Sermo 194.1–2, in: PL 39, 2105.

71 *Lieder* Nr. 12, S. 224.

72 Ad Vitam S. Ruperti Epilogus 2, in: Pitra 360.

73 Marina Warner, Alone of All Her Sex: The Myth and the Cult of the Virgin Mary, New York 1976. Der Titel – und die These – dieser brauchbaren Studie sind einem Hymnus des Sedulius Scotus entnommen: „sola sine exemplo placuisti femina Christo." (dt. Ausg.: Marina Warner, Maria, Geburt – Triumph – Niedergang. Rückkehr eines Mythos, München 1982).

74 „Die Kirche, in der Jungfrauen den vornehmsten Platz erhalten, ist unverdorben wie Maria, denn sie empfängt täglich und gebiert ständig… Es ist größer, sage ich, Christus geistig zu empfangen und zu gebären, als fleischliche Kinder zu gebären, die sterben müssen… Wenn du also durch den Heiligen Geist empfängst… was du im Schoß deines Verstandes trägst, das ist ein Kind der Freiheit und keine Last; ein Kind des Lichts, nicht der Schwere." Speculum virginum, London BL Arundel 44, fol. 10^{v}, 20^{r}, 71^{r}.

75 *Liber vitae meritorum* IV. 32, in: Pitra 158 wie von Schipperges verbessert; dt. Ausg, S. 193. In Pitras Text steht im zweiten Satz „mendum" statt „mundum".

76 *De operatione Dei* I.4100, in: PL 197, 885c.

77 Gottfried von Admont, Homilia 28 in Annunciatione, in: PL 174, 760b.

78 *Scivias* III.3.8, S. 380; dt. Ausg. S. 357. Im *Liber vitae meritorum* I.17, in: Pitra 13, spielt Misericordia auf die Verkündigung an, als sie sagt: „Ich war anwesend bei dem *fiat*, durch das alle Kreaturen geschaffen wurden."

79 Z. B. Bernhard von Clairvaux, Homilia super Missus est 1.8, in: Opera 4, S. 20; Rupert von Deutz, Comment. in Apocalypsim 2.3, in. PL 169, 900d; weitere Hinweise in Matthäus Bernards, Speculum Virginum. Geistigkeit und Seelenleben der Frau im Hochmittelalter, Köln – Graz 1955, S. 51.

80 Die Heilige Familie nimmt einen wichtigen Platz in der mittelalterlichen Ehelehre und im kanonischem Eherecht ein. Penny Schine Gold, „The Marriage of Mary and Joseph in the Twelfth- Century Ideology of Marriage", in: Vern Bullough/James Brundage (Hgg.), Sexual Practices and the Medieval Church, Buffalo 1982, S. 102–117.

81 In Vigilia Nativitatis Domini, Expositio Evangeliorum 1, in: Pitra 245.

82 Appendix B Nr. 6; dt. Übers. aus. engl. u. lat. Text.

83 *Lieder* Nr. 7, S. 218.

84 *Acta* 4, in: PL 197, 133c.

85 Appendix B Nr. 7; dt. Übers. aus engl. u. lat. Text.

86 Barbara Grant, „Five Liturgical Songs by Hildegard von Bingen", in: Signs. Bd. 5 (1980), S. 564.

87 Siehe Joseph Plumpe, Mater Ecclesia. An Inquiry into the Concept of the Church as Mother in Early Christianity, Washington 1943; Hervé Coathalem, Le parallélisme entre la Sainte Vierge et l'Église dans la tradition latine jusqu'à la fin du XIIe siècle, Rom 1954.

88 Cyprian: Ep. 74.6, in: CSEL 3^{2}. S. 804.

89 Augustinus, Sermones 191.3, 192.2, 213.7, 341.5, in: PL 38, 1010, 1012–1013, 1064 und PL 39, 1496; De sancta virginitate 2, in: PL 40, 397.

90 Leo der Gro e, Sermo 63.6, in: PL 54, 356bc.

91 Pseudo-Augustinus, Sermo 121.5, in: PL 39, 1989.

92 Siehe F. J. Dölger, „Aqua ignita. Wärmung und Weihe des Taufwassers", in: Antike und Christentum. Bd. 5 (1936), S. 175–183.

93 *Scivias* II.3.12–13, S. 142–143; dt. Ausg. S. 134.

94 *Ep.* 43, in: PL 197, 213a.

95 In der Vulgata lautet Gen 1, 2: „Spiritus Dei ferebatur super aquas", aber Ambrosius führte eine genauere Übersetzung ein, die dem Hebräischen und Syrischen folgend „fovebat" statt „ferebatur" lautet. Hexaemeron I.8.29, in: CSEL 32^{1}, S. 28–29; Marie-Thérèse d'Alverny, „Le cosmos symbolique du douzième siècle", in: Archives d'histoire doctrinale et littéraire du moyen âge. Bd. 28 (1953), S. 71, Anm. 1.

96 Ode Salomos 19: „Der Geist breitete seine Flügel über den Schoß der Jungfrau aus,/sie empfing und gebar ein Kind,/und sie wurde Mutter, die Jungfrau,/voll der Gnade". Zit. in: Jean Daniélou, Théologie du Judéo-Christianisme, Tournai 1958, S. 43.

97 Rupert von Deutz, De glorificatione Trinitatis IX.6, in: PL 169, 186d. Auch Gerhoch von Reichersberg benutzte dieses Bild in seinem Comment. in Psalmos, in: PL 193, 639b. Auf einem Glasfenster in Auxerre aus dem 13. Jahrhundert findet sich das visuelle Äquivalent: Es zeigt die Taube, die den Schöpfer Geist darstellt, nicht „über den Wassern schwebend", sondern eingeschlossen in eine gebärmutterartige Aureole mit Wasser auf beiden Seiten.

98 *Ep.* 47, in: PL 197, 238b.

99 *Scivias* II.6.36, S. 264–265.

100 Einige der engsten Parallelen zu Hildegards Lehre über die Euchari-

stie können in der mittelalterlichen Tradition Syriens gefunden werden. Siehe Sebastian Brock, „Mary and the Eucharist. An Oriental Perspective“, in: Sobornost. Bd. 1.2. 1979. S. 50–59.

101 „Es ist kein Wunder, wenn der Heilige Geist, der den Menschen Christus im Schoß der Jungfrau ohne Samen erschuf, täglich das Fleisch und Blut Christi durch unsichtbare Kraft aus der Substanz von Brot und Wein formiert.“ Radbertus, De corpore et sanguine Domini 3, in: CCCM 16, S. 27.

102 Petrus Damianus, Sermo 45 in Nativitate S. Mariae, in: CCCM 57, 267.

103 Bobbio Me buch, S. 127; Gelasianisches Sakramentar II.14.3. Zit. in: Georges Frénaud, Le Culte de Notre Dame dans l'ancienne liturgie latine, in: Hubert du Manoir (Hg.), Maria. Études sur la sainte Vierge, Paris 1949–1964, Bd. 6, S. 162–163.

104 Gottfried von Admont, Homilia in festum Assumptionis, in: PL 174, 974b.

105 Vgl. die schöne Zeile aus einer Sequenz von Notker: „Te virga/ arida Aaron/flore speciosa/te figurat,/Maria,/sine viri semine/nato floridam.“ In: Analecta hymnica 53[1], Sp. 1911.

106 *Scivias* II.6.26, S. 255; dt. Ausg. S. 239.

107 Appendix B Nr. 8; dt. Übers. aus dem engl. u. lat Text.

108 Dieser Vers wird als Responsorium für die Frühmette am Fest der Verkündigung gebraucht.

109 *Scivias* II.5.1, S. 177 (Titel): „Quod apostoli et pigmentarii sequaces eorum videlicet sacerdotes Ecclesiam doctrina sua splendidissime circumdant.“

110 Honorius, Sigillum beatae Mariae, in: PL 172, 504d.

111 *Scivias* II.6.15, S. 244.

112 *Ep.* 47, in: PL 197, 225b.

Sechstes Kapitel

1 Über ihre Ekklesiologie im allgemeinen siehe Giovanna della Croce, „Ildegarda di Bingen e il mistero della Chiesa“, in: Ephemerides Carmeliticae. Bd. 17 (1966), S. 158–173; Margot Schmidt, „Die Kirche – Eine Erde der Lebendigen. Zum Kirchenbild bei Hildegard von Bingen“, Mainz 1980. (= Bischöfliches Ordinariat, Aktuelle Information Nr. 16).

2 Siehe Johannes Beumer, Die altchristliche Idee einer präexistierenden Kirche und ihre theologische Auswertung, in: Wissenschaft und Weisheit. Bd. 9 (1942), S. 13–22.

3 Der Hirt des Hermas II.4, in: Molly Whittaker (Hg.), Griechische christliche Schriftsteller, Bd. 48, Berlin 1956, S. 7.

4 II Clement 14,.in: Karl Bihlmeyer (Hg.), Die apostolischen Väter. Bd. 1, Tübingen 1924.

5 Bernhard von Clairvaux, Sermo super Cantica 78.3, in: Opera 2, S. 268; Yves Congar, „L'ecclésiologie de S. Bernard", in: Analecta sacri ordinis Cisterciensis. Bd. 9 (1953), S. 151, Anm. 5.

6 Rupert von Deutz, In Iohannis Evangelium 3.5, in: CCCM. Bd. 9, S. 139.

7 Gerhoch von Reichersberg, Comment. in Psalmos 29, in: PL 193, 1285a.

8 *Ep.* 47, in: PL 197, 227d-228a.

9 „Deshalb steigen auch alle göttlichen Tugendkräfte auf und nieder und du siehst, daß sie mit Steinen für ihren Bau beladen sind. Denn im Eingeborenen Gottes steigen die hell erleuchteten Tugenden gleichsam durch seine Menschlichkeit hinab und streben durch seine Gottheit gleichsam nach oben. Sie steigen auch durch ihn zu den Herzen der Gläubigen hinunter, die hochgemuten Herzens (*bono corde*) ihren Willen aufgeben und sich geschmeidig für rechte Taten machen, wie sich ein Arbeiter bückt, um einen Stein zu heben, den er zum Bau tragen will. In ihm steigen sie auch in die Höhe, wenn sie Gott die in den Menschen vollbrachten himmlischen Werke mit dem Ausdruck großer Freude (*gratulabunde*) darbringen, damit der Leib Christi in seinen gläubigen Gliedern aufs schnellste vollendet werde." *Scivias* III. 8.13, S. 495; dt. Ausg, S. 475.

10 Vgl. *Epp.* 47, 77, 86, 116, 137 und 140, in: Pitra.

11 Heinrich Schipperges, Welt und Mensch. Das Buch De Operatione Dei, Salzburg 1965, Einleitung.

12 *Lieder* Nr. 76, S. 297. Für die „gloriosa fecunditas" vgl. Cyprian, De habitu virginum 3, in: CSEL. Bd. 3[1], S. 189: „Die glorreiche Fruchtbarkeit der Mutter Kirche erfreut sich und erblüht in (den Jungfrauen), und je zahlreicher die Jungfrauenschaft wird, desto mehr nimmt die Freude der Mutter zu." Dieser Text wird in den Commune – Texten für Jungfrauen (zweite Nokturne, vierte Lesung), gelesen.

13 Vers 1,16b lautet in der Clementinischen Fassung der Vulgata (Rom, 1592) „cum electis feminis graditur" und in der Stuttgarter Biblia Sacra (1969) hei t es: „cum electis seminis creditur". Hildegard benutzt „cum electis feminis creditur".

14 *Liber vitae meritorum.* I .96, in: Pitra 44; dt. Ausg. S. 69.

15 In ihrem frühesten Brief schrieb sie an Bernhard von Clairvaux: „Vor zwei Jahren sah ich dich in dieser Vision als einen Mann, der die Sonne anblickte und zwar nicht furchtsam, sondern wagemutig und kühn; und ich weinte, weil ich selbst erröte und furchtsam (*inaudax*) bin." aus *Ep.* 29, in: PL 197, 190ab.

16 Im Zwiefaltener Manuskript trägt die Antiphon den Titel „Cantus ad Romam" (Stuttgart, Landesbibliothek Cod. Theol. Phil. 4°253, Fol 28r). Der Textlaut ist dort etwas anders.

17 Appendix B, Nr. 9.

18 Gerhard Günther (Hg.), Der Antichrist. Der staufische Ludus de Antichristo, Hamburg 1970, S. 92.

19 *Ordo virtutum*, S. 192; vgl. *De operatione Dei* III.10.8, in: PL 197, 1005d-1006a.

20 Vgl. Bernhard von Clairvaux, Sermo super Cantica 10.5–6, in: Opera 1. S. 50–51.

21 Hugo von St. Viktor, Didascalicon de studio legendi I.5 und VI.14, übers. v. Jerome Taylor. New York 1961. S. 52, 152.

22 Honorius, De animae exsilio et patria, in: PL 172, 1241–1246.

23 Yves Congar, Ecclesia ab Abel. In: Marcel Reding (Hg.), Abhandlungen über Theologie und Kirche. Festschrift für Karl Adam, Düsseldorf 1952, S. 79–108.

24 Hugo von St. Viktor: De arca Noe morali 1.4, in: PL 176, 631a.

25 Gottfried von Admont, Homilia 77, in: PL 174, 1014d.

26 Friedrich Ohly, „Synagoge und Ecclesia. Typologisches in mittelalterlicher Dichtung", in: Paul Wilpert (Hg.), Judentum im Mittelalter (= Miscellanea Mediaevalia. Bd. 4), Berlin 1966, S. 350–369; Wolfgang Seiferth, Synagogue and Church in the Middle Ages. Two Symbols in Art and Literature, New York 1970.

27 Wolfgang Beinert, Die Kirche – Gottes Heil in der Welt. Die Lehre von der Kirche nach den Schriften des Rupert von Deutz, Honorius Augustodunensis und Gerhoch von Reichersberg, Münster 1973, S. 356–368.

28 Honorius, Expositio in Cantica IV.8, in: PL 172, 475bc.

29 Gerhoch von Reichersberg, De investigatione Antichristi 35, in: Friedrich Scheibelberger, Gerhohi Reichersbergensis praepositi opera hactenus inedita, Linz 1875, S. 267; Comment. in Psalmos 7, in: PL 193, 730a.

30 Rupert von Deutz, In Iohannis Evangelium 12, in: CCCM 9, S. 684; Comment. in Naum 1, in: PL 168, 531–532.

31 Petrus Chrysologus, Sermo 164, in: PL 52, 632–633. Weitere Hinweise in Sebastien Tromp, „Ecclesia Sponsa Virgo Mater", in: Gregorianum Bd. 18 (1937), S. 12.

32 Alfred Raddatz, „Ecclesia und Synagoge. Geschichtliche Hintergründe und Bedeutung der Entstehung eines mittelalterlichen Bildmotivs", in: Judentum im Mittelalter. Katalog für die Ausstellung im Schloß Halbturm, Burgenland 1978, S. 109–111.

33 *Scivias* II.3, S. 134–135; dt. Ausg. S. 126.

34 *Scivias* I.5, S. 93; dt. Ausg. S. 85.

35 Rita Otto, „Zu einigen Miniaturen einer *Scivias*handschrift des 12. Jahrhunderts", in: Mainzer Zeitschriften 67/68. (1972/1973), S. 132. Siehe auch Charles Singer, „Allegorical Representation of the Synagogue in a Twelfth Century Illuminated Manuscript of Hildegard of Bingen", in: Jewish Quarterly Review, N. S. 5 (1915), S. 267–288.

36 *Scivias* III.11.27, S. 592, dt. Ausg. S. 567: „Denn sterbliche Augen können Mich nicht erblicken, sondern ich zeige meine Wunder im Schattenbild, wem ich will."

37 *Scivias* I.5.6, S. 97; dt. Ausg. S. 89; vgl. *De operatione Dei* III.10.18, in: PL 197, 1021b. Der Glaube daran, daß die Juden letzlich konvertieren würden, war weit verbreitet; siehe Bernhard von Clairvaux, Sermo super Cantica 79.5, in: Opera 2, S. 275; Honorius, Sigillum beatae Mariae, in: PL 172, 514–515. Im „Spiel des Antichrist" gewinnen die konvertierten Juden die Krone des Martyriums, während die ganze heidnische Kirche an den Antichrist fällt.

38 Sebastien Tromp, „De nativitate Ecclesiae ex corde Iesu in cruce", in: Gregorianum 13 (1932), S. 489–527; Odo Casel, „Die Kirche als Braut Christi nach Schrift, Väterlehre und Liturgie", in: Theologie der Zeit 1 (1936), S. 91–111; Claude Chavasse, The Bride of Christ. An Enquiry into the Nuptial Element in Early Christianity, London 1940.

39 Methodius von Patara, Symposium 3.8, in: Herbert Musurillo (Hg.), Sources chrétiennes 95, S. 106.

40 *Scivias* II.6, S. 229–230; dt. Ausg. S. 216; vgl. *Ep.* 47, in: PL 197, 227–228: „Das himmlische Jerusalem... wurde in aller Schönheit durch das Vergießen seines Blutes erneuert. Denn als die Elemente in Dunkelheit verhüllt waren, stieg sie mit dem Banner des Sieges zum Kreuz hinab, an dem der Sohn Gottes hing, und erhielt ihre Mitgift von ihm, der in Jungfräulichkeit empfangen und geboren wurde, damit auch sie als Jungfrau durch spirituelle Fortpflanzung Kinder gebären könnte."

41 Knut Berg, „Une iconographie peu connue du crucifiement", in: Cahiers archéologiques 9 (1957), S. 319–328.

42 *Scivias* II.6.76, S. 290; dt. Ausg. S. 271.

43 *Scivias* I.2.21, S. 28; dt. Ausg. S. 28 f. Gratians Decretum I.5.1–2 bezieht sich nur auf die Reinigung der Frauen nach der Geburt und nicht auf die Jungvermählten.

44 Appendix B, Nr. 10; dt. Übers. aus dem engl. und lat. Text.

45 *Scivias* II.4, S. 159–160; dt. Ausg. S. 152.

46 Hans Liebeschütz, Das allegorische Weltbild der heiligen Hildegard von Bingen, Leipzig 1930, S. 53–55; Peter Dronke, „Arbor Caritatis", in: P. L. Heyworth (Hg.), Medieval Studies for J. A. W. Bennett, Oxford 1981, S. 231, Anm. 48.

47 An einer Stelle erzählt der „Hirt", oder der Engel der Reue, Hermas: „Ich würde dir gerne alle Dinge zeigen, die der Heilige Geist, der mit dir in der Gestalt der Kirche gesprochen hat, dir gezeigt hat. Denn der Geist ist der Sohn Gottes." In: Similitudo IV.1.

48 Wolfgang Greisenegger, „Ecclesia", in: Lexikon der christlichen Ikonographie. Bd. 1, S. 562–569; Anton Mayer, Das Bild der Kirche. Hauptmotive der Ecclesia im Wandel der abendländischen Kunst, Regensburg 1962.

49 *Scivias* II.5, S. 175.

50 „Et sicut dies verni circumdabant eam flores rosarum et lilia convalium." Erste Nokturn, Frühmette an Mariä Himmelfahrt.

51 *Scivias* II.5.13, S. 187; dt. Ausg. S. 168.

52 Siehe Matthäus Bernards, Speculum Virginum. Geistigkeit und Seelenleben der Frau im Hochmittelalter, Köln – Graz 1955; John Bugge, Virginitas. An Essay in the History of a Medieval Ideal, Den Haag 1975.

53 *Scivias* II.5.13, S. 186–187; dt. Ausg. S. 178. Der alliterierende lateinische Satz ist Leitmotiv Hildegards: „vivens odor vovens iter secretae regenerationis."

54 *Ep.* 101, in: Pitra S. 551.

55 Tertullian, Ad uxorem 1.4, in: CSEL 70, S. 102; Cyprian, De habitu virginum 22, in: CSEL 3, S. 203; Ambrosius, De virginitate 1.3.11, in: Florilegium Patristicum 31, 39; Hieronymus, Ep. 22.20.3, in: CSEL 54, S. 171; Augustinus, Ep. 150, in: CSEL 44, S. 381.

56 *Ep.* 1, in: PL 197,149a.

57 Zu diesem Ritus siehe Philippus Oppenheim, Die *consecratio virginum* als geistesgeschichtliches Problem. Rom 1943; René Metz, La consécration des vierges dans l'église romaine, Paris 1954.

58 Für Tenxwinds Brief und Hildegards Antwort siehe *Ep.* 116, in: PL 197, 336–338; der Text ist nach dem Manuskript verbessert; *Briefwechsel*, S. 202.

59 Über die Beziehungen von Hildegard, Richardis und Hartwig siehe *Ep.* 10, in: PL 197, 161–163; *Ep.* 10 und *Ep.* 42, in: Francis Haug (Hg.), „Epistolae S. Hildegardis secundum codicem Stuttgartensem", in: Revue bénédictine 43 (1931), S. 59–71; Marianna Schrader/Adelgundis Führkötter, Die Echtheit des Schrifttums der heiligen Hildegard von Bingen. Quellenkritische Untersuchungen, Köln – Graz, 1956, S. 131–141; Peter Dronke, Women Writers of the Middle Ages. Cambridge 1984. S. 154–159.

60 *Ep.* 10, in: PL 197, 163b.

61 *Ordo virtutum*, S. 185.

62 *Lieder* Nr. 40, S. 258–260.

63 Vgl. Augustinus: „Eine große und einzigartige Ehre gebührt dem

Bräutigam: er fand (Ecclesia) als Hure und machte sie zur Jungfrau." In: Sermo I.8. Hg. v. Germain Morin. In: Miscellanea Agostiniana. Bd. 1, Rom 1930, S. 447.

64 „Liber revelationum Elisabeth de sacro exercitu virginum Coloniensium", in: F. W.E. Roth (Hg.), Die Visionen der heiligen Elisabeth und die Schriften der Äbte Ekbert und Emecho von Schönau, Brünn 1884, S. 123–138; Guy de Tervarent, La légende de Ste. Ursule dans la littérature et l'art du Moyen-âge, Paris 1931.

65 Appendix B, Nr. 11; dt. Übers. aus dem engl. und. lat. Text.

66 Speculum virginum, in: London BL Arundel 44, Fol. 94[r].

67 Der Begriff des *corpus diaboli* ist eine von Tychonius, exegetischen Regeln, die von Augustinus in seinem „De doctrina christiana" III.55 angewandt wurde und war in der Ekklesiologie des 12. Jahrhundert verbreitet. Vgl. Rupert von Deutz, In Libros Regum 2.38, in: CCCM 22, 1291; Honorius, Comment. in Psalmos 1, in: PL 172, 274; Gerhoch von Reichersberg, Comment. in Psalmos 17, in: PL 193, 883.

68 *Ordo virtutum*, S. 183–184.

69 Peter Dronke hat diese Sequenz in seinem Buch „Poetic Individuality in the Middle Ages" (Oxford 1970, S. 160–164) diskutiert.

70 *Scivias* II.3, S. 135, dt. Ausg. S. 126.

71 Franz Dölger, ΙΧΘΥΣ. Das Fisch-Symbol in frühchristlicher Zeit. Bd. 1, Münster 1928², S. 68–87; Hugo Rahner, Symbole der Kirche. Die Ekklesiologie der Väter, Salzburg 1964, S. 475- 490. Die griechischen Buchstaben stehen für die Worte: „Jesus Christus, Gottes Sohn, Erlöser".

72 Tertullian, De baptismate 1, in: CSEL 20, S. 201.

73 Ambrosius, Expositio in Lucam IV.72, in: CSEL 32⁴, 176.

74 H. Rahner, Symbole der Kirche, S. 491–503.

75 *Ep.* 4, in: PL 197, 154d.

76 *Ep.* 1, in: PL 197, 148b. Über die Geschichte dieser Affäre siehe M. Schrader/A. Führkötter, Die Echtheit des Schrifttums der heiligen Hildegard von Bingen, Köln – Graz, 1956, S. 114–116 und *Briefwechsel,* S. 35–36.

77 *Ep.* 106, in: PL 197, 328b.

78 *De operatione Dei* II.5.46, in: PL 197, 952a.

79 *Ep.* 41, in: PL 197, 208d.

80 *Ep.* 83, in: F. Haug (Hg.), „Epistolae S. Hildegardis secundum codicem Stuttgartensem", in: Revue bénédictine 43 (1931), S. 67.

81 Vgl. Methodius: „diejenigen, die noch unvollkommen und bloße Anfänger sind, sind zur Erlösung durch Erkenntnis geboren und werden wie von Müttern in den Wehen durch diejenigen geformt, die vollkommener sind, bis sie weitergekommen sind und in Größe und Schönheit der Tugend wiedergeboren werden; und wenn diese dann selbst in fortschrei-

tendem Wachsen zur Kirche geworden sind, können auch sie bei der Geburt und der Erziehung anderer Kinder mitarbeiten." Symposium III.8.74, siehe auch H. Rahner, Symbole der Kirche, S. 13–87.

82 Gregor der Gro e, Homilia 3 in Evangelia, in: PL 76, 1086d.

83 Friedrich Ohly, Hohelied-Studien. Grundzüge einer Geschichte der Hoheliedauslegung des Abendlandes bis um 1200, Wiesbaden 1958.

84 Honorius, Expositio in Cantica II.4, in: PL 172, 414b.

85 Bernhard von Clairvaux, Sermones super Cantica 9.8–9, 10.1, 41.5, in: Opera 1, S. 47–49 und 2, S. 31.

86 Caroline Bynum, „Jesus as Mother and Abbot as Mother. Some Themes in Twelfth-Century Cistercian Writing", in dies.: Jesus as Mother. Studies in the Spirituality of the High Middle Ages, Berkeley 1982, S. 110–169. Siehe besonders S. 154–166.

87 *Lieder* Nr. 75, S. 294.

88 *Ep.* 34, in: Pitra 520.

89 *Ep.* 48, in: PL 197, 249b. Dieser Abschnitt aus Hildegards Predigt erscheint im Riesenkodex, aber nicht im früheren Wiener Kodex 881. Da der Text von *Ep.* 48 eine Abschrift von Hildegards Predigt in Köln ist, können die eingefügten Textpassagen Auszüge von Predigten sein, die bei ähnlichem Anlaß gehalten wurden. Siehe Marianna Schrader/Adelgundis Führkötter, Die Echtheit des Schrifttums der heiligen Hildegard von Bingen. Quellenkritische Untersuchungen, Köln – Graz, 1956, S. 169–170.

90 Wenn man Hildegards Sichtweise bedenkt, nach der die Frau die Menschheit Christi verkörpert, mag es bezeichnend sein, daß sie eigentlich nie den menschlichen Namen „Jesus" verwandte, ausgenommen in Sätzen wie „Sohn Gottes, Jesus Christus", und anstattdessen die göttlichen und männlichen Hoheitstitel „Sohn Gottes, Retter und Richter" bevorzugte.

91 *De operatione Dei* I.2.19, in: PL 197, 765a; dt . Ausg. S. 48.

92 *Scivias* II.6.35, S. 263; dt. Ausg. S. 246–247.

93 Rupert von Deutz: In Libros Regum 5.8, in: CCCM 22, 1418–1419.

94 Honorius, Speculum Ecclesiae, in: PL 172, 954–955.

95 *Scivias* II.3, S. 136; dt. Ausg. S. 129.

96 *Scivias* II.4.11–13, S. 168–170.

97 Joseph Plumpe, Mater Ecclesia. An Inquiry into the Concept of the Church as Mother in Early Christianity, Washington 1943, S. 81–108.

98 *Lieder* Nr. 56, S. 274.

99 Appendix B, Nr. 12.

100 M. Schrader/A. Führkötter, Die Echtheit des Schrifttums der heiligen Hildegard von Bingen, Köln – Graz, 1956, S. 116.

101 *Scivias* III.11.6, S. 579; vgl. *Scivias* II.5, S. 176.

102 *Ep.* 3, in: PL 197, 154bc; M. Schrader/A. Führkötter, Die Echtheit des Schrifttums der heiligen Hildegard von Bingen, Köln 1956, S. 120.
103 Cyprian, De Ecclesiae Unitate 23, in: CSEL 3[1], S. 230.
104 *De operatione Dei* III.10.7, in: PL 197, 1005ab; dt. Ausg. S. 287.
105 *Ep.* 26, in: PL 197, 185c.
106 *Ep.* 13, in: PL 197, 167b; *Briefwechsel*, S. 49–50.
107 *Ep.* 49, in: PL 197, 254cd. Vgl. Fragment IV.28, in: Heinrich Schipperges (Hg.) „Ein unveröffentlichtes Hildegard-Fragment", in: Sudhoffs Archiv für Geschichte der Medizin 40 (1956), S. 71: „Das fünfte Zeitalter... kehrte seit der Zeit Kaiser Heinrichs [IV] zu weiblichem Leichtsinn; und daher prophezeien Frauen nun zur Schande der Männer."
108 *Vita* 2.16, in: PL 197, 102cd.
109 *Liber vitae meritorum* III.50, IV.45, V.48, in: Pitra 125, 165, 202.
110 *Lingua ignota*, in: Pitra 497.
111 *Scivias* II.1, S. 112; dt. Ausg. S. 105.
112 *De operatione Dei* III.10.11, in: PL 197, 1014bc.
113 „So klar sagt sie die zukünftigen Häretiker voraus, daß darüber kein Zweifel mehr bestehen kann. Dabei mischt sie auch schon einige gute Dinge ein und erklärt deutlich genug, daß die Häretiker nicht allesamt gewinnen werden. Hier scheint die hl. Hildegard die Zeiten Luthers vorhergesehen zu haben, und jeder, der alles untersuchen will, was sie nicht nur in Köln, sondern auch in Trier und an Werner von Kirchheim genau vorhergesagt hat, nimmt daß noch klar wahr." AASS September 17, Bd. 5; wiederholt in: PL 197, 43cd.
114 *Ep.* 51, in: PL 197, 269–270; dt. Ausg. S. 175.
115 Bernhard von Clairvaux, Ep. 191.2, in: Opera 8, S. 43.
116 „Und genauso wie der Heilige Geist in den Schoß der Mutter unseres Herrn Jesus Christus kam und sie mit seiner Kraft bedeckte und mit seiner Göttlichkeit erfüllte, so daß sie vom Heiligen Geist empfing und das, was geboren wurde, göttlich und heilig war: so wird auch der Teufel hinab in den Schoß der Mutter des Antichrist steigen und sie vollkommen ausfüllen, sie innerlich und äußerlich vollständig besitzen, so daß sie von einem Mann mit Hilfe des Teufels empfangen wird, und das, was geboren wird, wird vollständig faul, vollständig schlecht und vollständig ruiniert sein." Adso, De ortu et tempore Antichristi, in: CCCM 45.
117 *Scivias* III.11.25, S. 589–590; dt. Ausg. S. 565–566.
118 *De operatone Dei* III.10.28, in: PL 197, 1028b; dt. Ausg. S. 306. Zum Antichrist siehe Wilhelm Kamlah, Apokalypse und Geschichtstheologie. Die mittelalterliche Auslegung der Apokalypse vor Joachim von Fiore, Berlin 1935; Richard Emmerson, Antichrist in the Middle Ages. A Study of Medieval Apocalypticism, Art, and Literature, Seattle 1981; und die Arbeiten zitiert in Kapitel 1, Anm. 58.

119 *Scivias* III.11, S. 576–577; dt. Ausg. S. 542.

120 *Scivias* III.11.9, S. 581–582; dt. Ausg. S. 559.

121 Siehe den Abschnitt über Krankheit, Visionen und Jungfräulichkeit in: Elizabeth Petroff, Medieval Women's Visionary Literature, Oxford 1986, S. 37–44. Für eine zeitgenössische Anwendung siehe Dorothee Sölle, The Strength of the Weak. Toward a Christian Feminist Identity. Philadelphia 1984.

122 *Ep.* 2, in: Pitra 333.

Siebtes Kapitel

1 Gabrielle Uhlein (Hg.), Meditations with Hildegard of Bingen, Santa Fe 1983; Matthew Fox, Illuminations of Hildegard of Bingen, Santa Fe 1985. Die sogenannten Übersetzungen in diesen Bänden sind nicht zuverlässig.

2 Louis Bouyer, Woman in the Church, San Francisco 1979, S. 29. 35.

3 M.-M. Davy, Initiation à la symbolique romane, XIIe siècle, Paris 1964. Über Hildegard siehe S. 163–171.

4 Guglielma von Mailand (gest. 1281) begründete eine häretische Bewegung, die sie als den Fleisch gewordenen Heilige Geist ansah, und die gründete eine neue Kirche, die von einem weiblichen Papst, Mayfreda de Pirovano regiert wurde. Ein zisterziensisches Kloster in Chiaravalle verehrte Guglielma als eine orthodoxe Heilige, bis ihr Kult im Jahre 1300 von der Inquisition ausgelöscht wurde. Siehe Stephen Wessley, „The Thirteenth-Century Guglielmites. Salvation through Women", in: Derek Baker (Hg.), Medieval Women, Oxford 1978, S, 289–303, und Barbara Newman, „Woman Spirit, Woman Pope", in: dies., From Virile Woman to WomanChrist. Studies in Medieval Religion and Literature, Philadelphia 1995. Marguerite, die an eine unsichtbare Kirche der „freien Seelen" glaubte die die Macht hatten die etablierte Kirche zu verurteilen, wurde 1310 in Paris verbrannt. Aber ihr lange Zeit anonymes Buch „Der Spiegel der einfachen Seelen" war dennoch weit verbreitet. Siehe Romana Guarnieri (Hg.), Le Mirouer des simples ames, CCCM Bd. 69, Turnhout 1986, und Peter Dronke, Women Writers of the Middle Ages, Cambridge 1984, S. 217–228.

5 Rosemary Ruether, „Misogynism and Virginal Feminism in the Fathers of the Church", in: Dies. (Hg.), Religion and Sexism. Images of Woman in the Jewish and Christian Traditions, New York 1974, S. 159–161. Ein „locus classicus" ist der Traum der Perpetua, die in einer Vision am Vorabend ihres Martyriums „nackt entblößt und zu einem Mann wurde", um den Satan in einem Ringkampf zu besiegen. Peter Dronke, Women Writers in the Middle Ages, a. a. O., S. 4.

6 *Ep.* 84, in: PL 197, 305cd.

7 Johannes Braun, Die heilige Hildegard, Äbtissin vom Rupertsberg, Regensburg 1918, S. 103.

8 *Ep.* 136, in: PL 197, 363d.

9 Joseph Bernhart, „Hildegard von Bingen", in: Archiv für Kulturgeschichte. Bd. 20, 1929- 1930, S. 254. Für weitere Beispiele siehe Elisabeth Gössmann, „Das Menschenbild der Hildegard von Bingen und Elisabeth von Schönau vor dem Hintergrund der frühscholastischen Anthropologie", in: Peter Dinzelbacher und Dieter Bauer (Hgg.), Frauenmystik im Mittelalter, Ostfildern 1985, S. 46–47, Anm. 48.

10 *Ep.* 75, in: PL 197, 297c. Die Vergleiche dienen nicht dazu, Hildegard zu schmeicheln, sondern vielmehr soll Gottes Allmacht, die Gabe der Prophetie auf unwahrscheinliche Subjekte zu übertragen, bekräftigt werden. Mit der gleichen Absicht verglichen zwei andere Briefpartner die Äbtissin mit Bilaams Esel: siehe Epp. 6 und 92, in: PL 197, 157bc und 313a.

11 Caroline Bynum: „‚... And Woman His Humanity'. Female Imagery in the Religious Writing of the Later Middle Ages", in: Dies./Steven Harrell/Paula Richman (Hgg.), Gender and Religion. On the Complexity of Symbols, Boston 1986.

12 Caroline Bynum, „Women's Stories – Women's Symbols. A Critique of Victor Turner's Theory of Liminality", in: R. L. Moore und F. E. Reynolds (Hgg.), Anthropology and the Study of Religion, Chicago 1984, S. 111. Siehe AASS April, Bd. 1. S. 442.

13 The Book of the Visions and Instructions of Blessed Angela of Foligno, London 1871, S. 3. Fra Arnaldo zitiert Hieronymus, Dialogus contra Pelagianos II.22, in dem die Anrufung der Prophetin Hulda (2 Chr 34, 22–28) als „ein geheimer Tadel für den König, die Priester und alle Männer" beschrieben wird. In: St. Jerome. Dogmatic and Polemical Works. Washington 1965, S. 332.

14 AASS Oktober, Bd. 13., S. 500.

15 AASS April, Bd. 3., S. 884.

16 The Commentaries of Pius II, Book VI. In: Smith College Studies in History. Bd. 35 (1951), S. 437–438.

17 Im Vorwort zu ihrem Buch der Spiele schrieb Roswitha, daß „je verführerischer die Liebkosungen (der heidnischen Verführer)... desto glorreicher der Sieg derer, die triumphierend gezeigt werden, besonders wenn weibliche Schwäche sich siegreich zeigt und männliche Stärke, verwünscht, überwunden wird." Helene Homeyer (Hg.), Hrotsvithae opera, Paderborn 1970, S. 233–234; übers. in P. Dronke, Women Writers in the Middle Ages, a.a.O., S. 69. Nach dem „Speculum virginum" zeigen die Siege von Heroinnen wie Jael und Judit, daß „der Stärkere sehr häufig

durch den Schwächeren besiegt wird, und schwülstiger Stolz heiliger Demut weicht." London BL Arundel 44, Fol. 36^{v}.

18 Über spätere mittelalterliche Frauen siehe: Elizabeth Petroff, Consolation of the Blessed. Women Saints in Medieval Tuscany, New York 1979; Dies.: Medieval Women's Visionary Literature. Oxford 1986; Caroline Bynum, „Women Mystics in the Thirteenth Century. The Case of the Nuns of Helfta", in: Dies., Jesus as Mother. Studies in the Spirituality of the High Middle Ages, Berkeley 1982, S. 170–262; E. W. MacDonnell, The Beguines and Beghards in Medieval Culture, New Brunswick/N. J., 1954.

19 Richard Kieckhefer, Unquiet Souls. Fourteenth-Century Saints and Their Religious Milieu, Chicago 1984.

20 Julian of Norwich, Revelations of Divine Love. Längere Version, Kapitel 58.

21 Giles Constable, „The Popularity of Twelfth-Century Spiritual Writers in the Late Middle Ages", in: Anthony Molho und John Tedeschi (Hgg.), Renaissance Studies in Honor of Hans Baron, Florenz 1971, S. 3–28.

22 Eugene Rice betont den metaphysischen und kontemplativen Charakter der Weisheit im florentinischen Platonismus. Über die Weisheit der Renaissance im allgemeinen hat er beobachtet, daß „sie beides, das Göttliche und das Menschliche, umfaßt und in einer natürlichen und poetischen Theologie kulminiert, die auf der neuplatonischen Liebes-Schau gründet. Daher bleibt zwischen einer natürlichen, klassischen scientia, und einer offenbarten christlichen sapientia, kein Gegensatz mehr bestehen." Eugene Rice, The Renaissance Idea of Wisdom. Cambridge/Mass., 1958, S. 104.

23 „Cujus mentem illustrasti,/Cui mira revelasti,/Quam archanis interesse/Tribuisti superum.//Mundum verbis et exemplis/Illustravit Hildegardis,/Sponsa tua Iesu Christe,/Te docente ab intus." Die vollständige Sequenz findet sich in Anton Brück (Hg.), Hildegard von Bingen, 1179–1979. Festschrift zum 800. Todestag der Heiligen, Mainz, 1979, S. 407–408.

24 Noel Brann, The Abbot Trithemius (1462–1516). The Renaissance of Monastic Humanism, Leiden 1981.

25 Joseph Blau, The Christian Interpretation of the Cabala in the Renaissance, New York 1944. In Johannes Reuchlins kabalistischem Dialog, „De verbo mirifico" II.17, verbindet einer der Sprecher die ersten drei göttlichen Namen oder Personen der Trinität mit Zeus, Athena und Aphrodite. Vgl. Johannes Pistorius (Hg.), Artis cabalisticae, Basel 1587, S. 929–930.

26 Zwei der lesbareren Arbeiten über Boehme sind: Hans Martensen, Jacob Boehme. Studies in His Life and Teaching, London 1949; und John Stoudt, Sunrise to Eternity. A Study in Jacob Boehme's Life and Thought, Philadelphia 1957.

27 Jane Leade, Fountains of Gardens Bd. II.,London 1700, S. 100. Zu dieser Tradition siehe Desirée Hirst, Hidden Riches. Traditional Symbolism from the Renaissance to Blake, London 1964; Nils Thune, The Behmenists and the Philadelphians, Uppsala 1948.

28 Seth Y. Wells (Hg.), Millennial Praises, Hancock/Mass. 1813, Siehe Flo Morse, The Shakers and the World's People, New York 1980; Robley Whitson (Hg.), The Shakers. Two Centuries of Spiritual Reflection, New York 1983, Besonders Kapitel 4: „God: Father and Mother".

29 Zitiert aus Johann Wolfgang von Goethe, *Faust* II, Chorus Mysticus.

30 Vladimir Soloviev, „Three Meetings", in: Carl und Ellendea Proffer (Hgg.), The Silver Age of Russian Culture, Ann Arbor 1971, S. 128–134; Ders., Russia and the Universal Church, London 1948; Ders., Lectures concerning God-manhood, London 1948; Ders., The Meaning of Love, London 1945. Siehe auch: Samuel Cioran,Vladimir Solov'ev and the Knighthood of the Divine Sophia, Waterloo/Ont. 1977.

31 Pavel Florensky, La colonne et le fondement de la verité. Essai d'une théodicée orthodoxe en douze lettres, Lausanne 1975; Paul Evdokimov, La femme et le salut du monde, Paris 1958; Sergei Bulgakov, The Wisdom of God. A Brief Summary of Sophiology, London 1937. Zur gesamten Tradition siehe Nicholas Berdiaeff, „La doctrine de la Sophia et de l'androgyne. Jacob Boehme et les courants sophiologiques russes", Einleitung zu: Boehme, Mysterium Magnum, Paris 1945; Michael Azkoul, Solov'ev and His Successors. An Exposition of the Neo-Christian Thought of V. Solov'ev and the Sophiologists, Astoria/N. Y. 1983.

32 Pierre Teilhard de Chardin, „Das Ewig-Weibliche", in: Ders., Frühe Schriften, S. 245- 246.

33 Henri de Lubac, The Eternal Feminine. A Study on the Poem by Teilhard de Chardin, London 1971. Vgl. Catherine O'Connor, Woman and Cosmos. The Feminine in the Thought of Pierre Teilhard de Chardin, Englewood Cliffs/N. J. 1974.

34 Paul Claudel, „Les aventures de Sophie", in: Ders., Oeuvres complètes. Bd. 19, Paris 1962, S. 37.

35 Gertrud von le Fort, Die ewige Frau – Die Frau in der Zeit – Die zeitlose Frau, München 1934; Edith Stein, Die Frau. Ihre Aufgabe nach Natur und Gnade, Louvain 1959.

36 Maura Böckeler, Das Gro e Zeichen (Apok. 12,1). Die Frau als Symbol Göttlicher Wirklichkeit, Salzburg 1941.

37 Derzeit arbeite ich an einem neuem Buch: „Sophia. A History of Female Divinity in the Christian Tradition."

38 „Die *Assumptio Mariae* bedeutet nicht nur eine Vorbereitung zur Divinität der Gottesesgebärerin [das bedeutet ihrer entgültigen Anerkennung als Göttin], sondern auch zur Quaternität. Zugleich wird der Stoff in

den metaphysischen Bereich gerückt und und mit ihm das korrumpierende Prinzip der Welt, das Böse." C. G. Jung, „Versuch einer psychologischen Deutung des Trinitätsdogmas", in: Ders., Zur Psychologie westlicher und östlicher Religion, Bd. 11 der Gesammelten Werke, S. 187.

39 Rosemary Ruether, Sexism and God-Talk. Toward a Feminist Theology, Boston 1983, S. 102–109.

40 Siehe z. B.: Michelle Rosaldo und Louise Lamphere (Hgg.), Woman, Culture and Society, Stanford 1974; Nancy Chodorow, The Reproduction of Mothering. Psychoanalysis and the Sociology of Gender, Berkeley 1978; Carol MacCormack und Marilyn Strathern (Hgg.), Nature, Culture and Gender, Cambridge 1980.

41 Es beginnt mit Simone de Beauvoir, Das andere Geschlecht. Hamburg 1979 (Orig. Le Deuxième Sexe. Paris 1949); und Betty Friedan, Der Weiblichkeitswahn oder die Selbstbefreiung der Frau, Hamburg 1971 (Orig.: The Feminine Mystique, New York 1963). Eine kurze Zusammenfassung der spezifisch theologischen Themen bietet: J.-M. Aubert, La femme. Antiféminisme et christianisme, Paris 1975.

42 Zum Beispiel benutzte Vernard Eller die Sprachspiele Wittgensteins, um eine These aufzustellen, die an Hildegard erinnert: „Die Heilige Schrift zeigt das Weibliche, als das Modell und Paradigma der Menschheit in ihrer Beziehung zur Männlichkeit, Gottes... Konsequent bedeutet das dann, daß das Weibliche auch ein Modell für alle Menschen (männliche und weibliche) in ihren Beziehungen untereinander ist." Vernard Eller, The Language of Canaan and the Grammar of Feminism, Grand Rapids 1982, S. X.

43 Siehe Peter Moore (Hg.), Man, Woman, and Priesthood. London 1978; und Thomas Hopko (Hg.): Woman and the Priesthood. Crestwood/N. Y. 1984.

44 Elaine Showalter (Hg.), The New Feminist Criticism. Essays on Women, Literature and Theory, New York 1985.

45 Starhawk, The Spiral Dance. A Rebirth of the Ancient Religion of the Great Goddess, San Francisco 1979; Charlene Spretnak (Hg.), The Politics of Women's Spirituality. Essays on the Rise of Spiritual Power within the Feminist Movement, New York 1982.

46 Ann Belford Ulanov, Receiving Woman. Studies in the Psychology and Theology of the Feminine, Philadelphia 1981, S. 40.

47 Ann Belford Ulanov, The Feminine in Jungian Psychology and in Christian Theology, Evanston 1971; Joan C. Engelsman, The Feminine Dimension of the Divine, Philadelphia 1979.

Verzeichnis der Abkürzungen mittelalterlicher Werke

AASS Johannes Bollandus et al., Acta sanctorum... editio novissima, Paris 1863-.

Briefwechsel Hildegard von Bingen, Briefwechsel. Nach den ältesten Handschriften und Quellen übersetzt und herausgegeben von Adelgundis Führkötter OSB, Salzburg 1965.

Causae et curae (= Liber compositae medicinae), hg. von Paul Kaiser, Leipzig 1903. Dt. Ausgabe: Hl. Hildegard, Heilwissen. Von den Ursachen und der Behandlung von Krankheiten nach der hl. Hildegard von Bingen. Übersetzt und herausgegeben von Manfred Pawlik, Augsburg 1989.

CCCM Corpus Christianorum: continuatio medievalis, Turnhout 1966 –.

CSEL Corpus scriptorum ecclesiasticorum latinorum, Wien 1866 – .

De operatione Dei (= Liber divinorum operum simplicis hominis), hg. von J.D. Mansi, in: Stephanus Balluzius: Miscellanea 2, Lucca 1761; neu hg. in: J.P. Migne, PL 197, 741–1038. Dt. Ausgabe: Hildegard von Bingen, Welt und Mensch. Übersetzt und herausgegeben von Heinrich Schipperges, Salzburg 1965.

Ep. Epistola (Briefe). Siehe nun: Hildegard von Bingen, Epistolarium, hg. von Lieven Van Acker, CCCM Bde. 91–91a, Turnhout, 1991, 1993.

Liber vitae meritorum Hildegard von Bingen, Liber vitae meritorum, per simplicem hominem a vivente luce revelatorum, hg. von J.-B. Pitra, Analecta Sanctae Hildegardis, Monte Cassino, 1882, 7–244. Dt. Ausgabe: Hildegard von Bingen, Der Mensch in der Verantwortung. Das Buch der Lebensverdienste. Nach den Quellen übersetzt und erläutert von Heinrich Schipperges, Salzburg 1972.

Lieder Hildegard von Bingen, Lieder (Symphonia armonie celestium revelationum), hg. von Pudentiana Barth, M.-I. Ritscher und Josef Schmidt-Görg, Salzburg 1969. Siehe nun Symphonia, hg. und übers. von Barbara Newman, Ithaca, New York 1988.

MGH. SS Monumenta Germaniae Historica. Scriptores, Berlin, 1826-.

Ordo virtutum Hildegard von Bingen, The Text of the Ordo virtutum, hg. von Peter Dronke in: Poetic Individuality in the Middle Ages, Oxford 1970, S. 180–192.

PG Patrologiae cursus completus. Series graeca, hg. von J.-P. Migne, 162 Bde., Paris 1857–1866. (Jeweils Angabe von Band und Spalte/n)

Physica (= Liber simplicis medicinae oder auch Liber Subtilitatum diversarum naturarum creaturarum libri novem), hg. v. C. Daremberg und F. A. Reuss in: PL 197, 1125–1352. Dt. Ausgabe: Hl. Hildegard, Heilkraft der Natur „Physica", Rezepte und Ratschläge für ein gesundes Leben, Pattloch-Verlag, Augsburg 1991.

Pitra J.-B. Pitra (Hg.), Analecta Sanctae Hildegardis. Bd. 8 der Analecta Sacra, Monte Cassino, 1882. (Jeweils Seitenangabe)

PL Patrologiae cursus completus. Series latina, hg. von J.-P. Migne, 221 Bde., Paris, 1841–1864. (Jeweils Angabe von Band und Spalte/n)

Scivias Hildegard von Bingen, Scivias. Herausg. von Adelgundis Führkötter, CCCM Bde. 43–43a, Turnhout, 1978. Dt. Ausgabe: Hl. Hildegard, Wisse die Wege. Eine Schau von Gott und Mensch in Schöpfung und Zeit. Übersetzt und herausgegeben von Walburga Storch OSB, Pattloch-Verlag, Augsburg 1991.

Vita Gottfried von Disibodenberg und Dieter von Echternach, Vita Sanctae Hildegardis, in: PL 197, 91–130. Siehe nun: Monika Klaes (Hg.), Vita Sanctae Hildegardis, in: CCCM 126, Turnhout, 1993. Dt. Ausgabe: Das Leben der hl. Hildegard von Bingen, 1968.

Sekundärliteratur

Marie-Thérèse d,Alverny, „Comment les théologiens et les philosophes voient la femme“, in: Cahiers de civilisation médiévale 20 (1977), S. 105–129.

Louis Baillet, „Les Miniatures du ‚Scivias‘ de Sainte Hildegarde conservé à la bibliothèque de Wiesbaden“, in: Monuments et Mémoires Publiés par l'Académie des Inscriptions et Belles- Lettres, Paris 1911, S. 31–81.

Derek Baker (Hg.), Medieval Women, Oxford 1978.

Wolfgang Beinert, Die Kirche – Gottes Heil in der Welt. Die Lehre von der Kirche nach den Schriften des Rupert von Deutz, Honorius Augustodunensis und Gerhoch von Reichersberg, Münster 1973.

Matthäus Bernards, Speculum Virginum. Geistigkeit und Seelenleben der Frau im Hochmittelalter, Köln – Graz 1955.

Joseph Bernhart, „Hildegard von Bingen“, in: Archiv für Kulturgeschichte 20 (1929–1930).

Maura Böckeler, Das Gro e Zeichen (Apok. 12,1). Die Frau als Symbol göttlicher Wirklichkeit, Salzburg 1941.

Johannes Braun, Die heilige Hildegard. Äbtissin vom Rupertsberg, Regensburg 1918.

Maria Brede, „Die Klöster der heiligen Hildegard Rupertsberg und Eibingen“, in: A. Brück (Hg.), Hildegard von Bingen, 1179–1979. Festschrift zum 800. Todestag der Heiligen, Mainz 1979, S. 77–94.

Anton Brück (Hg.), Hildegard von Bingen, 1179–1979. Festschrift zum 800. Todestag der Heiligen, Mainz 1979.

Vern Bullough/James Brundage (Hgg.), Sexual Practices and the Medieval Church, Buffalo 1982.

Caroline Bynum, „„...And Woman His Humanity‘. Female Imagery in the Religious Writing of the Later Middle Ages“, in: Caroline Bynum/ Steven Harrell/Paula Richman (Hgg.), Gender and Religion. On the Complexity of Symbols, Boston 1986.

–, Jesus as Mother. Studies in the Spirituality of the High Middle Ages, Berkeley 1982.

Anne L. Clark, Elizabeth of Schönau. A Twelfth-Century Visionary, Philadelphia 1992.

Giovanna della Croce, „Ildegarda di Bingen e il mistero della Chiesa“, in: Ephemerides carmeliticae 17 (1966), S. 158–173.

Charles Czarski, The Prophecies of St. Hildegard of Bingen, Ph.D. Diss., University of Kentucky, 1983.

M.-M. Davy, Initiation à la symbolique romane, XIIe siècle, Paris 1964.

Walter Delius, Geschichte der Marienverehrung, München 1963.

Paul Diepgen, Frau und Frauenheilkunde in der Kultur des Mittelalters, Stuttgart 1963.

Peter Dinzelbacher, Religiöse Frauenbewegung und mystische Frömmigkeit im Mittelalter, Köln – Wien 1988.

-/Dieter Bauer (Hgg.), Frauenmystik im Mittelalter, Ostfildern 1985.

Peter Dronke, „Arbor Caritatis", in: P. L. Heyworth (Hg.), Medieval Studies for J. A.W. Bennett, Oxford 1981.

–, „The Composition of Hildegard of Bingen's Symphonia", in: Sacris Erudiri 19 (1969–1970), S. 381–393.

–, Fabula. Explorations into the Use of Myth in Medieval Platonism, Leiden 1974.

–, Poetic Individuality in the Middle Ages. New Departures in Poetry 1000–1150, Oxford 1970.

–, „Problemata Hildegardiana", in: Mittellateinisches Jahrbuch 16 (1981).

–, „Tradition and Innovation in Medieval Western Colour-Imagery", in: Eranos Jahrbuch 41 (1972).

–, Women Writers of the Middle Ages, Cambridge 1984.

Gertrude Engbring, „Saint Hildegard, Twelfth-Century Physician", in: Bulletin of the History of Medicine 8 (1940), S. 770–784.

Joan C. Engelsman, The Feminine Dimension of the Divine, Philadelphia 1979.

Edith Ennen, Frauen im Mittelalter, München 1984.

Hans Fegers, „Die Bilder im Scivias der Hildegard von Bingen", in: Das Werk des Künstlers 1 (1939), S. 109–145.

Sabina Flanagan, Hildegard von Bingen, 1098–1179. A Visionary Life, London 1989.

Hildebrand Fleischmann, Hildegard-Eigenoffizium, Freiburg – Regensburg 1952.

Ilene Forsyth, The Throne of Wisdom. Wood Sculptures of the Madonna in Romanesque France, Princeton 1972.

Elisabeth Gössmann, „Hildegard von Bingen", in: A. Esser/L. Schottroff (Hgg.), Feministische Theologie im europäischen Kontext. Jahrbuch der Europäischen Gesellschaft für theologische Forschung von Frauen. Bd. 1, Mainz – Kampen 1993, S. 161–168.

–, „‚Ipsa enim quasi domus sapientiae'. Die Frau ist gleichsam das Haus der Weisheit. Zur frauenbezogenen Spiritualität Hildegards von Bingen", in: Margot Schmidt/Dieter Bauer (Hgg.), Eine Höhe, über die

nichts geht. Spezielle Glaubenserfahrung in der Frauenmystik?, Stuttgart – Bad Cannstadt 1986.
– , „Das Menschenbild der Hildegard von Bingen und Elisabeth von Schönau vor dem Hintergrund der frühscholastischen Anthropologie", in: P. Dinzelbacher/D. Bauer (Hgg.), Frauenmystik im Mittelalter, Ostfildern 1985, S. 24–47.
Eduard Gronau, Hildegard von Bingen. 1098–1179, Stein-am-Rhein 1985.
Ernst Guldan, Eva und Maria, Graz – Köln 1966.
Idelfons Herwegen, „Les collaborateurs de Ste. Hildegarde", in: Revue bénédictine 21 (1904), S. 192–203, 302–315, 381–403.
Helmut Hinkel, „St. Hildegards Verehrung im Bistum Mainz", in: A. Brück (Hg.), Hildegard von Bingen, 1179–1979. Festschrift zum 800. Todestag der Heiligen, Mainz 1979, S. 385–412.
Kent Kraft, The Eye Sees More than the Heart Knows. The Visionary Cosmology of Hildegard of Bingen, Ph.D. Diss., University of Wisconsin, 1977.
–, „The German Visionary. Hildegard of Bingen", in: Katharina M. Wilson (Hg.), Medieval Women Writers, Athens/Ga. 1983, S. 109–130.
Hans Liebeschütz, Das allegorische Weltbild der heiligen Hildegard von Bingen. Studien der Bibliothek Warburg 16, Leipzig 1930, neu aufgelegt Darmstadt 1964.
Josef Loos, „Hildegard von Bingen und Elisabeth von Schönau", in: A. Brück (Hg.), Hildegard von Bingen, 1179–1979. Festschrift zum 800. Todestag der Heiligen, Mainz 1979, S. 263–272.
Christel Meier, „Die Bedeutung der Farben im Werk Hildegards von Bingen", in: Frühmittelalterliche Studien 6 (1972), S. 245–355.
–, „‚Virtus' und operatio als Kernbegriffe einer Konzeption der Mystik bei Hildegard von Bingen", in: Margot Schmidt (Hg.), Grundfragen christlicher Mystik. Wissenschaftliche Studientagung Theologia mystica in Weingarten vom 7.-10. November 1985, Stuttgart – Bad Cannstatt 1987.
–, „Zum Verhältnis von Text und Illustration im überlieferten Werk Hildegards von Bingen", in: A. Brück (Hg.), Hildegard von Bingen, 1179–1979. Festschrift zum 800. Todestag der Heiligen, Mainz 1979, S. 159–169.
–, „Zwei Modelle von Allegorie im 12. Jahrhundert. Das allegorische Verfahren Hildegards von Bingen und Alan von Lille", in: Walter Haug (Hg.), Formen und Funktionen der Allegorie, Stuttgart 1978.
Irmgard Müller, „Krankheit und Heilmittel im Werk Hildegards von Bingen", in: A. Brück (Hg.), Hildegard von Bingen, 1179–1979. Festschrift zum 800. Todestag der Heiligen, Mainz 1979, S. 311–349.

Barbara Newman, „Divine Power Made Perfect in Weakness. St Hildegard on the Frail Sex", in: L. T. Shank/J. A. Nichols (Hgg.), Peace-Weavers. Medieval Religious Women. Bd. 2., Kalamazoo 1987, S. 103–122.
–, „Hildegard von Bingen. Visions and Validation", in: Church History 54 (1985), S. 163–175.
Elizabeth Petroff, Medieval Women's Visionary Literature, Oxford 1986.
Hugo Rahner, Symbole der Kirche. Die Ekklesiologie der Väter, Salzburg 1964.
H. D. Rauh, „Hildegard von Bingen", in: Das Bild des Antichrist im Mittelalter. Vom Tyconius zum deutschen Symbolismus, München 1973, S. 474–527.
Peter Riethe, „Die medizinische Lithologie der Hildegard von Bingen", in: A. Brück (Hg.), Hildegard von Bingen, 1179–1979. Festschrift zum 800. Todestag der Heiligen, Mainz 1979, S. 351–370.
F. W.E. Roth (Hg.), Die Visionen der heiligen Elisabeth von Schönau und die Schriften der Äbte Ekbert und Emecho von Schönau, Brünn 1884.
Rosemary Ruether (Hg.), Religion and Sexism. Images of Women in the Jewish and Christian Traditions, New York 1974.
Heinrich Schipperges (Hg.) „Ein unveröffentlichtes Hildegard-Fragment", in: Sudhoffs Archiv für Geschichte der Medizin 40 (1956), S. 41–77.
–, „Das Schöne in der Welt Hildegards von Bingen", in: Jahrbuch für Ästhetik und allgemeine Kunstwissenschaft 4 (1958–1959), S. 83–139.
Margot Schmidt, „Hildegard von Bingen als Lehrerin des Glaubens. Speculum als Symbol des Transzendenten", in: A. Brück (Hg.), Hildegard von Bingen, 1179–1979. Festschrift zum 800. Todestag der Heiligen, Mainz 1979, S. 95–157.
–, „Die Kirche – ‚Eine Erde der Lebendigen'. Zum Kirchenbild bei Hildegard von Bingen", in: Aktuelle Informationen Nr. 16, Bischöfliches Ordinariat, Mainz 1980.
Bernhard Scholz, „Hildegard von Bingen on the Nature of Woman", in: American Benedictine Review 31 (1980), S. 361–383.
Marianna Schrader/Adelgundis Führkötter, Die Echtheit des Schrifttums der heiligen Hildegard von Bingen. Quellenkritische Untersuchungen, Köln – Graz 1956.
Lillian Thomas Shank/John A. Nichols (Hgg.), Peace-Weavers. Medieval Religious Women. Bd. 2., Kalamazoo 1987.
George Tavard, Woman in Christian Tradition, Notre Dame 1973.
Marcelle Thiébaux, The Writings of Medieval Women. An Anthology, New York 1994.

Ann Belford Ulanov, The Feminine in Jungian Psychology and in Christian Theology, Evanston 1971.

–, Receiving Woman. Studies in the Psychology and Theology of the Feminine, Philadelphia 1981.

Lieven Van Acker, „Der Briefwechsel der hl. Hildegard von Bingen. Vorbemerkungen zu einer kritischen Edition“, in Revue bénédictine 98 (1988), S. 141–168, und 99 (1989), S. 118–154.

Peter Walter, „Virgo filium dei portasti. Maria in den Gesängen der hl. Hildegard von Bingen“, in: Archiv für mittelrheinische Kirchengeschichte 29 (1977), S. 75–96.

Marina Warner, Alone of All Her Sex. The Myth and the Cult of the Virgin Mary, New York 1976.

Winthrop Wetherbee, Platonism and Poetry in the Twelfth Century. The Literary Influence of the School of Chartres, Princeton 1972.

Bertha Widmer, Heilsordnung und Zeitgeschehen in der Mystik Hildegards von Bingen. Basler Beiträge zur Geschichtswissenschaft, Basel 1955.

Emilie Zum Brunn/Georgette Epiney-Burgard, Women Mystics in Medieval Europe, New York 1989.

ANHANG A

Aufnahmen der Musik Hildegards von Bingen in Auswahl

A feather on the breath of God: Sequences and hymnes by Abbess Hildegard of Bingen. Gothic Voices, dir. Christopher Page, mit Emma Kirkby, Margaret Philpot und Emily Van Evera. Hyperion A 66039, London, September 1981. Enthält „Columbia aspexit“, „Ave generosa“, „O ignis Spiritus Paracliti“, „O Ierusalem“, „O Euchari in leta via“, „O viridissima virga“, „O presul vere civitatis“ und „O Ecclesia“. Auch als CD erhältlich.

Geistliche Musik des Mittelalters und der Renaissance. Instrumentalkreise Helga Weber, dir. Helga Weber, mit Almut Teichert-Hailperin. TELDEC 66.22398, Hamburg, Mai 1980. Mit Aufnahmen von „Karitas habundat“, „O virtus Sapientiae“, „O quam mirabilis“, „Hodie aperuit“, „Alleluia“, „O virga mediatrix“, „O clarrisima mater“ und „O frondens virga“.

Gesänge der hl. Hildegard von Bingen. Schola der Benediktinerinnenabtei St. Hildegard in Eibingen, dir. M.-I. Ritscher, OSB. Psallite 242/040479 PET, Eibingen, April 1979. Mit Aufnahmen von „Cum processit factura“, „Cum erubuerint“, „O frondens virga“, Ave generosa“, „O virga ac diadema“, „Karitas habundat“, „O pastor animarum“, „O quam preciosa“ und „Kyrie“.

Hildegard von Bingen: Ordo virtutum. Sequentia, dir. Barbara Thornton. Harmonia mundi 20395/96, June 1982. Zwei Schallplatten mit Aufnahmen von „O splendidissima gemma“ und dem vollständigen *Ordo virtutum.*

Hildegard von Bingen: Symphoniae (Geistliche Gesänge). Sequentia, dir. Barbara Thornton. Harmonia mundi 1 C 067–199976 1, Juni 1983, mit Aufnahmen von: „O quam mirabilis“, „O pulcre facies“, „O virga ac diadema“, „O clarrisima mater“, „Spiritui sancto“, „O virtus Sapientic“, „O lucidissima apostolorum turba“, „O successors“, „O vos felices radices“ und „Vos flores rosarum“.

Music for the Mass by Nun Composers. University of Arkansas Schola Cantorum, dir. Jack Groh. Leonarda LPI 115, Februar 1982.

ANHANG B

Die Gedichte Hildegards

Die folgenden Texte sind editiert nach den wichtigsten Handschriften der *Symphonia armonie celestium revelationum* der heiligen Hildegard

D = Abtei dedermond, Belgien, Cod. 9; Rupertsberg, c. 1175
R = Riesenkodex (Wiesbaden, Landesbibliothek, Hs. 2); Rupertsberg, 1180–1190.

1. *O virtus Sapientie*

O virtus Sapientie,
que circuiens circuisti
comprehendendo omnia in una via
tres alas habens,
quarum una in altum volat
et altera de terra sudat
et tercia undique volat.
Laus tibi sit, sicut te decet
O Sapienta.

2. *O splendididissima gemma*

O splendissima gemma
et serenum decus solis
qui tibi infusus est,
fons saliens de corde Patris,
quod est unicum Verbum suum,
per quod creavit mundi primam materiam,
quam Eva turbavit.

Hoc Verbum effabricavit tibi
Pater hominem,

2.6 prima D

et ob hoc es tu illa lucida materia
per quam hoc ipsum Verbum exspiravit
omnes virtutes,
ut eduxit in prima materia
omnes creaturas.

3. *O quam preciosa*

O quam preciosa est
virginitas virginis huius
que clausam portam habet,
et cuius viscera sancta divinitas
calore suo infudit,
ita quod flos ea crevit
et Filius Dei per secreta ipsius
quasi aurora exivit.

Unde dulce germen,
quod Filius ipsius est,
per clausuram ventris eius
paradisum aperuit.
Et Filius Dei per secreta ipsius
quasi aurora exivit.

4. *O tu illustrata*

O tu illustrata de divina claritate,
clara Virgo Maria,
Verbo Dei infusa,
unde venter tuus floruit
de introitu Spiritus dei,

qui in te sufflavit
et in te exsuxit
quod Eva abstulit
in abscisione puritatis

3.11 ventris] mentis R   4.7 in te] in te te R

per contractam contagionem
de suggestione diaboli.

Tu mirabiliter abscondisti in te
immaculatam carnem
per divinam racionem,
cum Filius Dei
in ventre tuo floruit,
sancta divinitate eum educente
contra carnis iura
que construxit Eva,
integritati copulatum
in divinis visceribus.

5. *Cum processit factura*

Cum processit factura digiti Dei
formata ad imaginem Dei
in ortu mixti sanguinis
per peregrinationem casus Ade,
elementa susceperunt gaudia in te,
o laudabilis Maria,
celo rutilante
et in laudibus sonante.

6. O *quam magnum miraculum*

O quam magnum miraculum est
quod in subditam femineam formam
rex introivit.
Hoc Deus fecit
quia humilitas super omnia ascendit.

Et o quam magna felicitas est
in ista forma,

4.20 copulatim R

quia malicia que de femina fluxit,
hanc femina postea detersit,
et omnem suavissimum odorem virtutum
edificavit,
ac celum ornavit
plus quam terram prius turbavit.

7. *O virga ac diadema*

1 a. O virga ac diadema
purpure regis,
que es in clausura tua
sicut lorica…

1 b. Tu frondens floruisti
in alia vicissitudine
quam Adam imne genus humanum
produceret.

2 a. Ave, ave, de tuo ventre
alia vita processit
qua Adam filios suos
denudaverat.

2 b. O flos, tu non germinasti de rore,
nec de guttis pluvie,
nec aer desuper te volavit,
sed divina claritas in nobilissima virga
te produxit.

3 a. O virga, floriditatem tuam
Deus in prima die creature sue
previderat.

5.5 in te] vite R

5.8 sonante] sonant te R

2 b. claritas in nobilissima virga] der fragmentarische Text in D beginnt hier.

3 b. Et te Verbo suo auream materiam,
o laudabilis Virgo, fecit.

4 a. O quam magnum est in viribus suis latus viri
de quo Deus formam mulieris produxit,
quam fecit speculum omnis ornamenti sui
et amplexionem omnis creature sue.

4 b. Inde concinunt celestia organa
et miratur omnis terra,
o laudabilis Maria,
quia Deus te valde amavit.

5 a. O quam valde plangendum ez lugendum est
quod tristicia crimine
per consilium serpentis
in mulierem fluxit.

5 b. Nam ipsa mulier
quam Deus matrem omnium posuit
viscera sua cum vulneribus
ignorantie decerpsit
et plenum dolorem generi suo protulit.

6 a. Sed, o aurora, de ventre tuo
novus sol processit,
qui omnia crimina Eve abstersit
et maiorem benedictionem per te protulit
quam Eva hominibus nocuisset.

6 b. Unde, o Saevatrix, que novum lumen
humano generi protulisti:
collige membra Filii tui
ad celestem armoniam.

---

3 b. te] de D,R. Die Leseart *te*, die der *Epilogus Vitae S. Ruperti* (R fol. 406 [ra]) hat, ist grammatisch zwar schwierig, ergibt aber einen besseren Sinn. Maria ist der „goldene Grundstoff", der *für* das Wort und nicht *vom* Wort (wie Adam und Eva) geschaffen wurde.

5 a. O quam] fehlt in R.

8. *O viridissima virga*

1. O viridissima virga, ave,
que in ventoso flabro sciscitationis
sanctorum prodisti.

2. Cum venit tempus
quod tu floruisti in ramis tuis,
ave, ave sit tibi,
quia calor solis in te sudavit
sicut odor balsami.

3. Nam in te floruit pulcher flos
qui odorem dedit omnibus aromatibus
que arida erant.
Et illa apparuerunt omnia
in viriditate plena.

4. Unde celi dederunt rorem super gramen
et omnis terra leta facta est
quoniam viscera ipsius frumentum protulerunt
et quoniam volucres celi nidos
in ipsa habuerunt.

5. Deinde facta est esca hominibus
et gaudium magnum epulantium.
Unde, o suavis Virgo,
in te non deficit ullum gaudium.

6. Hec omnia Eva contempsit.
Nunc autem laus sit Altissimo.

9. *O orzchis Ecclesia*

O orzchis Ecclesia,
armis divinis precincta
et iacincto ornata,
tu es caldemia

stigmatum loifolum
et urbs scientiarum.
O, o, tu es etiam crizanta
in alto sono
et es chorzta gemma.*

10. *O choruscans lux stellarum*

O choruscans lux stellarum,
O splendidissima specialis forma
regalium nuptiarum,

O fulgens gemma,
tu es ornata in alta persona
que non habet maculatam rugam.

Tu es etiam socia angelorum
et civis sanctorum.

Fuge, fuge speluncam
antiqui perditoris,
et veniens veni in palatium regis.

11. *O Ecclesia*

1. O Ecclesia, oculi tui similes saphiro sunt
et aures tue monti Bethel
et nasus tuus est sicut mons mirre et thuris
et os tuum quasi sonus aquarum multarum.

---

* Lateinische Übersetzungen der *Lingua ignota* Hildegards bietet der Cod. Theol. Phil. 4°253 (Rupertsberg and Zwiefalten, 1154–1170) in der Landesbibliothek Stuttgart

1 Orzchis] immensa
4 taldemia] aroma
5 loinfolum] populorum
7 trizanta] uncta
9 chorzta] chorusca

2. In visione vere fidei
Ursula Filium Dei amavit
et virum cum hoc seculo reliquit
et in solem aspexit
atque pulcherrimum iuvenem vocavit,
dicens:

3. In multo desiderio desideravi
ad te venire
et in celestibus nuptiis tecum sedere,
per alienam viam ad te currens velut nubes
que in purissimo aere currit
similis saphiro.

4. Et postquam Ursula sic dixerat,
rumor iste per omnes populos exiit.
Et dixerunt:
Innocentia puellaris ignorantie
nescit quid dicit.

5. Et ceperunt ludere cum illa
in magna symphonia
usque dum ignea sarcina
super eam cecidit.

6. Unde omnes cognoscebant
quia contemptus mundi est sicut mons Bethel.
Et cognoverunt etiam
suavissimum odorem mirre et thuris,
quonium contemptus mundi
super omnia ascendit.

7. Tunc diabolus membra sua invasit,
que nobilissimos mores in corporibus istis
occiderunt.

11.1. saphyro R

8. Et hoc in alta voce
omnia elementa audierunt
et ante thronum Dei dixerunt:

9. Wach! rubicundus sanguis innocentis agni
in desponsatione sua
effusus est.

10. Hoc audiant omnes celi
et in summa symphonia laudent Agnum Dei,
quia guttur serpentis antiqui
in istis margaritis materie Verbi Dei
suffocatum est.

12. *Nunc gaudeant*

Nunc gaudeant materna viscera Ecclesie,
quia in superna simphonia
filii eius in sinum suum
collocati sunt.

Unde, o turpissime serpens,
confusus es,
quoniam quos tua estimatio
in visceribus suis habuit
nunc fulgent in sanguine Filii Dei,
et ideo laus tibi sit,
rex altissime. Alleluia.

---

5. simphonia D
8. thronum D
10. simphonia D
matherie D